Hubert L. Dreyfus
Was Computer nicht können

Wohl kaum eine technische Entwicklung war umstrittener, bot soviel Anlaß zu Spekulationen und falschen Assoziationen als die Mitte der fünfziger Jahre entstandene wissenschaftliche Disziplin »Artificial Intelligence« mit »Künstliche Intelligenz« (KI) ins Deutsche übertragen. Ziel der KI ist die Erforschung menschlicher Denkstrukturen und das Entwickeln von Intelligenz simulierenden Programmen. Seit über 2o Jahren gehört Hubert L. Dreyfus, Professor der Philosophie an der Berkeley University in Kalifornien, zu den bekanntesten Kritikern der KI-Forschung.
In seinem viel diskutierten Buch belegt Dreyfus anhand der bisherigen Resultate der KI-Forschung, daß es trotz des ungebrochenen Optimismus der KI-Intelligenzia auch in Zukunft nicht möglich sein wird, das menschliche Denken computergerecht zu formalisieren. Denn der Mensch erzeugt oder gestaltet die Tatsachen mit, die von der KI im Computer gespeichert werden.

Hubert L. Dreyfus, geb. 1929, ist Professor für Philosophie an der Berkeley University in Kalifornien. Zehn Jahre lehrte er am Institute of Technology (MIT). 1987 erschien bei Athenäum von ihm, zusammen mit Paul Rabinow, *Michel Foucault. Jenseits von Strukturalismus und Hermeneutik.*

Hubert L. Dreyfus

Was Computer nicht können

Die Grenzen künstlicher Intelligenz

Aus dem Amerikanischen von Robin Cackett, Irmhild Hübner, Martina Knaup, Klaus Rehkämper und Udo Rennert

athenaum

Die amerikanische Originalausgabe erschien unter dem Titel
What Computers can't do – The Limits of Artificial Intelligence
im Verlag Harper & Row, Publishers, New York
© 1972, 1979 Hubert L. Dreyfus

CIP-Titelaufnahme der Deutschen Bibliothek

Dreyfus, Hubert L.: Was Computer nicht können: die Grenzen
künstlicher Intelligenz / Hubert L. Dreyfus. Aus d. Amerikan. von Robin
Cackett ... – Frankfurt am Main: Athenäum, 1989
  (Athenäums Taschenbücher; Bd. 123)
  Einheitssacht.: What computers can't do <dt.>
  ISBN 3-610-04723-2
NE: GT

athenäums taschenbücher
Band 123
Februar 1989

Athenäum Verlag GmbH, Frankfurt am Main 1989
Alle Rechte vorbehalten
© 1985 Athenäum Verlag GmbH, Königstein/Ts.
Umschlaggestaltung: Karl Gerstner, Basel
Reproduktion, Druck und Bindung: Clausen & Bosse, Leck
Printed in Germany
ISBN 3-610-04723-2

Inhalt

Vorwort	Von der Mikrowelt zur Alltagswelt.	9
Einleitung	. . . .	17
TEIL I	Zehn Jahre Forschung auf dem Gebiet der Künstlichen Intelligenz (1957–1967) . .	39
Erstes Kapitel	Phase 1 (1957–1962) Kognitive Simulation . . .	41
	1. Analyse der Arbeiten zur Sprachübersetzung, Problemlösung und Mustererkennung	41
	2. Wesentliche Gründe für das Nicht-Erreichen vorhergesagter Ergebnisse	50
Zweites Kapitel	Phase 2 (1962–1967) Semantische Informationsverarbeitung	81
	1. Analyse von Programmen zur sensorischen Informationsverarbeitung	83
	2. Die Bedeutung der gegenwärtigen Schwierigkeiten	96
Schluss	. . . .	99
TEIL II	Annahmen, die dem ungebrochenen Optimismus zugrundeliegen	103
Einleitung	. . . .	105
Erstes Kapitel	Die biologische Annahme	107
Zweites Kapitel	Die psychologische Annahme	111
	1. Empirische Evidenz für die psychologische Annahme: Kritik der Methoden der Kognitiven Simulation	117
	2. A priori-Argumente für die psychologische Annahme	122

DRITTES KAPITEL Die erkenntnistheoretische Annahme 137
1. Ein aus dem Erfolg der Physik irrtümlich abgeleitetes Argument 139
2. Ein aus dem Erfolg der modernen Linguistik irrtümlich abgeleitetes Argument 145

VIERTES KAPITEL Die ontologische Annahme 154

SCHLUSS 173

TEIL III Alternativen zu den traditionellen Annahmen 177

EINLEITUNG 179

ERSTES KAPITEL Die Rolle des Körpers bei intelligentem Verhalten 183

ZWEITES KAPITEL Der situative Kontext: Geordnetes Verhalten ohne Rückgriff auf Regeln 206

DRITTES KAPITEL Der situative Kontext – Eine Funktion der menschlichen Bedürfnisse 224

SCHLUSS 234

SCHLUSSFOLGERUNG Der Bereich und die Grenzen der Künstlichen Vernunft 237

Die Grenzen Künstlicher Intelligenz 239
Die Zukunft Künstlicher Intelligenz 245

ANHANG Bilanz 1979 263
Anmerkungen 334
Personen- und Sachregister 369

Für meine Eltern

Unterschied zwischen dem Geist der Geometrie und dem Geist des Feinsinns... Der Grund, daß Mathematiker nicht feinsinnig sind, ist, daß sie nicht sehen, was vor ihnen liegt und daß sie, gewöhnt an die deutlichen und groberen Prinzipien der Geometrie, nur unterteilen, nachdem sie die Prinzipien sich deutlich gemacht und angewandt haben, so daß sie sich im Gebiete des Feinsinns verirren, wo sich die Prinzipien nicht derart anwenden lassen... Diese Prinzipien sind so fein und zahlreich, daß ein äußerst empfindliches und genaues Empfindungsvermögen nötig ist, um sie zu empfinden und um richtig und recht von dem Gefühl geleitet zu urteilen, ohne daß man in den meisten Fällen fähig ist, sie wie in der Geometrie schrittweise abzuleiten, weil man hier die Prinzipien nicht derart besitzt und weil das zu unternehmen eine Aufgabe ohne Ende sein würde. Man muß sofort mit einem Blick das Ganze übersehen und nicht, zum mindesten bis zu einem gewissen Grade, im Fortschritt der Überlegung... Die Mathematiker wollen die Fragen des Feinsinns geometrisch abhandeln und machen sich lächerlich... Nicht daß der Verstand keine Überlegungen anstellte, aber er tut dies stillschweigend, natürlich und kunstlos...

Pascal, *Pensées*

VORWORT

Von den Mikrowelten zur Alltagswelt: Die KI-Forschung in einer Sackgasse

Seit dem Erscheinen der überarbeiteten zweiten Auflage der amerikanischen Originalausgabe dieses Buchs sind fünf Jahre vergangen; darüber hinaus feierte die Erforschung der Künstlichen Intelligenz (KI) in diesem Jahr ihren 25. Geburtstag – zwei unmittelbare Anlässe also zu einer retrospektiven Wertschätzung. Bei einem solchen Rückblick auf ein Vierteljahrhundert der KI-Forschung erscheint dieser Bereich zunehmend als ein Musterbeispiel für das, was Imre Lakatos als ein „degenerierendes" Forschungsprogramm bezeichnet hat.

Die KI-Forschung begann ursprünglich verheißungsvoll mit den Arbeiten von Allen Newell und Herbert Simon bei RAND. Heute sehe ich, daß ich der Bedeutung dieser frühen Arbeiten nicht gerecht geworden bin. Newell und Simon bewiesen, daß Computer mehr konnten als nur rechnen. Sie zeigten, daß die von den Rechnern bearbeiteten Symbole für alles stehen konnten, auch für Merkmale der wirklichen Welt, und mit Hilfe der Programme war es möglich, diese Merkmale durch Regeln aufeinander zu beziehen, so daß sich Computer dafür verwenden ließen, einige wesentlichen Aspekte der Intelligenz zu simulieren. Damit war das datenverarbeitende Modell des Denkens geboren. In diesen frühen Tagen gab es nur eine kleine Schar von Eingeweihten und Gläubigen. 1970 jedoch war die KI aufgrund einiger Erfolge am MIT (Massachusetts Institute of Technology), mit sogenannten „Mikrowelt"-Simulationen zu einem florierenden Forschungsprogramm geworden. Zu diesen Erfolgen gehörten Terry Winograds SHRDLU, Thomas Evans „Analogy Problem Program", David Waltz' „Scene Analysis Program" und Patrick Winstons Programm, das aus Beispielen Begriffe lernen konnte. Der Bereich hatte seine eigenen Dissertationsthemen, Berufsorganisationen, Gurus usw. Jetzt sah es so aus, als ginge es bei der Konstruktion echter Künstlicher Intelligenz nur noch darum, die Mikrowelten zu erweitern, miteinander zu verknüpfen und wirklichkeitsnäher zu gestalten. Marvin Minsky, der Leiter des MIT-Programms, sagte voraus: „Innerhalb einer Generation wird das Problem der Schöpfung einer ‚Künstlichen Intelligenz' im wesentlichen gelöst sein."[2]

Danach geriet diese Disziplin ziemlich plötzlich in unerwartete Schwierigkeiten. Die Probleme fingen damit an, daß es nicht gelang,

Kindergeschichten zu programmieren. Es stellte sich heraus, daß es weit schwieriger war als zunächst angenommen, die erforderliche Theorie des Alltagsverstands zu formulieren. Im Gegensatz zu den Hoffnungen Minskys war dies nicht einfach eine Frage der Auflistung von einigen hunderttausend Fakten. Das Hauptproblem war die computertechnische Darstellung des menschlichen Alltagswissens. Minskys anfänglich optimistische Haltung schlug im Laufe von fünfzehn Jahren ins Gegenteil um. Einem Reporter vertraute er an: „Das KI-Problem ist eines der schwierigsten, mit denen die Wissenschaft je zu kämpfen hatte."[3]

Damit zusammenhängende Probleme wurden ebenfalls bemerkt, vielfach jedoch, ohne den Zusammenhang wirklich zu erkennen. Die Kognitive Psychologie entdeckte die Bedeutung von Bildern und Urbildern für die menschliche Erkenntnis, und in der Verarbeitung von beidem erwiesen sich Computer als ziemlich leistungsschwach. Mit der Zeit sind die meisten Forscher zu der Überzeugung gelangt, daß Menschen Bilder formen und diese unter Anwendung holistischer Verfahren miteinander vergleichen, die sich grundsätzlich von den logischen Operationen unterscheiden, mit denen Computer Beschreibungen verarbeiten.[4] Einige KI-Forscher versprechen sich Hilfe von Parallelprozessoren – Maschinen, die viele Operationen gleichzeitig ausführen können und deshalb imstande sind, innerhalb einer Sekunde Millionen von Schlüssen zu ziehen. Doch wenn die menschliche Verarbeitung von Bildern über ganzheitliche Darstellungen erfolgte, die keine Beschreibungen sind, und diese Darstellungen anders als durch Regeln miteinander in Beziehung setzt, dann verfehlt dieser Ansatz der Parallelverarbeitung den Kern des Problems. Menschen sind eben fähig, ihre Bilder in einer Weise zu formen und zu vergleichen, die sich nicht durch eine bestimmte Anzahl von Verfahren simulieren läßt, die symbolische Beschreibungen verarbeiten.

Eine weitere menschliche Fähigkeit, die von Computern nicht nachgeahmt werden kann, ist die des Erkennens einer Ähnlichkeit zwischen ganzen Bildern. Beim Menschen scheint es ein unmittelbarer Vorgang zu sein, die Ähnlichkeit von zwei Musterbildern zu erkennen. Für einen Computer dagegen ist dies ein komplizierter Prozeß, bei dem zunächst jedes Musterbild über objektive Merkmale definiert und anschließend entschieden wird, ob die Merkmalsbestimmung, die das eine Musterbild aufgrund eines objektiven Kriteriums definiert, zu den Merkmalen des anderen Musterbilds paßt. In der KI gilt dies als das Problem der Erkenntnis von Analogien. In der neuesten Auflage des *Handbook of Artificial Intelligence* heißt es hierzu:

Viele wichtige Denkprozesse, z. B. das Erkennen von Gesichtern und das Schlußfolgern aus Analogien, sind noch immer ein Rätsel; sie werden so „unbewußt" vollzogen, daß bislang keine adäquaten Rechenverfahren für sie vorgeschlagen wurden.[5]

Meine Auffassung, daß sich die KI auf einem Holzweg befindet, wird inzwischen auch von einigen Angehörigen der KI-Gemeinde geteilt. Nach dem Scheitern seines Versuchs, eine Computersprache zur Darstellung von Wissen zu entwickeln (Knowledge Representation Language = KRL), hat Terry Winograd sich von der KI abgewandt und sich mit anderen Gebieten befaßt. Selbst Douglas R. Hofstadter, dessen Buch *Gödel, Escher, Bach*[6] auf engagierte Weise das datenverarbeitende Modell des menschlichen Denkens verteidigt, gibt sich skeptisch gegenüber der heutigen KI:

In der KI-Forschung zeigt sich heute die Tendenz zu aufsehenerregenden Projekten... Doch immer noch gibt es kein Programm mit eingegebenem Alltagsverstand, kein Programm, das Dinge lernt, von denen nicht ausdrücklich eingegeben wurde, wie es sie lernen soll, und es gibt noch kein Programm, das seine eigenen Fehler geschickt wiedergutmachen kann.[7]

Während jedoch Winograd den Glauben daran aufgegeben hat, man könne intelligentes Verhalten in der Weise produzieren, daß man mit den für einen Computer bestimmten Symbolen Merkmale der Welt darstellt, und damit den Glauben an die KI überhaupt verloren hat, behauptet Hofstadter noch immer, das grundlegende Modell der Informationsverarbeitung sei auf einer „unterirdischen" Ebene gültig. Nach seiner Auffassung gelten die Symbole des Computers nicht für jene Merkmale und Regeln des Alltags, deren Gebrauch von Menschen nur gelegentlich bewußt wahrgenommen wird, sondern vielmehr auf einer tieferen, KI-spezifischen Ebene für unbenannte Elemente, für „Seltsame Schleifen und Verwickelte Hierarchien" – für Vorgänge, die niemals in unser Bewußtsein dringen. Auf den ersten Seiten seines Buchs heißt es: „Ohne Zweifel stehen Seltsame Schleifen, die Regeln verlangen, die sich selbst direkt oder indirekt ändern, im Zentrum der Intelligenz."[8] Und gegen Ende gelangt der Autor zu dem Schluß, „daß das Denken in all seinen Aspekten als eine Beschreibung hoher Stufe eines Systems verstanden werden kann, das auf einer tieferen Stufe von einfachen, sogar formalen Regeln beherrscht wird."[9]

Nach meinem Dafürhalten verbirgt sich hinter Hofstadters Verweis auf eine tiefere Ebene der Informationsverarbeitung, der die KI retten soll, nichts anderes als eine tiefergreifende Variante derselben irrigen

Auffassung, an deren Stelle sie treten soll. Es gibt keinen Grund für die Annahme, das menschliche Gehirn oder Denken folge auf *irgendeiner* Ebene abstrakten, formalen Regeln. Hofstadter glaubt aufgrund der formalen Gesetze der Wissenschaft, das Gehirn *müsse* Regeln folgen, selbst wenn wir uns diese niemals bewußt machen können. „Wir selbst bestehen aus Hardware, die verrückte Berechnungen ausführt, aber das bedeutet nicht, daß unsere Symbolebene, auf der ‚wir' uns befinden, weiß, wie eben diese raffinierten Berechnungen vorzunehmen sind."[10] Damit verbindet er den Vorwurf, jene Forscher, die wie ich das informationsverarbeitende Modell des Denkens in Zweifel ziehen, gehörten zu den „holistisch Beseelten".[11] Man kann jedoch sehr wohl die Annahme vertreten, das Gehirn funktioniere *entsprechend* den Gesetzen der Physik und Chemie, ohne daraus den Schluß zu ziehen, es *folge* formalen Regeln oder stelle irgendwelche Berechnungen an. Schließlich bewegen sich z. B. die Planeten entsprechend den Newtonschen Gesetzen, aber sie müssen keine Differentialgleichungen lösen, um auf ihrer Umlaufbahn zu bleiben. Sie reagieren lediglich auf die jeweils wirkenden Kräfte. Ähnlich steht es mit dem Gehirn: Wenn es, wie die bisherigen Befunde nahelegen, zur Erzeugung von Intelligenz sich eines holistischen Prozesses bedient, dann *konkretisiert* es diesen Prozeß, ohne deshalb den Regeln zu *folgen*, die ihn beschreiben. Wenn beispielsweise bestimmte Teile des Gehirns holographisch operieren, wie einige Forscher unterstellen, dann kann das Gehirn auch Interferenzmuster produzieren, ohne deshalb die Fouriertransformationen durchführen zu müssen, die unseren Formalismus zur Beschreibung solcher Interferenzen darstellen. Ich kann mich also gegen die Vorstellung wenden, es gebe eine Ebene, auf der das menschliche Gehirn Probleme löst, Symbole bearbeitet oder Berechnungen anstellt, und dennoch ebensosehr Materialist sein wie Hofstadter. Die Konsequenz, die ich aus dem Scheitern der KI-Forschung ziehe, besteht im Gegensatz zu Hofstadter jedoch nicht darin, meinen Glauben mit Hilfe imaginärer Epizyklen und eines unzulässigen Verweises auf den Erfolg der modernen Naturwissenschaft künstlich am Leben zu erhalten. Nach meiner Meinung sollten wir das gesamte Modell vom menschlichen Denken als Prozeß der Informationsverarbeitung, von Seltsamen Schleifen, Verwickelten Hierarchien und dergleichen endgültig aufgeben.

Aus meiner Sicht sind sämtliche Probleme der KI-Forschung Varianten eines einzigen Grundproblems. In ihrer gegenwärtigen Ausrichtung beruht die KI auf einem Gedanken, der sich in der Philosophie bis zu Descartes zurückverfolgen läßt, daß nämlich jedes Verstehen darin besteht, geeignete Modelle zu entwickeln und anzuwenden. Da die Funktionsweise von Computern vorgegeben ist, müssen diese Modelle für die KI-Forscher formaler Natur sein. Demnach muß man sich das Alltagsverstehen als ein riesiges Gefüge von Behauptungen, Meinungen, Wahrnehmungen, Regeln, Fakten und Verfahren vorstellen. Das Scheitern der KI-Forschung bei dem Bemühen, für dieses Gefüge geeignete formale Modelle zu finden, wird als das Problem des Alltagswissens bezeichnet. In dieser Formulierung hat sich das Problem bislang als unlösbar erwiesen, und ich behaupte, daß es nie gelöst werden wird.

Was die Einsicht in diese Sackgasse verhindert, ist die Überzeugung, daß dieses Problem des Alltagswissens schon allein deshalb zu lösen sein muß, weil die Menschen selbst es offensichtlich gelöst haben. Es ist jedoch durchaus möglich, daß Menschen normalerweise ein Alltagswissen gar nicht benötigen, so daß das Alltags*verstehen* auf das alltägliche *Erfahrungswissen* hinausliefe, womit ich keine Verfahrensregeln meine, sondern ein Wissen davon, was in einer Vielzahl von Spezialfällen zu tun ist. So hat sich z. B. gezeigt, daß es außerordentlich schwierig ist, die Alltagsphysik als ein Gefüge von Fakten und Regeln darzustellen. Wer diesen Versuch unternimmt, benötigt entweder noch mehr Alltagsverstand, um die ermittelten Tatsachen und Regeln zu verstehen, oder er entwickelt derart komplizierte Formeln, daß es höchst unwahrscheinlich erscheint, daß ein Kind sie im Kopf haben könnte. Erst recht verlangt es die theoretische Physik, über ein Hintergrundwissen zu verfügen, das möglicherweise nicht formalisierbar ist, obwohl sich der Bereich als solcher durch abstrakte Gesetze beschreiben läßt, die sich nicht auf bestimmte Einzelfälle beziehen. Einige KI-Forscher sind der Auffassung, daß sich auch die Alltagsphysik als Gefüge abstrakter Prinzipien ausdrücken läßt. Es kann allerdings durchaus sein, daß es unmöglich ist, eine *Theorie* der Alltagsphysik zu entwerfen. Wenn ein Kind nahezu unablässig jahrelang mit allen Arten von festen und flüssigen Stoffen spielt, gelangt es vielleicht zu einem Repertoire an Musterfällen und weiß, wie feste und flüssige Stoffe typischerweise reagieren, wie sie sich unter typischen Bedingungen typischerweise verhalten. Möglicherweise gibt es keine Theorie der Alltagsphysik, die einfacher wäre als eine Aufzählung all dieser typischen Fälle; doch selbst eine solche Aufzählung ist nutzlos ohne die Fähigkeit zur Erkenntnis von Ähnlichkeiten. Wenn dies tatsächlich der Fall wäre, und erst weitere Forschungen können hier Klarheit schaffen, dann wären der anfängliche Erfolg und das schließliche Scheitern der KI-Forschung plausibel. Meine Vermutung lautet nach wie vor, daß die KI-Verfahren sich in isolierten Bereichen bewähren werden, aber dort versagen müssen, wo es um das Verstehen natürlicher Sprachen, das Erkennen gesprochener Texte, das

Verstehen von Geschichten und um Lernen geht – also um Bereiche, deren Struktur die Struktur unserer alltäglichen physikalischen und gesellschaftlichen Welt widerspiegelt.

In meiner Bilanz im Anhang dieses Buchs habe ich der KI-Forschung 1979 eine Stagnation prophezeit, zugleich jedoch auch einen Erfolg bei Programmen, die als Expertensysteme bezeichnet werden und die sich darum bemühen, intelligentes Verhalten in Bereichen wie der medizinischen Diagnose und der Spektralanalyse zu simulieren – in Gebieten also, die von alltagspraktischen Problemen völlig losgelöst sind. Heute halte ich diese Einschätzung der Zukunft intelligenter Maschinen für übertrieben optimistisch. Es hat sich herausgestellt, daß kein Expertensystem, das nach Regeln verfährt, die von Experten ermittelt werden, so gute Ergebnisse erzielen kann wie der Experte selbst, obgleich der Computer das, was man für die Regeln der Experten hält, mit unglaublicher Geschwindigkeit und unfehlbarer Genauigkeit verarbeitet.

In einem soeben abgeschlossenen Buch habe ich zusammen mit meinem Bruder Stuart versucht, für diese überraschende Entwicklung eine Erklärung zu finden. Wir gehen davon aus, daß man Anfängern in einem bestimmten Bereich Prinzipien an die Hand gibt, die sie kennen und anwenden, daß jedoch die meisten Bereiche, in denen Menschen Fertigkeiten und Fachwissen erwerben, sich ebenso wie die Alltagsphysik dazu eignen, auf einer Expertenebene in Form von Prinzipien verstanden zu werden.[12] Deshalb geben sich die Experten, wie selbst Edward Feigenbaum angemerkt hat, nie mit allgemeinen Prinzipien zufrieden, sondern stellen sich das Gebiet ihres Fachwissens als eine riesige Menge von Spezialfällen vor.[13] Es ist nicht weiter erstaunlich, daß Expertensysteme, die nach Prinzipien von Fachleuten arbeiten, das Fachwissen dieser Experten nicht übernehmen und deshalb nie dieselbe Leistung erbringen können wie die Experten selbst.

Wie jedes „degenerierende" Forschungsprogramm – und das galt früher für die Alchimie ebenso wie für den Behaviorismus – wirkt die KI-Forschung äußerlich intakt. Tatsächlich sind die einzigen Anzeichen für ihren Niedergang ihre marktschreierischen Behauptungen und die Neigung ihrer Praktiker, der Theorie zu entsagen und sich die gegenwärtigen technischen Verfahren zunutze zu machen. Es gibt Symposien, Konferenzprotokolle, Presseverlautbarungen und neue Unternehmen zur Genüge. Hinzu kommen in letzter Zeit üppige Gelder aus dem Militärhaushalt – Mittel, die den Alchimisten und Behavioristen nie zur Verfügung standen. Doch unübersehbar sind auch die Anzeichen für Schwierigkeiten: Im Oktober 1982 z.B. hat Waltz in der Zeitschrift *Scientific American* einen Aufsatz veröffentlicht, in dem er den Erfolg der KI-Forschung fast ausschließlich Arbeiten der frühen siebziger Jahre zuschreibt; im September 1984 hat Douglas Lenat in derselben Zeitschrift das Analogielernen als Engpaß der gegenwärtigen KI-Forschung bezeichnet, und Roger Schank klagte im *AI-Magazine* jüngst darüber, daß „die KI es ziemlich schwer haben würde, sich als wissenschaftliche Disziplin zu behaupten."[15] Schank stellte fest, daß die Forscher nicht wissen, was ein angemessenes Thema einer Doktorarbeit oder ein akzeptabler Aufsatz auf ihrem Gebiet ist, weil es keine Übereinstimmung über die zentralen Punkte gibt. Er schließt sich Lenat mit der Behauptung an, das Kernproblem sei die Lernfähigkeit, da man Programmen, die aus ihren Erfolgen oder Mißerfolgen keine Schlußfolgerungen ziehen, keinerlei Intelligenz unterstellen könne. Aber allgemeine Lernprogramme sind noch nicht einmal am Horizont der KI-Forschung auszumachen.

Wie vor zwanzig Jahren gehe ich noch immer davon aus, daß es eines Tages intelligente Computer geben kann, so wie auch eines Tages der alte Traum der Alchimisten, Blei in Gold zu verwandeln, wahr wurde. Künstliche Intelligenz kann jedoch erst dann verwirklicht werden, wenn die Forscher ihre Idee aufgeben, nach einer zeichenhaften Darstellung der Welt zu suchen, und sich statt dessen an einem neutralnetzartigen Modell des menschlichen Gehirns orientieren. Falls dies tatsächlich die Richtung ist, die von der KI-Forschung eingeschlagen werden sollte, so werden ihr dabei die leistungsstarken Parallelprozessoren der nahen Zukunft wertvolle Hilfe leisten. Die Hilfe ist allerdings nicht deshalb zu erwarten, weil diese Maschinen in einer Sekunde Millionen von Schlußfolgerungen ziehen können, sondern weil eine schnellere, konsequenter parallelgeschaltete Computerarchitektur jene Art der Verarbeitung von Mustern leisten kann, die ohne jede Darstellung von Regeln und Merkmalen auskommt.

Berkeley/Kalifornien, im Februar 1985 *Hubert L. Dreyfus*

EINLEITUNG

I

Seitdem die Griechen die Logik und die Geometrie erfanden, hat die Vorstellung, alles schlußfolgernde Denken ließe sich auf spezielle Rechenverfahren reduzieren, so daß alle Streitfragen ein für allemal entschieden werden könnten, die meisten exakten Denker der westlichen Tradition fasziniert. Sokrates war der erste, der diese Idee vertrat. Wir könnten die Geschichte der Künstlichen Intelligenz also im Jahr 450 v. Chr. beginnen lassen. Damals – so berichtet es Platon – hat Sokrates den Athener Mitbürger Euthyphron, der im Namen der Gottesfurcht den eigenen Vater wegen Mordes vor Gericht bringen wollte, um Auskunft gebeten: „So belehre mich doch, was es eben mit dieser Urform auf sich hat, damit ich, auf jene hinschauend und mich ihrer als Muster bedienend, von dem, was du oder sonst jemand auch immer betreibt, alles für fromm erkläre, was von solcher Art ist, nicht für fromm aber alles erkläre, was nicht von solcher Art ist."[1] Sokrates fragte Euthyphron nach etwas, das moderne Computertheoretiker ein „effektives Verfahren" nennen würden, nach „einem Katalog von Regeln, der uns in jedem Augenblick genau sagt, wie wir uns zu verhalten haben."

Platon hat diese Forderung nach Gewißheit in moralischen Fragen auch auf die Erkenntnistheorie ausgeweitet. Demnach muß sich alles Wissen in eindeutigen Definitionen formulieren lassen, die jeder anwenden kann. Wenn jemand sein Wissen nicht in Form solcher eindeutigen Anweisungen mitteilen oder in Erkenntnis verwandeln konnte, dann galt es nicht als Wissen, sondern als bloßes Glauben oder Meinen. Platon zufolge verfügen beispielsweise Köche, die ihrem Geschmack und ihrer Intuition vertrauen, oder Dichter, die ihrer Eingebung folgen, im Grunde über kein Wissen: Ihr Tun vollzieht sich ohne ein Verständnis und kann darum auch nicht verständlich gemacht werden. Allgemeiner ausgedrückt: Was sich nicht eindeutig in Form von exakten Anweisungen aussagen läßt – alle Bereiche des menschlichen Denkens, die Geschicklichkeit, Intuition oder einen Sinn für Überlieferung erfordern –, wird als unsystematisch und stümperhaft gebrandmarkt.

Aber Platon war noch kein echter Kybernetiker (obgleich Norbert Wiener ihn als den ersten anführt, der diesen Begriff gebraucht hat), denn ihm ging es um *semantische* und nicht um *syntaktische* Kriterien. Seine Regeln setzten voraus, daß man die Bedeutung der grundlegenden Begriffe verstand. In der *Politeia* sagt Platon, das Verstehen – also jene Ebene, auf der allein Wissen möglich ist – beruhe auf Vernunft, die ihrerseits einer dialektischen Analyse bedarf und letztlich darauf angewiesen ist, die Bedeutung der Grundbegriffe des Verstehens intuitiv zu erfassen. Damit gibt Platon zu, daß seine Regeln nicht vollständig formalisierbar sind. Ganz ähnlich bemerkt Marvin Minsky, ein moderner Computerwissenschaftler, nachdem er versuchsweise eine platonische Definition eines effektiven Verfahrens vorgelegt hat: „Dieser Definitionsversuch ist kritisierbar, weil die *Interpretation* der Regeln letzten Endes einer Einzelperson oder einer Instanz überlassen bleibt."[3]

Aristoteles, der hier wie in den meisten Fragen, in denen es um die Anwendung einer Theorie auf die Praxis ging, mit Platon nicht einer Meinung war, stellte mit Genugtuung fest, daß man bei der Anwendung von Platons Regeln ohne Intuition nicht weiterkam:

Wer aber stark abweicht, den tadelt man. Wiederum ist es jedoch nicht leicht, begrifflich zu bestimmen, wie weit und bis zu welchem Grade einer tadelnswert ist. So verhält es sich ja auch mit den anderen sinnlich wahrnehmbaren Dingen. Solche Dinge halten sich im Einzelnen, und das Urteil darüber steht der Sinneswahrnehmung zu.[4]

Zur vollen Verwirklichung des platonischen Entwurfs muß ein bestimmter Durchbruch erreicht werden: jeder Rückgriff auf Intuition und Urteil ist auszuschließen. So wie Galilei entdeckte, daß man zur Beschreibung physikalischer Bewegungen einen reinen Formalismus finden konnte, indem man sekundäre Eigenschaften und teleologische Erwägungen außer acht ließ, müßte es doch einem Galilei des menschlichen Verhaltens gelingen – möchte man meinen –, alle semantischen Überlegungen (Rückgriff auf Bedeutungen) auf die Techniken der syntaktischen (formalen) Manipulierung zu reduzieren.

Die Überzeugung, eine solche vollständige Formalisierung des menschlichen Wissens sei möglich, sollte bald das gesamte westliche Denken beherrschen. Sie brachte bereits einen grundlegenden moralischen und intellektuellen Anspruch zum Ausdruck, und der Erfolg der Naturwissenschaft schien für die Philosophen des 16. Jahrhunderts ebenso wie für moderne Denker wie Minsky zu bedeuten, daß dieser Anspruch erfüllt werden könne. Hobbes war der erste, der die syntaktische Vorstellung vom Denken als einem Rechenvorgang unverblümt formuliert hat: *„Denken* heißt nicht anderes als sich eine Gesamtsumme durch *Addition* von Teilen (oder einen Rest durch *Subtraktion* einer Summe von einer anderen) vorstellen. ... Wo *Addition* und *Subtraktion* am Platze sind, da ist auch *Vernunft* am Platze."[5]

Es kam nur noch darauf an, die unzweideutigen Teile oder „Bits" herauszufinden, mit denen dieser rein syntaktische Rechner arbeiten konnte; Leibniz, der Erfinder des Binärsystems, nahm es auf sich, die erforderliche unzweideutige formale Sprache zu entwickeln.

Leibniz glaubte, ein universales und exaktes Darstellungssystem gefunden zu haben, eine Algebra, eine Symbolsprache, eine „Universalcharakteristik", mit deren Hilfe „man jedem Gegenstand seine bestimmte charakteristische Zahl beilegen kann"[6]. Auf diese Weise konnten alle Begriffe in eine kleine Anzahl ursprünglicher und nicht weiter definierter Ideen zerlegt werden; alles Wissen ließ sich in einem einzigen deduktiven System unterbringen und ausdrücken. Auf der Grundlage dieser Ziffern und der Regeln für ihre Verknüpfung konnten, so Leibniz, sämtliche Probleme gelöst und alle Kontroversen beendet werden:

Wenn jemand meine Resultate bezweifeln wollte, so würde ich ihm sagen: ‚Lassen Sie uns rechnen, Monsieur', und so würden wir die Frage mit Feder und Tinte entscheiden.[7]

Einem modernen Computertheoretiker vergleichbar, der ein Programm verkündet, an dem gerade gearbeitet wird, behauptete Leibniz:

Da es aber wegen der wundersamen Verknüpfung, in der alle Dinge stehen, äußerst schwer ist, die charakteristischen Zahlen einiger weniger besonderer Dinge losgelöst darzustellen, so habe ich einen eleganten Kunstgriff ersonnen, vermöge dessen sich gewisse Beziehungen vorläufig darlegen und fixieren lassen, die man sodann weiterhin in zahlenmäßiger Rechnung bestätigen kann.[8]

Und Leibniz zeigte auch keine Bescheidenheit im Hinblick auf die Bedeutung seines fast vollständigen Programms:

Sind nun die charakteristischen Zahlen einmal für die meisten Begriffe festgesetzt, so wird das Menschengeschlecht gleichsam ein neues Organ besitzen, das die Leistungsfähigkeit des Geistes weit mehr erhöhen wird, als die optischen Instrumente die Sehschärfe der Augen verstärken und das die Mikroskope und Fernrohre im selben Maße übertreffen wird, wie die Vernunft dem Gesichtssinn überlegen ist.[9]

Mit diesem leistungsfähigen neuen Werkzeug ließen sich die menschlichen Fertigkeiten, die Platon nicht formalisieren konnte und deshalb als blindes Umhertappen abgetan hatte, als Theorie wiederherstellen. In einem seiner „Forschungsvorschläge" – seinen Ausführungen darüber, wie er alles Denken auf die Manipulierung von Zahlen zurückführen könnte, wenn er nur genügend Geld und Zeit hätte – bemerkte Leibniz:

Die wichtigsten Beobachtungen und Kunstgriffe in allen Handwerken und Berufen sind bislang noch nicht niedergeschrieben worden. Dieser Umstand erweist sich in der Erfahrung, wenn wir von der Theorie zur Praxis übergehen, weil wir etwas bewerkstelligen möchten. *Selbstverständlich können wir auch diese Praxis aufschreiben, da sie im Grunde nur eine weitere, noch kompliziertere und speziellere Theorie ist...*[10]

Leibniz hatte nur Verheißungen, aber in den Arbeiten von George Boole, einem Mathematiker und Logiker des frühen 19. Jahrhunderts, kam sein Programm der Verwirklichung einen Schritt näher. Wie Hobbes nahm auch Boole an, schlußfolgerndes Denken sei dasselbe wie Berechnen, also machte er sich daran, „die fundamentalen Gesetze jener Operationen im Denken zu untersuchen, mit deren Hilfe Schlüsse gezogen werden, um sie in der Symbolsprache eines Kalküls zum Ausdruck zu bringen..."[11]

Die Boolesche Algebra ist eine binäre Algebra zur Darstellung elementarer logischer Funktionen. Sind „a" und „b" Variablen und steht „·" für „und", „+" für „oder", „1" für „wahr" und „0" für „falsch", dann können die logischen Verknüpfungsregeln in algebraischer Form wie folgt ausgedrückt werden:

$a + a = a$ $a + 0 = a$ $a + 1 = 1$

$a \cdot a = a$ $a \cdot 0 = 0$ $a \cdot 1 = a$

Damit war die westliche Hemisphäre gerüstet, mit dem Rechnen anzufangen.

Fast zur selben Zeit, mit den Entwürfen von Charles Babbage (1835), begann die Praxis die Theorie einzuholen. Babbage hatte eine von ihm so bezeichnete „analytische Maschine" entworfen, die zwar nie gebaut wurde, aber exakt wie ein moderner Digitalrechner funktionieren sollte. Sie arbeitete mit Lochkarten, verband logische und arithmetische Operationen miteinander und traf jeweils auf der Grundlage ihrer vorangegangenen Berechnungen logische Entscheidungen.

Ein wesentliches Merkmal der Rechenmaschine von Babbage bestand darin, daß sie digital arbeitete. Es gibt zwei Grundtypen von Rechenmaschinen: Analog- und Digitalrechner. Die ersteren führen keine Rechnungen im eigentlichen Wortsinn aus. Ihre Wirkungsweise beruht auf der Messung von physikalischen Größen. Sie benutzen die Größen, z. B. elektrische Spannung, Zeitdauer, Drehwinkel einer Scheibe usw., die der zu manipulierenden Größe proportional sind, kombinieren sie in physikalischer Weise und *messen* das Ergebnis. Ein Rechenschieber ist ein typischer Analogrechner. Ein Digitalrechner – wie das aus dem Lateinischen *digitus* (Finger) abgeleitete Wort andeutet – stellt sämtliche Größen durch unstetige Zustände dar, z. B. Relais, die offen oder geschlossen sind, eine Wählscheibe, die nur einen von zehn verschiedenen Zuständen annehmen kann usw., und *zählt* anschließend buchstäblich, um sein Resultat zu erhalten.

Während also Analogrechner mit stetigen Größen arbeiten, sind alle Digitalrechner Maschinen mit unstetigen Zuständen. A. M. Turing, berühmt wegen seiner Definition des Wesens eines Digitalcomputers, hat es so formuliert:

[Maschinen mit unstetigen Zuständen] bewegen sich in plötzlichen Sprüngen oder ruckweise aus einem genau definierten Zustand in den nächsten. Diese Zustände sind hinreichend voneinander unterschieden, um die Möglichkeit einer Verwechslung zwischen ihnen auszuschließen. Streng genommen gibt es solche Maschinen eigentlich nicht. In Wirklichkeit befindet sich alles fortwährend in Bewegung. Es gibt jedoch viele Arten von Maschinen, die man sich zweckmäßig als Maschinen mit unstetigen Zuständen *vorstellt*. Wenn wir beispielsweise die Kippschalter für die Zimmerbeleuchtung betrachten, dann ist es eine bequeme Vereinfachung, sich jeden Schalter eindeutig als ein- oder als ausgeschaltet zu denken. Sicherlich muß es auch Zwischenpositionen geben, doch für die meisten Zwecke können wir diese außer acht lassen.[12]

Die Ideen von Babbage waren für die Technik seiner Zeit zu fortgeschritten, weil es damals noch keine schnelle und effiziente Möglichkeit zur Darstellung und Bearbeitung der Ziffern gab. Er mußte umständliche mechanische Hilfsmittel einsetzen, z. B. Zahnräder, um die unstetigen Zustände darzustellen. Elektrische Schalter sorgten für den erforderlichen technischen Durchbruch. Der von H. Aiken 1944 gebaute erste brauchbare Digitalrechner war elektromechanisch und enthielt etwa 3 000 Telefonrelais. Diese arbeiteten jedoch noch immer langsam, und erst mit der nächsten Generation von Computern, die mit Vakuumröhren bestückt waren, stand der moderne elektronische Computer bereit.

Bereit zu allem. Denn da ein Digitalcomputer mit abstrakten Symbolen operiert, die für alles stehen können, und logische Operationen verwendet, die alles mit allem verbinden können, ist jeder Digitalcomputer (anders als ein Analogrechner) eine universelle Maschine. Erstens kann er, in den Worten Turings, jeden anderen Digitalcomputer simulieren.

Die spezielle Eigenschaft von Digitalcomputern, daß sie jede andere Maschine mit unstetigen Zuständen nachahmen können, läßt sich auch so beschreiben, daß sie *universelle* Maschinen sind. Die Existenz von Maschinen mit dieser Eigenschaft hat die wichtige Konsequenz, daß es von Geschwindigkeitserwägungen abgesehen unnötig ist, immer neue Maschinen für unterschiedliche Rechenprozesse zu entwickeln. Sie können allesamt mit einem Digitalrechner durchgeführt werden, der für jeden Fall geeignet zu programmieren ist. Es wird sich zeigen, daß infolgedessen alle Digitalcomputer in gewisser Hinsicht äquivalent sind.[13]

Zweitens, und das ist philosophisch bedeutsamer, kann *jeder* Prozeß, der sich als Abfolge von Befehlen für die Manipulierung unstetiger Elemente beschreiben und somit formalisieren läßt, zumindest im Prinzip von einer derartigen Maschine reproduziert werden. Deshalb kann selbst ein Analogrechner, sofern sich die Beziehung zwischen seiner Eingabe und seiner Ausgabe mathematisch präzis beschreiben läßt, auf einem Digitalcomputer simuliert werden.[14]

Doch diese Maschinen wären vielleicht riesige Addiermaschinen geblieben, hätte nicht Platons Vision verfeinert durch zweitausend Jahre Metaphysik, in ihnen ihre Erfüllung gefunden. Endlich gab es eine Maschine, die aufgrund syntaktischer Regeln Daten bearbeitete. Darüber hinaus waren diese Regeln in die Schaltkreise der Maschine eingebaut. Einmal programmiert, brauchte an der Maschine nichts mehr interpretiert zu werden; es war kein Rückgriff auf menschliche Intuition und menschliches Urteil mehr erforderlich. Es war genau das, was Hobbes und Leibniz gefordert hatten, und Martin Heidegger sah dementsprechend in der Kybernetik den Gipfel der philosophischen Tradition.[15]

Während also Praktiker wie Eckert und Mauchly an der Universität von Pennsylvania die erste elektronische Digitalmaschine bauten, interessierten sich Theoretiker wie Turing, der das Wesen und die Fähigkeiten solcher Geräte zu verstehen suchte, für einen Bereich, der bislang eine Domäne der Philosophie gewesen war: die Natur der menschlichen Vernunft.

1950 schrieb Turing einen Artikel von weittragender Bedeutung, „Computing Machinery and Intelligence", in dem er feststellte, daß „das gegenwärtige Interesse an ‚Denkmaschinen' durch eine Maschine eigener Art geweckt wurde, die im allgemeinen als ‚Elektronikrechner' oder ‚Digitalcomputer' bezeichnet wird."[16] Anschließend greift er die Frage auf, ob solche Maschinen denken können.

Zur Entscheidung dieser Frage schlägt Turing eine Prüfung vor, die er als das „Imitationsspiel" bezeichnet:

Die neue Form des Problems läßt sich in Gestalt eines Spiels beschreiben, das wir das „Imitationsspiel" nennen. Gespielt wird es von drei Personen, einem

Mann (A), einer Frau (B) und einem Fragesteller (C), dessen Geschlecht beliebig ist. Der Fragesteller befindet sich in einem von den beiden übrigen Mitspielern getrennten Raum. Für ihn besteht das Ziel des Spiels darin herauszufinden, wer von den beiden anderen der Mann und wer die Frau ist. Er kennt von ihnen lediglich die Chiffren X und Y, und am Ende des Spiels sagt er entweder „X ist A, und Y ist B" oder „X ist B, und Y ist A". Er darf an A und B Fragen richten wie diese:

C: Ich bitte X, mir die Länge seiner oder ihrer Haare zu nennen. Angenommen, X ist A, dann muß A antworten. Das Ziel des Spiels besteht für A darin, C über seine wahre Identität zu täuschen. Er kann deshalb vielleicht so antworten:

„Mein Haar ist kurz geschnitten, und die längsten Strähnen sind etwa 20 cm lang."

Damit der Fragesteller keine Schlüsse aus der Stimmlage ziehen kann, werden die Antworten am besten mit einer Schreibmaschine geschrieben. Die ideale Anordnung ist eine Fernschreibverbindung zwischen den beiden Räumen. Ansonsten können die Fragen und Antworten auch über einen Mittelsmann weitergeleitet werden. Die Mitspielerin B hat die Aufgabe, dem Fragesteller zu helfen. Ihre bestmögliche Strategie besteht wahrscheinlich darin, stets die Wahrheit zu sagen. Sie kann ihren Antworten zwar noch Sätze hinzufügen wie z. B. „Ich bin die Frau, glauben Sie ihm nicht!", was jedoch nichts nützen wird, weil der Mann ähnliche Anmerkungen machen kann.

Wir stellen nunmehr die Frage: „Was geschieht, wenn eine Maschine die Rolle von A in dem Spiel übernimmt?" Wird der Fragesteller in diesem Fall denselben Prozentsatz an falschen Entscheidungen treffen, wie wenn er es bei A mit einem Menschen zu tun hat? Diese Fragen ersetzen unsere ursprüngliche Formulierung ‚Können Maschinen denken?'"[17]

Dieses Spiel ist als Turing-Test bekannt geworden. Philosophen mögen ihre Zweifel hegen, ob eine Ähnlichkeit rein auf der Verhaltensebene jemals eine angemessene Begründung für die Zuschreibung von Intelligenz sein kann[18], doch als Ziel für all jene, die damals versuchten, Denkmaschinen zu bauen, und als Kriterium zur kritischen Bewertung ihrer Arbeit war Turings Test genau das, was man brauchte.

Natürlich gab es noch keinen Digitalcomputer, der für einen solchen Test in Frage gekommen wäre. Trotz seiner Schnelligkeit, Genauigkeit und Universalität war der Digitalcomputer noch immer nicht mehr als ein Gerät zur Manipulierung allgemeiner Symbole. Aber die Einsätze lagen nunmehr auf der alten Leibnizschen Wette. Die Zeit war reif, den geeigneten Symbolismus sowie die detaillierten Instruktionen zustande zu bringen, mit deren Hilfe sich die Regeln der Vernunft in ein Computerprogramm umsetzen ließen. Turing hatte die Möglichkeit dazu nachgewiesen und das Erfolgskriterium angegeben, doch endet sein Aufsatz mit höchst skizzenhaften Anregungen für die weitere Entwicklung:

Wir können hoffen, daß Maschinen eines Tages auf allen rein denkerischen Gebieten vergleichbare Leistungen erbringen wie der Mensch. Aber mit welchem Gebiet sollen wir beginnen? Selbst das ist eine schwierige Entscheidung. Viele sind der Meinung, am zweckmäßigsten sei eine höchst abstrakte Fähigkeit wie das Schachspielen. Man kann aber auch dafür plädieren, die Maschine mit den besten gegenwärtig verfügbaren Sinnesorganen auszurüsten, um ihr anschließend Englisch beizubringen. Dieser Prozeß könnte in ähnlicher Weise ablaufen wie der Unterricht eines Kindes. Man könnte auf die Dinge zeigen und ihren Namen nennen usw. Auch hier weiß ich nicht, welche Antwort die richtige ist, aber ich glaube, wir sollten beide Ansätze versuchen.[19]

Es fehlte noch immer ein Verfahren, um die Regeln aufzufinden, von deren Existenz Denker von Platon bis Turing überzeugt waren – ein Verfahren zum Konvertieren einer jeden praktischen Tätigkeit wie das Schachspielen oder das Erlernen einer Sprache in einen Katalog von Instruktionen, den Leibniz als eine Theorie bezeichnet hatte. Bald darauf setzte die Arbeit über Schachspielen und Sprachverstehen ein, als habe man Turings Hinweise aufgegriffen. Im selben Jahr, in dem Turing seinen Aufsatz geschrieben hatte, schrieb Claude E. Shannon, der Erfinder der Informationstheorie, einen Artikel über schachspielende Maschinen, in dem er die Schwierigkeiten eines Schachprogramms für Computer erörterte.

Die Erforschung eines bestimmten Spielverlaufs über vierzig Züge hinweg wäre ebenso nachteilig wie die Erkundung sämtlicher Spielverläufe bei nur zwei Zügen. Ein geeigneter Kompromiß bestünde darin, nur die wichtigen möglichen Varianten so weit zu verfolgen – d. h. zwingende Züge, Wegnahmen und Hauptbedrohungen –, daß die Konsequenzen jeweils möglichst klar werden. Es ist möglich, einige grobe Kriterien für die Auswahl wichtiger Varianten anzugeben- die zwar nicht so effizient sind wie das Urteil eines Schachmeisters, aber effizient genug, um die Zahl der möglichen Varianten merklich zu verringern und dadurch eine eingehendere Untersuchung jener Züge zu erreichen, die tatsächlich erwogen werden.[20]

Shannon schrieb kein Schachprogramm, aber er war überzeugt, daß „ein in dieser Weise programmierter Elektronikrechner etwa mit derselben Geschwindigkeit wie menschliche Schachspieler ziemlich stark spielen könnte."[21]

1955 gab Allen Newell einen nüchternen Überblick über die Probleme einer Programmierung von Schachcomputern und die zu ihrer Lösung angebotenen Vorschläge. Newell schreibt, daß „diese [vorgeschlagenen] Mechanismen so kompliziert [sind], daß man unmöglich vorhersagen kann, ob sie funktionieren"[22]. Das folgende Jahr brachte jedoch einen aufsehenerregenden Erfolg. In Los Alamos erstellte eine Gruppe ein Programm, das auf einem verkleinerten Brett Schach spielen konnte – schlecht, aber den Regeln gemäß. In einer Besprechung dieser Arbeit kamen Allen Newell, J. C. Shaw und H. A. Simon zu dem Schluß: „Ohne nennenswerte Fortschritte im Hinblick auf die Komplexität des Spiels haben wir zumindest die Arena des menschlichen Spiels betreten – wir können einen Anfänger schlagen."[23] Und 1957 hatte Alex Bernstein ein Programm für den IBM 704, das zwei „passable Amateurpartien" spielen konnte.[24]

In der Zwischenzeit verfolgte Anthony Oettinger den anderen von Turing vorgeschlagenen Weg. Nachdem er bereits 1952 eine Maschine programmiert hatte, die einen einfachen Konditionierungsvorgang simulierte, indem sie aufgrund positiver oder negativer Verstärkung eine vorgegebene Reaktion vergrößerte oder verringerte, wandte Oettinger sich dem Problem der Sprachübersetzung zu und programmierte ein russisch-englisches mechanisches Wörterbuch. Weitere Forschungsarbeiten in diesen Richtungen, so schien es, würden möglicherweise zu einem Computer führen, dem man beibringen konnte, Gegenstände mit Begriffen zu verknüpfen.

Dennoch bot keiner der beiden Zugänge so etwas wie eine allgemeine Theorie des intelligenten Verhaltens an. Was benötigt wurde, waren Regeln, die jedes intelligente Handeln in einen Katalog von Anweisungen überführten. An diesem Punkt angelangt, untersuchten Herbert Simon und Allen Newell, wie Studenten bei der Lösung logischer Probleme vorgingen. Dabei stellten sie fest, daß ihre Testpersonen Regeln oder Abkürzungen verwendeten, die nicht universell korrekt waren, sich jedoch trotz einiger Fehlschläge häufig als hilfreich erwiesen. Eine solche Faustregel konnte etwa lauten: Versuche stets, einen langen Ausdruck durch einen kürzeren zu ersetzen. Daraufhin versuchten Simon und Newell, diese praktische Intelligenz zu simulieren. Die dabei entwickelten „heuristischen Programme" sollten mit dieser Bezeichnung von sogenannten algorithmischen Programmen unterschieden werden, die zwar immer die Lösung finden, aber sehr schnell unhandlich werden, wenn die Probleme praktischer Art sind.

Dieser Begriff von einer praktischen Regel bedeutete einen neuen Meilenstein auf dem Weg zu Computern, die ein allgemeines Problemlösungsverhalten zeigten. Etwas von der Erregung, die von dieser neuen Idee ausgelöst wurde, ist noch im ersten Abschnitt des klassischen Aufsatzes von Newell, Shaw und Simon „Empirical Explorations with the Logic Theory Machine: A Case Study in Heuristics" zu spüren:

Dies ist eine Fallstudie über Problemlösungen, die zu einem Forschungsprogramm über komplexe datenverarbeitende Systeme gehört. Wir haben ein System entwickelt, mit dessen Hilfe Beweise von Theoremen der elementaren symbolischen Logik gefunden werden können, und im Verlauf der entsprechenden Programmierung eines Computers haben wir empirische Daten über den Prozeß der Problemlösung auf dem Gebiet der elementaren Logik gewonnen. Das Programm trägt die Bezeichnung Logic Theory Machine (LT); es war dazu gedacht, uns etwas darüber mitzuteilen, wie sich schwierige Probleme wie die folgenden lösen lassen: das Beweisen mathematischer Theoreme, die Abstrahierung wissenschaftlicher Gesetze aus Daten, Schachspielen oder das Verstehen englischer Prosatexte.

In der Forschung, über die hier berichtet wird, geht es um ein Verständnis der komplexen Prozesse (Heuristiken), die beim Problemlösen erfolgreich sind. Deshalb sind wir nicht an Verfahren interessiert, die zwar in jedem Fall zu einer Lösung führen, dafür jedoch einen erheblichen Rechenaufwand erfordern. Wir möchten vielmehr verstehen, wie es beispielsweise einem Mathematiker möglich ist, ein Theorem zu beweisen, obwohl er anfangs weder weiß, ob er erfolgreich sein wird, noch wie er dabei vorgehen soll.[25]

Newell und Simon erkannten freilich schnell, daß selbst dieser Ansatz nicht allgemein genug war. Ein Jahr später (1957) versuchten sie, die in der Logikmaschine verwendeten heuristischen Prinzipien auf einen ganzen Bereich ähnlicher Probleme anzuwenden. Daraus entstand ein Programm mit der Bezeichnung „Allgemeiner Problemlöser" (*General Problem Solver*; GPS). Das Forschungsinteresse und die Ausrichtung der Arbeit am GPS-Programm werden im ersten größeren Bericht von Newell, Shaw und Simon über dieses Unternehmen dargelegt:

Dieser Bericht ... ist Teil einer Untersuchung über die extrem komplexen Prozesse, die bei jedem intelligenten, anpassungsfähigen und schöpferischen Verhalten mitwirken ... Bei der Lösung von Problemen sind Informationen vielfältiger Art hilfreich: sie können die Reihenfolge angeben, in der mögliche Lösungen untersucht werden sollten; sie können eine ganze Klasse von bisher für möglich gehaltenen Lösungen ausschließen; sie können ein ökonomisches Verfahren an die Hand geben, mit dem sich wahrscheinliche von unwahrscheinlichen Möglichkeiten unterscheiden lassen, usw. Alle Informationen dieser Art sind *heuristisch* – sie tragen zu unserer Erkenntnis bei. Heuristische Verfahren bieten aber nur selten eine unfehlbare Anleitung ... Häufig „funktionieren" sie, doch sind die Ergebnisse unterschiedlich, und der Erfolg steht nur selten von vornherein fest.[26]

Um eine Vorstellung von den allgemeinen heuristischen Verfahren ihres Programms zu vermitteln, geben Newell und Simon ein Beispiel für intelligentes Alltagsverhalten:

Ich möchte meinen Sohn zum Kindergarten bringen. Worin besteht der Unterschied zwischen dem, was ich habe, und dem, was ich möchte? In einer Entfernung. Was überbrückt die Entfernung? Mein Auto. Mein Auto springt nicht an. Was brauche ich, damit es anspringt? Eine neue Batterie. Wer hat Autobatterien? Ein Geschäft mit Autozubehör. Ich möchte, daß mir die Batterie ins Haus geliefert wird, aber die Leute in dem Geschäft wissen nicht, daß ich eine brauche. Worin besteht die Schwierigkeit? In der fehlenden Kommunikation. Was stellt die Kommunikation her? Ein Telefon ... usw.

Diese Art der Analyse – die Kategorisierung von Dingen entsprechend ihren Funktionen und das ständige Wechseln zwischen Zielen, erforderlichen Funktionen und Mitteln zu deren Realisierung – bildet das fundamentale heuristische System des GPS. Genauer gesagt geht dieses Zweck-Mittel-System von folgenden Annahmen aus:

1. Ist ein Gegenstand gegeben, der nicht der gewünschte ist, so lassen sich Unterschiede feststellen zwischen dem verfügbaren und dem gewünschten Gegenstand.

2. Operatoren wirken auf einige Merkmale ihrer Operanden ein und lassen andere unverändert. Demnach lassen sich Operatoren durch die von ihnen hervorgerufenen Änderungen kennzeichnen, und mit ihrer Hilfe kann man versuchen, Unterschiede zwischen den Gegenständen, auf die sie einwirken sollen, und den gewünschten Gegenständen zu beseitigen.

3. Manche Unterschiede sind weniger leicht zu beeinflussen als andere. Es ist deshalb zweckmäßig, „schwierige" Unterschiede nach Möglichkeit auszuschalten, selbst um den Preis neuer, aber dafür weniger schwieriger Unterschiede. Dieser Prozeß kann so lange wiederholt werden, solange sich bei der Eliminierung der schwierigeren Unterschiede ein Fortschritt ergibt.[27]

Nachdem Digitalrechner Denksportaufgaben lösen konnten wie die mit den drei Kannibalen und den drei Missionaren, die mit einem Boot einen Fluß überqueren müssen, ohne daß dabei die Missionare von den Kannibalen gefressen werden, hatte der philosophische Ehrgeiz offenbar die seit langem ersehnte Technik gefunden: dem universellen Hochgeschwindigkeitsrechner hatte man die Regeln für die Umwandlung von Denk- in Rechenprozesse eingegeben. Simon und Newell empfanden die Bedeutung des Augenblicks und verkündeten frohlockend, daß nunmehr die Ära intelligenter Maschinen angebrochen sei.

Wir sind im Begriff zu lernen, wie wir Computer bei Problemen einsetzen können, für die uns keine systematischen und effizienten Algorithmen zur Verfügung stehen. Und wir wissen jetzt, zumindest auf einem beschränkten Gebiet, nicht nur, wie man Computer programmieren muß, damit sie solche Probleme erfolgreich lösen; wir wissen auch, wie man Computer programmieren muß, damit sie diese Dinge *lernen.*

Kurz, wir verfügen jetzt über die Elemente einer Theorie des heuristischen (im Gegensatz zum algorithmischen) Problemlösens; wir können mit Hilfe dieser Theorie zu einem Verständnis heuristischer Prozesse beim Menschen gelangen und sie mit Digitalcomputern simulieren. Intuition, Erkenntnis und Lernen sind nicht länger ausschließlich menschliche Eigenschaften: jeder große Hochgeschwindigkeitsrechner läßt sich so programmieren, daß er diese Fähigkeiten ebenfalls zeigt.[28]

Dieser Forschungsbereich, die Computersimulation von intelligentem Verhalten, wurde bald als „Künstliche Intelligenz" bekannt. Man sollte sich durch die Bezeichnung nicht irreführen lassen. Zweifellos wäre auch ein künstliches Nervensystem, das dem menschlichen genügend ähnelt, in Verbindung mit weiteren Eigenschaften wie Sinnesorganen und einem Körper, ein intelligentes System. Der Terminus „künstlich" bedeutet nicht, daß die KI-Forscher versuchen, einen künstlichen Menschen zu bauen. Beim gegenwärtigen Stand der Physik, Chemie und Neurophysiologie ist ein solches Unternehmen undenkbar. Simon und die anderen Pioniere der Künstlichen Intelligenz schlagen etwas Beschränkteres vor: ein heuristisches Programm, das eine digitale Maschine zur Datenverarbeitung befähigen soll, intelligentes Verhalten zu zeigen.

Auch der Begriff „Intelligenz" ist irreführend. Niemand erwartet von einem Roboter, daß er jedes intelligente Verhalten des Menschen simulieren kann. Er muß weder eine Frau fürs Leben finden noch eine stark befahrene Straße überqueren können. Er braucht sich lediglich auf den objektiveren und körperlosen Gebieten des menschlichen Verhaltens zu bewähren, indem er beispielsweise Turings Imitationsspiel gewinnt.

Diese eingeschränkte Zielsetzung der KI-Forscher ist genau das, was ihrer Arbeit eine so überwältigende Bedeutung verleiht. Diese letzten Metaphysiker setzen alles auf die Fähigkeit des Menschen, sein Verhalten zu formalisieren, seinen Körper und sein Gehirn zu umgehen und auf diese Weise um so sicherer zum Wesenskern der Vernunft vorzustoßen.

Computer haben schon jetzt eine der industriellen Revolution vergleichbare Revolution zuwege gebracht. Aber wenn Simon mit seiner Annahme recht hat, daß die Simulierung menschlicher Intelligenz unmittelbar bevorsteht, dann erwartet uns eine noch spektakulärere Revolution, die unser Begriffsvermögen betrifft – eine Veränderung in unserem Verständnis vom Menschen. Jedermann spürt die Bedeutung dieser Revolution, doch sind wir den Ereignissen so nahe, daß es schwerfällt, ihre ganze Konsequenz zu erkennen. Soviel ist jedenfalls klar: Aristoteles hat den Menschen als vernunftbegabtes Lebewesen definiert, und seither zählt die Vernunft zum Wesen des Menschen. Wenn wir uns auf der Schwelle zur Künstlichen Intelligenz befinden, dann werden wir Zeugen einer höchst eingeengten Auffassung von Vernunft. Sollte es tatsächlich gelingen, einem Computer Vernunft einzuprogrammieren, dann wäre dies die Bestätigung eines Bildes vom Menschen als einem bloßen Objekt, eine zweitausend Jahre alte Vermutung der westlichen Denker, die sie erst jetzt mit Hilfe der neuen Werkzeuge zum Ausdruck bringen und konkretisieren können. Die Fleischwerdung dieser Vermutung wird unser Selbstverständnis einschneidend verändern. Sollte sich Künstliche Intelligenz jedoch als unerreichbar erweisen, dann müssen wir eine Unterscheidung zwischen menschlicher und künstlicher Vernunft treffen, und auch das wird unser Selbstbild radikal verändern. Damit ist der Augenblick gekommen, entweder die Wahrheit der tiefsten Intuition in der westlichen Denktradition anzuerkennen oder das mechanistische Menschenbild aufzugeben, das in den vergangenen 2 000 Jahren entstanden ist.

Obgleich es für eine erschöpfende Antwort wohl noch zu früh ist, müssen wir doch einen Versuch unternehmen, Umfang und Grenzen jener Form der Vernunft zu bestimmen, die seit der Vollendung der „analytischen Maschine" Vollgültigkeit erlangt hat. Wir müssen untersuchen, was Künstliche Intelligenz vermag, und falls den Möglichkeiten einer Computersimulation intelligenten Verhaltens Grenzen gesetzt sind, dann müssen wir diese Grenzen in ihrer ganzen Bedeutung erfassen. Was wir über die Grenzen der Intelligenz von Computern lernen, sagt auch etwas aus über die Eigenart und den Geltungsbereich der menschlichen Intelligenz. Was wir brauchen ist nichts weniger als eine Kritik der Künstlichen Vernunft.

II

Die Notwendigkeit einer Kritik der Künstlichen Vernunft ist nur ein Sonderfall einer generell notwendigen kritischen Vorsicht in den Verhaltenswissenschaften. Chomsky bemerkt, daß es in diesen Wissenschaften „eine natürliche, aber unglückliche Neigung gab, von dem Fingerhut von Erkenntnis, die mit sorgfältiger Experimentierpraxis und strenger Datenverarbeitung gewonnen wurde, zu Sachverhalten von umfassender Bedeutung und erheblicher sozialer Relevanz zu extrapolieren." Er gelangt zu dem Schluß:

Die Experten haben die Verantwortung, die tatsächlichen Grenzen ihrer Verständnismöglichkeiten und der bisher erzielten Resultate aufzudecken, und eine sorgfältige Analyse dieser Grenzen wird, wie ich glaube, zeigen, daß praktisch in jedem Bereich der Sozial- und Verhaltenswissenschaften die derzeit verfügbaren Resultate eine solche „Extrapolation" nicht stützen würden.²⁹

Die KI-Forschung scheint auf den ersten Blick eine glückliche Ausnahme dieses pessimistischen Prinzips zu sein. Tagtäglich erfahren wir, daß Computer Schach spielen, Übersetzungen anfertigen, Muster erkennen und bald in der Lage sein werden, unsere Arbeit zu übernehmen. Tatsächlich sieht das alles heute buchstäblich wie ein Kinderspiel aus. In einer vom Dezember 1968 datierten Pressenotiz der North American Newspaper Alliance mit der Überschrift „Ein Computer für Kinder" heißt es,

Kosmos, ein westdeutscher Verlag, ... ist mit einer neuen Geschenkidee auf den Markt gekommen ... Es handelt sich um einen (wenn auch kleinen) richtigen Computer, und er kostet etwa 20 Dollar. Er ist batteriebetrieben und sieht aus wie eine tragbare Schreibmaschine. Aber er läßt sich wie jeder Großcomputer darauf programmieren, Übersetzungen anzufertigen, Krankheiten zu diagnostizieren und sogar eine Wettervorhersage zu erstellen.

Und in einem LIFE-Artikel vom 20. November 1970 mit der Überschrift „Begegnung mit Shakey, dem ersten elektronischen Menschen" erfährt der staunende Leser von einem Computer, der „aus fünf Schaltkreissystemen gebaut ist, die weitgehend fünf grundlegenden menschlichen Fähigkeiten entsprechen – Sinneswahrnehmungen, Vernunft, Sprache, Gedächtnis und Ego." Diesem Artikel zufolge kann dieser Computer „sehen", „verstehen" und „lernen", und er hat generell „den Beweis dafür erbracht, daß Computer denken können." Der Artikel führt mehrere namhafte Computerwissenschaftler an, nach deren Prognosen wir innerhalb eines Zeitraums zwischen drei und fünfzehn Jahren „über eine Maschine mit der allgemeinen Intelligenz eines durchschnittlichen menschlichen Wesens verfügen ... die wenige Monate später das Niveau von Genies erreicht haben wird ..."

Natürlich werden wir auf einen perfekten Roboter noch ein paar Jahre warten müssen, doch jeder, der sich für die voraussichtliche Situation um die Jahrtausendwende interessiert, kann in dem Film *2001: Odyssee im Weltraum* einen Roboter namens HAL erleben, der nüchtern, gesprächig und fast allwissend und allmächtig ist. Und dieser Film ist keine reine Science-fiction. Er beruht auf sorgfältigsten wissenschaftlichen Recherchen. Stanley Kubrick, der Regisseur, ließ sich von den führenden Computerwissenschaftlern darüber beraten, welche Entwicklungen auch nur entfernt denkbar seien. Turing selbst hatte 1950 noch einmal seine Auffassung bekräftigt, daß „bis zum Ende dieses Jahrhunderts die

Verarbeitung von Texten und Allgemeinbildung so weit fortgeschritten sein wird, daß man von denkenden Maschinen sprechen kann, ohne auf Widerspruch zu stoßen"[30]. Und der technische Berater des Films, Professor Marvin Minsky, der in seinem Laboratorium am MIT an einem frühen Vorläufer von HAL arbeitete, versicherte Kubrick, Turing sei noch immer zu pessimistisch. Daß Kubrick Minsky nicht falsch verstanden hat, zeigt sich in einem Leitartikel Minskys für das *Science Journal*, der sich wie das Szenarium für *2001* liest:

Anfangs hatten die Maschinen nur simple Greifzangen. Bald werden sie über fein entwickelte Glieder und Gelenke verfügen. Ursprünglich konnten die Augen von Computern nur ein Loch in einer Karte erkennen. Heute erkennen sie Umrisse vor einem einfachen Hintergrund, und es wird nicht mehr lange dauern, bis sie ihre Umwelt ebenso analysieren werden wie der Mensch. Anfangs konnten Computerprogramme lediglich Zahlenkolonnen addieren. Jetzt können sie Spiele spielen, einfache Unterhaltungen verstehen und viele für eine Entscheidung wichtige Faktoren gegeneinander abwägen. Wie wird es weitergehen?

Heute lösen Maschinen Probleme in der Hauptsache entsprechend den Prinzipien, die wir in sie eingebaut haben. In Kürze werden wir wissen, wie wir sie programmieren müssen, damit sie ihre eigenen Fähigkeiten zur Lösung von Problemen ständig selbst verbessern. Ist erst einmal eine bestimmte Schwelle überschritten, erfolgt die Entwicklung immer schneller, und vielleicht werden wir nur unter Schwierigkeiten einen zuverlässigen „Regler" zustande bringen, um ihr Tempo abzubremsen.[31]

Es hat den Anschein, als gebe es für den Leistungsbereich und die Denkfähigkeit von geeignet programmierten Computern keine Grenze. So nimmt es kaum wunder, daß man bei Wissenschaftstheoretikern auf die Meinung trifft, Maschinen könnten alles, was der Mensch auch kann; daran schließen sich Überlegungen an, was daraus für die Philosophie des Geistes folgt. Demgegenüber gibt es einige Moralisten und Theologen, die eine letzte Zuflucht in Verhaltensbereichen wie Moral, Liebe und schöpferisches Entdecken suchen, die nach ihrem Dafürhalten dem Vordringen des Computers Einhalt gebieten. Die Denker in beiden Lagern haben sich jedoch nicht die vorgeordnete Frage gestellt, ob es überhaupt stimmt, daß Maschinen selbst so elementare Fertigkeiten erlernen können wie das Spielen von Spielen, die Lösung einfacher Probleme, das Lesen einfacher Sätze und das Erkennen von Mustern, weil sie wahrscheinlich den Eindruck haben – und dieser wird von der Presse und von KI-Forschern wie Minsky noch genährt –, daß die einfachen und sogar einige der schwierigen Aufgaben entweder bereits gelöst wurden oder kurz vor der Lösung stehen. Zunächst sind also diese Behauptungen näher zu prüfen.

Es empfiehlt sich, den Anfang mit einer Prophezeiung Herbert Simons aus dem Jahr 1957 zu machen, als der von ihm entwickelte „Allgemeine Problemlöser" den Schlüssel zur Künstlichen Intelligenz zu bieten schien:

> Ich möchte Sie weder verblüffen noch schockieren ... In wenigen Worten ausgedrückt, gibt es jetzt auf der Welt Maschinen, die denken, lernen und schöpferisch wirken. Außerdem werden ihre Fähigkeiten sich in kurzer Zeit steigern, bis – in absehbarer Zukunft – der Bereich der Probleme, die von ihnen bearbeitet werden können, sich mit dem Bereich deckt, der bislang dem menschlichen Denken vorbehalten war.

Simon prophezeit sodann unter anderem:

1. In spätestens zehn Jahren wird ein Computer Schachweltmeister, sofern ihn die Regeln nicht von der Teilnahme ausschließen.
2. In spätestens zehn Jahren wird ein Computer ein neues, bedeutendes mathematisches Theorem entdecken und beweisen.
3. In spätestens zehn Jahren werden die meisten Theorien der Psychologie die Form von Computerprogrammen oder von qualitativen Aussagen über die Merkmale von Computerprogrammen haben.[32]

Leider ist der zehnte Jahrestag dieses historischen Vortrags unbemerkt verstrichen, und die KI-Forscher haben sich auf keiner ihrer nationalen und internationalen Konferenzen die Zeit genommen, neben ihren Siegesmeldungen auch einmal diese Prognosen mit dem tatsächlich Erreichten zu vergleichen. Seither sind vierzehn Jahre vergangen, und noch immer schwebt die Drohung Simons über uns, daß die Computer eines Tages von uns nicht mehr beherrscht werden könnten. Es ist fraglos höchste Zeit, diese Prophezeiung an der heutigen Wirklichkeit zu messen.

Bereits in den fünf Jahren, die auf Simons Prognosen folgten, erweckten Veröffentlichungen den Eindruck, die erste davon sei bereits zur Hälfte verwirklicht und im Hinblick auf die zweite seien beträchtliche Fortschritte erzielt worden. Die zweite Prophezeiung wurde von W. R. Ashby „erfüllt" (einer der maßgeblichen Persönlichkeiten auf diesem Gebiet), als er in einer Besprechung eines von Feigenbaum und Feldman herausgegebenen Readers *Computers and Thought* die enorme mathematische Leistungsfähigkeit eines entsprechend programmierten Computers pries: „Gelernters Programm für Theorembeweise hat einen neuen Beweis des *pons asinorum* entdeckt, der ohne Konstruktion auskommt." Auf diesen Beweis, so Ashby, „sind die größten Mathematiker 2 000 Jahre lang nicht gekommen ... seine Entdeckung wäre auf höchste Anerkennung gestoßen."[33]

Der Name des Theorems klingt bedeutungsvoll, und der unbefangene Leser kann sich Ashbys Begeisterung nur anschließen. Sobald wir jedoch ein wenig nachforschen, ergibt sich, daß der *pons asinorum* („Eselsbrücke") ein in der Euklidischen Geometrie bewiesenes Grundtheorem ist – daß nämlich die Basiswinkel eines gleichschenkligen Dreiecks einander gleich sind. Überdies wird die erste Veröffentlichung dieses „neuen", von der Maschine „erfundenen" Beweises Pappus (300 v. Chr.) zugeschrieben.[34] Die Begeisterung Ashbys steht in keinem Verhältnis zur altehrwürdigen Bekanntheit und Einfachheit dieses Beweises. Wir sind noch immer weit entfernt von dem „bedeutenden mathematischen Theorem", das bis spätestens 1967 gefunden werden sollte.

Die Geschichte des Schachcomputers ist noch verworrener und eignet sich gut als Beispiel dafür, wie auf diesem Gebiet die Köpfe vernebelt wurden. 1958, ein Jahr nach Simons Prophezeiungen, stellten Newell, Shaw und Simon ein fertiges Schachprogramm vor. Nach der Beschreibung in ihrem klassischen Aufsatz „Chess-Playing Programs and the Problem of Complexity" war ihr Programm „nicht völlig fehlerbereinigt", so daß man „über das Verhalten des Programms nicht sehr viel aussagen kann."[35] Trotzdem ist es zweifellos „gut ... im Eröffnen des Spiels".[36] Das war der letzte eingehende Bericht, der über dieses Programm veröffentlicht wurde. Aber noch im selben Jahr verkündeten Newell, Shaw und Simon: „Wir haben ein Programm zum Schachspielen geschrieben"[37], so daß Simon aufgrund dieses Erfolgs seine frühere Voraussage änderte:

An anderer Stelle haben wir die Prognose gewagt, in spätestens zehn Jahren werde ein Computer ein bedeutendes mathematisches Theorem entdecken und beweisen. Aufgrund unserer Erfahrung mit den heuristischen Verfahren bei Logik- und Schachprogrammen möchten wir die weitere Prognose hinzufügen, daß wir zur Konstruktion eines theorembeweisenden Programms lediglich von den Fähigkeiten der heute entwickelten Programme geringfügig extrapolieren müssen.[38]

Die Leichtgläubigkeit der Öffentlichkeit im Verein mit Simons Überschwang bewirkten, daß die von Newell, Shaw und Simon für ihr noch immer fehlerhaftes Programm reklamierten Fähigkeiten die Schachmaschine ins Reich der wissenschaftlichen Mythen beförderten. 1959 trieb

Norbert Wiener die Behauptung, das Programm sei „gut im Eröffnen", noch ein Stück weiter, als er vor der Philosophischen Fakultät der Universität New York sagte, „die heutigen Schachcomputer befinden sich auf einem Niveau, daß sie auf Züge von Meisterspielern mit Erwiderungen antworten, die in den Schachlehrbüchern als die jeweils besten anerkannt sind, und zwar bis zur Mitte eines Spiels."[39] Auf demselben Symposium rückte Michael Scriven von der mehrdeutigen Aussage „Maschinen können heute schachspielen" ab und behauptete „Maschinen sind bereits in der Lage, eine gute Partie zu spielen."[40] Tatsache ist, daß das von Newell, Shaw und Simon entwickelte Programm bei seinen wenigen aufgezeichneten Spielen zwar schlecht, aber immerhin regelgerecht Schach spielte und bei seinem letzten offiziellen Versuch im Oktober 1960 von einem zehn Jahre alten Anfänger in 35 Zügen geschlagen wurde. Allerdings zählten Tatsachen zu dieser Zeit schon nicht mehr.

Während ihr Programm seine fünf oder sechs schwachen Spiele verlor – und der von ihnen ins Leben gerufene Mythos sich nur bis zum Mittelspiel behauptete –, war von Newell, Shaw und Simon nichts zu vernehmen. Als sie drei Jahre später ihre Sprache wiederfanden, war von ihren Schwierigkeiten und ihrer Enttäuschung keine Rede. Als wollten sie einfach da weitermachen, wo der Mythos aufgehört hatte, veröffentlichte Simon einen Aufsatz in der *Behavioral Science*, in dem er ein Schachprogramm vorstellte, das „in hohem Maße schöpferische" Endspiele beherrschte, deren „Kombinationen den in der bisherigen Schachgeschichte verzeichneten an Schwierigkeit in nichts nachstehen."[41] Daß das Programm diese Endspiele darauf beschränkt, daß ewiges Schach geboten wird, womit sich die Zahl der relevanten Züge beträchtlich verringert, wird zwar erwähnt, aber nicht besonders betont. Ganz im Gegenteil wird der irreführende Eindruck erweckt, als ließe sich mit ähnlich einfachen heuristischen Verfahren auch ein gutes Mittelspiel erreichen[42] und als sei Simons Schachprognose fast bereits Wirklichkeit geworden. Bei einem derartigen Fortschrittstempo kann die Schachweltmeisterschaft jederzeit für den Computer *beansprucht* werden. Ein russischer Kybernetiker bezeichnete Simons Zehnjahresprognose sogar als „vorsichtig".[43] Und Fred Gruenberger von RAND vertrat die Meinung, eine Weltmeisterschaft sei noch nicht genug – wir sollten „ein Programm anvisieren, das besser als menschenmöglich spielt."[44] Diese wiederauflebende Vernebelung der Gemüter erinnert an jenen legendären Drachen, der den Dampf, den er zum Atmen benötigt, selbst ausbläst.

Die Wirklichkeit hinkt diesen beeindruckenden Verkündungen hinterher. Nachdem ich auf die Diskrepanz zwischen ihrem Enthusiasmus und ihren tatsächlichen Ergebnissen hingewiesen und sie damit in Verlegenheit gebracht hatte, präsentierten die KI-Forscher schließlich ein relativ leistungsfähiges Programm. Entwickelt wurde es unter der Bezeichnung MacHack von R. Greenblatt, es gewann sogar gegen den Autor dieses Buches[45], einen blutigen Amateur, und beteiligte sich an mehreren Wettkämpfen, auf denen es einige Siege errang. Dieser beschränkte Erfolg erweckte die alten Hoffnungen und Ansprüche zu neuem Leben. Seymour Papert, stellvertretender Leiter des Roboterprojekts am MIT, schwang sich zum Verteidiger von Simons Prognose auf und behauptete, „als Aussage darüber, was Forscher auf diesem Gebiet als erreichbares Ziel in der nahen Zukunft ansehen, ist dies eine vertretbare Aussage."[46] Und auf Seite 1 des *Science Journal* vom Oktober 1968 schreibt Donald Michie, der Kopf der Künstlichen Intelligenzija Englands, „heute können Maschinen Schach auf dem Niveau von Großmeistern spielen."[47] Dem steht die Einschätzung des Schachmeisters de Groot gegenüber, der in einer Würdigung früherer Schachprogramme geäußert hat, „Programme sind nach wie vor sehr schwache Schachspieler, und ich glaube auch nicht, daß es hier in absehbarer Zeit wesentliche Verbesserungen geben wird." Und ein weiterer Schachmeister, Eliot Hearst, fügt in einer Kritik des MIT-Programms in *Psychology Today* hinzu: „De Groots Einschätzung stammt aus dem Jahr 1964, und auch die jüngsten Wettkampfleistungen von MacHack würden ihn nicht zu einer Änderung seiner Meinung nötigen."[48] Dasselbe gilt von den jüngsten Ereignissen. Greenblatts Programm wurde zwar zunehmend verbessert, hat jedoch offenbar seine Grenzen erreicht. In den beiden letzten Jahren verlor es in allen Wettkämpfen, an denen es sich beteiligte, sämtliche Spiele und erregte auch kein öffentliches Interesse mehr. Wir werden noch sehen, daß angesichts der Beschränkungen, denen Computer unterliegen, auch nichts anderes zu erwarten war.

Es spricht für Greenblatt, daß er selbst in den Glanzzeiten von Mac-Hack auf Prophezeiungen verzichtete; was Simon und die Weltmeisterschaft betrifft, so sind die zehn Jahre seiner Prognose mehr als vergangen, und der Computer ist bestenfalls ein drittklassiger Amateur.[49]

Daß der Stand der Computertechnik so weit hinter den Erwartungen von Simon zurückgeblieben ist, hat hoffentlich die Nebelschwaden vertrieben. Wir müssen uns vor allen Dingen klar machen, daß die Künstliche Intelligenz trotz aller Prophezeiungen, Presseverlautbarungen, Filmen und Vorankündigungen eine Verheißung und noch keine vollendete Tatsache ist. Erst dann können wir damit beginnen, den gegenwärtigen Stand und die Zukunftshoffnungen der KI-Forschung auf einer genügend fundamentalen Ebene zu untersuchen.

Die Disziplin der Künstlichen Intelligenz hat viele Zweige, doch lassen sich die wichtigsten Arbeiten vier Gebieten zuschreiben: Spielen nach Spielregeln, Sprachübersetzung, Problemlösen und Mustererkennung. Über die Entwicklung von regelgerecht spielenden Computern haben wir bereits gesprochen. Im folgenden werde ich auf die drei übrigen Gebiete näher eingehen. In Teil I werde ich meine übergreifende These belegen, daß die Entwicklung der einzelnen Forschungsfelder der KI ein stets wiederkehrendes Muster aufweist: nach anfänglichen aufsehenerregenden Erfolgen treten plötzlich unerwartete Schwierigkeiten auf. Diese beiden Phasen währen jeweils etwa fünf Jahre. Die Forschungen von 1957 bis 1962 (1. Kapitel) beschäftigten sich in der Hauptsache mit der Simulierung kognitiver Prozesse (Kognitive Simulation, KS) – man suchte nach heuristischen Verfahren zur Simulation menschlichen Verhaltens, d. h. Reproduktion der Schritte, nach denen Menschen tatsächlich vorgehen. Die zweite Phase (2. Kapitel) war beherrscht von Arbeiten über semantische Informationsverarbeitung. Hier handelt es sich um Künstliche Intelligenz in einem engeren Sinn, als ich den Begriff bislang verwendet habe. Die KI (für den Begriff in dieser engeren Bedeutung werde ich diese Abkürzung verwenden) stellt den Versuch dar, intelligentes menschliches Verhalten mit Hilfe von Programmiertechniken zu simulieren, die mit den menschlichen Denkprozessen nur eine geringe oder gar keine Ähnlichkeit aufweisen müssen. Die Schwierigkeiten, auf die ein solcher Ansatz stoßen muß, werden gerade erst sichtbar. Und schließlich geht es in Teil I darum, die gemeinsame Ursache all dieser scheinbar unzusammenhängenden Rückschläge aufzuspüren.

Diese praktischen Schwierigkeiten, das Unvermögen, den prophezeiten Fortschritt auch in die Tat umzusetzen, konnten indessen die Forscher zu keiner Zeit entmutigen. Im Gegenteil, ihr Optimismus scheint mit jedem Fehlschlag noch zuzunehmen. Wir müssen uns deshalb fragen, welche Annahmen dieser ungebrochenen Zuversicht trotz wiederholter Enttäuschungen zugrunde liegen. In Teil II versuche ich, vier tief verwurzelte Annahmen oder Vorurteile zutage zu fördern, die verhindern, das Grundsätzliche an der gegenwärtigen Sackgasse zu erkennen, sowie die Begriffsverwirrung offenzulegen, die aufgrund dieser Vorurteile entstanden ist.

Diese Vorurteile sind jedoch so tief in unserem Denken verankert, daß es scheinbar nur noch eine Alternative gibt: eine obskurantistische Leugnung der Möglichkeit, eine Wissenschaft vom menschlichen Verhalten zu treiben. Teil III versucht, diesem Einwand so weit wie möglich zu begegnen, indem er den beiden traditionellen Annahmen eine

Alternative entgegensetzt. Diese geht auf die Ideen von Denkern unseres Jahrhunderts zurück, deren Werk sich als implizite Kritik an einer künstlichen Vernunft verstehen läßt, auch wenn es bislang nie unter diesem Blickwinkel gesehen worden ist.

Falls die Form meiner Beweisführung und der Ton meiner einleitenden Bemerkungen für eine philosophische Untersuchung ungewöhnlich polemisch wirken, kann ich nur erneut daran erinnern, daß die Künstliche Intelligenz ein Gebiet ist, in dem häufig eine rhetorische Darstellung von Ergebnissen die solide Forschung ersetzt, so daß Forschungsberichte mehr Ähnlichkeit mit den Statements politischer Redner als mit einer wissenschaftlichen Abhandlung aufweisen. Einem derart suggestiven Umgang mit Tatsachen kann man nur mit gleichen Waffen begegnen. Von daher erklärt sich der anklagende Stil von Teil I. In Teil II habe ich indessen versucht, bei der Prüfung grundlegender Annahmen so objektiv wie möglich zu bleiben, obgleich ich aus Erfahrung weiß, daß eine Kritik dieser Annahmen ähnliche Reaktionen hervorruft wie bei einem schwankenden Gläubigen, dessen Glauben in Zweifel gezogen wird.

So hat beispielsweise die RAND Corporation ein Jahr nach der Veröffentlichung meiner ersten Untersuchung über die Arbeiten zur Künstlichen Intelligenz eine Tagung für Computerexperten veranstaltet, auf der unter anderem auch mein Bericht diskutiert werden sollte. Vom Protokoll dieser Tagung gelangte lediglich eine „gereinigte" Abschrift an die Öffentlichkeit, doch selbst in dieser ist noch auf jeder Seite etwas von dem Verfolgungswahn zu spüren, der das Klima der Diskussion bestimmte. Mein Bericht wird darin als „bösartig", „unredlich", „wahnsinnig komisch" und als eine „unglaubliche Verfälschung der Geschichte" bezeichnet. Als an einer Stelle Dr. J. C. R. Licklider, der damals für die IBM arbeitete, meine Schlußfolgerung verteidigen wollte, ein Zusammenspiel von Mensch und Maschine sei vermutlich am erfolgversprechendsten, entgegnete Seymour Papert vom MIT:

Ich protestiere energisch dagegen, Dreyfus irgend etwas zugute zu halten. Ihre Äußerung, daß Sie sich einer seiner Schlußfolgerungen anschließen können, entbehrt jeder Grundlage. Der Vorschlag von Dreyfus, Menschen und Maschinen zu verbinden, entspringt einem völlig falschen Verständnis der Probleme und hat nichts gemein mit einer wohlerwogenen Aussage, die vielleicht dieselben Worte gebraucht.[50]

Die Ursachen solcher Panikreaktionen verdienten eine eigene Untersuchung, aber das ist eine Aufgabe der Psychologie oder der Wissenssoziologie. In Erwartung der bevorstehenden Entrüstung möchte ich jedoch noch einmal von Anfang an klarstellen, daß sich meine Kritik gegen die impliziten und expliziten philosophischen Annahmen von Simon, Minsky und ihren Mitarbeitern richtet, nicht jedoch gegen ihre technischen Errungenschaften. Ihre philosophischen Vorurteile und ihre unkritische Haltung in dieser Hinsicht machen sich zwar in ihrer eigenen Einschätzung ihrer Arbeit nachteilig bemerkbar, schmälern jedoch nicht die Bedeutung und den Wert ihrer Forschungen über spezielle Verfahren (z. B. Listenstrukturen) und allgemeinere Probleme (z. B. Datenverwaltung und Datenzugriff, Kompatibilitätstheoreme usw.). Ihre grundlegenden Beiträge auf diesen Gebieten haben nicht nur die eingeschränkten Errungenschaften der Künstlichen Intelligenz ermöglicht, sondern auch andere, erfolgreichere Gebiete der Computerwissenschaft bereichert.

In der einen oder anderen Weise wird selbst die KI trotz ihrer, wie ich zu zeigen versuche, fundamentalen Grenzen von praktischem Wert sein. (Ich beschränke mich auf die KI, weil vorerst unklar bleiben muß, ob die in ihrer bisherigen naiven Form betriebene kognitive Simulation überhaupt von Wert sein kann, vielleicht ausgenommen als schlagendes Beispiel für die Tatsache, daß Menschen für intelligentes Verhalten Informationen nicht in derselben Weise verarbeiten wie ein heuristisch programmierter Digitalcomputer). Für bestimmte Aufgaben läßt sich der Mensch durch Maschinen ersetzen – wenn es z. B. um die Erforschung von Planeten geht –, ohne daß diese auf dieselbe Weise wie der Mensch arbeiten müßten und ohne dessen Flexibilität zu besitzen. Forschungen auf diesem Gebiet sind weder umsonst noch sinnlos, obgleich es für eine nüchterne Einschätzung der realistischen Erwartungen an solche Maschinen zweifellos hilfreich ist, sich dabei auch von einem Mindestmaß an philosophischer Theorie leiten zu lassen.

TEIL I

Zehn Jahre Forschung auf dem Gebiet der Künstlichen Intelligenz (1957–1967)

ERSTES KAPITEL

Phase 1 (1957–1962) Kognitive Simulation

1. Analyse der Arbeiten zur Sprachübersetzung, Problemlösung und Mustererkennung

Sprachübersetzung

Die Bemühungen um eine maschinelle Übersetzung von Texten waren als erste erfolgreich, mit den umfangreichsten und teuersten Forschungen verbunden und am Ende der eindeutigste Fehlschlag. Es zeigte sich bald, daß man mühelos ein maschinelles Wörterbuch konstruieren konnte, in dem sich sprachliche Ausdrücke – Worte, Teile von Worten oder ganze Wortgruppen – unabhängig voneinander verarbeiten und nacheinander in die entsprechenden Ausdrücke einer anderen Sprache umformen ließen. Anthony Oettinger, der erste Erbauer eines solchen Wörterbuchs (1954), erinnert sich an die Stimmung jener Tage: „Vorstellungen ... von vollautomatischen, hochwertigen Übersetzungen durch Maschinen, die von übereifrigen Propagandisten auf beiden Seiten des Eisernen Vorhangs geschürt und durch das Wunschdenken der potentiellen Benutzer genährt wurden, schossen üppig ins Kraut."[1] Diese anfängliche Begeisterung und die bald folgende Ernüchterung sind eine Art Paradigma dieser Disziplin. Eine treffende Darstellung findet sich in Bar-Hillels Bericht „The Present Status of Automatic Translation of Languages".

Im ersten Jahr der Erforschung maschineller Übersetzung wurden ansehnliche Fortschritte erzielt. ... Dies weckte bei vielen Beteiligten die Überzeugung, ein funktionsfähiges System sei zum Greifen nahe. Obwohl diese anfänglichen Illusionen verständlich sind, waren es eben nur Illusionen. Sie wurden ... durch die Tatsache hervorgerufen, daß ein großer Teil der Probleme ziemlich mühelos gelöst wurde. ... Die Beteiligten machten sich nicht genügend klar, daß es bis zu qualifizierten Übersetzungen noch ein weiter Weg war und daß sie zwar viele Probleme gelöst hatten, aber nur die einfachsten. Die „wenigen", die übrigblieben, waren die schwierigsten, und mit ihnen sollte man noch fertig werden.[2]

Während der nächsten zehn Jahre investierten fünf Regierungsbehörden rund 20 Millionen Dollar in dieses Projekt.[3] Trotz zahlreicher Pressemeldungen, daß der Übersetzungscomputer endlich Wirklichkeit sei, erbrachten diese Forschungen in erster Linie beträchtlich vertiefte Einsichten in die ungeahnte Komplexität von Syntax und Semantik. Oettinger bemerkt hierzu: „Das Hauptproblem, die Zuordnung von Worten auf der Grundlage des Kontextes, bleibt ungelöst, ebenso die damit verbundene Schwierigkeit, eine einheitliche syntaktische Struktur für einen Satz zu finden, der für menschliche Leser unzweideutig ist."[4] Oettinger schließt mit den Worten: „Die Aussichten sind bitter für all diejenigen, die die Hoffnung auf hochwertige Computerübersetzungen noch nicht aufgegeben haben."[5] Das war 1963. Drei Jahre später machte ein regierungsamtlicher Bericht *Language and Machines*, herausgegeben von der National Academy of Sciences, National Research Council, dem Übersetzungsboom ein Ende. Nach einem eingehenden Vergleich menschlicher und maschineller Übersetzungen stellte der Ausschuß fest:

Wie bereits gesagt, verfügen wir zwar über computerunterstützte Übersetzungen allgemein wissenschaftlicher Texte, aber nicht über eine brauchbare Übersetzung durch Computer. Darüber hinaus ist auf diesem Gebiet weder kurznoch langfristig ein Erfolg zu erwarten.[6]

Zehn Jahre sind seit den optimistischen Anfängen der maschinellen Übersetzung von Texten vergangen. Damals war der Flug zum Mond noch Science-fiction, aber die mechanische Sekretärin nur noch eine Frage der Zeit. Inzwischen waren wir auf dem Mond, und noch immer ist die mechanische Übersetzung gedruckter wissenschaftlicher Texte – von gesprochener Sprache und Texten allgemeineren Inhalts ganz zu schweigen – nicht in Sicht. Und sie scheint von Tag zu Tag unwahrscheinlicher. Da der Bau von Robotern wie in 2 001 oder von bescheideneren Dienern von demselben Verständnis natürlicher Sprachen abhängt, wie es für eine maschinelle Übersetzung benötigt wird, betrifft die Schlußfolgerung der National Academy of Sciences *alle* Prognosen, auch die von Minsky, daß innerhalb einer Generation die Schaffung Künstlicher Intelligenz möglich sei.

Problemlösen

Ein Großteil der frühen Grundlagenforschung, speziell in den Bereichen Spiele und Problemlösen, wurde durch die Arbeiten von Newell, Shaw und Simon bei der RAND Corporation und am Carnegie Institute of Technology inspiriert und beherrscht.[7] Ihr Ansatz wird als Kognitive Simulation (KS) bezeichnet, weil dabei Protokolle menschlicher Versuchspersonen erstellt werden, um anschließend herauszufinden, nach welchen heuristischen Verfahren diese Personen vorgehen.[8] Anschließend wird ein Programm geschrieben, das diese Faustregeln beinhaltet.

Wieder finden sich Anfangserfolge: 1957 gelingt es Newells, Shaws und Simons Programm *Logic Theorist*, mittels eines heuristisch geführten Suchverfahrens nach dem Prinzip von Versuch und Irrtum 38 von 52 Theoremen der *Principia Mathematica* zu beweisen. Zwei Jahre später löste ein weiteres Programm von Newell, Shaw und Simon, der General Problem Solver (GPS = Allgemeiner Problemlöser), mittels einer weiterentwickelten Zweck–Mittel-Analyse das „Missionar-Kannibale"-Problem und andere Probleme ähnlicher Komplexität.[9]

1961 schrieben Newell und Simon, nachdem sie bei einem menschlichen und dem entsprechenden Maschinen-Protokoll (siehe Abb. 1) gewisse Übereinstimmungen entdeckt hatten, noch sehr vorsichtig:

Unsere bislang noch fragmentarischen Befunde ermutigen uns zu der Annahme, daß wir mit dem GPS eine gute *erste Annäherung* an eine Theorie der Informationsverarbeitung erlangt haben. Sie erstreckt sich zwar nur auf *bestimmte Formen* des Denkens und Problemlösens, aber die Prozesse des „Denkens" sind nicht länger völlig rätselhaft.[10]

Bald darauf zeigte sich Simon jedoch schon begeisterter:

Weitere Arbeiten haben [unsere] frühere Vermutung tendenziell bestätigt. Sie zeigen, daß beim Problemlösen heuristische Verfahren oder Faustregeln den Kernpunkt menschlicher Problemlösungsprozesse bilden. Je mehr sich die Natur dieser heuristischen Verfahren, die ein Mensch beim Denken verwendet, für uns enthüllte, desto mehr schwand auch das Rätselhafte solcher (bislang) nur vage verstandener Prozesse wie „Intuition" oder „Urteil".[11]

Aber wie wir im Fall der Sprachübersetzung gesehen haben, machen sich manche Schwierigkeiten hartnäckig immer wieder bemerkbar. Diesmal taucht das „Geheimnis" des Urteils bei dem organisatorischen Aspekt problemlösender Programme wieder auf. Bereits 1961, auf dem Höhepunkt von Simons Begeisterung, sah Minsky die Schwierigkeiten voraus, die mit der Anwendung von Versuch-und-Irrtum-Techniken auf wirklich komplexe Probleme einhergehen würden.

Die einfachsten Probleme, z. B. das Spielen von Tic-Tac-Toe (Drei-in-einer-Reihe) oder der Beweis der einfachsten Logiktheoreme, können durch einfache wiederholte Anwendung aller verfügbaren Transformationen auf alle vorkommenden Situationen gelöst werden, wobei Unterprobleme in der Reihenfolge ihres Entstehens abgearbeitet werden. Das wird allerdings bei komplexeren Problemen unpraktisch, da der Suchraum sich vergrößert und jeder Versuch mit einem Mehraufwand an Zeit und Ausrüstung verbunden ist. Die bisherige Strategie, nach einem erfolglosen Versuch einfach zum nächsten überzugehen, ist nicht mehr ökonomisch vertretbar. Denn jeder Versuch an einem schwierigen Problem wird soviel Mühe kosten, daß man sicher gehen muß, daß diese Mühe nicht ganz vergeudet war, wie der Versuch auch immer ausgehen mag. Man muß so weit auswählen, daß kein Versuch ohne zwingenden Grund unternommen wird ...[12]

Daraus ergibt sich nach Minsky die Notwendigkeit eines Planungsprogramms. Doch im weiteren führt er aus:

Planungsmethoden ... drohen zusammenzubrechen, wenn festgelegte Gruppen von Kategorien, die für einfache Probleme ausreichen, durch die Ausdrücke einer beschreibenden Sprache ersetzt werden müssen.[13]

In seinem Aufsatz „Some Problems of Basic Organization in Problem-Solving-Programs" vom Dezember 1961 erörtert Newell einige Probleme bei der Organisation des Schachprogramms, des Logic Theorist und besonders des GPS mit einer Offenheit, die auf diesem Gebiet selten ist. Er gibt zu, daß „die meisten [dieser Probleme] mehr oder weniger ungelöst sind, entweder vollständig oder weil die erreichten Lösungen in dieser oder jener Hinsicht nicht zufriedenstellend sind."[14] Von einem weiteren Fortschritt in Richtung auf eine erfolgreiche hierarchische Organisation heuristischer Programme ist nicht die Rede. (Bezeichnenderweise arbeitet die größte Errungenschaft im Bereich der mechanischen Theorembeweisführung, nämlich Wangs theorembeweisendes Programm, das in weniger als fünf Minuten alle 52 von Newell, Shaw und Simon ausgewählten Theoreme bewies, nicht mit heuristischen Verfahren).

Das öffentliche Eingeständnis, daß der GPS eine Sackgasse war, folgte jedoch erst sehr viel später. 1967, zehn Jahre nach Simons Prognosen, verkündeten Newell (und Ernst) nüchtern, schlicht und etwas unklar, daß der GPS aufgegeben würde. Im Vorwort zu ihrem Aufsatz zeigt sich das eigenartige Nebeneinander von Ausweglosigkeit und Optimismus, das wir inzwischen als charakteristisch für den gesamten Bereich kennengelernt haben:

Wir haben oben an einigen Stellen den Begriff „endgültig" gebraucht. Das soll keineswegs bedeuten, daß dieses Dokument das Ende unserer Arbeit am GPS markiert, ganz im Gegenteil. Wir sind jedoch der Überzeugung, daß diese spezielle Aggregation von IPL-V-Code aufgegeben werden sollte.[15]

```
L0   ~(~Q·P)
L1   (R⊃~P)·(~R⊃Q)

GOAL 1  TRANSFORM L1 INTO L0
    GOAL 2  DELETE R FROM L1
        GOAL 3  APPLY R8 TO L1
                PRODUCES L2 R⊃~P

    GOAL 4  TRANSFORM L2 INTO L0
        GOAL 5  ADD Q TO L2
                REJECT

    GOAL 2
        GOAL 6  APPLY R8 TO L1
                PRODUCES L3 ~R⊃Q

    GOAL 7  TRANSFORM L3 INTO L0
        GOAL 8  ADD P TO L3
                REJECT

    GOAL 2
        GOAL 9  APPLY R7 TO L1
            GOAL 10  CHANGE CONNECTIVE TO V IN LEFT L1
                GOAL 11  APPLY R6 TO LEFT L1
                         PRODUCES L4  (~R V ~P)·(~R⊃Q)

            GOAL 12  APPLY R7 TO L4
                GOAL 13  CHANGE CONNECTIVE TO V IN RIGHT L4
                    GOAL 14  APPLY R6 TO RIGHT L4
                             PRODUCES L5  (~R V ~P)·(R V Q)

                GOAL 15  APPLY R7 TO L5
                    GOAL 16  CHANGE SIGN OF LEFT RIGHT L5
                        GOAL 17  APPLY R6 TO RIGHT L5
                                 PRODUCES L6  (~R V ~P)·(~R⊃Q

                        GOAL 18  APPLY R7 TO L6
                            GOAL 19  CHANGE CONNECTIVE TO V
                                     IN RIGHT L6
                                     REJECT

                    GOAL 16
                             NOTHING MORE

                GOAL 13
                         NOTHING MORE

            GOAL 10
                     NOTHING MORE
```

Abb. 1

Etwas später in dieser Arbeit wird deutlicher, daß der GPS unter der Last seiner eigenen Organisation zusammengebrochen ist. Der Abschnitt mit der Überschrift „History of GPS" endet:

Eine gravierende Beschränkung der erwarteten Leistungsfähigkeit des GPS liegt im Umfang des Programms und in der Größe seiner recht aufwendigen Datenstruktur. Das Programm selbst beansprucht einen ansehnlichen Teil des Computergedächtnisses, und die Erzeugung neuer Datenstrukturen während des Problemlösens erschöpft das übrige Gedächtnis schnell. Daher ist der GPS nur geeignet, bescheidene Probleme zu lösen, deren Darstellung nicht allzu aufwendig ist. Auch wenn größere Computergedächtnisse die Beanspruchung des Gedächtnisses durch den GPS verringern würden, blieben immer noch begriffliche Schwierigkeiten.[16]

Dieselbe Entwicklung von Erfolg über eine optimistische Einschätzung bis zum Scheitern kann man im kleinen an Gelernters Maschine zum Beweisen geometrischer Theoreme von 1959 beobachten. Ihr früher Erfolg mit Theoremen wie dem *pons asinorum* gab den Anlaß für die erste einer Reihe von Prognosen, die im Lauf der Zeit jede Glaubwürdigkeit verloren. In einem 1960 veröffentlichten Aufsatz erklärt Gelernter die heuristischen Verfahren seines Programms und schließt mit den Worten: „Vor drei Jahren war man allgemein davon überzeugt, daß es die Geometriemaschine heute nicht geben werde. Und heute wird wohl kaum ein Experte die Behauptung anfechten wollen, daß spätestens in drei Jahren Maschinen interessante Theoreme der Zahlentheorie beweisen können."[17] Das wäre 1963 gewesen. Von Gelernter hat man nichts mehr gehört, und auch in der rein mechanischen Mathematik wurden keine weiteren Fortschritte erzielt. Es gibt kein überzeugenderes Beispiel für einen „erstaunlichen" frühen Erfolg und einen noch erstaunlicheren nachfolgenden Fehlschlag.

Mustererkennung

Diesen Bereich behandle ich zum Schluß, weil die Lösung der Schwierigkeiten, die die Entwicklung bei Spielen, bei der Sprachübersetzung und dem Problemlösen aufgehalten haben, einen Erfolg auf dem Gebiet der Mustererkennung voraussetzen (das wiederum unter jedem Problem zu leiden hat, das in den anderen Bereichen auftritt). Wie Selfridge und Neisser in ihrem ausgezeichneten Aufsatz „Mustererkennung durch Maschinen" (Pattern Recognition by Machine) erklären,

ist ein Mensch ständig einem Strom von Daten seiner Sinnesorgane ausgesetzt und abstrahiert daraus die Muster, die für seine augenblickliche Tätigkeit von Bedeutung sind. Seine Fähigkeit, Probleme zu lösen, Theoreme zu beweisen und ganz allgemein sein Leben zu meistern, beruht auf dieser Art der Wahrnehmung. Bis Programme zur Erkennung von Mustern entwickelt werden, bleiben nach unserer Auffassung Fortschritte in der mechanischen Problemlösung isolierte Triumphe der Technik.[18]

Wie üblich hat es anfangs ausgezeichnete Arbeiten gegeben. Die Lincoln-Laboratory-Gruppe unter Bernard Gold z. B. hat ein Programm entwickelt, das handgesendete Morsezeichen transkribiert. In jüngerer Zeit hat man Programme zur Erkennung einer begrenzten Anzahl handgeschriebener Worte und Druckbuchstaben in verschiedenen Drucktypen geschrieben. In allen Fällen beruht ihre Wirkungsweise darauf, daß sie nach vorgegebenen Gestaltmerkmalen der zu erkennenden Buchstaben suchen und diese Merkmale mit vorher festgelegten oder gelernten „Definitionen" vergleichen. Der Trick besteht darin, relevante Merkmale zu finden, d. h. Merkmale, die im großen und ganzen trotz unterschiedlicher Größe und Ausrichtung unverändert bleiben. Dieser Zugang ist erstaunlich erfolgreich, wenn das Erkennen nur von einer kleinen Anzahl spezifischer Merkmale abhängig ist. Keines dieser Programme bedeutet jedoch einen Durchbruch in der Mustererkennung. Jedes für sich ist ein kleiner technischer Triumph, eine *ad hoc*-Lösung für ein bestimmtes Problem, ohne daß es sich allgemein anwenden ließe. Murray Eden, der sich auf dem Gebiet der Mustererkennung besonders ausgezeichnet hat, faßte die Situation 1968 so zusammen:

Wo es mit mechanischen Hilfsmitteln Erfolge bei der Mustererkennung gegeben hat, beruhten diese auf *ad hoc* vorgeschriebenen Regeln, d. h., daß die erfolgreichen Methoden *zuverlässig* die bestimmte Menge von Mustern klassifizieren, für die sie entworfen wurden, für die Klassifizierung andersgearteter Muster jedoch vermutlich keinen besonderen Wert besitzen.[19]

Wie Selfridge und Neisser bemerken, ist selbst in diesen Spezialfällen „ein menschlicher Programmierer der einzige Weg, wie die Maschine an eine hinreichende Menge von Merkmalen kommen kann".[20] Daher beschließen sie ihren Überblick über diesen Bereich eher mit einer Herausforderung als mit einer Vorhersage:

Der wichtigste Lernprozeß von allen ist noch immer unberührt: Keines der heutigen Programme kann von sich aus Testmerkmale erzeugen. Ihre Leistungsfähigkeit hat grundsätzlich ihre Grenzen im Einfallsreichtum oder der Willkür ihrer Programmierer. Wir können nicht einmal vermuten, wie sich diese Beschränkung überwinden läßt. Bis es jedoch soweit ist, wird der „Künstlichen Intelligenz" immer der Makel des menschlichen Eingriffs anhaften.[21]

Doch selbst diese Bemerkungen sind vermutlich noch zu optimistisch in ihrer Annahme, daß es sich bei dem vorliegenden Problem um eins der

Merkmals-Erzeugung handelt. Der relative Erfolg des Uhr-Vossler-Programms, das seine eigenen Operatoren erzeugt und überprüft, zeigt, daß dieses Problem teilweise lösbar ist.[22] Solange das Erkennen aber von einer begrenzten Menge von spezifischen oder allgemeinen, vorprogrammierten oder erzeugten Merkmalen abhängt, hat die mechanische Mustererkennung ihre Grenzen erreicht. Die Anzahl der Merkmale, die innerhalb einer annehmbaren Zeitspanne überprüft werden können, ist technisch begrenzt, und heutige Programme sind bereits an diesem Punkt angelangt. In einem Vortrag auf der Internationalen Konferenz über die Methodologie der Mustererkennung 1969 auf Hawaii, faßten Laveen Kanal und B. Chandrasekaran den Stillstand wie folgt zusammen:

Offensichtlich hat der technische Ansatz seine eigenen Grenzen. Es gibt eine bestimmte Ebene der Komplexität, oberhalb deren die pfiffigsten Techniker keine Ergebnisse mehr hervorbringen. Während beispielsweise selbst das Erkennen von Druckbuchstaben in verschiedenen Schrifttypen gelungen ist, trotzt das Erkennen von Kursivschrift allen Bemühungen. Eine ähnliche Lücke klafft zwischen dem Erkennen gesprochener Worte und der Identifizierung ganzer Sätze. Auch jene Forscher, die gehofft hatten, menschliche Erkennungsprozesse nachahmen zu können, wissen nicht mehr weiter. Wahrscheinlich müssen gerade die Probleme, mit denen die Techniker ihre Schwierigkeiten haben, mit der Lösung darauf warten, bis wir eingehendere Kenntnisse über menschliche Erkennungssysteme besitzen. Jedenfalls ist diese Krisenstimmung eng verbunden mit der in anderen Bereichen der Künstlichen Intelligenz: nämlich des Spielens und der mechanischen Übersetzung.[23]

Wieder begegnen wir dem bekannten Schema: Optimismus gefolgt von Ernüchterung. Oft verstehen die Enttäuschten nicht einmal, warum ihre Hoffnungen sich zerschlagen haben. Ihre Fragen bleiben inmitten der Verheißungen und Ankündigungen kleiner technischer Fortschritte ungehört. Einer dieser Andersdenkenden ist Vincent Giuliano, ein ehemaliger Mitarbeiter der Arthur D. Little-Corporation. Hätte Giuliano eine detailliertere und einsichtigere Erklärung dafür geben können, was falsch gelaufen war, er wäre der Oettinger oder Bar-Hillel im Bereich der Mustererkennung gewesen.

Wie viele meiner Kollegen wollte ich unbedingt etwas entwickeln, das wir manchmal als Künstliche Intelligenz bezeichnen ... Mitte der 50er Jahre wurden viele ehrgeizige Forschungsprojekte mit dem Ziel begonnen, die Lernfähigkeit von Computern schlagend unter Beweis zu stellen; sie sollten idiomatisch übersetzen, freie und natürliche Unterhaltungen mit Menschen führen, gesprochene Sprache erkennen und ausdrücken, Krankheiten diagnostizieren können.

Bei allen diesen Fähigkeiten spielt das Erkennen und das Erlernen komplexer Muster eine Rolle. Noch vor ein paar Jahren glaubten wir ernsthaft, daß man eines Tages den Computern die *gesamte* Aufgabe übertragen könnte, derartige Probleme zu lösen, wenn man nur den entscheidenden Schlüssel fand, sie dazu zu bringen. Leider habe ich das Gefühl, daß viele der erhofften Ziele Porzellaneiern gleichen, die niemals ausgebrütet werden, wie lange man sie auch auf den Ofen legt. Denn diese Ziele lassen sich nur verwirklichen, wenn die Mustererkennung allein durch die *Maschine*, ohne menschliche Mitwirkung erfolgt. Diese Aufgabe erfordert jedoch menschliche Qualitäten.[24]

Zusammenfassung

Nach den veröffentlichten Ergebnissen zu urteilen, hat ab 1962 ein allgemeines Schema allmählich Form angenommen, wenn es auch in einigen Fällen erst später erkannt wurde: früher, dramatischer Erfolg auf der Grundlage der mühelosen Bewältigung einfacher Aufgaben oder trivialer Errungenschaften bei komplexen Aufgaben; danach Verlangsamung des Fortschritts, Ernüchterung und – in einigen Fällen – Pessimismus. Wir sprechen hier nicht von ihren eifrigen oder skeptischen Außenseitern, die zu schnell zuviel erwarten. Die Fehlschläge werden ausschließlich an den Erwartungen derer gemessen, die in dem Bereich arbeiten.

In schwierigen Lagen können Enthusiasten jedoch immer bei ihrem eigenen Optimismus Zuflucht suchen. Diese Tendenz, einsatzbereite durch langfristige Programme zu ersetzen, wird in Feigenbaums und Feldmans Behauptung sichtbar, daß „die Vorhersage für einen Fortschritt in der Erforschung menschlicher kognitiver Prozesse höchst ermutigend ist".[25] Das war die *Vorhersage* immer schon, aber man fragt sich: Wie ermutigend sind die *Aussichten*? Feigenbaum und Feldman behaupten, daß tatsächlich merkliche Fortschritte gemacht werden, und definieren *Fortschritt* sehr vorsichtig als „Verschiebung auf das endgültige Ziel hin".[26] Nach dieser Definition hätte der erste Mensch, der auf einen Baum kletterte, für sich in Anspruch nehmen dürfen, spürbare Fortschritte auf dem Weg zum Mond gemacht zu haben. Statt also blind zu klettern, sollte man besser schauen, wohin man geht. Es ist an der Zeit, die spezifischen Probleme, die der Arbeit an der Künstlichen Intelligenz im Wege stehen, ebenso eingehend zu untersuchen wie die grundlegenden Schwierigkeiten, die in ihnen zum Ausdruck kommen.

2. Wesentliche Gründe für das Nicht-Erreichen vorhergesagter Ergebnisse

Negative Ergebnisse können – vorausgesetzt, man erkennt sie als solche – von Interesse sein. Eine Verzögerung statt der vorhergesagten Beschleunigung des Erfolges kann vielleicht ein unerwartetes Phänomen aufzeigen. Möglicherweise bewegen wir uns auf ein Kontinuum wie dem der Geschwindigkeit zu, bei der mehr Schnelligkeit mehr und mehr Energie kostet, je näher wir der Lichtgeschwindigkeit kommen. Vielleicht stehen wir aber auch vor einer Diskontinuität, die nicht größere Anstrengungen verlangt, sondern völlig andere Techniken, wie im Fall des Mannes, der auf einen Baum steigt, weil er auf den Mond will.

Es scheint ganz natürlich, an diesem Punkt eine Bestandsaufnahme zu machen, doch erstaunlicherweise hat das niemand getan. Andernfalls hätte er möglicherweise festgestellt, daß jeder der vier betrachteten Bereiche von einer besonderen Form menschlicher „Informationsverarbeitung" ausgeht. Sie ist es, die menschliche Wesen dazu befähigt, in jedem Bereich die Schwierigkeiten zu vermeiden, denen sich ein künstliches „Subjekt" stellen muß. Dieser Abschnitt wird die vier menschlichen Formen der „Informationsverarbeitung" herausarbeiten und sie mit ihren maschinellen Vertretern vergleichen.

Randbewußtsein contra heuristisch gelenkte Suche

Es ist allgemein bekannt, daß bestimmte Spiele auf einem heutigen Computer mit heutigen Techniken durchgerechnet werden können. Spiele wie Nim oder Tic-tac-toe können so programmiert werden, daß die Maschine immer gewinnt oder unentschieden spielt. Andere Spiele können jedoch mit heutigen Computern nach solchen Verfahren nicht gelöst werden, und dennoch sind sie erfolgreich programmiert worden. Beim Damespiel z. B. stellt sich heraus, daß es zuverlässige Wege gibt, den wahrscheinlichen Wert eines Zuges zu bestimmen, und zwar auf der Basis bestimmter Parameter wie Kontrolle des Mittelfeldes, Entfaltung der Stellung usw. Nimmt man die Tatsache hinzu, daß es verhältnismäßig wenig Züge gibt, da die Steine sich gegenseitig blockieren und Schlagzwang herrscht, ist es möglich, alle plausiblen Alternativen bis zu zwanzig Züge im voraus zu berechnen, was für ein ausgezeichnetes Spiel ausreicht.

Schach hingegen, das im Prinzip dadurch entscheidbar wäre, daß alle möglichen Züge und Gegenzüge ausgezählt werden, stellt uns vor ein Problem, das zwangsläufig mit solchen Auswahlverästelungen verknüpft ist: das des exponentiellen Wachstums. Alternative Zugmöglichkeiten vervielfachen sich so rapide, daß wir nicht einmal alle abzweigenden Möglichkeiten weit genug verfolgen können, um ein zuverlässiges Urteil darüber abzugeben, ob ein Zweig so vielversprechend ist, daß sich seine weitere Verfolgung lohnt. Newell bemerkt, daß es viel zu lange dauern würde, einen interessanten Zug zu finden, wenn die Maschine nacheinander alle möglichen Züge aller auf dem Brett befindlichen Figuren überprüfen müßte. Ihm ist außerdem klar, daß die Maschine, wenn sie dies nicht tut, unter Umständen eine wichtige und originelle Kombination übersieht. „Wir wollen nicht, daß die Maschine die ganze Zeit nur die zukünftigen Aktionen der im Einsatz befindlichen Figuren ausrechnet; wenn sie das jedoch nicht tut, könnte sie echte Chancen übersehen."[27]

Newells erste Lösung war „das Zufallselement": „Die Maschine sollte nur selten [d. h. gelegentlich] nach Kombinationen suchen, in denen die Dame geopfert wird."[28] Doch diese Lösung ist unbefriedigend, wie Newell selbst inzwischen vermutlich erkannt hat. Die Maschine sollte nicht einfach hin und wieder nach einem Dameopfer suchen, sondern lediglich in solchen Situationen, in denen ein derartiges Opfer sinnvoll wäre. Genau dies sollen die richtigen heuristischen Verfahren bewerkstelligen, indem sie die Anzahl der untersuchten Zweige begrenzen und sich an die erfolgversprechenderen Alternativen halten.

Noch hat man jedoch keine heuristischen Verfahren auf dem Niveau eines Schachmeisters gefunden. Alle gegenwärtigen heuristischen Verfahren schließen entweder einige Züge aus, die ein Schachmeister finden würde, oder sie gehen das Risiko des exponentiellen Wachstums ein. Simon ist trotzdem überzeugt – aus Gründen, die in Teil II erörtert werden –, daß Schachmeister solche heuristischen Verfahren anwenden. Er ist daher zuversichtlich, daß wir diese Verfahren letztendlich entdecken und in ein Programm einbauen können, indem wir nur den Protokollen der Schachmeister lauschen, ihre Augenbewegungen verfolgen oder sie vielleicht unter grellen Lampen verhören. Wir wollen jedoch die Beweise dafür genauer untersuchen, daß Schachspieler nach heuristischen Verfahren vorgehen.

Man betrachte bei folgendem, von Simon zitierten Protokoll, vor allem den Anfang, weniger das Ende. Der Spieler sagt:

Wieder bemerke ich, daß eine seiner Figuren nicht gedeckt ist: der Turm. Es muß Möglichkeiten geben, daraus einen Vorteil zu ziehen. Angenommen, ich ziehe den Bauern nach C4. Wenn der Läufer sich dann zurückzieht, kann ich Gardez bieten und seinen Turm nehmen. Wenn ich usw. usw.[29]

Am Ende haben wir ein Beispiel für das, was ich „Auszählen" nenne – das Durchdenken der verschiedenen Möglichkeiten nach einer reinen Abzählmethode. Wir haben uns alle mit diesem Prozeß beschäftigt, der, von passenden heuristischen Verfahren gesteuert, die Leistung von Schachmeistern darstellen soll. Wie hat aber unser Kandidat festgestellt, daß der Turm seines Gegners ungedeckt war? Hat er jede einzelne Figur seines Gegners und ihre Deckung nacheinander (oder gleichzeitig) überprüft, bis er schließlich auf den verwundbaren Turm stieß? Das würde viel zuviele Überlegungen erfordern, denn wie Newell, Shaw und Simon bemerken – „lassen die zuverlässigsten Befunde den Schluß zu, daß ein menschlicher Spieler bei der Analyse eines Zugs beträchtlich weniger als hundert Stellungen durchdenkt".[30] Unser Spieler muß dann immer noch viele Stellungen erwägen, um die Situation einzuschätzen, nachdem er erkannt hat, daß der Turm ungedeckt ist. Wir brauchen nicht auf Selbstbeobachtung zurückzugreifen, um zu erkennen, was ein Spieler tatsächlich tut, ehe er mit dem Auszählen beginnt; das Protokoll selbst legt es offen: Der Spieler hat sich auf eine vielversprechende Situation „eingestellt" („Ich bemerke, daß eine seiner Figuren nicht gedeckt ist"). Erst *nachdem* der Spieler sich auf einen Bereich konzentriert hat, beginnt er auszuzählen und zu prüfen, was er von dort aus tun kann.

Eine Analyse des MacHack-Programms von Richard Greenblatt wird den Unterschied zwischen der menschlichen Art, eine Stellung einzuschätzen, und der reinen Abzählmethode einer Maschine verdeutlichen. Selbst MacHack konnte nicht jede Alternative berücksichtigen. Das Programm enthält einen eigenen Generator, der nur die aussichtsreicheren Züge verfolgt. An einem schwierigen Punkt während eines Turniers rechnete das Greenblatt-Programm einmal fünfzehn Minuten lang und prüfte dabei 26 000 Alternativen, während ein menschlicher Spieler lediglich hundert oder bestenfalls zweihundert Züge überdenken kann. MacHack machte schließlich einen ausgezeichneten Zug, was jedoch nicht heißen soll, daß ein Schachmeister es nicht hätte besser machen können; entscheidend ist hier nicht die Stärke des Zuges, sondern der Unterschied zwischen zweihundert und 26 000 erwogenen Möglichkeiten. Dieser Unterschied läßt darauf schließen, daß Menschen beim Schachspiel etwas anderes tun als bloß Alternativen zu durchdenken. Die Frage lautet also: Was befähigt Menschen dazu, bei der Betrachtung von hundert oder zweihundert Möglichkeiten brillantere Züge zu fin-

den als ein Computer, der 26 000 Möglichkeiten durchgehen kann?
Der menschliche Spieler, dessen Protokoll wir untersuchen, ist sich nicht bewußt, von den Hunderten von Möglichkeiten, die hätten ausgezählt werden müssen, einige explizit überlegt oder verworfen zu haben, um so zu einem besonders wichtigen Bereich auf dem Brett zu gelangen. Nichtsdestoweniger hängt der spezielle Teil des Bretts, der schließlich die Aufmerksamkeit des Spielers auf sich zieht, von der Gesamtstellung ab. Um zu verstehen, wie dies möglich ist, müssen wir das betrachten, was William James „das Randbewußtsein" genannt hat: Das Ticken einer Uhr, das wir erst wahrnehmen, wenn es aufgehört hat, ist ein einfaches Beispiel für diese Art Randbewußtsein. Unser vages Wahrnehmen der Gesichter in einer Menge, während wir nach einem Freund Ausschau halten, ist ein anderer, komplexerer und passenderer Fall.

Als Alternative zu der expliziten Wahrnehmung beim Auszählen ist jedoch keines der Beispiele wirklich geeignet. In keinem der Fälle wird von der Information, die am Rande auf die Versuchsperson einströmt, positiver Gebrauch gemacht. Der Fall des Schachspiels läßt sich am besten anhand von Michael Polanyis allgemeiner Beschreibung des Vermögens des Randbewußtseins verstehen, die Informationen bezüglich unserer Randerfahrungen zu konzentrieren:

Dieses Vermögen sitzt in einem Bereich, der eine Art Hintergrund bildet, denn er erstreckt sich ohne feste Grenze um das zentrale Objekt unserer Aufmerksamkeit. Sozusagen aus den Augenwinkeln heraus gesehen oder im Hinterkopf erinnert, beeinflußt dieser Bereich zwingend die Art und Weise, wie wir das Objekt sehen, auf das wir uns konzentrieren. Wir können sogar soweit gehen zu behaupten, daß wir diesen nebenbei bemerkten Bereich hauptsächlich in der Erscheinung des betrachteten Objekts wahrnehmen.[31]

Wer z. B. mit einem Haus vertraut ist, dem erscheint dessen Vorderseite massiver als eine bloße Fassade, weil er sich des ganzen Hauses dahinter undeutlich bewußt ist. Ähnlich strömen vom ganzen Brett Hinweise auf den Spieler ein, die am Rand des Bewußtseins bleiben und von dort aus die Aufmerksamkeit auf bestimmte Stellen richten, indem sie diese als vielversprechend, gefährlich oder einfach als betrachtenswert erscheinen lassen.

Wie Newell und Simon selbst feststellen:

Beim menschlichen Schachspiel gibt es Konzepte, die viel umfassender sind als die oben erwähnten; z. B. eine „entwickelte Stellung", „Kontrolle des Zentrums", „eine Gewinnstellung", „eine schwache Königsposition", „eine geschlossene Stellung".[32]

Darüber hinaus geben sie auch zu:

Manchmal gebrauchte de Groots Spieler so allgemeine Sätze wie „... und das ist eine Gewinnstellung für Weiß", wo *es nicht möglich ist zu erkennen, welche Struktur oder welche Merkmale der Stellung zu dieser Einschätzung führen.*[33]

Das ist Newells und Simons Art zu sagen, daß sie keine Möglichkeit sehen, diese Einschätzung der Gesamtposition unter dem Aspekt heuristisch geleiteter Auszählverfahren zu analysieren. Und berechtigterweise, doch anscheinend ohne zu erkennen, was dies für die Plausibilität von Simons Vorhersagen bedeutet, fahren Newell und Simon fort:

Bis heute hat die Arbeit an Schachprogrammen kaum neues Licht auf diese höherrangigen Konzepte geworfen.[34]

Die Haltung von Newell und Simon ist hier typisch mehrdeutig. Glauben sie, daß bessere heuristische Verfahren für die Erzeugung plausibler Züge das „Einkreisen" simulieren könnten? Ihr beharrlicher Glaube an die Möglichkeit eines mechanischen Schachmeisters legt dies nahe. Andererseits müßte ihre Analyse von Meisterspielen auf der Grundlage von de Groots Arbeit Veranlassung zu Pessimismus geben. (Wie wir gesehen haben, sagt de Groot selbst, daß er wenig Hoffnungen auf eine deutliche Verbesserung heuristischer Schachprogramme hegt.)

Newell und Simon stellen fest:

De Groot ist es schließlich geglückt, starke von schwachen Spielern dadurch zu unterscheiden, daß er sie einem Wahrnehmungstest unterzog, bei dem sie Schachstellungen nach einem nur kurzen Blick (3–7 Sekunden) wiedergeben mußten. Der Großmeister konnte die Stellung der Figuren perfekt wiedergeben. Mit der Abnahme des schachspielerischen Könnens wurde auch die Reproduktionsleistung merklich schwächer. De Groot vermutete daher, daß Wahrnehmungsfähigkeiten und Organisation ein wichtiger Faktor für gutes Spielen sei.[35]

In dem Aufsatz, den wir bereits erwähnt haben, wirft der Schachmeister Hearst weiteres Licht auf diesen Wahrnehmungsprozeß und die Gründe, weshalb er sich der Programmierung entzieht:

Anscheinend nimmt der Meister den Aufbau in großen Einheiten wahr, etwa die Struktur gemeinsam vorgehender Bauern ... Wenn er einen Irrtum begeht, so den, daß er eine Figur auf ein in dieser Stellung sehr wünschenswertes Feld setzt.[36]

Hearst faßt seine Ansicht folgendermaßen zusammen:

> Wegen der großen Anzahl früherer Assoziationen, die ein erfahrener Spieler erworben hat, sieht er eine Schachstellung nicht als Anhäufung von verschiedenen Feldern und Holzfiguren, sondern als organisiertes Muster (ähnlich der „Gestalt" oder einer integrierten Konfiguration, wie sie von den Gestaltpsychologen ins Zentrum des Interesses gerückt worden ist).[37]

Wenn wir diese Gedanken auf unser ursprüngliches Modell anwenden, können wir folgern: Die Vertrautheit eines Spielers mit den allgemeinen Schachmustern und mit den letzten Zügen in diesem speziellen Spiel versetzen ihn in die Lage, die starken und schwachen Stellen sowie bestimmten Stellungen zu erkennen. Er sieht, daß sein Gegner in einem bestimmten Bereich eine Schwachstelle hat (wie jemand, der sich beruflich mit Häusern befaßt und einem bestimmten Haus ansieht, daß es eine bestimmte Art von Rückseite hat), und während er sich auf diesen Bereich einstellt, entdeckt er den ungeschützten Turm. In einem Entwicklungsmuster wird dieser Zug als ein Schritt betrachtet.

Es gibt kein Schachprogramm, das auch nur versucht, die vergangenen Erfahrungen eines bestimmten Spiels auf diese Weise einzusetzen. Statt dessen wird jeder Zug einzeln angegangen, als handle es sich um ein isoliertes Schachproblem aus einem Buch. Diese Technik wird den Programmierern aufgezwungen, da ein Programm, das die Information über die früheren Positionen der einzelnen Figuren mit sich schleppte, schon bald unter der Anhäufung von Daten zusammenbrechen würde. Gebraucht wird ein Programm, das *selektiv* nur die Merkmale aus der Vergangenheit behält, die im Licht seiner gegenwärtigen Strategie und der seines Gegners bedeutungsvoll waren.[38]

Allgemein ausgedrückt suchen wir nach einer Erklärung dafür, in welcher Weise der *Hintergrund* früherer Erfahrung und der Verlauf des momentanen Spiels bestimmen, was als Figur erscheint und die Aufmerksamkeit des Spielers auf sich zieht. Doch dieses gestaltpsychologische Modell von Figur und Hintergrund eignet sich nicht für eine explizite, schrittweise Berechnung.

Diese ganzheitliche Form der „Informationsverarbeitung", bei der die Informationen, anstatt explizit durchdacht zu werden, am Rande des Bewußtseins verbleiben und nur implizit berücksichtigt werden, wird ständig von unserer Wahrnehmung organisiert. Daher gibt es keinen Grund anzunehmen, daß unser Spieler schnell und unbewußt abgezählt haben muß, bis er schließlich den Bereich der bewußten Auszählung erreichte und den ungedeckten Turm entdeckte. Dagegen gibt es gute Gründe, diese Annahme zu verwerfen, da sie mehr Probleme aufwirft als die, die sie löst.

Wenn der Spieler unbewußt Tausende von Alternativen mittels hervorragender heuristischer Verfahren ausgezählt hat, um zu dem Punkt zu gelangen, an dem er sich auf den Turm konzentriert, warum setzt er dann diesen unbewußten Prozeß nicht bis zum Ende fort, bis der beste Zug ihm plötzlich ins Bewußtsein dringt? Wenn das *unbewußte* Auszählen so rasch und präzise funktioniert, warum sollte er dann, wenn er den Turm bemerkt, auf eine schwerfällige Methode langsamer, umständlicher und bewußter Auszählung zurückgreifen? Wenn andererseits die unbewußte Auszählung *unzulänglich* ist, worin liegt dann der Vorteil, auf eine bewußte Version desselben Prozesses umzuschalten?

Eine zielorientierte Überlegung dieser Art beweist zwar nicht, daß eine unbewußte Verarbeitung nicht heuristisch abläuft, er legt jedoch die Beweislast jenen auf, die behaupten, sie sei dies oder müsse es sein. Und für diese Behauptung sind bislang keinerlei Argumente vorgebracht worden. Es gibt keinerlei Anhaltspunkte dafür, daß das Auszählen die einzige Form der „Informationsverarbeitung" ist, die beim Schachspielen eine Rolle spielt, daß „der eigentliche Kern der Aufgabe die Suche in einem Raum exponentiell wachsender Möglichkeiten [ist]".[39] Im Gegenteil beweisen alle Protokolle, daß beim Schachspielen zwei Arten des Verhaltens beteiligt sind: 1. die *Einstellung* – durch die Gesamt-Organisation des Wahrnehmungsfeldes – auf einen Bereich, der vorher am Rande des Bewußtseins lag und den andere Bereiche, die sich noch immer im Randbewußtsein befinden, interessant erscheinen lassen; und 2. das *Auszählen* klarer Alternativen.

Diese Unterscheidung erklärt den frühen Erfolg und die späteren Fehlschläge der Kognitiven Simulation. In allen Spielprogrammen verdankt sich der frühe Erfolg der Arbeit an Spielen oder Teilen von Spielen, in denen heuristisch gesteuertes Auszählen technisch möglich ist; die Fehlschläge treten dort auf, wo der hohe Komplexitätsgrad eine ganzheitliche Erfassung der Situation erfordert; um ein überwältigendes exponentielles Wachstum der auszuzählenden Möglichkeiten zu vermeiden.

Ambiguitätstoleranz contra kontextunabhängige Präzision

Die Arbeit an Spielen hat die Notwendigkeit gezeigt, „Informationen" zu verarbeiten, die weder explizit berücksichtigt noch ausgeschlossen werden, d. h. Informationen am Rand des Bewußtseins. Die Arbeit an der Sprachübersetzung ist durch die Notwendigkeit einer zweiten nichtprogrammierbaren Form der „Informationsverarbeitung" zum Stillstand gekommen: nämlich der Fähigkeit, mit mehrdeutigen Situationen umzugehen, ohne sie durch eine präzise Beschreibung ersetzen zu müssen.

Wir haben gesehen, daß Bar-Hillel und Oettinger, zwei der renommiertesten und kenntnisreichsten Forscher auf dem Gebiet der maschinellen Übersetzung von Sprachen, in ihren pessimistischen Schlußfolgerungen bezüglich eines weiteren möglichen Fortschritts auf diesem Gebiet übereinstimmen. Beide erkannten, daß man für die Übersetzung einer natürlichen Sprache mehr benötigt als ein mechanisches Wörterbuch – wie vollständig auch immer – und die Gesetze der Grammatik – wie detailliert sie auch formuliert sein mögen. Die Reihenfolge der Wörter eines Satzes liefert einer Maschine nicht genügend Informationen, um entscheiden zu können, welche der verschiedenen möglichen syntaktischen Analysen die angemessene ist. Auch die umgebenden Wörter – der geschriebene Kontext – lassen nicht immer erkennen, welche der möglichen Bedeutungen der Autor im Sinn hatte.

In einer Erörterung von Systemen zur Erfassung aller syntaktischen Analysen eines Satzes, die für eine vorgegebene Grammatik akzeptabel sind, sagt Oettinger:

Die Verwendung solcher Analyseverfahren hat bislang einen weit höheren Grad an zulässiger *syntaktischer* Mehrdeutigkeit im Englischen und Russischen ans Licht gebracht als vorher vermutet. Dieser Umstand, und eine damit zusammenhängende Verschwommenheit der Grenze zwischen dem Grammatischen und dem Nichtgrammatischen lassen schwerwiegende Zweifel an der Möglichkeit einer effektiven, vollautomatischen Verarbeitung englischer oder russischer Texte für Übersetzungen oder die Rückgewinnung von Informationen aufkommen.[40]

Statt nun auf der Grundlage seines frühen Teilerfolgs mit einem mechanischen Wörterbuch und später (mit Kuno und anderen) mit syntaktischen Analysatoren zu behaupten, daß sich trotz einiger Ausnahmen und Schwierigkeiten der geheimnisvolle Schleier, der unser Sprachverständnis umgibt, zu lüften beginnt, lenkt Oettinger die Aufmerksamkeit auf die „noch weitgehend ungeklärten semantischen Prozesse, die die meisten vernünftigen Menschen in die Lage versetzen, vernünftige Sätze in den meisten Fällen eindeutig zu interpretieren".[41]

Hier ist ein weiteres Beispiel für die wichtige Rolle des Randbewußtseins. Ein natürlicher Sprecher ist sich offenbar vieler Hinweise nicht bewußt, auf die er bei der Bestimmung der beabsichtigten Syntax und Bedeutung reagiert. Andererseits deutet nichts darauf hin, daß er jedem dieser Hinweise unbewußt folgt. Tatsächlich lassen zwei Überlegungen den Schluß zu, daß diese Hinweise eben nicht so geartet sind, daß sie von einem seriellen oder selbst einem parallelen Programm aufgenommen und beurteilt werden *könnten.*[42]

Zunächst ist da Bar-Hillels Argument, daß wir später (in Teil II, Kap. 4) noch genauer betrachten werden: daß es eine unendliche Menge möglicherweise relevanter Hinweise gibt. Zweitens läßt dies darauf schließen, daß es in erster Linie vielleicht überhaupt nicht um Hinweise geht. In vielen spezifischen Kontexten treten die meisten der abstrakt vorstellbaren Mehrdeutigkeiten gar nicht auf. Der Satz wird richtig verstanden, weil der Kontext die Wahrnehmung organisiert; und da Sätze nie ohne einen Kontext wahrgenommen werden, werden sie auch immer in dem engen Bedeutungsrahmen aufgenommen, den der Kontext vorgibt. Der allgemeine Fluß sprachlicher Laute, der in jedem Kontext derselbe ist und eine konkrete Bedeutung erhalten muß, stellt nur für Computer ein Problem dar, nicht für Menschen.

Soweit Hinweise *tatsächlich* relevant sind, müssen wir uns in Erinnerung rufen, daß natürliche Sprache von Menschen verwendet wird, die sich in Situationen befinden, in denen sie bestimmte Ziele verfolgen. Diese außersprachlichen Ziele, die selbst nicht präzise formuliert oder formulierbar sein müssen, liefern einige der Hinweise, die die Mehrdeutigkeit von Ausdrücken so weit verringern, wie es für die augenblickliche Aufgabe erforderlich ist. Eine Äußerung wie „bleib in meiner Nähe" kann alles heißen von „halt dich eng an mich" bis „bleib in einer Entfernung bis zu einer Meile", je nachdem, ob sie inmitten einer Menschenmenge an ein Kind gerichtet ist oder an einen Mitastronauten bei der Erforschung des Mondes. Ihre Bedeutung ist in allen möglichen Situationen nie zweideutig – als ob dieses Ideal einer Präzision überhaupt sinnvoll wäre –, kann jedoch in jeder *bestimmten* Situation hinreichend eindeutig gemacht werden, um das beabsichtigte Ergebnis zu erzielen. Wittgenstein hat diesen Sachverhalt so formuliert:

Wir sind unfähig, die Begriffe, die wir gebrauchen, klar zu umschreiben; nicht, weil wir ihre Definition nicht wissen, sondern weil sie keine wirkliche „Definition" haben. Die Annahme, daß sie eine solche Definition haben *müssen,* wäre wie die Annahme, daß ballspielende Kinder grundsätzlich nach strengen Regeln spielen.[41]

Unsere Fähigkeit, einen umfassenden Kontext zu verwenden, um *Mehrdeutigkeit ausreichend zu verringern,* ohne zu Formalisierungen gezwungen zu sein (d. h. Mehrdeutigkeit völlig auszuschließen), enthüllt eine zweite grundlegende Form menschlicher „Informationsverarbeitung", die auf der ersten aufbaut. Das Randbewußtsein berücksichtigt Hinweise im Kontext und wahrscheinlich auch einige syntaktische Analysen und Bedeutungen, die alle im Output einer Maschine deutlich gemacht werden müßten. Unser Situationsverständnis erlaubt uns jedoch, die meisten Möglichkeiten auszuschließen, ohne daß sie überhaupt in Erwägung gezogen werden. Diese Fähigkeit, das Spektrum möglicher Bedeutungen zu verengen, indem wir alles, was außerhalb des Kontexts mehrdeutig wäre, außer acht lassen, nenne ich „Ambiguitätstoleranz".

Da ein Mensch Sätze in vertrauten Situationen benutzt und versteht, wäre wohl die einzige Möglichkeit für den Bau eines Computers, der Sprachäußerungen versteht und eine natürliche Sprache übersetzen kann, ihn – wie Turing vermutet – so zu programmieren, daß er etwas über die Welt lernt. Bar-Hillel bemerkt hierzu: „Ich glaube nicht, daß Maschinen, deren Programme sie nicht befähigen, in einem differenzierten Sinn des Wortes zu lernen, je imstande sein werden, durchweg hochwertige Übersetzungen zu produzieren."[44] Wenn KI-Enthusiasten gelegentlich einmal die Schwierigkeiten beim heutigen Stand der Technik eingestehen, ist der Verweis auf das Lernen ein beliebtes Allheilmittel. Seymour Papert vom MIT hat beispielsweise kürzlich behauptet, daß man von Maschinen nicht die Leistungen von Erwachsenen erwarten darf, solange man sie nicht unterrichten kann, und daß eine Maschine entwickelt werden muß, die wie ein Kind lernen kann. Dieser Schritt weicht, wie wir sehen werden, dem Problem jedoch nur aus.

Im Bereich des Sprachenlernens ist das einzige interessante und erfolgreiche Programm Feigenbaums EPAM (Elementary Perceiver and Memorizer, zu deutsch etwa: Einfacher Wahrnehmer und Auswendiglerner). EPAM simuliert das Lernen der Verknüpfung sinnloser Silben, was Feigenbaum als einen vereinfachten Fall von verbalem Lernen bezeichnet.[45] Das interessante am Lernen sinnloser Silben ist jedoch, daß es überhaupt kein Fall von *Sprachen*lernen ist. Die Verknüpfung sinnloser Silben zu lernen, steht im Grunde genommen auf derselben Stufe wie der Erwerb eines konditionierten Pawlowschen Reflexes. Der Versuchsleiter könnte „DAX" und dann „JIR" zeigen, oder rote und dann grüne Lämpchen aufflackern lassen; solange zwei solcher Ereignisse oft genug miteinander verknüpft werden, würde man lernen, das zweite Element des Paars vorwegzunehmen. In einem solchen Experiment wird von der Versuchsperson angenommen, daß sie völlig passiv ist. In einem gewissen Sinn lernt sie überhaupt nichts, sondern läßt etwas mit sich geschehen. Ob die Versuchsperson ein Idiot, ein Kind oder ein Erwachsener ist, dürfte im Idealfall beim Lernen sinnloser Silben keinerlei Unterschied machen. Gegen Ende des 19. Jahrhunderts schlug Ebbinghaus eben diese Art der Konditionierung vor, um jeden Gebrauch von sinnvollen Gruppierungen oder die Zuhilfenahme eines Kontexts früher gelernter Verknüpfungen auszuschalten.

Es ist nicht verwunderlich, daß Protokolle von Versuchspersonen und von Maschinen in diesem Bereich fast völlig übereinstimmen. Aber es ist ein zweifelhafter Triumph: der einzig erfolgreiche Fall Kognitiver Simulation simuliert einen Prozeß, der mit Verständnis nichts zu tun hat und daher auch nicht wirklich kognitiv ist.

Was zum Erlernen einer Sprache gehört, ist viel komplizierter und geheimnisvoller als ein konditionierter Reflex, wie er zum Lernen sinnloser Silben benötigt wird. Um anderen die Bedeutung eines neuen Wortes beizubringen, können wir manchmal auf den Gegenstand zeigen, den das Wort benennt. Augustin in seinen *Konfessionen* und Turing in seinem Aufsatz über Künstliche Intelligenz gehen davon aus, daß wir unseren Kindern so das Sprechen beibringen. Wenn wir jedoch – wie Wittgenstein bemerkt – einfach auf einen Tisch zeigen und „braun" sagen, dann weiß das Kind nicht, ob braun nun die Farbe, die Größe, die Form des Tisches, die Art des Gegenstandes oder der richtige Name für den Gegenstand ist. Wenn das Kind die Sprache bereits gebraucht, können wir *sagen*, daß wir die Farbe meinen: was aber, wenn es noch keine Sprache verwendet? Wittgenstein schlägt vor, daß das Kind in eine „Lebensform" eingebunden sein muß, in der es zumindest einige der Ziele und Interessen des Lehrers teilt, so daß die momentane Tätigkeit dabei hilft, die mögliche Referenz der benutzten Worte zu begrenzen.

Was können wir demnach einer Maschine beibringen? Das ist genau die Frage in einem der wenigen ernsthaften Einwände gegen die KI-Forschung, der von einem der Beteiligten selbst vorgebracht wird. A. L. Samuel, der das berühmte Dameprogramm schrieb, hat argumentiert, daß Maschinen deshalb nicht intelligent sein können, weil sie nur das tun, wozu sie angewiesen werden. Minsky verwirft diesen Einwand mit der Bemerkung, daß wir von der Leistung unserer Maschinen überrascht werden können.[46] Aber Samuel ist sich dessen sicher bewußt, da er von seinem eigenen Dameprogramm geschlagen wurde. Er muß also etwas anderes meinen und zwar vermutlich, daß die Maschine die Anweisungen, mit denen sie gewinnen kann, auf eine andere Art erhält als Kinder, denen man Dame beibringt. Wenn das jedoch Samuels Verteidigung ist, gibt Michael Scriven bereits eine Antwort darauf. Scriven behauptet, daß neue Strategien „dem Computer vom Konstrukteur eingegeben werden...in *exakt* demselben metaphorischen Sinn, in dem wir unseren Kindern alles eingeben, was sie in ihrem späteren Leben wiedergeben".[47] Trotzdem sollte sich Samuel weder von den Philosophen noch von seinen Kollegen länger einschüchtern lassen. Daten werden einer Maschine tatsächlich eingegeben, aber völlig anders, als man Kinder unterrichtet. Wir haben gerade gesehen, daß Sprache, wenn sie gelehrt wird, nicht präzise definiert ist und – wie wir in Teil II, Kap. 4 sehen werden – dies auch gar nicht sein kann. Die Bedeutungen, die wir anderen vermitteln wollen, müssen im Rahmen eines gemeinsamen Kontexts geklärt und angeglichen werden. Lernen im Gegensatz zum Auswendiglernen und Wiederholen erfordert diese Art von Urteilen. Wittgenstein nimmt die Frage folgendermaßen auf:

Kann ein Anderer dabei sein Lehrer sein? Gewiß. Er gibt ihm von Zeit zu Zeit den richtigen *Wink*. – So schaut hier das ‚Lernen' und das ‚Lehren' aus. – Was man erlernt, ist keine Technik; man lernt richtige Urteile. Es gibt auch Regeln, aber sie bilden kein System, und nur der Erfahrene kann sie richtig anwenden. Unähnlich den Rechenregeln.[48]

Es ist diese Fähigkeit, in einem bestimmten Kontext das Wesentliche zu erfassen, die das echte Lernen ausmacht; da Kinder diesen Sprung machen können und müssen, können sie uns überraschen und etwas vollkommen Neues, Eigenes zeigen.

Die vorangegangenen Überlegungen zu der wesentlichen Rolle von Kontextberücksichtigung und Ambiguitätstoleranz im Gebrauch natürlicher Sprache sollten deutlich machen, warum der Fortschritt auf dem Gebiet des maschinellen Übersetzens nach dem Erfolg des mechanischen Wörterbuchs zu einem Stillstand gekommen ist. Wir haben darüber hinaus gesehen, daß die Fähigkeit, eine Sprache zu *lernen*, dieselbe komplexe Kombination menschlicher Formen der „Informationsverarbeitung" erfordert, die nötig sind, um Sprache zu *verstehen*.

Von daher ist es wenig überzeugend, wenn KI-Forscher die Probleme, auf die sie stoßen, dadurch umgehen wollen, daß sie auf lernfähige Programme verweisen.

Unterscheidung von wesentlichen und unwesentlichen Merkmalen gegenüber Suchverfahren nach dem Prinzip von Versuch und Irrtum

Die Simulierung des Problemlösens hat es ebenfalls mit zwei Funktionen des menschlichen Denkens zu tun: die eine, elementar und stückweise, ist für den frühen Erfolg in diesem Bereich verantwortlich: die zweite, die eine komplexere Einsicht – d. h. das Durchschauen und Verstehen eines Sachverhalts aus seinem inneren Wesen und seiner Struktur heraus – erfordert, erwies sich als unpraktikabel für schrittweise Programme wie Simons GPS. Bei trivialen Problemen ist es möglich, einfach alle denkbaren Kombinationen durchzuprobieren, bis man über die Antwort stolpert. Diese Suche nach der dem Prinzip von Versuch und Irrtum ist ein weiteres Beispiel für eine Haurucktechnik wie das Auszählen beim Schach. Aber wie schon bei den Spielen laufen einem die Möglichkeiten bald davon. Beim Problemlösen geht es darum, Irrwege systematisch so zu verringern, daß mehr Zeit auf die Erforschung der aussichtsreichen Alternativen verwendet werden kann. Hier vertrauen Menschen auf ihre Einsicht, und hier stoßen Programmierer auf Schwierigkeiten.

Wenn ein Problem einfach und vollständig dargelegt wird, mit einem Anfang und einem Ende und einfachen, detailliert beschriebenen Verfahren, wie man vom einen zum anderen gelangt (mit anderen Worten, wenn wir das haben, was Simon ein „einfach-formales Problem" nennt), dann kann Simons GPS, durch das Ausprobieren vieler Möglichkeiten, Anfang und Ende immer näher zusammenbringen, bis das Problem gelöst ist. Dies wäre ein erfolgreiches Beispiel für eine Zweck–Mittel-Analyse. Aber selbst dieser einfache Fall bringt viele Schwierigkeiten mit sich. Vergleicht man das Maschinenprotokoll der Schritte einer GPS-Lösung mit der Niederschrift des mündlichen Berichts eines Menschen, der dasselbe Problem löst, so erkennt man im Maschinenprotokoll Schritte, die in dem Protokoll des Menschen nicht vorkommen. Und Simon verlangt von uns, die methodologisch zweifelhafte Erklärung für die fehlenden Schritte in dem menschlichen Protokoll zu akzeptieren, daß „vieles von dem, was zur Lösung der Aufgabe gehört, sich zweifellos ereignet hat, ohne daß die Versuchsperson dies kommentierte (oder sich dessen bewußt war)."[49]

Hinzu fügt er die noch willkürlichere Annahme, daß diese unausgesprochenen Operationen von derselben grundlegenden Art seien wie die ausgesprochenen. Gewisse Einzelheiten in Newells und Simons Aufsatz „GPS: A Program That Simulates Human Thought" (GPS: Ein Programm, das menschliches Denken simuliert) lassen hingegen den Schluß zu, daß diese unausgesprochenen Operationen den programmierten keineswegs gleichen.

In einem von Simons Experimenten wurden Versuchspersonen Probleme der formalen Logik vorgelegt. Sie bekamen eine Liste von Regeln für die Transformation symbolischer Ausdrücke und wurden gebeten, ihre Lösungsversuche in Worte zu fassen. Die Einzelheiten der Regeln sind hier nicht von Belang; wichtig ist jedoch, daß an einem Punkt des Protokolls die Versuchsperson feststellt, daß sie die Regel (A · B → A) und die Regel (A · B → B) auf die Konjunktion (-R v -P) · (R v Q) anwendet. Newell und Simon meinen dazu:

> Die Versuchsperson behandelte beide Formen von Regel 8 zusammen, jedenfalls soweit es aus ihrem Kommentar hervorgeht. Der GPS wählte dagegen für jede Form einen eigenen Betrachtungszyklus. Möglicherweise folgte die Versuchsperson dem Programm insgeheim und berichtete einfach nur zusammen über beide Ergebnisse.[50]

Vielleicht hat die Versuchsperson aber auch die Konjunktion als symmetrisch begriffen in bezug auf die Transformation, die durch die Regel zustandekam, und hat so beide Formen der Regel gleichzeitig angewandt. Selbst Newell und Simon gaben zu, daß es ihnen lieber gewesen wäre, wenn der GPS beide Formen der Regel in demselben Zyklus angewandt hätte. Nur dann hätte ihr Programm eine psychologische Theorie der Schritte liefern können, die die Versuchsperson vollzog. Sie verzichten jedoch wohlweislich auf den Versuch, ein Programm zu schreiben, das zwischen Situationen unterscheiden kann, in denen sinnvollerweise beide Formen der Regel anzuwenden sind, und Situationen, in denen dies nicht der Fall ist. Ein solches Programm, das die oben erwähnte Diskrepanz noch längst nicht beseitigt, würde viele weitere Schritte erfordern, die nicht von der Versuchsperson berichtet wurden, und damit die Kluft zwischen Programm und Protokoll weiter vergrößern. Newell und Simon können einerseits die Diskrepanz nicht aufhehen, sind andererseits jedoch nicht bereit, deren Bedeutung zu verstehen und tun sie als „Beispiel für parallele Verarbeitung" ab.[51]

Eine weitere von Newell und Simon erwähnte Diskrepanz erlaubt eine solche Ausrede jedoch nicht. An einer Stelle lautet das Protokoll: „... Ich hätte Regel 6 auf der linken Seite der Gleichung benutzen sollen. Also wende ich Regel 6 an, aber nur auf die linke Seite." Simon stellt dazu fest:

> Hier haben wir eine deutliche Abweichung vom GPS-Protokoll. Sowohl die Versuchsperson als auch GPS fanden Regel 6 angemessen, um die Vorzeichen zu ändern. An dieser Stelle wandte der GPS die Regel einfach auf den vorliegenden Ausdruck an; die Versuchsperson dagegen ging noch einmal zurück und verbesserte ihre vorherige Anwendung. Es gibt in dem Programm nichts Entsprechendes. Die unmittelbarste Erklärung wäre, daß die Versuchsperson die Anwendung von Regel 6 in umgekehrter Richtung als Zurücknahme der vorhergegangenen Anwendung von Regel 6 versteht.[52]

Dies ist in der Tat die unmittelbarste Erklärung. Newell und Simon erkennen offenbar nicht, daß dieses Abweichen vom Maschinenprotokoll, das nicht einfach durch parallele Verarbeitung wegerklärt werden kann, ihrer Theorie ebenso abträglich ist wie die Unstimmigkeiten in den Planetenbahnen für das ptolemäische System. Hier findet eine andere Form des Denkens als Suche statt!

Newell und Simon sehen zwar das Problem: „Das ist ein klarer Hinweis auf einen Mechanismus (vielleicht sogar eine Reihe von Mechanismen), den der GPS nicht besitzt"[53], versuchen jedoch wie die alten Astronomen, ihre Theorie zu retten, indem sie ein paar Epizyklen hinzufügen. Sie nehmen immer noch an – ohne jeden Beweis –, daß es sich bei diesem Mechanismus nur um eine verfeinerte Suchtechnik handelt, die dadurch untergebracht werden kann, daß man den GPS mit „einem kleinen, ständigen Rückblick über seine vergangenen Handlungen versieht".[54] Sie erkennen nicht, daß ihre Annahme, intelligentes Verhalten sei immer das Ergebnis der Befolgung heuristischer Regeln, sie zu der unplausiblen Auffassung nötigt, daß die Entscheidung ihrer Versuchsperson, einen Schritt zurückzugehen, das Ergebnis eines sehr *selektiven* Prüfverfahrens gewesen sein muß. Andernfalls müßten alle vergangenen Schritte an jedem Punkt nochmals geprüft werden, was das Programm hoffnungslos überfordern würde.

Es wäre ein wissenschaftlicherer Zugang, würde man die fünf Abweichungen, von denen im Aufsatz die Rede ist, weiter erforschen, um festzustellen, ob dabei noch eine andere Form der „Informationsverarbeitung" eine Rolle spielt oder nicht. Der Gestaltpsychologe Max Wertheimer erklärt z. B. in seiner ausgezeichneten Arbeit *Productive Thinking*, daß die Erklärung von Problemlösungen nach dem Prinzip von Versuch und Irrtum den wichtigsten Aspekt des problemlösenden Verhaltens ausschließt, nämlich das Erfassen der wesentlichen Struktur des Problems, was er „Einsicht" nennt.[55] Bei diesem Verfahren löst man sich von der Oberflächenstruktur und sieht das grundlegende Problem – das Wertheimer die „tiefere Struktur" nennt –, was einen in die Lage versetzt, die zur Lösung des Problems erforderlichen Schritte zu unternehmen. Diese gestaltpsychologische Konzeption mag im Widerspruch zu den operationalen Begriffen stehen, die von der Künstlichen Intelligenz gefordert werden, doch Minsky erkennt dieselbe Notwendigkeit, wenn er sie auch anders formuliert:

Die Fähigkeit, ein schwieriges Problem zu lösen, hängt von der Fähigkeit ab, es aufzuspalten oder in Probleme eines niedrigeren Schwierigkeitsgrades zu überführen. Wer sich dabei nicht völlig auf sein Glück verlassen will, benötigt hierzu ein gewisses Situationsverständnis. Man muß genügend Konsequenzen aus der Problemstellung ableiten oder vermuten können, um einfachere Modelle der Problemsituation erstellen zu können. Die Modelle müssen genügend strukturiert sein, damit ihre Lösungen auch mit einer gewissen Wahrscheinlichkeit auf das ursprüngliche Problem übertragen werden können.[56]

Da Einsicht für die Lösung komplexer Probleme notwendig ist, und da Minskys Forderungen nie programmiert wurden, dürfte es uns nicht überraschen, daß in Newells und Simons Arbeit diese einsichtige Umstrukturierung des Problems von den Programmierern selbst heimlich eingeführt wird: In *The Process of Creative Thinking* führen Newell, Shaw und Simon „die heuristischen Planungsverfahren" ein, mit denen jene Besonderheiten in den Protokollen von Versuchspersonen erklärt werden sollen, die in einer einfachen Zweck–Mittel-Analyse nicht auftreten.

Wir haben ein Programm entwickelt ... um zu beschreiben, wie einige unserer Versuchspersonen bei der Lösung von O. K. Moores Logikproblemen vorgehen. Der einfachste Weg zu zeigen, welche Prozesse bei einer Planung mitwirken, ist wohl die Beschreibung des Programms selbst. Auf rein pragmatischer Basis können die zwölf Operatoren, die in diesem Logiksystem zugelassen sind, in zwei Klassen aufgeteilt werden, die wir „wesentliche" und „unwesentliche" Operatoren nennen. Wesentliche Operatoren bewirken bei der Anwendung auf einen Ausdruck bei diesem „große" Veränderungen – z. B., wenn aus „P v P" „P" wird. Unwesentliche Operatoren rufen „kleine" Veränderungen hervor – sie machen z. B. aus „P v Q" „Q v P". Wie wir bereits sagten, ist diese Unterscheidung rein pragmatisch. Von den zwölf Operatoren in diesem Kalkül haben wir acht als wesentlich und vier als unwesentlich eingestuft ...
Als nächstes können wir einen Ausdruck nehmen und aus ihm alle Merkmale herausziehen, die sich nur auf wesentliche Veränderungen beziehen. Aus „P v Q" können wir z. B. den Ausdruck (PQ) machen, wobei die Anordnung der Symbole in dem letzteren Ausdruck als irrelevant betrachtet wird. Wenn unwesentliche Operatoren auf den abstrahierten Ausdruck angewendet werden, dann bleibt der Ausdruck unverändert, während wesentliche Operatoren ihn wahrscheinlich verändern ...
Wir können nun eine Entsprechung zwischen unseren ursprünglichen Ausdrücken und unwesentlichen Operatoren auf der einen Seite, und den abstrahierten Ausdrücken und wesentlichen Operatoren auf der anderen Seite konstruieren. Entsprechend dem ursprünglichen Problem, *a* in *b* zu überführen, können wir ein neues Problem konstruieren, nämlich *a'* in *b'* zu überführen, wobei *a'* und *b'* die Ausdrücke sind, die durch die Abstrahierung von *a* und *b* gewonnen werden. Angenommen, wir lösen das neue Problem und erhalten eine Folge von Ausdrücken *a' c' d' ...b'*. Wir können nun wieder in den ursprünglichen Problemraum zurücktransformieren und die neuen Probleme stellen, nämlich *a* in *c*, *c* in *d* zu überführen usw. Die Lösung des Problems im Planungsraum bietet somit einen Plan für die Lösung des ursprünglichen Problems.[57]

Dazu bedarf es keines Kommentars. Man muß nur bemerken, daß die eigentliche Programmbeschreibung im zweiten Absatz beginnt. Die Einteilung der Operatoren in wesentliche und unwesentliche, also genau die Funktion, die nach Wertheimer „Einsicht" oder „das Auffinden einer tieferen Struktur" ist, *wird von den Programmierern vor dem tatsächlichen Programmbeginn eingeführt.*

Diesen Trick übersehen Miller, Galanter und Pribam in ihrem Buch *Plans and the Structure of Behavior,* in dem sie eine von Newell, Shaw und Simon beeinflußte psychologische Theorie entwickeln. Miller u. a. m. zitieren zu Beginn Polya, der sich völlig bewußt ist, daß Einsicht bei allen Problemlösungen eine Rolle spielt:

In seinem Sachbuch *How to Solve It* unterscheidet Polya ... Phasen im heuristischen Prozeß:
— Erstens müssen wir das Problem verstehen. Wir müssen klar erkennen, was für Daten vorliegen, was für Bedingungen zu berücksichtigen sind und was das Unbekannte ist, nach dem wir suchen.
— Zweitens müssen wir einen Plan erarbeiten, der zu einer Lösung führt und die Daten mit dem bisher Unbekannten verknüpft.[58]

Miller u. a. m. spielen sodann die Bedeutung von Phase I herunter, oder ignorieren sie einfach.

Augenscheinlich ist die zweite Phase besonders entscheidend. Phase 1 entspricht dem, was wir in Kapitel 12 als Konstruktion eines klaren Bildes der Situation beschrieben haben, um einen Lösungsversuch anstellen zu können. Sie ist zweifellos unerläßlich, bei der Erörterung klar umrissener Probleme unterstellen wir, daß diese Konstruktion bereits erfolgt ist.[59]

Trotzdem ist die ganze psychologische Theorie des Problemlösens nicht viel wert, wenn es ihr nicht gelingt, Phase 1 in einem Computermodell unterzubringen. Es ist daher nicht überraschend, daß die Autoren zehn Seiten später, nachdem sie Simons Zweck-Mittel-Analyse übernommen haben, erleichtert Simons „Planungsmethoden"[60] anführen. Sie beziehen sich vermutlich auf dieselben Abschnitte, die wir gerade besprochen haben:

Ein zweites, sehr allgemeines heuristisches System, das Newell, Shaw und Simon verwendeten, besteht darin, bestimmte Details des Problems wegzulassen. Das vereinfacht im allgemeinen die Aufgabe, so daß sie sich nunmehr mit Hilfe eines bereits bekannten Plans lösen läßt. Der Plan zur Lösung des einfachen Problems wird anschließend als Strategie zur Lösung des ursprünglichen, komplizierten Problems eingesetzt. Bei Lösungen von Problemen innerhalb der

Aussagenlogik z. B. *kann die Maschine sich entscheiden, Unterschiede zwischen den logischen Verknüpfungen sowie die Reihenfolge der Symbole unberücksichtigt zu lassen* ...[61]

Aber wie wir gesehen haben, wird die Entscheidung nicht von der Maschine getroffen, sondern von Newell, Shaw und Simon selbst. Hierbei von heuristischen Verfahren zu sprechen, ist völlig irreführend. Niemandem ist es bisher gelungen, die Regeln für diese Vorauswahl zu formalisieren, geschweige denn zu beweisen, daß Menschen an diesem Punkt, wo es auf Einsicht allein ankommt, Regeln befolgen. Somit stehen wir wieder ohne eine Computertheorie des ersten grundlegenden Schritts bei der Lösung von Problemen da: die Entscheidung über wesentliche und unwesentliche Aspekte. Nur den Gläubigen wie Miller und anderen kann entgehen, daß Simons „Planungsmethode" mit ihrem zuvor aufbereiteten Material das Problem der Computersimulation darstellt statt eine Lösung zu liefern.

Diese menschliche Fähigkeit, bei einer bestimmten Fragestellung Wesentliches von Unwesentlichem trennen zu können, erklärt die Unterschiede in den Protokollen von Versuchspersonen und denen des GPS. Wir hatten bereits vermutet, daß eine Versuchsperson beide Formen von Regel 8 gleichzeitig anwendet, weil sie schon im Anfangsstadium erkennt, daß beide Seiten der Konjunktion funktional äquivalent sind. Und weil sie auch die wesentliche Funktion von Regel 6 erkannt hat, kann sie sehen, daß eine weitere Anwendung der Regel die vorangegangene Anwendung aufhebt. Wertheimer schreibt dazu:

Der Prozeß [der Strukturierung eines Problems] umfaßt nicht nur die gegebenen Bestandteile und ihre Transformationen. Er wirkt in Verbindung mit Material, das zwar strukturell relevant ist, aber aus früheren Erfahrungen ausgewählt wird ...[62]

Da Spielen eine Form des Problemlösens ist, müßte sich dieser Prozeß auch beim Schachspielen finden lassen, und tatsächlich ist es auch so. Mit Hearsts Worten:

De Groot schloß aus seiner Studie, daß Unterschiede in der Spielstärke weit weniger von der Rechenstärke als von einem „Geschick im Problemerfassen" abhängen. Großmeister sind anderen anscheinend dadurch überlegen, daß sie die wichtigsten Merkmale einer Stellung herauskennen, und nicht durch die Gesamtzahl der Züge, die sie in Betracht ziehen. Überraschenderweise fand de Groot, daß Großmeister weder mehr Möglichkeiten bei einem einzigen Zug untersuchen (durchschnittlich zwei bis vier pro Stellung), noch weiter vorausdenken (höchstens sechs bis sieben Züge) als weniger starke Spieler. Dem Großmeister ist es irgendwie möglich, den Kern eines Problems sofort zu „sehen", während z. B. ein Meisterspieler ihn nur unter Schwierigkeiten oder gar nicht findet, auch wenn er genausoviele Alternativen berücksichtigt wie der Großmeister.[63]

Minsky hat diese Probleme, wie wir sahen, schon 1961 erkannt. Aber seine einzige Hoffnung bestand darin, daß jemand ein Planungsprogramm entwickle, das in der Lage sei, dieselben heuristischen Suchverfahren extensiver und auf einer höheren Ebene anzuwenden:

Die Notwendigkeit einer „schlußfolgernden" Computerfunktion heißt nicht, das Spiel zugunsten eines intelligenten Teilprogramms aufzugeben. Das Programm, das die Suche steuert, ist nur ein weiteres heuristisches Programm. Es wird so gut wie sicher zu einem großen Teil aus Objekten und Prozessen derselben Art zusammengesetzt sein wie die Hauptprogramme.[64]

Aber ein derartiges Planungsprogramm erfordert selbst wieder eine Unterscheidung zwischen wesentlichen und unwesentlichen Operatoren. Wenn der Programmierer nicht an irgendeinem Punkt von sich aus eine Unterscheidung einführt, wird er in einen unendlichen Regreß von Planungsprogrammen gezwungen, die jeweils ein Programm höherer Ordnung erfordern, das ihre schlecht strukturierten Daten organisiert. An diesem Punkt, dem Übergang von der einfachen zur schwierigen Form der „Informationsverarbeitung", macht Minsky den typischen Schritt zum Lernen:

Das Problem, brauchbare Ableitungen aus einer großen Menge von Aussagen vorzunehmen (z. B. über die Relevanz unterschiedlicher Methoden für unterschiedliche Probleme), erzeugt ein neues Suchproblem. Man muß die logische Erforschung auf Daten beschränken, die für das Problem wahrscheinlich von Bedeutung sind. Diese Auswahlfunktion kann nur schwerlich direkt zu Beginn vollständig eingebaut werden. Sie muß sich zusammen mit anderen, durch Erfahrung angesammelten Daten entwickeln.[65]

Aber bislang hat niemand auch nur angedeutet, wie eine Maschine dieses Auswahlverfahren durchführen, oder wie sie derart programmiert werden könnte, daß sie es lernt, da eine solche Auswahl eine der Bedingungen für das Lernen aus Erfahrung ist.

In einer kürzlich erschienenen Würdigung der Arbeiten seit dem Erscheinen von *Computers and Thought* stellt Feigenbaum den auffälligen Mangel an Lernprogrammen heraus:

Im Bereich der KI-Forschung ist das Problem des maschinellen Lernens für Problemlösungsprogramme noch weitgehend ungelöst. Jahrelang zwar in dieser Hinsicht lediglich Samuels berühmtes Dameprogramm und dessen Lernsystem erwähnenswert. (Ein Entwurf für das Lernen im GPS von Newell, Shaw und Simon hat einmal großes Interesse geweckt, wurde jedoch nie verwirklicht.) Überraschenderweise stehen wir heute vor derselben Situation.[66]

Dieser ausgebliebene Fortschritt überrascht nur jene, die wie Feigenbaum nicht erkennen, daß die Fähigkeit, das Wesentliche vom Unwesentlichen zu unterscheiden, eine menschliche Form der „Informationsverarbeitung" ist, eine für jedes Lernen und Problemlösen notwendige Voraussetzung. Bislang ist es jedoch unmöglich, sie für maschinelle Suchverfahren nutzbar zu machen, die nur funktionieren, wenn diese Unterscheidung von Anfang an getroffen wurde. Es ist genau diese Funktion der Intelligenz, die dem weiteren Fortschritt auf dem Gebiet des Problemlösens entgegensteht.

Es ist darüber hinaus eine Illusion zu glauben, daß das Planungsproblem isoliert zu lösen wäre; daß wesentliche/unwesentliche Operationen wie Blöcke gegeben wären, die man nur noch sortieren müßte. Man kann sich leicht durch übervereinfachte Fälle und Spezialfälle – wie das Logikproblem – zu dem Glauben verleiten lassen, es gebe Operationen, die an sich wesentlich oder unwesentlich sind. Dann sieht es so aus, als könnten wir sie ja finden, weil es sie ja schon gibt, und wir müßten einfach eine heuristische Regel entdecken, um sie zu sortieren. Aber normalerweise (und oftmals selbst in der Logik) lassen sich wesentliche Operationen nicht einfach auffinden, da sie nicht unabhängig vom pragmatischen Kontext existieren.

Newell, Shaw und Simon nehmen ihre Zuflucht offen und notgedrungen zu der mit Einsicht verbundenen Vorverarbeitung ihres Materials. Vor diesem Hintergrund entbehrt ihre Behauptung offenbar jeder Grundlage, daß das Verhalten, das unklar als Geschick oder Scharfsinn beim menschlichen Problemlösen bezeichnet wird, wirklich nur das Ergebnis der überlegten Anwendung bestimmter heuristischer Verfahren ist, um die Suche nach Lösungen abzukürzen. Ihre Arbeit mit dem GPS demonstriert im Gegenteil, daß alles Suchen nicht mehr als ein Sich-Hindurchwinden ist, wenn es nicht von einer vorherigen Strukturierung des Problems gelenkt wird.

Ironischerweise ist die KS-Forschung ein schlagendes Beispiel für sogenanntes intelligentes Verhalten, das wie der GPS ohne Unterstützung des Programmierers verfährt. Hier findet man jenes Herumbasteln und *ad hoc*-Flicken, das sich typischerweise einstellt, wenn man nur Augen für die Oberflächenstruktur hat – wie wenn man Bäume mit Blick auf den Mond erklettert. Vielleicht liegt es einfach daran, daß dieser Bereich kein Beispiel der Einsicht liefert, wenn einige KS-Forscher die Leistung des GPS fälschlich für intelligentes Verhalten hielten.

Klare Gruppierung contra Merkmalslisten

Ein Computer muß sämtliche Muster anhand einer Liste von spezifischen Merkmalen erkennen. Dies erzeugt das Problem des exponentiellen Wachstums, das Menschen vermeiden, weil sie anders vorgehen. Eine Simulierung des Erkennens selbst einfacher Muster erfordert deshalb vorerst noch den Rückgriff auf jede der vier bislang erörterten grundlegenden Formen der menschlichen „Informationsverarbeitung". In diesen einfachen Fällen mögen KI-Forscher mit mechanischen Techniken sogar gewisse Fortschritte erzielt haben. So komplexe Muster wie künstlerische Stile oder menschliche Gesichter offenbaren jedoch eine unbestimmte Ähnlichkeit, die anscheinend eine spezielle Kombination von Einsicht, Randbewußtsein und Ambiguitätstoleranz erfordert, die über die Möglichkeiten einer Maschine hinausgeht.

Im 1. Kapitel haben wir festgestellt, daß eine Schwäche derzeitiger Mustererkennungsprogramme (mit der möglichen Ausnahme des Programms von Uhr-Vossler, bei dem die Fähigkeit seiner Operatoren noch nicht genügend getestet ist, da es nur fünf Buchstaben erkennen kann) darin liegt, daß sie ihre eigenen Auswahlverfahren nicht festlegen können. Jetzt werden wir dagegen sehen, daß diese Art der Problemformulierung auf Annahmen beruht, hinter denen sich tiefere und schwierigere Probleme verbergen.

Einsicht. Ein erstes Anzeichen dafür, daß sich menschliche Mustererkennung radikal von mechanischer unterscheidet, ist die menschliche (und tierische) Toleranz gegenüber Veränderungen in Lage und Größe, relativer Unvollständigkeit und Verzerrung und der Intensität von Hintergrundstörungen.

Anfangs versuchten die KI-Forscher, das Muster zu normalisieren und es dann gegen eine Menge von Schablonen zu testen, um zu sehen, zu welcher es paßte. Auf der anderen Seite scheinen beim menschlichen Erkennen Veränderungen in Größe und Lage ebensowenig eine Rolle zu spielen wie Lücken in der Form usw. Obwohl gewisse Wahrnehmungskonstanten eine Normalisierung erreichen (scheinbare Größe und Helligkeit variieren nicht so stark wie entsprechende Veränderungen des Signals, das die Netzhaut trifft), scheint doch klar zu sein, daß wir das Muster nicht völlig normalisieren und glätten müssen, da wir es im Akt des Erkennens zugleich als schief, unvollständig, groß oder klein usw. wahrnehmen.

Anstatt das Muster zu normalisieren, suchen neuere Programme leistungsfähige Operatoren, die Unterscheidungsmerkmale herausfinden, aber gegen Abweichungen und Hintergrundstörungen unempfindlich bleiben. Wenn Menschen Muster erkennen, benutzen sie jedoch offenbar auch diese künstlichen Hilfsmittel nicht. In den Ausnahmefällen, in denen Menschen ihre Anhaltspunkte benennen können, erweisen diese sich nicht als leistungsstarke Operatoren, die undeutliche Muster akzeptieren und Störungen ausschließen, sondern als Menge von idealen Merkmalen, die in den speziellen Fällen der erkannten Muster annäherungsweise vorhanden waren. Verzerrte Muster werden keiner größeren Menge von stärker differenzierten Merkmalen zugeordnet; für das menschliche Auge weisen sie dieselben einfachen Merkmale wie die unverzerrte Figur auf, mit gewissen zufälligen Attributen oder Mängeln. Auch Hintergrundstörungen werden nicht geprüft und ausgeschlossen, sondern als unwesentlich ignoriert.[67] Hier können wir also wieder die menschliche Fähigkeit feststellen, Wesentliches von Unwesentlichem zu unterscheiden.

Randbewußtsein. Um festzustellen, welchem aus einer Menge bereits analysierter Muster ein vorgelegtes Muster am meisten gleicht, hat man vorgeschlagen, das vorgelegte Muster mit Hilfe eines systematisch konstruierten „Entscheidungsbaums" auf einen Satz von Merkmalen zu überprüfen, oder die Wahrscheinlichkeiten zu kombinieren, daß jedes Merkmal aus einer Menge vorhanden ist, wie in Selfridges Pandämonium-Programm. Beide Methoden gehen unkritisch davon aus, daß ein Mensch ein Muster anhand einer Liste spezifischer Merkmale klassifizieren muß. Für Selfridge und Neisser ist es offenbar selbstverständlich, daß „ein Mensch, der aus einem Reizkomplex ein Muster abstrahiert, die möglichen Inputs im Grunde genommen klassifiziert hat."[68] Earl Hunt übernimmt dieselbe Voraussetzung in seinem Bericht über Mustererkennung: „Mustererkennung bedingt wie das Konzeptlernen das Erlernen einer Klassifizierungsregel."[69]

Wenn das Muster sehr kompliziert ist und vielen anderen Mustern hinreichend ähnelt, so daß zur Unterscheidung sehr viele Merkmale notwendig sind, droht wieder das Problem des exponentiellen Wachstums. Angenommen, ein – menschlicher oder maschineller – Mustererkenner muß tatsächlich Merkmal für Merkmal überprüfen. Das wiederum hieße, daß es bestimmte entscheidende Merkmale geben muß, um die Verarbeitung nicht ausufern zu lassen – man müßte sie finden oder die Maschine so programmieren können, daß sie sie selbst findet.

Man soll also nach einer Art heuristischem Wahrnehmungsverfahren suchen, nach den „leistungsstarken Operatoren", die bis jetzt noch niemand hat finden können. Und genauso wie die Schachmeister nicht imstande sind, den Programmierern die heuristischen Abkürzungsverfahren zu liefern, die sie angeblich benutzen, so bemerken Selfridge und Neisser im Hinblick auf die Mustererkennung, daß „die Basis der Klassifizierung selbst dem Analysierenden sehr oft unbekannt ist." Trotzdem nehmen Selfridge und Neisser wie Newell und Simon an, daß unbewußt ein Labyrinth erforscht wird – in diesem Fall, daß eine Liste von Merkmalen gesucht wird. Daraus schließen sie, daß „sie [die Basis der Klassifizierung] zu komplex ist, um klar spezifiziert zu werden."[70]

Aber die Schwierigkeiten bei der Suche nach einer derartigen Liste legen wiederum nahe, daß zumindest Menschen nicht alle möglichen Merkmale nacheinander oder gleichzeitig aufnehmen und zur Entscheidungsfindung heranziehen, sondern daß viele wichtige Unterscheidungsmerkmale überhaupt nicht aufgenommen werden, sondern am Rande des Bewußtseins verbleiben und von dort aus wirksam werden.

Während wir beim Schach mit einem umfassenden Situationsverständnis beginnen und nur am Ende das Auszählen heranziehen, brauchen wir in der Wahrnehmung auf keinerlei explizite Merkmale zurückzugreifen. Normalerweise erkennen wir die Ähnlichkeit eines Gegenstands mit einem anderen, ohne daß er uns als Exemplar eines Typus oder als Teil einer Menge bewußt wird, die durch spezifische Merkmale definiert ist. In seiner Analyse des Unterschieds zwischen perzeptorischem und apperzeptorischem Bewußtsein schreibt Aron Gurwitsch:

Wahrgenommene Gegenstände haben für uns typische Eigenschaften... Aber – und das ist der entscheidende Punkt – *einen bestimmten Gegenstand wahrzunehmen ist keineswegs dasselbe wie ihn als Repräsentanten oder als Sonderfall eines Typus zu begreifen.*[71]

Natürlich können wir manchmal die kennzeichnenden Merkmale verdeutlichen:

Der erste Schritt bei der Bildung des apperzeptorischen Bewußtseins besteht darin, eine Aufspaltung des als typisch wahrgenommenen Gegenstands vorzunehmen. Die gattungsspezifischen Merkmale, die bis dahin dem wahrgenommenen Gegenstand immanent und eigentümlich waren, werden nun von ihm abgetrennt. Nachdem sie explizit gemacht wurden, können diese Merkmale als solche begriffen werden... Als Folge dieser Aufspaltung *wird das Spezifische zum Allgemeinen.* Aus diesem Blickwinkel stellt es sich gegen den wahrgenommenen Gegenstand, von dem es gerade erst gelöst wurde und der nun in ein Beispiel, einen Sonderfall überführt wird...

Daher können Hinweise aufgegriffen und zu Themen werden [spezifischen Merkmalen, deren wir uns bewußt sind] ..., während sie vorher nur zur Bildung eines anderen Themas [des Musters] beitrugen, in dem sie lediglich eine stumme Rolle spielten.[72]

Dieser Übergang vom perzeptorischen zum apperzeptorischen Bewußtsein (vom wahrnehmenden zum mathematischen Geist, um mit Pascal zu sprechen) ist nicht unbedingt eine Verbesserung. Einige an Aphasie leidende Menschen, die von Gelb und Goldstein untersucht wurden, haben die Fähigkeit des perzeptorischen Erkennens verloren. Alles Erkennen wird für den Patienten zu einer Frage der Klassifizierung. Er muß auf Prüflisten und Suchverfahren zurückgreifen – wie ein Digitalcomputer. Einige an Aphasie leidende Menschen können beispielsweise ein Dreieck nur anhand seiner Merkmale erkennen, d. h. indem sie seine Seiten zählen und denken: Ein Dreieck hat drei Seiten, also ist das ein Dreieck.[73] Diese Art des Erkennens ist zeitraubend und mühselig; die Opfer solcher Gehirnschädigungen sind völlig unfähig, im Alltag zurechtzukommen.

Offenbar ist bei der Mustererkennung der Übergang von einer impliziten, perzeptorischen Gruppierung zu einer expliziten apperzeptorischen Klassifizierung – selbst in einem Endstadium wie beim Schach – im allgemeinen nicht von Vorteil. Wir müssen die gemeinsamen Merkmale verschiedener Beispiele desselben Musters weder begrifflich erfassen noch thematisieren, um eben dieses Muster zu erkennen. Diese Tatsache unterscheidet menschliches von maschinellem Erkennen, das nur auf der expliziten, begrifflichen Stufe der Zugehörigkeit zu Kategorien erfolgt.

Kontextabhängige Reduzierung der Mehrdeutigkeit. In den bisher betrachteten Fällen konnten die Merkmale, die ein Glied einer Kategorie definieren, wenigstens prinzipiell immer explizit gemacht werden, wenn sie im allgemeinen auch zu zahlreich sind, um beim praktischen Erkennen von Nutzen zu sein. Doch in einigen Fällen ist ein solches Herauspräparieren nicht einmal möglich. Um diesen Punkt richtig einschätzen zu können, müssen wir zuerst die Vorstellung – die von traditionellen Philosophen wie von KI-Forschern gleichermaßen geteilt wird – überwinden, daß man Mustererkennung immer als eine Art Klassifizierung verstehen kann. In dieser übereilten Verallgemeinerung werden drei verschiedene Formen der Mustererkennung in einen Topf geworfen, von denen keine die Eigenschaften aufweist, die Philosophen und Digitalcomputer verlangen.

Zunächst gibt es das Erkennen dessen, was Gurwitsch als das Gattungsspezifische bezeichnet. Ein Beispiel dafür wäre das Erkennen eines bestimmten Gegenstandes als Bleistift. Wie Gurwitsch dargelegt hat, eignet sich diese Form des Erkennens, obwohl sie selbst nicht explizit ist, dennoch zur Bestimmung einer Menge von expliziten Merkmalen, so daß sie möglicherweise für eine Programmierung in Frage kommt. Gurwitsch übersieht jedoch, daß es bei dieser Form des Erkennens unsere Absichten sind, die die Auswahl der wichtigen und der entscheidenden Merkmale bestimmen. Für unsere Zwecke ist es z. B. wichtig, daß ein Stift eine Spitze hat. Als nun ein Schreibgerät mit einer Kugel am Ende erfunden wurde, nannte man dieses Ende immer noch Spitze, das Gerät jedoch Kugelschreiber (und nicht mehr Stift), vermutlich um zu betonen, daß sich die Zeichen, die mit diesem Gerät gemacht werden, nicht ausradieren lassen.

Wir könnten schließen, daß es für einen Kugelschreiber ein definierendes Kriterium ist, unauslösliche Zeichen auf Papier zu machen, während eine Spitze nur ein Symptom ist, wie Wittgenstein es nennt. „... eine Erscheinung, die erfahrungsgemäß mit der Erscheinung zusammen auftritt, die unser definierendes Kriterium ist." Wir könnten sogar versuchen, diese Unterscheidung zwischen Symptom und Kriterium in unser Programm einzubeziehen. Aber Wittgensteins wesentlicher Punkt in der Unterscheidung zwischen Symptom und Kriterium ist der, daß diese nicht ein für allemal festgelegt ist, sondern sich mit unseren wechselnden Zielen und Kenntnissen verändert:

Wenn man in der Praxis gefragt würde, welche Erscheinung das definierende Kriterium und welche das Symptom ist, wäre man in den meisten Fällen nicht fähig, diese Frage zu beantworten, es sei denn, man fällt eine willkürliche Entscheidung *ad hoc*. Es mag von praktischem Nutzen sein, ein Wort durch Bezug auf eine Erscheinung als das definierende Kriterium zu definieren, aber wir werden uns leicht überreden lassen, das Wort durch Bezug auf das, was wir dem obigen Gebrauch entsprechend als Symptom bezeichnet haben, zu definieren. Ärzte wenden immer wieder Namen für Krankheiten an, ohne jemals zu entscheiden, welche Erscheinungen als Kriterien und welche Erscheinungen als Symptome bezeichnet werden müssen; und das ist nicht unbedingt ein bedauerlicher Mangel an Klarheit.[74]

Das ist tatsächlich ein Weg, wie unsere Begriffe die für eine menschliche Mustererkennung entscheidende Offenheit gewinnen, eine Flexibilität, die einem Computer fehlt, der mit einer feststehenden Menge wesentlicher Merkmale arbeitet.

Eine zweite Art der Mustererkennung ist das Erkennen von Ähnlichkeiten. Hier spielt der Kontext eine wichtige Rolle – etwa beim „Verengen"[75] der Bedeutung von Wörtern oder Sätzen. Der Kontext mag uns vielleicht nur dazu führen, die Ähnlichkeiten zu bemerken, die wir anschließend einzeln erkennen – wie im Fall von mehrdeutigen Figuren wie Wittgensteins Enten-Kaninchen: Es ähnelt einer Ente, wenn es von Entenbildern und einem Kaninchen, wenn es von Kaninchenbildern umgeben ist. Vielleicht führt uns der Kontext auch dahin, uns auf bestimmte Aspekte des Musters zu konzentrieren, wie in Pudovkins berühmtem Experiment:

Eines Tages machte Pudovkin eine Nahaufnahme von Masjoukin, auf dem dieser ein völlig ausdrucksloses Gesicht macht. Dann projizierte er dieses Bild jeweils, nachdem er erst eine Schale mit Suppe, dann eine junge Frau tot im Sarg und zuletzt ein Kind, das mit einem Teddybär spielt, zeigte. Der erste Zuschauer bemerkte, daß Hasjoukin die Schale anzusehen schien, ebenso die junge Frau und das Kind: der nächste meinte, daß er die Suppenschale verlangend ansah, die tote Frau traurig und das Kind mit einem strahlenden Lächeln. Das Publikum staunte über dieses reiche Mienenspiel, obwohl dreimal dasselbe Photo gezeigt worden war und das Gesicht, wenn überhaupt, bemerkenswert ausdruckslos war.[76]

Hier bestimmt der Kontext eindrucksvoll, welcher Gesichtsausdruck in einer Situation gesehen wird, in der keinerlei Anzeichen des Gesichts auf der Leinwand diese Unterschiede erklären konnten. Man könnte trotzdem sagen, daß das vermeintlich ausdrucksvolle Gesicht, das die Zuschauer sahen, gewisse Merkmale aufwies, z. B. traurige Augen oder ein glückliches Lächeln, und daß diese Merkmale die Zuschauer dazu brachten, den Ausdruck zu erkennen. Aber der Ausdruck der Augen eines Menschen kann z. B. so sehr vom ganzen Gesicht abhängen, daß er unidentifizierbar wird, wenn man diese durch einen Schlitz betrachtet. Mehr noch, ein bestimmter Augenausdruck kann eine Krümmung der Nase hervortreten lassen, die unbemerkt bliebe, wenn die Nase zu einem anderen Gesicht gehörte. Die Nase wiederum mag dem Lächeln eine andere Nuance geben, die den Augenausdruck beeinflußt. Wie Wittgenstein bemerkt: „Ein lächelnder Mund *lächelt* nur in einem menschlichen Gesicht."[77] In solchen Fällen können die zum Erkennen einer Ähnlichkeit notwendigen Merkmale (funkelnde Augen, spöttisches Lächeln usw.), selbst wenn sie thematisiert sind, nicht neutral und kontextunabhängig isoliert und definiert werden. Wie im Fall der sprachlichen Neutralisierung von Mehrdeutigkeit bestimmt der Kontext – in unserem Beispiel das ganze Gesicht – überdies nicht nur die wesentlichen Erkennungsmerkmale, sondern wird umgekehrt auch von ihnen bestimmt. Der Ausdruck wird nicht *aus* den Merkmalen *abgelei-*

tet; er ist schlichtweg die Konfiguration von Augen, Mund usw., so wie eine Melodie aus eben den Noten besteht, denen sie ihren besonderen Notenwert gibt. Bei Ähnlichkeiten dieser Art ergibt die Idee, Muster anhand von isolierten Merkmalen zu erkennen, keinen Sinn.

In einem weiteren Fall von Ähnlichkeit brauchen als zusammengehörig erkannte Objekte überhaupt keine gemeinsamen Merkmale aufzuweisen – nicht einmal kontextabhängige. In seiner Studie zur natürlichen Sprache hat Wittgenstein diesen Typ des Erkennens ohne Kategorienbildung untersucht:

> Wir sehen ein kompliziertes Netz von Ähnlichkeiten, die einander übergreifen und kreuzen. Ähnlichkeiten im Großen und Kleinen.
>
> Ich kann diese Ähnlichkeiten nicht besser charakterisieren als durch das Wort „Familienähnlichkeiten"; denn so übergreifen und kreuzen sich die verschiedenen Ähnlichkeiten, die zwischen den Gliedern einer Familie bestehen: Wuchs, Gesichtszüge, Augenfarbe, Gang, Temperament, etc. etc. [...] Und wir dehnen unseren Begriff ... aus, wie wir beim Spinnen eines Fadens Faser an Faser drehen.[78]

Familienähnlichkeit unterscheidet sich in einigen wichtigen Punkten von Kategorienzugehörigkeit: Kategorien können anhand von Merkmalen definiert werden, auch wenn sie keine Elemente enthalten, während Familienähnlichkeiten nur anhand von imaginären oder wirklichen Beispielen erkannt werden.[79] Während es darüber hinaus bei der Frage nach der Zugehörigkeit zu einer Kategorie nur für die Antworten ja oder nein gibt,[80] erlauben Familienähnlichkeiten ein ganzes Spektrum vom Typischen bis zum Atypischen. Ein atypisches Mitglied einer Familie z. B. kann dadurch erkannt werden, daß es in eine Reihe von Gesichtern gestellt wird, die von einem typischen bis zu einem atypischen Mitglied reicht. Desgleichen können bestimmte Begriffe wie anmutig, auffallend oder plump nicht durch notwendige und hinreichende Bedingungen definiert werden, sondern nur durch einen typischen Fall. Da diese Art des Erkennens eines „Familien"mitglieds nicht anhand einer Liste von Merkmalen erfolgt, sondern der betreffende Fall aufgrund seiner Nähe zu einem paradigmatischen (d. h. typischen) Fall betrachtet wird, ist diese Form ein weiteres Beispiel für die Offenheit und Flexibilität menschlicher Erkenntnis.

Schließlich geht Wittgenstein sogar noch weiter und vermutet, daß es in einigen Arten des Erkennens keine gemeinsamen Merkmale gibt, nicht einmal solche, die sich überschneiden. Wittgenstein führt die oben zitierten Bemerkungen recht unklar fort:

Wenn aber Einer sagen wollte: „Also ist allen diesen Gebilden etwas gemeinsam, – nämlich die Disjunktion aller dieser Gemeinsamkeiten" – so würde ich antworten: hier spielst du nur mit einem Wort. Ebenso könnte man sagen: Es läuft ein Etwas durch den ganzen Faden, – nämlich das lückenlose Übergreifen dieser Fasern.[81]

Vielleicht meint Wittgenstein hier eine dritte Art des Erkennens, die er nicht klar von der Ähnlichkeit abgrenzt, die wir aber das Erkennen einer Gleichartigkeit nennen können.

Nach dieser Interpretation sollte Wittgenstein nicht so verstanden werden, daß das Erkennen sich auf sehr viele übergreifende Merkmale bezieht, sondern daß man eine so umständliche Aussonderung nicht gebrauchen kann. Ein schlüssigeres Verständnis seiner Analyse wäre die Folgerung, daß jedes der Merkmale, die er bei der Erörterung der Familienähnlichkeit anführt – Körperbau, Farbe der Augen, Haltung usw. – bei keinen zwei Familienmitgliedern identisch ist, sondern seinerseits aus einem Netz sich überkreuzender Gleichartigkeiten besteht. Um bei der Analogie zu bleiben, jede Faser ist wiederum aus Fasern gedreht. So ist es möglich, daß zwei beliebige Mitglieder der Familie *überhaupt* keine Merkmale gemeinsam haben, obwohl alle miteinander eine Familienähnlichkeit aufweisen. Gleichartigkeit ist der letzte Begriff in Wittgensteins Analyse und kann nicht – wie es maschinelles Denken erfordern würde – auf eine Liste oder Aufspaltung von identischen, festbestimmten Merkmalen reduziert werden.[82]

Wer ein Mitglied einer „Familie" erkennen kann, muß nicht in der Lage sein, auch nur *ein einziges* exakt gleichartiges Merkmal zu nennen, das auch nur zwei Mitgliedern gemeinsam wäre, so wenig es einen Grund für die Annahme gibt, daß solche Merkmale überhaupt existieren. Tatsächlich würde die Formalisierung von Familienähnlichkeiten mittels exakt gleichartiger Merkmale eine gewisse Offenheit gegenüber neuen Fällen ausschließen, die das auffälligste Kennzeichen dieser Form des Erkennens ist. Wie differenziert die Merkmale auch gewählt werden, man kann immer ein neues „Familien"mitglied erfinden, dessen Merkmale denen der bereits vorhandenen Mitglieder gleichartig sind, ohne daß sie irgendwelchen Merkmalen auch nur eines einzigen bisherigen Mitglieds *genau* gleichartig sind, und das trotzdem in einigen Situationen als zu den anderen gehörig erkannt wird.

Diese hochentwickelte und gleichwohl bei den meisten Menschen anzutreffende Form des Erkennens verwendet eine besondere Kombination der drei bislang erörterten Modalitäten der „Informationsverarbeitung": Randbewußtsein, Einsicht in die Problemstruktur und Kontextbezug. Zunächst ist der Prozeß implizit. Er macht Gebrauch von Informationen, die sozusagen an den Rändern des Bewußtseins verbleiben. Um die Rolle der Einsicht zu verstehen, müssen wir zuerst zwischen gattungsspezifisch und typisch unterscheiden, obwohl für Gurwitsch diese beiden Begriffe austauschbar sind. Nach Gurwitsch beruht das Erkennen des *Gattungsspezifischen* auf impliziten Hinweisen, die immer explizit gemacht werden können. Das Erkennen des *Typischen,* wie wir den Begriff verstehen, beruht auf Gleichartigkeiten, die nicht thematisiert werden können. Das Erkennen des Typischen erfordert demnach im Gegensatz zum Erkennen des Gattungsspezifischen einsichtsvolles Ordnen mit Blick auf ein Paradigma. Ein paradigmatischer Fall erfüllt seine Funktion insofern, als er die klarste Verdeutlichung dessen ist, was alle Mitglieder einer vorgegebenen Klasse (wesentlich) auszeichnet. Und schließlich ist das Erkennen im Hinblick auf die Nähe zu einem Paradigma eine Form des Kontextbezugs.

Wittgenstein bemerkt, daß „eine verständliche Repräsentation gerade das Verständnis erzeugt, das im Erkennen von Zusammenhängen besteht."[83] Diese Kombination aus Randbewußtsein, Einsicht und Kontextbezug haben wir „verständliches Gruppieren" genannt. Diese Form der menschlichen „Informationsverarbeitung" ist ebenso wichtig wie die drei grundlegenden Modalitäten der Informationsverarbeitung, aus denen sie sich herleitet.

Übersicht. Menschen können unter den folgenden, zunehmend schwieriger werdenden Bedingungen Muster erkennen:

1. Das Muster kann schief, unvollständig, verzerrt und mit Störungen verbunden sein.
2. Die für das Erkennen erforderlichen Merkmale können „so subtil und zahlreich" sein, daß – selbst wenn man sie formalisieren könnte – eine Suche durch eine sich verzweigende Liste solcher Merkmale schon bald undurchführbar wäre, wenn neue Muster zur Unterscheidung hinzukämen.
3. Die Merkmale können auf einem äußeren oder inneren Kontext beruhen und sind daher einer kontextunabhängigen Spezifizierung nicht zugänglich.
4. Möglicherweise gibt es keine gemeinsamen Merkmale, sondern ein „kompliziertes Netz von Ähnlichkeiten, die einander übergreifen", das immer neue Variationen erfassen kann.

Jedes System, das die menschliche Erkenntnisleistung nachahmen soll, muß also in der Lage sein,

1. die wesentlichen von den unwesentlichen Merkmalen eines bestimmten Musters zu unterscheiden;

2. Hinweise zu verarbeiten, die am Rande des Bewußtseins bleiben;
3. den Kontext in Betracht zu ziehen;
4. das Individuelle als typisch wahrzunehmen, d. h. das Individuelle im Hinblick auf ein Paradigma zu sehen.

Da bereits das Erkennen von weniger komplexen Mustern diese vier Formen der menschlichen „Informationsverarbeitung" erfordern kann, ist die Forschung auf diesem Gebiet noch nicht über das mühsame Erkennen einfacher alphanumerischer Muster hinausgekommen, wie z. B. Schreibmaschinentypen und Postleitzahlen. Darüber hinaus wird allgemein anerkannt, daß weitere Fortschritte in den Bereichen Spiele, Sprachübersetzung und Problemlösen einen Durchbruch in der Mustererkennung voraussetzen.

Zusammenfassung

Das grundlegende Problem, dem sich die Forscher gegenübersehen, die Computer zur Simulation menschlichen intelligenten Verhaltens einsetzen wollen, müßte nun klar sein: sämtliche Alternativen müssen explizit gemacht werden. Bei Spielen erfordert das Wachstum des Alternativenbaums eine Einschränkung der Anzahl der Wege, die weiterverfolgt werden können: Bei komplizierteren Spielen wie Schach können die Programme bislang noch nicht die vielversprechendsten Wege auswählen. Beim Problemlösen besteht die Aufgabe nicht nur darin, die selektive Suche zwischen den einzelnen Alternativen zu steuern, sondern das Problem von vornherein so zu strukturieren, daß der Suchprozeß überhaupt beginnen kann. Bei der Sprachübersetzung sind wegen der jeder natürlichen Sprache innewohnenden Mehrdeutigkeiten noch nicht einmal die zu verarbeitenden Elemente eindeutig auszumachen. Bei der Mustererkennung sind alle drei Schwierigkeiten untrennbar miteinander verwoben; dazu kommt noch, daß Gleichartigkeit und typische Form offenbar unreduzierbare Kategorien der Wahrnehmung sind. Diese Schwierigkeiten haben nach fünf Jahren die KS-Forschung zum Stillstand geführt.

Keine von Simons Vorhersagen ist eingetroffen. Das unerfüllte Versprechen bei den beiden ersten, daß Computer das Schachspielen oder mathematische Probleme hervorragend meistern würden, straft auch Simons dritte Prognose Lügen. Trotz der Leichtgläubigkeit und Beflissenheit der Psychologen haben im Verlauf der letzten zehn Jahre psychologische Theorien keineswegs die Form von Computerprogrammen angenommen.

Statt der angekündigten Triumphe ist ein Grundmuster sichtbar geworden: Anfangserfolge mit einfachen mechanischen Formen der Informationsverarbeitung, große Erwartungen und schließlich Versagen bei der Simulierung komplexerer Verhaltensformen. Simons Vorhersagen sind ein weiteres Beispiel für ein Phänomen, das Bar-Hillel „den Fehler des erfolgreichen ersten Schritts"[84] genannt hat. Simon selbst hat allerdings keine derart nüchternen Schlüsse gezogen. In seiner letzten Prognose 1965 prophezeite er, daß „es Computern in spätestens zwanzig Jahren möglich sein wird, jede Arbeit eines Menschen auszuführen."[85]

Wir werden uns in Teil II mit den Gründen für diesen unerschütterlichen Optimismus beschäftigen, aber zuvor müssen wir noch auf die KI-Forschung eingehen, die dort anfängt, wo die KS-Forschung aufgegeben hat.

ZWEITES KAPITEL

Phase 2 (1962–1967) Semantische Informationsverarbeitung

Um einen Rückblick auf Phase 1 zu werfen und einen Eindruck von dem zu vermitteln, was in Phase 2 erwartet und dann tatsächlich verwirklicht wurde, ist es nützlich, Minskys kurze Zusammenfassung der Forschungsgeschichte maschineller Intelligenz an den Anfang zu stellen:

In den frühen fünfziger Jahren wurden Allzweckcomputer allgemein für die Wissenschaft zugänglich. Die Kybernetik teilte sich ... in drei Hauptstränge: Der erste war die Fortsetzung der Suche nach den einfachen Grundprinzipien. Daraus wurde dann die Suche nach etwas, das man als kleinste selbstorganisierende Systeme bezeichnen könnte. Ein Paradigma dieses Ansatzes besteht darin, große Mengen allgemein gleichartiger Komponenten zu finden, die in einer lokkeren Anordnung in eine geeignete Umgebung versetzt, sich nach einiger Zeit „angepaßt" verhalten. Am Ende, so hoffte man, würde sich durch die Evolution eines solchen Systems ein intelligentes Verhalten herausbilden.[1]

Da die Forscher auf diesem Gebiet, das auch als Kybernetik bezeichnet wird, keine interessanten Ergebnisse erzielt haben – obgleich ihr Wortführer, Frank Rosenblatt, einige der abenteuerlichsten Versprechungen gemacht hat[2] – werden wir hier nicht weiter darauf eingehen.

Der zweite wichtige Strang war der Versuch, funktionsfähige Modelle menschlichen Verhaltens zu bauen, mit dem Anspruch, daß das Verhalten der Maschine der Leistung eines Menschen entsprechen sollte.[3]
Das Buch *Computers and Thought*, herausgegeben von E. Feigenbaum und J. Feldman, die ihre Diplomarbeit in der Carnegie-Gruppe machten, bietet einen guten Überblick über den Stand der Dinge Ende 1961.[4]

Damit waren die Forschungsarbeiten auf dem Gebiet der Kognitiven Simulation, unter Führung von Newell und Simon gemeint, die wir schon im 1. Kapitel kritisch untersucht haben. Minsky hat sich in einem Vortrag gegen Ende von Phase 1 ähnlich kritisch über diese Arbeiten geäußert:

Verfahren, die bei einfachen Problemen gute Ergebnisse erzielten, ließen sich nicht ohne weiteres auf schwierige übertragen. Ein weiterer Fortschritt erfordert den Einsatz neuer Ideen, denn es gibt noch ein paar wirklich schwere Probleme auf unserem Weg.⁵

Das ist Minskys Art, den von uns bereits festgestellten Stillstand zuzugeben. Zur selben Zeit versuchten sich Minsky und sein Team am MIT an der praktischen Umsetzung neuer Ideen:

> Der dritte Strang, den wir *Künstliche Intelligenz* nennen, war der Versuch, intelligente Maschinen zu bauen ohne eine Vorentscheidung darüber, ob das System einfach, biologisch oder humanoid sein sollte. Forscher dieser Richtung betrachteten selbstorganisierende Systeme als wenig aussichtsreich oder zumindest als verfrüht. Auch wenn die Einfachheit der ursprünglichen Organisation als Fernziel beibehalten wurde, mußte man wahrscheinlich doch zunächst Erfahrungen mit funktionsfähigen intelligenten Systemen sammeln (die nötigenfalls auf speziellen, zweckbestimmten Mechanismen aufbauen konnten), um später vielleicht ökonomischere Projekte entwerfen zu können.⁶

Wenden wir uns nun diesem dritten und jüngsten Ansatz zu, um zu sehen, was nun tatsächlich erreicht wurde. Die dort erzielten Resultate lassen sich in Minskys Buch *Semantic Information Processing* nachlesen. Minsky hat einmal behauptet, um die in diesem Buch vorgestellten Programme beurteilen zu können, müsse man fünf Fragen stellen:

1. Warum wurden gerade diese Probleme ausgewählt?
2. Wie arbeiten diese Programme?
3. Wo liegen ihre Grenzen?
4. Was leisten diese Programme tatsächlich?
5. Wie läßt sich ihr Anwendungsbereich erweitern?

Wenn wir nach dieser Methode Minskys Programme untersuchen, die er als die besten Arbeiten seit 1962 vorstellt, ergibt sich folgendes Bild. Während in den Arbeiten vor 1961 durch die Simulation einfacher, mechanischer Aspekte intelligenten Verhaltens der Eindruck intelligenter Maschinen entstehen konnte, wird nunmehr *durch ad-hoc-Lösungen gezielt gewählter Probleme die Illusion komplexer intellektueller Aktivität vermittelt*. Tatsächlich bleiben jedoch die Probleme, die 1961 die Arbeiten zum Stillstand brachten, weiterhin ungelöst. Auch hier finden wir wieder eine unkritische, grundsätzliche Überzeugung, die es Forschern wie Minsky allein erlaubt, diese Situation als ermutigend zu bezeichnen.

Wir wollen nun die Programme einzeln betrachten.

1. Analyse von Programmen zur semantischen Informationsverarbeitung

Analyse eines Programms, das „Englisch versteht" – Bobrows STUDENT

Unter den fünf Programmen zur semantischen Informationsverarbeitung aus Minskys Buch gilt Daniel Bobrows STUDENT – ein Programm zur Lösung algebraischer Textaufgaben – als das erfolgreichste. Es ist, so Minsky, „ein Beweis im wahrsten Sinne des Wortes für die Möglichkeit, linguistische Probleme mittels Bedeutung zu lösen."[7] In der Tat widmet Minsky einen großen Teil seines Aufsatzes im *Scientific American* dem Programm Bobrows und versteift sich sogar zu der Behauptung, daß „es Englisch versteht".[8]

Da dieses Programm als das bislang beste präsentiert wird, sollten wir mit der Analyse bei ihm beginnen und dabei Minskys fünf Fragen folgen:

a) Warum wurde gerade dieses Problem ausgewählt?

Bobrow antwortet selbst:

Bei der Konstruktion eines Frage-Antwort-Systems werden viele Probleme stark vereinfacht, wenn man den Problemkontext einschränkt.[9]

Außerdem:

Es gibt einige Gründe dafür, den Kontext eingekleideter Mathematikaufgaben zu wählen, um innerhalb dieses Kontextes Techniken zu entwickeln, die eine Eingabe natürlicher Sprache in einen problemlösenden Computer erlauben. Vor allem kennen wir eine geeignete Datenstruktur, in der wir die Informationen speichern können, die für Antworten auf Fragen innerhalb des Kontextes benötigt werden, nämlich algebraische Gleichungen.[10]

Es ist wichtig festzuhalten, daß dieses Problem gewählt wurde, weil der eingeschränkte Kontext es vereinfacht. Die volle Bedeutung dieser Einschränkung wird jedoch erst nach der Beantwortung der nächsten beiden Fragen klar.

b) Wie arbeitet das Programm?

Dieses Programm zerlegt die Sätze der Textaufgabe unter Nutzung von Hinweisen wie den Wörtern „mal", „von", „gleich", usw. in Einheiten. Dann ersetzt es diese Satzfragmente durch Variablen (x und y) und versucht, simultane Gleichungen aufzustellen. Können diese Gleichungen nicht gelöst werden, greift das Programm auf weitere Regeln für die Zerlegung der Sätze in kleinere Einheiten zurück und versucht es erneut. Das Ganze funktioniert nur, weil die Satzteile, die durch Variablen repräsentiert werden, zwangsläufig lösbare Gleichungen ergeben müssen, und nicht etwa durch das Verstehen natürlicher Sprache. Oder wie Minsky sagt: „möglicherweise werden syntaktische Mehrdeutigkeiten im Rahmen der übergeordneten algebraischen Konsistenz entschieden."[11]

Die Wahl algebraischer Probleme hat einen weiteren Vorteil:

In einer natürlichen Sprache entstehen Mehrdeutigkeiten nicht nur durch die Vielzahl strukturell möglicher Zerlegungen, sondern auch durch die Vielfalt der möglichen Bedeutungen einzelner Worte. Bei STUDENT läßt sich die Situation durch die deutliche semantische Beschränkung (daß die Sätze algebraische Beziehungen zwischen den bezeichneten Einheiten ausdrücken müssen) einigermaßen kontrollieren.[12]

c) Wo liegen die Grenzen dieses Programms?

Der Vorteil der Verwendung eines algebraischen Rahmens ist zugleich eine gravierende Beschränkung der Allgemeinheit dieses Programms. Diese „deutliche Beschränkung" schließt ja gerade jenen Aspekt einer natürlichen Sprache, nämlich ihre Mehrdeutigkeit aus, die es einem Computer erschweren, wenn nicht sogar unmöglich machen, natürliche Sprache zu verarbeiten. Ein derartiges Programm ist weit von einem semantischen Verstehen entfernt. Das gibt auch Bobrow zu: „Der Ausdruck ‚heute gehe ich mal ins Kino' müßte eigentlich als eine Variablenkette interpretiert werden. Statt dessen wird er fälschlich als das Produkt der beiden Variablen ‚heute gehe ich' und ‚ins Kino' aufgefaßt, da ‚mal' immer als Operator verstanden wird."[13]

d) Was leistet das Programm also tatsächlich?

Bobrow ist sehr vorsichtig. Obwohl sein Aufsatz die etwas irreführende Überschrift „Natural Language Input for a Computer Problem Solving Program" (etwa: Eingabe in natürlicher Sprache für ein problemlösendes Computerprogramm) trägt, macht Bobrow von Anfang an deutlich, daß sein Programm „eine ausreichende, aber *eingeschränkte Teilmenge des Englischen* akzeptiert."[14] Er fügt hinzu:

In der folgenden Erörterung werde ich Ausdrücke wie „der Computer versteht Englisch" verwenden. In all diesen Fällen ist „Englisch" lediglich die eingeschränkte Teilmenge des Englischen, die in diesem Programm als Eingabe zugelassen ist.[15]

Das ist deutlich genug und zudem ein rühmenswerter Versuch, nicht mehr zu versprechen, als durch die Einschränkung des Materials gerechtfertigt ist. Im Fortgang seiner Arbeit macht Bobrow deutlich, daß „das STUDENT-Programm Worte als Symbole behandelt. Wissen über die Bedeutung der Worte verwendet es nur insoweit, als es für die Lösung des anstehenden Problems nötig ist."[16]

Mit anderen Worten, dieses Programm verkörpert nur ein Minimum an semantischem Verständnis. Bobrow ist stolz darauf, daß er so viel für so wenig bekommt: „Das semantische Modell im STUDENT-System basiert auf einer Relation (Gleichheit) und fünf arithmetischen Grundfunktionen."[17]

Bobrow betont außerdem, daß „verstehen" hier eine spezielle Bedeutung hat.

Für diesen Bericht wähle ich folgende Gebrauchsdefinition von „verstehen". Ein Computer *versteht* eine Teilmenge des Englischen, wenn er Sätze aus dieser Teilmenge als Eingabe akzeptiert, und Fragen beantwortet, die sich daraus ergeben. In diesem Sinne versteht STUDENT Englisch.[18]

Bobrow schließt vorsichtig: „Ich glaube, daß wir weit davon entfernt sind, ein Programm zu schreiben, das Englisch oder zumindest einen großen Teil davon versteht. Aber STUDENT hat immerhin gezeigt, wenn auch nur auf seinem eigenen Gebiet, daß es möglich ist, ‚verstehende' Maschinen zu bauen."[19]

Trotzdem behauptet Minsky im *Scientific American*, daß „STUDENT ... Englisch versteht". Was ist geschehen?

Bobrows Anführungszeichen bei „verstehen" sind der Schlüssel. Wenn wir uns daran erinnern, daß „versteht" nichts anderes bedeutet als „beantwortet Fragen aus einer eingeschränkten Teilmenge des Englischen über algebraische Probleme", dann erinnern wir uns auch noch daran, daß die Worte in Anführungszeichen mit normalen menschlichen Verstehen nichts zu tun haben, obwohl sie korrekt sind. Dennoch kann man sich des Gefühls nicht erwehren, daß Bobrow „verstehen" statt „verarbeiten" schreibt, weil sein Programm irgend etwas mit menschlichem Verstehen gemeinsam hat. Minsky nutzt in seinem wortreichen Aufsatz diese Mehrdeutigkeit aus, indem er einfach die Anführungszeichen wegläßt.

Minsky stellt sogar noch überraschendere und irreführendere Behauptungen über die „enorme ‚Lernfähigkeit'" von Bobrows Programm auf:

Betrachten wir den qualitativen Effekt auf das nachfolgende Verhalten von Bobrows STUDENT, wenn man ihm eingibt, *„Weg ist gleich Geschwindigkeit mal Zeit"*. Diese eine Erfahrung versetzt es bereits in die Lage, einen großen, neuen Teil der „höheren Algebra" zu bearbeiten: die Beziehungen zwischen Ort, Geschwindigkeit und Zeit in der Physik. Es ist wichtig, sich nicht nur ... auf die Form des „Lernens" zu konzentrieren, die aus langsamer Verbesserung durch stete Wiederholung hervorgeht.

Bobrows Programm hat keine vorsichtigen, statistischen Einheiten, denen man etwas immer und immer wieder sagen muß. Sein *Lernen* ist zu brillant, um so genannt zu werden.[20]

Wieder ist es leicht zu zeigen, daß der Erwerb dieser neuen Fertigkeiten des Computers nichts mit „Verstehen" zu tun hat. Tatsächlich hat der Computer eine weitere *Gleichung* bekommen, diese aber nicht als *Formel* verstanden. Das Programm kann eine Strecke, eine Geschwindigkeit und eine Zeitspanne in die Gleichung $s = v \cdot t$ einsetzen, aber es versteht nichts, denn es könnte diese Gleichung nicht zweimal beim selben Problem verwenden, da es nicht entscheiden kann, welche Werte zu welcher Gleichung gehören. Dies gibt auch Bobrow zu: „Derselbe Ausdruck muß bei einem Problem immer mit denselben Variablen besetzt werden."[21] *Es hat kein Lernprozeß stattgefunden.*

Nachdem er die Anführungszeichen bei „Verstehen" weggelassen hat und *Lernen* als übermenschliches Lernen versteht, kann Minsky sich ungehindert seinen ausschweifenden Spekulationen hingeben.

Damit ein Programm sich selbst wesentlich verbessern kann, muß es ein zumindest rudimentäres Verständnis seines Problemlösungsverfahrens besitzen und muß außerdem erkennen, wann es eine Verbesserung gefunden hat. Es gibt keinen Grund, warum dies für eine Maschine unmöglich sein sollte. Wenn man ihr ein Modell ihrer Arbeitsweise eingibt, könnte sie ihre Fähigkeit, Probleme zu lösen, auf das Problem ihrer eigenen Verbesserung anwenden.

Wenn wir erst Programme mit der Fähigkeit zur Selbstverbesserung haben, wird eine sehr rasche Entwicklung einsetzen. Während der Computer sowohl sich selbst als auch das Modell seiner selbst verbessert, werden uns alle Phänomene begegnen, die mit „Bewußtsein", „Intuition" und „Intelligenz" zusammenhängen. Es ist schwer zu sagen, wie nahe wir dieser Schwelle sind, aber wenn sie einmal überschritten ist, wird die Welt nicht mehr dieselbe sein.[22]

Es ist nicht so schwer zu sagen, wie nahe wir dieser Schwelle sind, wie Minsky uns glauben machen möchte. Seit der Erfolg von Bobrows Programm uns angeblich zu jenen Rudimenten des Verstehens und Lernens verholfen hat, auf die Minsky sich beruft, brauchen wir nur zu fragen: Wie weit kann man Bobrows Techniken verallgemeinern und ausweiten? Dies führt uns zur fünften Frage:

e) Wie läßt sich der Anwendungsbereich der vorliegenden Programme erweitern?

Hier läßt sogar Bobrow alle Vorsicht fahren. Ungeachtet seiner früheren Bemerkung, daß das semantische Modell nur auf einer Relation (Gleichheit) basiert, (d. h., es stellt Gleichungen auf und löst diese nur in einem algebraischen Rahmen), behauptet er, daß seine „semantische Theorie als Grundlage für sehr viel allgemeinere Sprachverarbeitungssysteme dienen kann."[23] Und Bobrow schließt seine Abhandlung mit dem bereits bekannten Fehler des ersten erfolgreichen Schritts: „Das STUDENT-System ist der erste Schritt auf dem Weg zu Dialogen mit Computern in natürlicher Sprache. Weitere Forschungen über die hier vorgestellte semantische Theorie werden aller Wahrscheinlichkeit nach zu weit höher entwickelten Systemen führen."[24]

Fünf Jahre sind seitdem vergangen, und keine höher entwickelte semantische Theorie hat sich gezeigt. Warum Minsky und Bobrow angesichts der besonderen Beschränkungen, die für das Funktionieren des Programms erforderlich sind, davon überzeugt sind, daß eine Verallgemeinerung möglich sein muß, ist schwer zu verstehen. Nichts kann meiner Meinung nach ihren Optimismus gegenüber *diesem* – wie sie selbst zugeben – beschränkten und *ad hoc* entstandenen Ansatz erklären oder rechtfertigen. Ihr allgemeiner Optimismus, daß es mindestens *einen* Zugang zu dem Problem geben muß, folgt wohl aus einer metaphysischen Grundannahme über natürliche Sprache und menschliches intelligentes Verhalten: jedes geordnete menschliche Verhalten, welcher Art auch immer, lasse sich formalisieren und auf einem Computer verarbeiten (siehe Teil II, Kapitel 3). Diese Annahme verleitet Minsky und Bobrow dazu, alle gegenwärtigen Schwierigkeiten auf technische Beschränkungen wie etwa die geringe Speicherkapazität heutiger Computer zurückzuführen.[25]

Gäbe es eine solche Annahme nicht, so würde Bobrows beschränkter Erfolg, den Minsky als die bisher vielversprechendste Arbeit verkündet hat, als Trick angesehen, der weder für noch gegen die Möglichkeit eines maschinellen Sprachverstehens spricht, und die Tatsache, daß dieses Programm das beste ist, was ein intelligenter Mensch wie Bobrow hervorbringen kann, würde die Hoffnung schwinden lassen, jemals die Schwelle von Maschinen zu erreichen, die sich selbst verbessern.

Evans' Analogieprogramm

Dieses Muster zieht sich durch alle Forschungsberichte in Minskys Buch: eine *ad hoc*-Lösung eines eingeschränkten Problems, die zunächst zurückhaltend kommentiert und am Ende als ein erster Schritt zu einer allgemeinen Methode interpretiert wird. Aber alle Arbeiten in Minskys Buch waren 1964 beendet, und auch sieben Jahre später ist noch keine der versprochenen Verallgemeinerungen gelungen.

Evans' Analogieprogramm z. B. ist ein hervorragendes, komplexes Programm, das Analogieprobleme von der Art lösen kann, wie sie in Intelligenztests vorkommen (siehe Abb. 2). Es erfüllt seine spezielle Aufgabe so gut wie ein Zehntkläßler, was angesichts des technischen Standes eine eindrucksvolle Leistung ist. Evans sieht außerdem, daß dieser Erfolg an sich, ohne die Möglichkeit der Verallgemeinerung seiner Techniken, von geringem Wert ist. Aber im Gegensatz zu Bobrow begnügt er sich nicht mit der Versicherung, daß eine solche Verallgemeinerung möglich sei, sondern skizziert am Ende seines Artikels sogar ihre Form und ihre Auswirkung auf problemlösende Programme wie GPS und die weitere Forschung auf dem Gebiet der Mustererkennung.

Auf den letzten Seiten dieses Kapitels beschreiben wir ein Verfahren der „Mustererkennung", das in den Grundzügen auf der Konzeption von ANALOGY beruht. Es ist ehrgeiziger, besonders dadurch, daß ein leistungsstärkerer und allgemein deskriptiver Rahmen für die „Objekte" eingeführt wurde.[26]

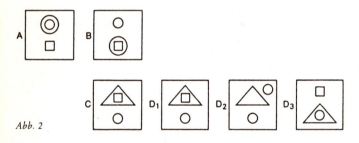

Abb. 2

Das GPS-Programm behandelt Teilobjekte von gegebenen Objekten durch seine Ziel-Teilziel-Organisation. Es vermeidet die Betrachtung komplexer Strukturen auf einer vorgegebenen Ebene, indem es diese in kleinere Strukturen zerlegt, die mit Teilzielen verbunden sind. Dadurch sieht GPS eine einzelne komplexe Struktur nie als solche. Wird eine Teilstruktur auf einer tieferen Teilziel-Ebene behandelt, so befindet sie sich „außerhalb des Kontextes", weil die notwendige Information fehlt, in welcher Weise das Erreichen dieses Teilziels zum Erreichen übergeordneter Ziele beiträgt. Newell erörtert eine Form dieses Problems sowie einige unbefriedigende Lösungsvorschläge. Der Mechanismus, den wir entworfen haben, liefert ein Mustererkennungsverfahren, dem es möglich ist, eine ganzheitliche Problembetrachtung anzustellen und trotzdem zugleich die gesamte Struktur zu erfassen. Durch eine solche „ganzheitliche" Steuerung könnte das GPS-Programm viel Zeit einsparen, die es sonst für das Aufstellen und Verfolgen von Teilzielen verbraucht hätte, die nichts zum Erreichen des übergeordneten Ziels auf oder nahe der höchsten Ebene beitragen. Dies allein hätte die Mühe schon gelohnt.[27]

Evans hat auch Vorschläge, die das Lernen betreffen:

Sicherlich bildet die Verfolgung dieser Probleme in dem relativ gut erforschten Bereich der Konstituentenstruktur-Grammatik einen nächsten natürlichen Schritt in der Entwicklung eines „Generalisierungslernens" von Computern. Sie ist zudem eine Vorbedingung für die Erörterung des Lernens in noch komplexeren deskriptiven Sprachumgebungen. Da die Transformationsregeln selbst in der Konstituentenstruktur-Grammatik beschrieben werden können, bietet sich die interessante Möglichkeit an, die gesamte Kombination „Konstituentenstruktur + GPS" auf die Verbesserung seiner eigenen Transformationsregeln anzuwenden.[28]

Evans ist sich bewußt, daß „dies eventuell sehr schwierig sein kann".[29] Offenbar war es das auch, denn seit 1963 hat man über das Projekt nichts mehr gehört. Wie wir sahen, hat Newell seit damals den GPS völlig aufgegeben, und wie Murray Eden berichtet, erfolgte 1968 maschinelle Mustererkennung noch so *ad hoc* wie eh und je. Damit sind wir wieder bei unserer bekannten Frage: Warum erwarten Minsky und Evans so zuversichtlich, daß diese Spezialtechniken, mit denen dieses besondere und komplexe Analogieproblem gelöst werden sollte, verallgemeinert werden könnten? Ein Hinweis auf die Annahmen, die diesem Glauben zugrunde liegen, läßt sich in Minskys überraschendem Vergleich von Evans' Programm mit der menschlichen Vorgehensweise bei Analogieproblemen finden. Trotz seiner Beteuerung, daß die KI nicht an Kognitiver Simulation interessiert sei, gibt Minsky folgende „mentalistische" Beschreibung von Evans' Programm:

Um den Geist dieser Arbeit deutlich werden zu lassen, empfiehlt es sich, das Programm in mentalistischer Form darzustellen. Wenn man ihm einen Satz von Figuren eingibt, konstruiert es eine Menge von Hypothesen der Theorien wie folgt:

1. Aufgrund der Beschreibungen D (A) und D (B) der Figuren A und B [siehe Abb. 2] gibt es viele Möglichkeiten, um D (A) in D (B) zu überführen; wähle eine davon aus.

2. Es gibt auch viele Möglichkeiten, Teile von A mit Teilen von C in Übereinstimmung zu bringen: jede solche Übereinstimmung *schlägt* wiederum eine

Beziehung *vor* wie die unter 1. gewählte, jetzt aber zwischen Figur C und einigen anderen Figuren.

3. Es ist unwahrscheinlich, daß eine der in 2. gefundenen Beziehungen perfekt zu einer der Lösungsfiguren paßt. (Falls eine genau paßt, dann ist dies die Lösung des Programms.) Nun „erweitere", d. h. verallgemeinere jede Beziehung, so daß sie auf die Figur paßt.

4. Zum Schluß stellt das Programm fest, wie weit jede Beziehung erweitert werden mußte, wählt diejenige, die die wenigsten Veränderungen benötigte, und gibt die damit verbundene Lösungsfigur an.

Bei der Wahl der Hypothese, die die geringste „Erweiterung" gegenüber der ursprünglichen Transformationshypothese A→B aufweist, wählt das Programm die Erklärung aus, die bezüglich der A→B- und C→D-Beziehungen die meisten Gemeinsamkeiten aufweist. Die Einzelheiten dieser Auswahlregeln in den vier Schritten sind letztlich *Evans' Theorie menschlichen Verhaltens in derartigen Situationen. Ich bin sicher, daß etwas von diesem allgemeinen Charakter bei jeder Art analogen Denkens eine Rolle spielt.*[30]

Dieses „etwas" wird in Minskys Aufsatz im *Scientific American* deutlicher beschrieben. Dort sagt er: „Ich bin überzeugt, daß *Regeln oder Verfahren* desselben allgemeinen Charakters bei jeder Art analogen Denkens eine Rolle spielen."[31] Dies ist die selbe Annahme, die – wie wir gesehen haben – auch Newells und Simons KS-Forschung zugrunde liegt. Tatsächlich benutzt Evans ein Zitat von Newell, um das Problemlösungsverfahren zu beschreiben:

Diese Programme sind sich im Prinzip alle recht ähnlich. Für jedes einzelne ist die Aufgabe schwierig genug, um die Behauptung zu rechtfertigen, daß die Programme Probleme lösen und nicht einfach die Schritte eines Lösungsverfahrens ausführen, die ein Programmierer vorgegeben hat. Sie alle bearbeiten formalisierte Aufgaben, die zwar schwierig, aber nicht unstrukturiert sind. Alle Programme verwenden denselben begrifflichen Ansatz: Sie interpretieren das Problem als eine Kombinationsaufgabe, bei der aus einer Menge möglicher Abfolgen die richtige Reihenfolge von Operationen gefunden werden soll. Alle Programme erzeugen so etwas wie einen Baum alternativer Möglichkeiten, um allmählich die möglichen Sequenzen zu erkunden. Die Menge aller Sequenzen ist viel zu groß, um sie *in toto* zu erzeugen und zu untersuchen. Deshalb wird mit Hilfe zahlreicher Kunstgriffe, sogenannter heuristischer Verfahren, die Anzahl der Möglichkeiten so weit reduziert, daß die verbleibende Menge innerhalb der verfügbaren Grenzen bearbeitet werden kann.[31]

Evans gelangt sodann zu dem Schluß:

Das geometrische Analogieprogramm fällt ebenfalls unter diese Beschreibung. Zusammenfassend kann man sagen, *daß dieses Programm*, bei einem Problem dieser Art, *verschiedene heuristische Verfahren anwendet, um* (innerhalb einer vernünftigen Zeitspanne) *aus einer sehr großen Menge möglicher Regeln eine „korrekte" Regel auszuwählen.*[32]

Wenn Menschen Analogieprobleme auf diese Weise lösten, gäbe es tatsächlich allen Grund für die Annahme, Evans' Programm lasse sich verbessern und verallgemeinern, da die menschlichen Fähigkeiten das gegenwärtige Leistungsniveau von Computern zweifellos übertreffen. Aber wie schon beim GPS gibt es keine Anhaltspunkte dafür, daß Menschen so vorgehen, und deskriptive, psychologische Befunde lassen sogar vermuten, daß sie es nicht tun.

Rudolph Arnheim, Professor für Psychologie in Harvard, hat in einer Erörterung der Arbeit von Evans den andersgearteten Weg beschrieben, wie Menschen solche Probleme angehen. Seine Darstellung verdient es, in voller Länge zitiert zu werden:

Was passiert, wenn jemand mit einer Figur wie A [in Abb. 2] konfrontiert wird? Die Reaktion wird, solange kein bestimmter Kontext eine Konzentration auf spezifische Strukturmerkmale erfordert, je nach Person leicht variieren. Im großen und ganzen wird der Beobachter jedoch eine vertikale Anordnung erkennen, die aus zwei Einheiten besteht, deren obere größer und komplexer ist als die untere. Vielleicht erkennt er auch einen Unterschied der Gestalt. Mit anderen Worten, er wird qualitative Charakteristika wie Lage, relative Größe und Gestalt wahrnehmen. Er wird jedoch wahrscheinlich kaum die metrischen Eigenschaften beachten, d. h. absolute Größe, die verschiedenen Längen und Abstände innerhalb dieser besonderen Figur, von denen ein Computer bei der Mustererkennung ausgehen muß. Wenn man einen Beobachter bittet, eine solche Figur abzuzeichnen, so wird er sich dabei auf die topologischen Merkmale konzentrieren und spezifische Größen vernachlässigen.

Wenn man ihn nunmehr mit Figur A und Figur B konfrontiert, wird er vielleicht eine reichhaltige und verwirrende Erfahrung machen. Zuerst sieht er fließende, schwer faßbare Ähnlichkeiten zwischen zwei grundsätzlich verschiedenen Mustern. Die Gesamtfigur, die aus den beiden Einzelfiguren zusammengesetzt ist, wirkt möglicherweise instabil, unfaßbar und irrational. Es gibt zwei vertikale Anordnungen, die zusammen eine Art Symmetrie ergeben. Diese beiden Senkrechten werden jedoch überlagert und gekreuzt von den diagonalen Beziehungen zwischen den beiden großen „gefüllten" Kreisen und den beiden kleineren, ungefüllten Formen. Die verschiedenen strukturellen Merkmale fügen sich nicht zu einem einheitlichen, stabilen und verständlichen Ganzen zusammen. Plötzlich fällt dem Beobachter vielleicht die einfache rechteckige Anordnung der vier kleinen Formen auf: zwei gleich große Kreise oben, zwei gleich große Quadrate unten. Sobald diese Gruppierung zum beherrschenden Thema oder strukturellen Gerüst des Ganzen wird, ordnet sich das Übrige – die beiden großen Kreise – in das Grundmuster als untergeordnete, diagonale Ausschmückung ein. Damit ist eine strukturelle Hierarchie festgelegt. Nun ist die Doppelfigur stabil, überschaubar und verständlich. Sie kann jetzt mit anderen Figuren verglichen werden. Eine erste problemlösende Handlung hat stattgefunden.

Wendet sich der Beobachter nun Figur C zu, so wird seine Sicht dieses neuen Musters von vornherein durch die vorangegangene Beschäftigung mit A und B bestimmt. Verglichen mit A, weist C eine ähnliche vertikale Struktur auf, die sich von A hauptsächlich durch einen Gegensatz der Formen unterscheidet, der jedoch zweitrangig ist. Die Familienähnlichkeit ist groß, und die Beziehung ist leicht herzustellen. Vergleicht man hingegen C mit D_1, so wirkt die Ähnlichkeit überstark, die Symmetrie zu vollständig. Im Gegensatz dazu ergibt ein Vergleich mit D_2 zuwenig Ähnlichkeit. Dadurch wird D_3 als der korrekte Partner identifiziert, als das fehlende vierte Glied in der Analogie, sofern zuvor die Beziehung zwischen A und B richtig erkannt worden ist.

Dieses Beispiel für perzeptorisches Problemlösen weist alle Aspekte des wirklichen Denkens auf: die Herausforderung, die produktive Verwirrung, die erfolgversprechenden Hinweise, die Teillösungen, die störenden Widersprüche, das blitzartige Erkennen einer stabilen Lösung, deren Richtigkeit offensichtlich ist, die Veränderung der Struktur durch die Notwendigkeit, gesamte Situationen zu verändern und das Erkennen einer Ähnlichkeit unter verschiedenen Mustern. Es ist, in kleinem Rahmen, eine heiter stimmende Erfahrung, eines vernunftbegabten Wesens würdig. Und ist die Lösung gefunden, so stellt sich ein Gefühl der Ent-Spannung, des Vergnügens, der Ruhe ein.

Nichts davon findet sich bei einem Computer. Nicht, weil er kein Bewußtsein hat, sondern weil er grundlegend anders vorgeht. Wir lesen voller Verwunderung, daß der Forscher für die Lösung des Analogieproblems durch einen Computer „eines der sicherlich komplexesten Programme entwickeln mußte, die jemals geschrieben wurden." Für uns ist dieses Problem nicht schwierig, es ist mit den Fähigkeiten eines höheren Schülers lösbar. Der Grund für diesen Unterschied liegt darin, daß die Aufgabe den Umgang mit topologischen Beziehungen erfordert, was bedeutet, daß die rein metrischen Beziehungen vernachlässigt werden müssen. Unser Gehirn ist gerade für solche topographischen Merkmale ausgerüstet, da diese uns etwas über die typische Eigenart der Dinge sagen statt über deren Abmessungen.[33]

Wie beim Schachspiel ist offenbar auch hier eine Gruppierung innerhalb des Wahrnehmungsfeldes die Vorbedingung für das regelgeleitete Auszählen – das einzige einem Computer zugängliche Verfahren. In den Worten Arnheims: „Die Topologie wurde durch die Wahrnehmungsfähigkeiten des Gehirns entdeckt, nicht durch dessen arithmetisches Vermögen, und zugleich beruht sie auch auf diesen."[34]

Offenbar meinen Minsky und Evans, Menschen würden Analogieprobleme durch die Anwendung von Transformationsregeln lösen, weil die Künstliche Intelligenz nur dann eine Zukunft hat, wenn Menschen tatsächlich so vorgehen. Es ist jedoch sichtlich ein Zirkelschluß, den eigenen Optimismus auf eine Hypothese zu gründen, deren Bestätigung einzig davon abhängt, daß sich der Optimismus als gerechtfertigt erweist.

Quillians Semantisches Gedächtnis-Programm

Das letzte Programm, das wir aus Phase 2 erörtern wollen, Ross Quillians Semantisches Gedächtnis-Programm, ist das interessanteste, weil es das allgemeinste ist; es ist zugleich das bescheidenste, weil sein Urheber (ein Mitarbeiter von Simon und Minsky) mit ihm keine marktschreierischen Versprechungen oder Behauptungen verbunden hat.[35] Dieses Programm bestätigt eine allgemeine Erfahrungsregel, die bereits bei Samuels Bescheidenheit und seinem Erfolg einerseits und Simons und Gelernters Verheißungen und Fehlschlägen andererseits zutage trat: daß der Wert eines Programms häufig im umgekehrten Verhältnis zu den Versprechungen und der Propaganda seiner Urheber steht.

Wie Bobrow geht es auch Quillian darum, das Verstehen natürlicher Sprache zu simulieren, im Gegensatz zu Minsky und Bobrow hält er jedoch spezielle Lösungen für ungeeignet.

Vor allem glauben wir nicht, daß Theorien der Sprachverwendung oder Computermodelle die Semantik außer acht lassen dürfen, wie es die meisten sprachverarbeitenden Programme bisher getan haben und trotzdem auf einen Erfolg hoffen. Wenn ein Programm, das Sätze syntaktisch zerlegen (parsen), Sprache übersetzen oder Fragen in natürlicher Sprache beantworten soll, nicht frühzeitig und extensiv semantische Tatsachen berücksichtigt, dann hat es meiner Meinung nach keine Aussicht, jemals das menschliche Leistungsniveau zu erreichen.[36]

Nach einem Überblick über die bisherigen Forschungen auf diesem Gebiet, einschließlich der Arbeit Bobrows, stellt Quillian fest:

Programme wie das von Bobrow waren in der Lage, die Gleichungen, die bestimmten algebraischen Textaufgaben entsprachen, mit Hilfe eines fast gänzlich „syntaktischen" Verfahrens aufzustellen ... Wenn man jedoch versucht, den Sprachraum, den ein solches Programm bearbeiten kann, zu erweitern, dann muß eine ständig wachsende Zahl semantischer Tatsachen berücksichtigt werden.[37]

Quillian endet damit, daß

die Probleme, was in einem umfassenden, menschenähnlichen Dauerspeicher enthalten sein muß, wie der Speicher aufgebaut und organisiert werden muß, in den bisherigen Simulationsprogrammen nicht auf einer hohen Ebene der Verallgemeinerung behandelt wurden ... Weitere Fortschritte bei der Simulation von Problemlösungen und Spielen sowie des Sprachverhaltens werden zweifellos Programme erfordern, die große Datenmengen zur Speicherung erzeugen und mit diesen Daten operieren.[38]

Quillian schlägt sodann ein komplexes heuristisches Programm vor, das die Speicherung und Bereitstellung der Bedeutung von Worten und von „allem [vornimmt], was sich sprachlich ausdrücken, sinnlich wahrnehmen oder sonstwie erkennen und erinnern läßt"[39], und zwar alles in einem einzigen „riesigen Netz".[40] Quillian hält dieses Programm für „ein sinnvolles Modell, wie semantische Informationen in einem menschlichen Gedächtnis gespeichert werden."[41] Er führt kein Argument dafür an, daß es tatsächlich sinnvoll ist; es ließe sich allenfalls sagen, daß wenn ein *Computer* semantische Informationen speichern müßte, das Programm *für diesen* ein sinnvolles Modell wäre. Menschen sind sich tatsächlich dieses ständigen Speicherns und Abrufens, das Quillian skizziert, nicht bewußt. Das stört ihn jedoch nicht, da er wie schon sein Lehrer Simon bei ähnlichen Schwierigkeiten stets behaupten kann, daß diese Prozesse nichtsdestoweniger unbewußt ablaufen:

Dieser Verschlüsselungsprozeß ist natürlich nicht mit der unsichtbaren Verarbeitung identisch, die das Verstehen desselben Textes beim normalen Lesen ausmacht, doch ist er ... in mancher Hinsicht eine verlangsamte, sichtbare Version dieser Verarbeitung."[42]

Daß eine solche unbewußte Verarbeitung abläuft und noch dazu heuristischen Regeln folgt, ist alles andere als klar. Wir haben beim Schach und bei der Lösung von Analogieproblemen gesehen, daß die strukturierte Gruppenbildung eine entscheidende Rolle spielt, und dasselbe ist auch hier zu vermuten. Offenbar hat Quillian jedoch die unkritischen Annahmen von Newell und Simon übernommen, daß Menschen mit heuristischen Programmen arbeiten.

Die heuristischen Methoden, anhand deren eine bestimmte Lesart des Textes ausgewählt wird, ist das zentrale Problem für jeden, der „Verstehen" erklären möchte. Genauso sind die heuristischen Verfahren, nach denen ein bestimmter Schachzug aus allen möglichen Zügen ausgewählt wird, das zentrale Problem für eine Erklärung des Schachspielens.[43]

Im Rahmen dieser Annahme muß Quillian auch davon ausgehen, daß sein Programm sich von einzelnen Teilen zum Ganzen hin vorarbeitet.

Bei der Auswahl einer Aufgabe für ein Modell des Gedächtnisses denkt man zuerst an die Fähigkeit, unbekannte Sätze zu verstehen. Es scheint vernünftig anzunehmen, daß Menschen neue Sätze nur verstehen können, indem sie *gespeicherte* Informationen über die Bedeutung einzelner Worte und Sätze abrufen, und anschließend die gefundenen Wortbedeutungen so kombinieren oder verändern, daß sich daraus Bedeutungen von Sätzen ergeben. Dementsprechend müßte es möglich sein, ein Modell gespeicherten semantischen Wissens zu nehmen und Kombinationsregeln zu formulieren, die beschreiben, wie aus gespeicherten Wortbedeutungen Satzbedeutungen zusammengebaut werden.[44]

Quillian setzt große Hoffnungen in sein System:

Wenn es gelänge, wenigstens einige Wortbedeutungen in geeigneter Weise zu verkoden und in einem Computer abzuspeichern, ferner eine praktikable Menge von Kombinationsregeln als Programm zu formalisieren, dann könnte der Programmierer eine selbsttätige Erweiterung des Speichers bewirken, indem er den Computer selbst Sätze „verstehen" läßt, die er selbst geschrieben hat, um die Definitionen *anderer* einzelner Wörter festzulegen. Nehmen wir an, ein neues, noch nicht verkodetes Wort könnte durch einen Satz definiert werden, der nur aus Wörtern besteht, die bereits verkodet sind. Die Maschine könnte mit Hilfe ihres bisherigen Wissens und der Kombinationsregeln die Bedeutung dieses Satzes konstruieren. Dann wäre die Darstellung dieser Bedeutung geeignet, dem Computerspeicher als die Bedeutung des neuen Wortes *hinzugefügt* zu werden.[45]

Mit einer ansonsten nicht anzutreffenden Freimütigkeit berichtet Quillian allerdings auch von seinen Mißerfolgen:

Leider führten zwei Jahre der Forschung an diesem Problem zu der Überzeugung, daß diese Aufgabe nach dem gegenwärtigen Wissensstand zu schwierig ist. Die Informationsverarbeitung, die im Kopf eines Menschen geschieht, wenn er einen Satz „versteht" und seine Bedeutung in sein Gedächtnis aufnimmt, ist tatsächlich sehr umfangreich und erfolgt praktisch gänzlich ohne sein bewußtes Wissen.[46]

Das Ausmaß seines Problems wird deutlich, wenn Quillian schreibt, daß

Die Definition von achthundertfünfzig Wörtern weit mehr Informationen umfaßt, als in einem modernen Computer gespeichert werden können ...[47]

Diese Schwierigkeiten sind ein Hinweis, daß das Modell selbst – die Vorstellung, daß unser Verstehen natürlicher Sprache durch den Aufbau eines strukturierten Ganzen aus einer riesigen Anzahl expliziter Teile geschieht – möglicherweise falsch ist. Quillians Forschung wirft eigentlich erst das Problem der Speicherung einer gigantischen Anzahl von Fakten auf, die aus einer Analyse stammen, in der für ganzheitliche Wahrnehmungsstrukturen kein Platz ist, anstatt es zu lösen. Falls es stimmt, daß diese Datenstruktur durch das Hinzufügen neuer Definitionen zu schnell wächst, wäre Quillians Arbeit kein Ansporn, sondern würde den ganzen computerorientierten Ansatz *ad absurdum* führen. Bevor wir ein Urteil darüber abgeben, ob Quillians Forschung Anlaß zu Optimismus gibt, müssen wir erst eine grundsätzliche Frage beantworten: Wächst Quillians Datenbasis durch neue Einträge linear oder exponentiell?

Es gibt in diesem Punkt erstaunlich viel Hoffnung, aber wenig Informationen. Quillians Programm enthält die Definitionen von lediglich 50 bis 60 Wörtern. In seinem 1968 verfaßten Buch – drei Jahre nach Beendigung der Forschungen Quillians – muß Minsky zugeben, daß „wir einfach nicht genug darüber wissen, wie leistungsfähig Quillians Methoden wären, wenn sie Zugriff auf eine größere Wissensbasis hätte."[48] Auch hier wurden keine weiteren Fortschritte mitgeteilt.

2. Die Bedeutung der gegenwärtigen Schwierigkeiten

Was dürfen wir nun vernünftigerweise erwarten? Minsky schätzt, daß Quillians Programm inzwischen einige hundert Fakten enthält. Weiter schätzt er, daß „eine Million Fakten für hohe Intelligenz notwendig wären".[49] Er gibt außerdem zu, daß jedes „der [in diesem Buch] beschriebenen Programme am besten arbeitet, wenn es genau die Fakten hat, die es benötigt, und daß es hoffnungslos steckenbleibt, wenn die Menge der Informationen wächst".[50]

Gibt es demnach irgendeinen Grund zu hoffen, daß diese Programme sich „den überlegenen heuristischen Verfahren zur Verwaltung ihrer Wissensstruktur" nähern, mit denen nach Minskys Meinung das menschliche Gehirn arbeitet, oder, wie er in einem anderen Buch behauptet, daß

innerhalb einer Generation ... nur noch wenige Bereiche des menschlichen Intellekts außerhalb der Möglichkeiten eines Computers liegen werden – das Problem der Schaffung „Künstlicher Intelligenz" wird dann im großen und ganzen gelöst sein.[51]

In der *Semantischen Informationsverarbeitung* gibt es sicherlich nichts, was diesen Glauben rechtfertigt. Wie wir sahen, kritisiert Minsky an den früheren Programmen gerade ihren Mangel an Allgemeingültigkeit. „Jedes Programm bearbeitete nur seine Spezialaufgabe, und es gab keinen Weg, zwei verschiedene Problemlösecomputer miteinander zu kombinieren."[52] Dennoch sind Minskys Lösungen so speziell wie immer. Unbekümmert fügt er hinzu:

Die in diesem Buch vorgestellten Programme leiden vielleicht noch immer unter diesem Mangel, aber sie ignorieren nicht mehr das Problem. Tatsächlich suchen sie vorrangig nach Methoden zu seiner Lösung.[53]

Aber es gibt keine Anzeichen dafür, daß einige der Arbeiten, die Minsky vorstellt, irgend etwas gelöst hätten. Sie haben keine *allgemeine* Eigenschaft der menschlichen Fähigkeit entdeckt, sich intelligent zu verhalten. Minsky präsentiert lediglich einfallsreiche Speziallösungen (von Bobrow und Evans) oder stark vereinfachte Modelle wie das von Quillian. Diese funktionieren nur, weil das wirkliche Problem, nämlich die Strukturierung und Speicherung der erforderlichen riesigen Datenmengen, beiseite geschoben wurde. Minsky hat – wie könnte es anders sein – als Antwort auf diesen offensichtlichen Mangel, eine neue Version des alten Erklärungsmusters parat:

Die Tatsache, daß die heutigen Programme noch immer einen geringen Anwendungsspielraum aufweisen, ist kein Anzeichen für fehlende Fortschritte im Hinblick auf eine Allgemeingültigkeit. *Diese Programme sind Schritte auf dem Weg zur maschinellen Bearbeitung von Wissen.*[54]

In Phase 2 lauten die Spielregeln anscheinend: Erwecke den *Anschein* von Komplexität, bevor die wirkliche Komplexität zum Problem wird, und wenn die Verallgemeinerung nicht gelingt, dann behaupte, daß zumindest der erste Schritt getan sei.

Eine solche Haltung ist unvermeidlich, solange die KI-Forscher spektakuläre Ergebnisse erzielen wollen, ohne das praktische Problem gelöst zu haben, wie man die großen Datenmengen speichert und abruft, die für eine nicht-spezielle, flexible, semantische Informationsverarbeitung notwendig, wenn vielleicht auch nicht hinreichend sind. Minsky bemerkt bei seiner Bilanz der Ergebnisse nicht ohne Genugtuung, daß „es einfach erstaunlich ist, wie weit sie mit ihrer kärglichen semantischen Ausstattung gekommen sind."[55] Bar-Hillel hat kürzlich in einem Vortrag vor der SIGART (Special Interested Group in Artificial Intelligence of the Association for Computing Machinery) die Aufmerksamkeit auf den irreführenden Charakter solcher Behauptungen gelenkt.

Es gibt sehr viele Leute – auf allen Gebieten, besonders aber in der KI-Forschung –, die glauben, wenn sie selbst einen Schritt getan haben, der den Computer zu etwas Neuartigem befähigt, dann seien alle übrigen Schritte nur noch eine Frage der Technik. Die Tatsache, *daß* ein Computer etwas kann, heißt ja noch lange nicht, daß er es auch *gut* kann. Im Gegenteil, der Schritt von der absoluten Unfähigkeit zur Fähigkeit, eine Sache ein bißchen zu können, ist kleiner als der folgende – eine Sache gut zu können. In der KI-Forschung scheint diese irrige Annahme allerdings vorherrschend zu sein.[56]

Bar-Hillel ist jedoch zu großzügig in der Annahme, dieser Irrtum sei nur die Unterschätzung der Schwierigkeiten weiterer Fortschritte. Der Anspruch, einen ersten Schritt getan zu haben, läßt sich jedoch nur aufrechterhalten, wenn gute Gründe dafür sprechen, daß man durch weitere Schritte schließlich das Ziel erreichen kann. Wir haben gesehen, daß Minskys Buch keine solchen Gründe anführt. Tatsächlich weisen die Schritte eher in die entgegengesetzte Richtung. Die eingeschränkte Verwendbarkeit der von Minsky vorgestellten Ergebnisse sowie die Tatsache, daß in den letzten fünf Jahren keine der versprochenen Verallgemeinerungen verwirklicht wurde, legt nahe, daß Menschen keine riesigen Mengen isolierter Fakten bearbeiten wie ein Computer und diese somit auch nicht nach heuristischen Regeln speichern und abrufen müssen. Ihrem Verhalten nach zu urteilen, vermeiden Menschen Probleme, wie sie sich den KS- und KI-Forschern stellen, statt sie zu lösen, indem sie die Techniken der Verarbeitung von Einzelinformationen, die diese Schwierigkeiten hervorrufen, nicht verwenden. Es ist also keineswegs offensichtlich, daß Minskys Fortschritt in der Bearbeitung von „Wissen" (der zudem noch gering ist) überhaupt ein Fortschritt auf dem Weg zur Künstlichen Intelligenz ist.

SCHLUSS

Wir haben gesehen, wie Phase 1, die als ein erster Schritt propagiert wurde, mit der Aufgabe weiterer Arbeiten am GPS endete. Auch die verheißenen Programme zum Beweisen von Theoremen, Schachspielen und der Sprachübersetzung scheiterten auf der ganzen Linie. Minsky selbst erkennt diese Fehlschläge und diagnostiziert sie treffend, wenn er auch versucht, sie zu verharmlosen:

Einige Programme entwickelten sich bei weitem nicht so, wie wir es gehofft hatten, insbesondere die Projekte der Sprachübersetzung und der mathematischen Theorembeweise. In beiden Fällen handelt es sich meiner Meinung nach um verfrühte Versuche, komplexe Formalismen zu verwenden, ohne gleichzeitig ihre Bedeutung maschinell darzustellen.[1]

Phase 2 – ein neuer „erster Schritt" – beginnt etwa 1961, als Minskys Studenten am MIT mit ihren anspruchsvollen Dissertationen diese Schwierigkeiten zu überwinden suchten. Sie endet mit der Veröffentlichung von Minskys Buch *Semantic Information Processing* im Jahre 1968, das über diese Arbeiten, die übrigens schon 1964 abgeschlossen waren, berichtet. Nachdem wir den Spezialcharakter dieser Programme, die Minsky für höchst erfolgreich hielt, untersucht haben und feststellen mußten, daß im Laufe der nächsten fünf Jahre weitere Erfolgsmeldungen ausblieben, können wir nur zu dem Schluß gelangen, daß auch Phase 2 ein Fehlschlag war.

Die meisten Berichte über den gegenwärtigen Entwicklungsstand versuchen, dieses Scheitern zu verschleiern. In einem Bericht für die IEEE 1966 über die Fortschritte in der KI-Forschung seit 1960 widmet R. J. Solomonoff die ersten drei Seiten dem GPS und anderen bereits 1960 abgeschlossenen Unternehmungen. Auf den nächsten drei Seiten spricht er von der glorreichen Zukunft von S. Amarels Forschung zur Induktion. „Obwohl Amarel noch keine seiner Theorien in ein Programm umgesetzt hat, sind seine Ideen und Analysen wichtig."[2] Die Programme zur semantischen Informationsverarbeitung, die für Minsky in erreichbarer Nähe schienen, werden nur am Rande erwähnt. Alle Hoffnungen konzentrieren sich auf Induktion und Lernen. Leider „sind in allen erwähnten Lernsystemen die Möglichkeiten der Selbstverbesserung durch den Computer sehr beschränkt ... Wir suchen noch immer ein heuristisches Verfahren, um heuristische Verfahren zu finden, sowie nach Sprachen, mit denen man sie *problemlos* beschreiben kann."[3]

Da aber keine Ansätze zur Entdeckung dieser heuristischen Verfahren zu erkennen sind, setzt Solomonoff seine letzte Hoffnung auf die künstliche Evolution:

Die Hoffnung in der künstlichen Evolution liegt darin, daß viele Dinge über die Mechanismen der natürlichen Evolution bekannt sind oder begründet vermutet werden, und daß diese Mechanismen direkt oder indirekt benutzt werden können, um Probleme bei ihren künstlichen Gegenstücken zu lösen. Für die KI-Forschung ist die Simulation der Evolution wesentlich vielversprechender als die Simulation von Nervensystemen. Wir wissen praktisch nichts über natürliche Nervensysteme, das bei der Lösung schwieriger Probleme hilfreich wäre.[4]

Die Erforschung künstlicher Evolution hat jedoch kaum begonnen. „Die Forschung auf dem Gebiet der Simulation von Evolution war bisher quantitativ und qualitativ stark beschränkt."[5] Wenn ein Aufsatz, der über den seit 1960 erreichten Forschungsstand berichten will, mit zu diesem Zeitpunkt längst abgeschlossenen Projekten beginnt und in Spekulationen endet, ohne ein einziges Beispiel für den aktuellen Fortschritt zu geben, kann man den Stillstand zwischen den Zeilen lesen.

Manchmal finden sich Hinweise auf Fehlschläge sogar unmittelbar im Text selbst. Fred Tonge z. B. dessen solider Bericht über ein heuristisches Verfahren zur Leitungsnachbildung in *Computers and Thought* nachgedruckt wurde, gelangt nach einem Überblick über die Fortschritte in der KI-Forschung zu folgendem Schluß:

Obwohl viele interessante Programme (und einige interessante Hardware-Elemente) produziert wurden, war der Fortschritt in der KI-Forschung weder überwältigend noch spektakulär ... Das liegt wenigstens zum Teil daran, daß in vielen früheren und auch heutigen Veröffentlichungen keine klare Trennung zwischen Anspruch und Wirklichkeit gezogen wird. Auf diesem Gebiet, wie auf vielen anderen auch, besteht ein großer Unterschied zwischen einer Behauptung, dieses oder jenes „müßte" möglich sein, und ihrer tatsächlichen Verwirklichung. Sichtbare, richtungsweisende *Meilensteine* im Hinblick auf konkrete Errungenschaften sind selten.[6]

Tonge gibt im Anschluß daran eine Liste dieser „Meilensteine". Es sind Newells, Shaws und Simons Logic Theory Machine, Samuels Dameprogramm und das Programm zur Mustererkennung von Uhr und Vossler. Alle wurden lange vor 1961 abgeschlossen, und alle waren, im Licht späterer Arbeiten betrachtet, Sackgassen.

Daß meine Reaktion auf Tonges Zusammenfassung nicht übertrieben einseitig ist, zeigt denn auch P. E. Greenwoods Rezension von Tonges

Aufsatz für die *Computing Reviews:* „Dieser kurzen Zusammenfassung des Entwicklungsstandes in der KI muß man entnehmen, daß seit 1960 kaum bedeutende Fortschritte erzielt wurden und daß die Aussichten für die nahe Zukunft nicht gerade rosig sind."[7]

Wie können die KS-Forscher angesichts solcher Schwierigkeiten noch glauben, daß die Informationsverarbeitung in einem Computer den verborgenen Prozessen der Informationsverarbeitung beim Menschen ähnlich ist? Und warum sind die KI-Forscher überzeugt, daß es einen digitalen Zugang zur Erfüllung menschlicher Aufgaben geben muß? Meines Wissens hat sich noch keiner der Beteiligten diese Fragen gestellt. Tatsächlich ist die KI-Forschung der am wenigsten selbstkritische Zweig der Wissenschaft. Es muß einen Grund geben, warum diese intelligenten Menschen fast einhellig diese Schwierigkeiten immer wieder verharmlosen oder ignorieren und ungebrochen dogmatisch ihren Fortschrittsglauben proklamieren. Irgendeine Kraft in ihren Annahmen, jedenfalls nicht ihr Erfolg, erlaubt es ihnen offenbar, auf Begründungen verzichten zu können. Es bleibt uns nur, herauszufinden, weshalb KI-Forscher bei immer neuen Schwierigkeiten eine derart unerschütterliche Zuversicht zeigen.

TEIL II

Annahmen, die dem ungebrochenen Optimismus zugrundeliegen

EINLEITUNG

Trotz großer Schwierigkeiten lassen sich die Forscher der Kognitiven Simulation und der Künstlichen Intelligenz nicht entmutigen. Eigentlich sind sie sogar ausgesprochen optimistisch. Ihr Optimismus beruht auf der Überzeugung, menschliches intelligentes Verhalten sei das Ergebnis der Verarbeitung von Informationen durch einen Digitalcomputer: und da die Natur auf diese Art intelligentes Verhalten hervorgebracht habe, müßten entsprechende Programme bei digitalen Maschinen ein entsprechendes Verhalten erzeugen können – indem man die Natur nachahmt oder ihre Programme sogar noch übertrifft.

Die Annahme, daß der menschlichen und einer mechanischen Informationsverarbeitung letzten Endes dieselben elementaren Prozesse zugrundeliegen, wird manchmal gänzlich unbefangen zum Ausdruck gebracht. In der Einleitung zu einem ihrer Aufsätze äußern Newell und Simon:

Wir gehen lediglich davon aus, daß die „Hardware" von Computern der von Gehirnen insofern ähnlich ist, als beide universelle Apparate zur Bearbeitung von Symbolen sind, und daß ein Computer so programmierbar ist, daß er *elementare Informationsprozesse* ausführt, die von ihrer Funktion her ganz den im Gehirn ablaufenden Prozessen entsprechen.[1]

Dies ist jedoch keine harmlose und nichtssagende Annahme. Was ist ein universeller Apparat zur Verarbeitung von Symbolen? Was versteht man unter diesen „elementaren Informationsprozessen", die der Mensch mit der Maschine angeblich gemeinsam hat? Die gesamte KI-Forschung arbeitet mit Digitalcomputern, weil sie die einzigen Mehrzweckvorrichtungen zur Informationsverarbeitung sind, die wir zur Zeit konstruieren oder uns überhaupt vorstellen können. Sämtliche Informationen, mit denen man diese Computer füttert, müssen in Form von Einzelelementen dargestellt werden. Bei heutigen Computern sind dies Binärziffern, d. h. Abfolgen von „Ja-" und „Nein-Antworten" bzw. Schaltern, die offen oder geschlossen sind. Die Maschine muß endliche Ketten dieser festgelegten Elemente bearbeiten und sie als eine Folge von Objekten behandeln, die nur durch Regeln miteinander verbunden sind. So ergibt sich aus der Annahme, daß der Mensch wie eine Mehrzweckvorrichtung zur Verarbeitung von Symbolen funktioniert

1. Eine biologische Annahme, daß auf einer bestimmten Operationsebene – nach allgemeiner Vermutung die der Nervenzellen oder Neuronen – das Gehirn Informationen in einzelnen Arbeitsschritten verarbei-

tet, und zwar mit Hilfe eines biologischen Äquivalents von Ein-Aus-Schaltern.

2. Eine psychologische Annahme, daß man das Gehirn als einen Mechanismus betrachten kann, der kleine Informationseinheiten nach formalen Regeln bearbeitet. Psychologisch gesehen, stellt der Computer also ein Modell des Denkens dar; dem entspricht die Vorstellung von Empiristen wie Hume (wobei die Informationseinheiten kleinsten Sinneseindrücken entsprechen) und von Idealisten wie Kant (wobei das Programm die Regeln vorgibt). Sowohl Empiristen als auch Idealisten haben diesem Modell den Weg geebnet, Denken mit Datenverarbeitung gleichzusetzen – einem Vorgang, in dem der eigentliche „Verarbeiter" keine entscheidende Rolle spielt.

3. Eine erkenntnistheoretische Annahme, daß alles Wissen formalisiert werden kann, d. h., alles, was verstanden werden kann, läßt sich in logischen Relationen ausdrücken, genauer gesagt, in Booleschen Funktionen, jenem logischen Kalkül, das angibt, auf welche Weise die Informationseinheiten aufgrund von Regeln miteinander verknüpft sind.

4. Da sämtliche Informationen in den Digitalcomputer als Binärziffern eingegeben werden müssen, setzt das Computermodell des Denkens voraus, daß das gesamte relevante Wissen von der Welt, alles, was für ein intelligentes Verhalten wesentlich ist, prinzipiell als eine Menge kontextunabhängiger, festgelegter Elemente analysierbar sein muß. Das ist die ontologische Annahme, daß alles Seiende aus einer Menge von Tatsachen bestehe, die allesamt logisch voneinander unabhängig sind.

In den folgenden Kapiteln soll jede dieser Annahmen auf ihre Schlüssigkeit hin überprüft werden. Es wird sich in jedem Einzelfall zeigen, daß die KI- oder KS-Forscher die jeweilige Annahme als ein Axiom betrachten, das sichere Resultate garantiert, während sie tatsächlich nur eine von vielen möglichen Annahmen ist, die durch die Praxis erst überprüft werden muß. Darüber hinaus läßt sich keine der vier Annahmen auf der Grundlage der empirischen und *a priori*-Argumente, die zu ihrer Stützung hervorgebracht werden, rechtfertigen. Schließlich können die letzten drei Annahmen, die eher philosophischer als empirischer Natur sind, mit philosophischen Argumenten kritisiert werden. Sie alle führen zu begrifflichen Schwierigkeiten, wenn man sie als Erklärungen für intelligentes Verhalten systematisch zu Ende denkt.

Nach der Untersuchung dieser Annahmen werden wir den ungebrochenen Optimismus der KI-Forscher sowie die eigentliche Bedeutung von bisher erzielten Ergebnissen besser beurteilen können.

ERSTES KAPITEL

Die biologische Annahme

In der Zeit zwischen der Erfindung des Telefonrelais und seiner Verherrlichung im Digitalcomputer stellte man sich – stets im Hinblick auf die neuesten technischen Erfindungen – das Gehirn zunächst als eine große Telefonzentrale und später in jüngerer Zeit, als einen elektronischen Rechner vor. Dieses Modell des Gehirns hing mit neurophysiologischen Forschungsergebnissen zusammen, denen zufolge Neuronen nach dem Schalterprinzip eine Art elektrischen Strom ausstoßen. Diesen „Ausstoß" hielt man für die Informationseinheit im Gehirn, die der Informationseinheit in einem Computer entsprach. Dieses Modell wird noch immer von praktisch jedem kritiklos übernommen, der nicht direkt mit neurophysiologischer Forschung zu tun hat, und ihm liegt die naive Annahme zugrunde, der Mensch sei ein lebendes Beispiel für ein erfolgreiches Computerprogramm.

Selbst wenn jedoch das Gehirn auf einer bestimmten Ebene wie ein Digitalcomputer arbeiten sollte, braucht dies nicht unbedingt die Hoffnungen der KS- oder KI-Forschung zu beflügeln. Denn möglicherweise ist das Gehirn wie ein riesiges Feld zufällig miteinander verknüpfter Neuronen, so wie die Perzeptronen, die von der Forschergruppe postuliert wurden, die Minsky als die frühen Kybernetiker abtut.[1] Ein solches Netz von Neuronen kann zwar durch ein Programm simuliert werden, doch dieses wäre keinesfalls ein heuristisches Programm. Somit bietet die bloße Tatsache, daß das Gehirn eine Art Digitalcomputer sein könnte, keinerlei Anlaß für einen Optimismus, daß eine Künstliche Intelligenz, wie Simon oder Minsky sie definieren, erfolgreich sein könnte.

Außerdem ist es eine empirische Frage, ob sich die elementare Informationsverarbeitung im Gehirn am ehesten über ein Digitalmodell verstehen läßt. Vielleicht „verarbeitet" das Gehirn die „Informationen" auf eine völlig andere Art als ein Digitalcomputer, z. B. wie ein analoger Widerstand, der das Problem des kürzesten Weges durch ein Netzwerk löst. In der Tat lassen neuere Befunde vermuten, daß das Neuronenschaltermodell des Gehirns empirisch nicht länger haltbar ist. Schon 1956 äußerte John von Neumann, einer der Erfinder des modernen Digitalcomputers, seine Zweifel:

Gehen wir nun speziell auf das menschliche Nervensystem ein: dieses ist ein riesiger Mechanismus – mindestens 10^6mal größer als irgendein uns vertrautes Gerät – dessen Aktivitäten entsprechend vielfältig und komplex sind. Zu seinen Aufgaben zählen die Deutung von sensorischen Außenreizen und von Berichten über physikalische und chemische Zustände, die Steuerung motorischer Aktivitäten und innerer chemischer Konzentrationsverhältnisse, die Gedächtnisfunktion mit ihren komplizierten Verfahren für die Umwandlung und das Aufsuchen von Information und natürlich die ständige Übermittlung kodierter Befehle und mehr oder weniger quantitativer Daten. Man kann alle diese Prozesse digital darstellen (d. h. unter Verwendung von Zahlen und ihren Schreibweisen im Binär-, Dezimal- oder irgendeinem anderen System), und die digitalisierte und für gewöhnlich numerisierte Information mit algebraischen (d. h. im Grunde arithmetischen) Methoden verarbeiten. Das ist wahrscheinlich die Art, wie ein menschlicher Konstrukteur gegenwärtig ein derartiges Problem angehen würde. *Die bisherigen Befunde,* wiewohl dürftig und unzulänglich, *weisen eher darauf hin, daß das menschliche Nervensystem nach anderen Prinzipien und Verfahren funktioniert.* So scheinen Nachrichten-Impulsfolgen Bedeutung mit Hilfe gewisser analoger Charakteristika (innerhalb der Impuls-Notation – genauer gesagt handelt es sich offenbar um ein gemischtes, teils digitales, teils analoges System) wie zeitliche Impulsdichte in einer Leitung, Korrelationen der Impulszeitfolgen zwischen verschiedenen Leitungen eines Bündels, usw. ... zu übertragen.[2]

Weiter spricht John von Neumann von der seiner Meinung nach „gemischten Natur lebender Organismen".

Das Neuron überträgt einen Impuls ... Der Nervenimpuls ist wohl im großen und ganzen eine Sache des „Alles-oder-Nichts", einer Binärzahl vergleichbar. Ein digitales Element ist also offensichtlich im Spiel, aber ebenso offensichtlich ist das nicht die ganze Wahrheit. ... Es ist allgemein bekannt, daß es im Organismus verschiedene zusammengesetzte Funktionsabfolgen gibt, die viele Schritte vom ersten Stimulus bis zur schließlichen Wirkung durchlaufen – einige dieser Schritte sind neural, d. h. digital, und andere humoral, d. h. analog.[3]

Doch selbst diese Beschreibung räumt dem digitalen Modell noch zuviel Bedeutung ein. Aus der Tatsache, daß der Nervenimpuls nach dem Prinzip des „Alles-oder-Nichts" funktioniert, folgt nicht, daß überhaupt ein digitaler Prozeß stattfindet. Die Unterscheidung zwischen digitalen und analogen Rechenverfahren ist eine logische Unterscheidung, die nicht auf der Hardware oder der Art der elektrischen Impulse im System beruht. Der wesentliche Unterschied besteht darin, daß bei digitaler Verarbeitung ein einzelnes Element ein Symbol in einer deskriptiven Sprache darstellt, d. h. Träger einer speziellen Informationseinheit ist; dagegen wurden beim Analogverfahren die zu verarbeitenden Informationen durch stetige physikalische Variablen dargestellt. Ein Gehirn, das mit Impulsstößen arbeitet, wäre nur dann ein Digitalcomputer, wenn innerhalb einer Informationsverarbeitungssequenz jeder Impuls genau einem Symbol entspräche. Falls sich jedoch die *Geschwindigkeit*, mit der Impulse übermittelt werden, als die kleinste Einheit in einer Darstellung der relevanten Aktivität des Nervensystems herausstellt – wie John von Neumann anzunehmen scheint – würde das Gehirn wie ein analoger Mechanismus arbeiten.[4]

Ist diese Verwirrung der Begriffe erst einmal geklärt, kann von Neumann so verstanden werden, daß das Gehirn ausschließlich wie ein Analogcomputer funktioniert und spätere Arbeiten bestätigen diese Hypothesen zunehmend. Selbst wenn man mit den technischen Einzelheiten der folgenden Passage nicht vertraut ist, läßt sich der klare Schluß nachvollziehen:

Bei den höheren Wirbellosen begegnen wir zum ersten Mal Phänomenen wie dem abgestuften synaptischen Potential, das die verschiedenen ankommenden präsynaptischen Ströme auf komplexe Weise algebraisch summieren kann, noch bevor es zu einem postsynaptischen Impuls kommt. Diese ankommenden Ströme sind unterschiedlich stark, je nach ihrem Weg und ihrer konstanten Vorspannung. Dieses veränderliche und unstetige lokale Phänomen vor der Einleitung jeglicher postsynaptischer Impulse ist in seiner Wirkung dermaßen komplex, daß wir die typische Synapse in integrativen Systemen nicht länger ausschließlich als digitalen Mechanismus ansehen dürfen, wie es vor einigen Jahren allgemein angenommen wurde, sondern als einen komplexen analogen Mechanismus...[5]

Die jüngste Vermutung Jerome Lettvins vom MIT ist, daß der Durchmesser des Axons eine entscheidende Rolle bei der Informationsverarbeitung spielt, da er als Filter fungiert.[6] Ein einzelnes Neuron sendet Impulse mit einer bestimmten Frequenz aus. Der Durchmesser seiner verschiedenen Axonabzweigungen wirkt bei verschiedenen getrennten Frequenzen wie ein Tiefpaßfilter. Der Output einer bestimmten Nervenzelle würde dann bei verschiedenen Zielpunkten verschiedene Frequenzen erzeugen. Die Filtereigenschaften des Axons würden mit seinem Durchmesser variieren, der wiederum davon abhängig wäre, wann es zuletzt von einem Signal passiert wurde, oder vielleicht sogar von der Aktivierung der unmittelbar benachbarten Axonen. Wenn solche Zeitfaktoren und Feldinteraktionen eine entscheidende Rolle spielen, dann besteht kein Grund mehr für die Annahme auf der neurophysiologischen Ebene lasse sich die Informationsverarbeitung durch einen Digitalformalismus oder überhaupt einen Formalismus darstellen.

1966 faßte Walter Rosenblith vom MIT, einer der Pioniere in der Nutzung von Computern in der Neuropsychologie, die Situation folgendermaßen zusammen:

Wir sind nicht länger der früher weitverbreiteten Überzeugung, daß das sogenannte Alles-oder-Nichts-Gesetz der Nervenimpulse es zuläßt, Relais als adäquate Modelle für Neuronen zu betrachten. Außerdem sind wir zunehmend beeindruckt von den Interaktionen, die zwischen Neuronen stattfinden: in manchen Fällen kann sich in einer Abfolge von Nervenimpulsen die Aktivität von buchstäblich Tausenden von Neuronen in einer genau abgestuften Art und Weise ausdrücken. Das Funktionieren eines Systems, dessen zahlreiche Elemente in einer solch starken Wechselwirkung miteinander stehen, läßt sich nicht unbedingt am besten durch eine Einzelbetrachtung der Neuronen erklären, als seien diese voneinander unabhängige Persönlichkeiten ... Eingehende Vergleiche zwischen der Organisation von Computersystemen und der von Gehirnen würden sich als ebenso enttäuschend wie ergebnislos erweisen.[7]

So ist die Auffassung, daß das Gehirn als universeller Mechanismus zur Verarbeitung von Symbolen wie ein Digitalcomputer funktioniert, eine empirische Hypothese, die ad acta gelegt werden muß. Was die Möglichkeit einer Künstlichen Intelligenz angeht, so können aus den gegenwärtigen Ergebnissen der Gehirnforschung keinerlei Argumente bezogen werden. Vielmehr spricht der *Unterschied* zwischen der „stark interaktiven" Organisation des Gehirns und der nichtinteraktiven Organisation der Maschine dagegen, daß – sofern Argumente aus der Biologie von Belang sind – Digitalcomputer zur Erzeugung menschlicher Intelligenz die geeigneten Apparate sind.

ZWEITES KAPITEL

Die psychologische Annahme

Ob das *Gehirn* wie ein Digitalcomputer arbeitet, ist eine streng empirische Frage, die von der Neurophysiologie geklärt werden muß. Das Computermodell jedenfalls kann mit den Tatsachen nicht in Einklang gebracht werden. Leider gibt es keine ähnlich einfache Antwort auf die damit verbundene, jedoch völlig andere Frage, ob das *Denken* wie ein Digitalcomputer funktioniert, d. h. ob man berechtigt ist, in der Psychologie ein Computermodell zu verwenden. Dies ist sehr viel schwerer zu entscheiden. Das Gehirn ist zweifellos ein physisches Objekt, das mittels physikalischer Prozesse Energie aus der physischen Welt umwandelt. Wenn jedoch die Psychologie etwas anderes ist als Biologie, dann muß der Psychologe in der Lage sein, eine andere Funktionsebene als die der physikalisch-chemischen Reaktionen im Gehirn zu beschreiben.

Die Theorie, die hier kritisiert werden soll, behauptet, daß es eine solche Ebene der Informationsverarbeitung gibt und daß auf dieser Ebene das Denken Computerverfahren wie Vergleichen, Einordnen, Suchlisten usw. benutzt, um intelligentes Verhalten zu erzeugen. Diese geistige Ebene muß auf einer anderen Ebene als die physikalische erörtert werden. Die Probleme, um die es bei dieser Erörterung geht, werden daher eher philosophischer als empirischer Natur sein. Es wird sich herausstellen, daß die Annahme einer Ebene der Informationsverarbeitung keinesfalls so selbstverständlich ist, wie KS-Forscher zu glauben scheinen. Es läßt sich mit guten Gründen bezweifeln, daß beim Denkvorgang Informationen verarbeitet werden. Damit ergeben sich auch Zweifel an der Gültigkeit der Behauptung, das menschliche Denken funktioniere wie ein Digitalcomputer.

1957 sagte Simon voraus, daß innerhalb von zehn Jahren psychologische Theorien die Form von Computerprogrammen annehmen würden. Er machte sich daran, diese Voraussage zu erfüllen, indem er eine Reihe von Programmen schrieb; diese sollten menschliche kognitive Fähigkeiten simulieren, indem sie die bewußten und unbewußten Schritte imitierten, die ein Mensch unternimmt, um eine bestimmte kognitive Leistung zu vollbringen. Wir haben gesehen, daß trotz der üblichen Unzulänglichkeit solcher Programme, die selbst von Enthusiasten wie Minsky zugegeben wird, alle im allgemeinsten Sinn über Künstliche Intelligenz forschenden Wissenschaftler (Minsky eingeschlossen) sich in einem Punkt einig sind: Menschen, die sich intelligent verhalten, folgen *tatsächlich* heuristischen Regeln, die denen ähnlich sind, die ein Computer benötigen würde, um dasselbe Verhalten zeigen zu können.

Überdies hat sich Simons Voraussage, trotz magerer Ergebnisse, teilweise erfüllt. In der Psychologie hat ein allgemeiner Umschwung von der Verhaltens- zur Denkpsychologie stattgefunden. Viele einflußreiche empirische und theoretische Psychologen haben sich Simons Theorie angeschlossen und damit begonnen, ihre Probleme in Form von Computeranalogien zu formulieren. So meint z. B. Ulric Neisser: „Die Aufgabe eines Psychologen, der die menschliche Kognition verstehen will, ist analog derjenigen eines Menschen, der entdecken will, wie ein Computer programmiert ist."[1] Und George Miller von der Harvard-Universität spricht von „jüngsten Entwicklungen in unserem Bild vom Menschen, der zunehmend als ein System der Informationsverarbeitung begriffen wird."[2]

Dieses neue Dogma, der Mensch sei ein System zur Informationsverarbeitung, das wie ein heuristisch programmierter Digitalcomputer funktioniert, wird üblicherweise nicht begründet. Es scheint sich eher um ein unstrittiges Axiom zu handeln, das einer ansonsten sorgfältigen und kritischen Analyse zugrundeliegt. Da das Gehirn ein physisches Objekt ist, das metaphorisch als „informationsverarbeitend" umschrieben werden kann, besteht ohne Zweifel die Versuchung anzunehmen, es müsse eine Ebene der Informationsverarbeitung geben, eine Art Flußdiagramm seiner Operationen, mit dem sich seine informationsverarbeitende Aktivität beschreiben läßt. Doch im vorangegangenen Kapitel haben wir gesehen, daß für Biologen kein Grund zu der Annahme vorliegt, das Gehirn arbeite wie ein Digitalcomputer, nur weil es physischer Natur ist und Informationen verarbeitet. Dasselbe gilt für die psychologische Ebene. Obwohl Psychologen die als „Denken" bezeichnete Funktion „informationsverarbeitend" nennen, heißt dies weder, daß dabei tatsächlich im modernen technischen Sinne Informationen verarbeitet werden, noch daß „das Denken" wie ein Digitalcomputer arbeitet, d. h. daß es über ein Programm verfügt.

„Informationsverarbeitung" ist mehrdeutig. Falls dieser Begriff einfach besagt, daß das Denken bedeutsame Daten registriert und in andere bedeutsame Daten überführt, läßt sich sicherlich nichts dagegen einwenden. Doch die von Claude Shannon 1948 eingeführte kybernetische Informationstheorie hat nichts mit Bedeutung in diesem üblichen Sinne zu tun. Es handelt sich um eine nichtsemantische mathematische Theorie über die Kapazität von Kommunikationskanälen, Daten zu Übermitteln. Eine Informationseinheit oder Bit sagt dem Empfänger, welche von zwei gleichermaßen wahrscheinlichen Alternativen gewählt wurde.

In seinem grundlegenden Aufsatz „Die mathematische Theorie der Kommunikation" ließ Shannon keinen Zweifel daran, daß seine für die Telefontechnik gedachte Theorie die Bedeutung des Übermittelten sorgfältig ausklammert.

Das grundlegende Problem der Kommunikation besteht darin, an einer Stelle entweder genau oder angenähert eine Nachricht wiederzugeben, die an einer anderen Stelle ausgewählt wurde. Oft haben die Nachrichten eine *Bedeutung*, d. h., sie beziehen sich auf ein bestimmtes System oder sie sind diesem System entsprechend mit bestimmten physikalischen oder begrifflichen Einheiten korreliert. Diese semantischen Aspekte der Kommunikation sind für das technische Problem irrelevant.[3]

Warren Weaver, der die Bedeutung von Shannons Aufsatz darlegen will, drückt es sogar noch stärker aus:

Das Wort *Information* wird in dieser Theorie in einem speziellen Sinn verwendet, der nicht mit seinem gewöhnlichen Gebrauch verwechselt werden darf. Insbesondere darf man *Information* nicht mit Bedeutung verwechseln. Tatsächlich können zwei Nachrichten, von denen die eine voller Bedeutung und die andere barer Unsinn ist, in dem von uns gebrauchten Sinn genau die gleiche Menge an Information enthalten. Dies meint Shannon zweifellos, wenn er sagt, daß „die semantischen Aspekte der Kommunikation für das technische Problem irrelevant sind".[4]

Als die Informationstheorie und ihre Terminologie trotz Shannons Warnung ungerechtfertigterweise zu einer Theorie der Bedeutung gemacht wurde, stützte sie sich samt ihrer Terminologie bereits auf die vom Computer abgeleitete Annahme, daß Erfahrung in isolierbare, kleinste, alternative Wahlmöglichkeiten zerlegbar ist. Innerhalb einer Theorie der Bedeutung bietet sich diese Annahme jedoch keineswegs an. Gestaltpsychologen z. B. behaupten (siehe Teil I und insbesondere Teil III), daß Denken und Wahrnehmung mit komplexen Prozessen verbunden sind, die nicht als eine Kette oder eine Reihe parallel erfolgender einzelner Operationen verstanden werden können.[5] Genau wie das Gehirn – zumindest teilweise – offenbar wie ein Analogcomputer funktioniert, ist zu vermuten, daß Gedanken und Wahrnehmungen als Reaktion auf „Felder", „Kräfte", „Konfigurationen" usw. entstehen; dies scheint sich insofern zu bestätigen, als sich unser Denken phänomenologisch beschreiben läßt.[6]

Die Aufgabe des Programmierers besteht genau darin, bedeutungsvolle Aussagen (die Informationen im üblichen Sinne enthalten) in Ketten bedeutungsleerer einzelner Bits (Informationen im technischen Sinne) zu überführen, mit denen der Computer arbeiten kann. Es ist das Ziel der KI-Forscher, den Computer so zu programmieren, daß er diese Übersetzung selbst vornimmt. Aber es liegt keinesfalls auf der Hand, daß man auf den menschlichen Übersetzer verzichten kann.

Ein Großteil der Veröffentlichungen zur Kognitiven Simulation klingt nur deshalb plausibel, weil dort zwischen dem üblichen Gebrauch des Informationsbegriffs und dem speziellen technischen Sinn, den dieser seit langem erhalten hat, nicht unterschieden wird. Im Interesse einer theoretischen Klarheit darf die grundlegende Frage, ob menschliche Intelligenz regelhafte Operationen an einzelnen Elementen voraussetzt, nicht ausgeschlossen werden, noch bevor man mit der Analyse beginnt. So müssen wir beim Gebrauch des Begriffs „Informationsverarbeitung" vorsichtig sein, wenn wir uns auf Menschen beziehen.

Aber selbst wenn der Geist Informationen nach Shannons Definition verarbeitete und somit wie ein Digitalcomputer funktionierte, ist es keineswegs zwingend anzunehmen, daß er dabei einem Programm folgt. Falls das Gehirn ein Netzwerk zufällig verbundener Neuronen ist, braucht es auf der Ebene der Informationsverarbeitung kein Flußdiagramm oder keine Folge regelgeleiteter Schritte zu geben, mit denen sich seine Aktivität beschreiben ließe.

Diese Verwechslungen – vom üblichen Wortsinn zum technischen Sinn des Informationsbegriffs sowie der Schritt von der Rechenmaschine allgemein zum heuristisch programmierten Digitalcomputer – führen zu dem Trugschluß, wenn das Gehirn in gewisser Weise seine Eingabe umformt, dann müsse es auch eine Kette einzelner Operationen ausführen. Dieser Trugschluß kommt in einem neueren Aufsatz von Jerry Fodor besonders deutlich zum Vorschein. Es ist höchst lehrreich, seiner Argumentation zu folgen.

Fodor beginnt mit einigen allgemein anerkannten Tatsachen über das zentrale Nervensystem:

Wenn es wahr ist, daß Tiefenschätzungen durch Oberflächengradienten kausal determiniert werden, und wenn das zentrale Nervensystem wirklich so beschaffen ist, wie es sich die klügsten Köpfe gegenwärtig vorstellen, dann muß einiges von dem, was das zentrale Nervensystem *tut*, dann müssen einige der physikalischen Transaktionen, die dort bei unseren Tiefenschätzungen stattfinden, solchen Beschreibungen genügen, wie ‚Oberflächengradienten anzeigen', ‚Informationen über Oberflächengradienten verarbeiten', ‚Ableitungen von Oberflächengradienten berechnen', usw.[7]

Auf diese Weise kommt er zu dem Schluß, daß „jede Operation des Nervensystems mit einer Abfolge elementarer Operationen identisch ist".[8] Ganz abgesehen davon, daß hier unkritisch von „Informationen verarbeiten" die Rede ist, ließe sich einwenden, daß die Berechnung der ersten Ableitung eines Oberflächengradienten sehr wohl durch eine Art Analogmechanismus erfolgen kann. Daher ist es unzulässig, aus der Tatsache, daß das Nervensystem auf unterschiedliche Oberflächengradienten reagiert, darauf zu schließen, daß „jede Operation des Nervensystems mit einer Abfolge elementarer Operationen identisch ist ..."
Tatsächlich ist eine Behauptung wie die folgende völlig ungerechtfertigt: „Die Frage, wie wir einen bestimmten Verhaltenstypus im Repertoire eines Organismus hervorbringen können, läßt sich unter anderem so beantworten, daß es eine Menge spezifischer Instruktionen für dieses Verhalten gibt, die eine Kombination bestimmter maschineller Operationen in Gang setzen."[9]

Das Argument stützt sich auf die Tatsache, daß sich ein Psychologe zur Berechnung der ersten Ableitung eines Oberflächengradienten eines Formalismus (der Differentialrechnung) bedienen würde, der in einer Reihe einzelner Operationen auf dem Digitalcomputer bearbeitet werden kann. Doch die Aussage, das Gehirn durchlaufe notwendigerweise eine Reihe von Operationen, wenn es den Oberflächengradienten errechnet, ist genauso absurd wie die Behauptung, die Planeten müßten Differentialgleichungen lösen, um ihre Umlaufbahnen um die Sonne beizubehalten; ein Rechenschieber (oder Analogrechner) durchlaufe beim Errechnen einer Quadratwurzel die gleichen Schritte wie ein Digitalcomputer, der sich zur Errechnung derselben Zahl des Binärsystems bedient.

Stellen Sie sich eine Ionenlösung vor, die durch das Erreichen eines Gleichgewichts in der Lage ist, einen Oberflächengradienten zu errechnen oder irgendeinen anderen Wahrnehmungsprozeß zu simulieren. Vollzieht die Lösung beim Erreichen des Gleichgewichts eine Reihe einzelner Schritte, die ein Digitalcomputer beim Lösen der Gleichungen, die diesen Prozeß beschreiben, vornimmt? In diesem Falle würde die Lösung in wenigen Augenblicken mit einem Problem fertig, mit dem eine Maschine Jahrhunderte zu kämpfen hätte – falls sie es überhaupt jemals schaffen würde. Ist die Ionenlösung ein ultraschneller Computer, oder beherrscht sie, wie ein Schachmeister, eine heuristische Strategie, die das Problem vereinfacht? Offensichtlich trifft beides nicht zu. Die Tatsache, daß wir den Vorgang des Erreichens eines Gleichgewichts in Form von Gleichungen beschreiben und diese anschließend in einzelne Elemente aufspalten können, um sie von einem Computer lösen zu lassen, beweist nicht, daß das Gleichgewicht tatsächlich in einzelnen Schritten erreicht wird. *Genauso müssen wir aus der Tatsache, daß alle mit der menschlichen „Informationsverarbeitung" verbundenen, kontinuierlichen physikalisch-chemischen Prozesse im Prinzip diskontinuierlich formalisiert und errechnet werden können, nicht darauf schließen, daß tatsächlich irgendwelche diskontinuierlichen Prozesse stattfinden.*

Doch selbst wenn man ein Computerprogramm zur Simulation der physikalisch-chemischen Prozesse im Gehirn schreiben könnte, wäre dies für die Psychologie nicht von Nutzen.

Faßt man den Begriff Simulation möglichst weit, dann wird ein Mechanismus durch jedes Programm simuliert, das für einen gegebenen Bereich die gleiche Input-Output-Funktion realisiert.

Gleichgültig, ob dies für das Gehirn ausführbar ist oder nicht – hier fehlt auf jeden Fall das für eine psychologische Theorie Entscheidende, nämlich eine Beschreibung, wie der Geist tatsächlich „arbeitet". Für eine psychologische *Erklärung* braucht man eine *Darstellung*, die mehr leistet als eine bloße *Simulation*. So bemerkt Fodor:

Wir können sagen, daß eine Maschine in einer bestimmten Hinsicht einem Organismus *stark* äquivalent ist, wenn sie in derselben Hinsicht schwach äquivalent ist *und* wenn die Prozesse, die das Verhalten der Maschine bestimmen, vom selben Typus sind wie die Prozesse, die das Verhalten des Organismus bestimmen.[10]

Das heißt, daß eine Äquivalenz in psychologischer Hinsicht maschinelle Prozesse vom *psychologischen Typus* erfordert.[11] Psychologische Operationen müssen von der Art sein, wie Menschen sie zumindest manchmal bewußt ausführen, wenn sie Informationen verarbeiten – z. B. suchen, sortieren und speichern – und keine physikalisch-chemischen Prozesse im Organismus. Wenn ein Schachspieler, der sich auf das Setzen seines Turms konzentriert, sagt: „Und jetzt erreicht mein Gehirn ein chemisches Gleichgewicht, das sich mit folgender Anordnung von Differentialgleichungen beschreiben läßt", so würde er mit diesem Kommentar physiologische Prozesse schildern, die zweifellos mit „Informationsverarbeitung" zusammenhängen, aber nicht die „Informationsverarbeitung" an sich.

Fodor macht nicht klar, ob sein Argument *apriorisch* oder *empirisch* verstanden werden soll, d. h., ob es logisch oder nur zufällig aus der Behauptung folgt, daß das Gehirn den Oberflächengradienten berechnet und daß es eine Folge elementarer Operationen ausführt. Das von ihm gewählte Beispiel eignet sich am wenigsten als Beleg dafür, daß das

Gehirn oder das Denken überhaupt elementare Operationen ausführt; daß er dieses Beispiel dennoch anführt, läßt vermuten, daß er von einer notwendigen Verbindung zwischen dem Ermitteln eines Oberflächengradienten, der Berechnung und der Ausführung einer Reihe von Operationen überzeugt ist. Wenn man jedoch zeigt, daß dieses Argument auf einer Reihe von Verwechslungen beruht, können die Verfechter der psychologischen Annahme immer noch umschwenken und behaupten, daß sie kein *apriorisches* Argument, sondern eine auf ihre Experimente gestützte empirische Schlußfolgerung vertreten.

Diesen Weg wählte Fodor, als er seinen Aufsatz auf einer Tagung der American Philosophical Association verteidigte, während Miller und andere ihre Arbeit allein aufgrund der vermeintlichen Erfolge der KS rechtfertigten:

Für einen Organismus ist ein Plan im wesentlichen dasselbe wie ein Programm für einen Computer ... Newell, Shaw und Simon (1958) haben sich bewußt und systematisch der hierarchischen Struktur von Listen bedient, als sie ihre „informationsverarbeitenden Sprachen" entwickelten, die zur Programmierung von Hochgeschwindigkeits-Computern verwendet werden, um menschliche Denkprozesse zu simulieren. *Ihre Erfolge in dieser Richtung sind höchst erstaunlich und ermutigend und unterstützen die Hypothese, daß menschliches Problemlösen wesentlich über eine hierarchische Struktur organisiert wird.*[12]

In Teil I haben wir gezeigt, daß die Ergebnisse von Newell, Shaw und Simon alles andere als beeindruckend sind. Worin besteht dann diese ermutigende empirische Evidenz? Zur Beantwortung dieser Frage müssen wir untersuchen, wie Newell, Shaw und Simon ihre eigene Arbeit beurteilen.

1. Empirische Evidenz für die psychologische Annahme: Kritik der Methoden der Kognitiven Simulation

Die empirische Rechtfertigung der psychologischen Annahme wirft ein Methodenproblem auf – das der Bewertung von Evidenz. Weder rechtfertigen grobe Ähnlichkeiten des Verhaltens zwischen Computern und Menschen die psychologische Annahme, noch ist die derzeitige Unfähigkeit, diese Ähnlichkeiten detailliert zu beschreiben, allein ausreichend, um die Annahme zurückzuweisen. Eine Prüfung der psychologischen Annahme erfordert einen eingehenden Vergleich der *Schritte*, in denen menschliche und maschinelle Informationsverarbeitung vor sich gehen. Wie in Kapitel I, Abschnitt 2, aufgeführt, vermerken Newell, Shaw und Simon gewissenhaft die Ähnlichkeiten und Unterschiede zwischen Protokollen von Versuchspersonen und von Maschinen, die bei der Lösung derselben Probleme aufgezeichnet wurden. Wie beurteilen nun die Autoren die dabei erzielten Ergebnisse? Newell und Simon kommen zu dem Schluß, daß ihre Arbeit

einen allgemeinen Rahmen für ein Verständnis des problemlösenden Verhaltens schafft ... und schließlich ganz offenkundig macht, daß das freie Verhalten eines einigermaßen intelligenten Menschen als das Ergebnis einer komplexen, aber endlichen und bestimmten Menge von Gesetzmäßigkeiten verstanden werden kann.[13]

Für Wissenschaftler ist das eine eigenartige Schlußfolgerung, denn Newell und Simon räumen ein, daß ihre besonderen Theorien – wie alle wissenschaftlichen Theorien – auf dem Boden ihres *Allgemeinheitsgrads* stehen oder fallen müssen, der sich danach bemißt, *wieviele Phänomene* sich mit den Programmen erklären lassen.[14] Ihr Programm ist jedoch in zumindest dreifacher Hinsicht nicht allgemeingültig. Erstens beschränkt sich die vorhandene Evidenz notwendigerweise auf jene besonders günstigen Fälle, in denen die Versuchsperson ihre Schritte zur Informationsverarbeitung (bei Spielen und dem Lösen einfacher Probleme) bis zu einem gewissen Grad bewußt nachvollziehen kann: dies schließt die Erkennung von Mustern und den Erwerb und Gebrauch einer natürlichen Sprache aus. Zweitens kann das Maschinenprotokoll selbst in diesen eingeschränkten Gebieten lediglich mit dem Verhalten einer Einzelperson übereinstimmen, und auch das nur nach *ad hoc* vorgenommenen Anpassungen. Und drittens ist selbst die Übereinstimmung nicht vollständig. Newell und Simon bemerken, daß ihr Programm „das Verhalten der Versuchsperson bei der Aufgabenlösung mit fünf unterschiedlich bedeutsamen Ausnahmen vollständig erklären kann".[15]

Angesichts dieser Einschränkungen ist es rätselhaft, wie Newell und Simon von einem „allgemeinen Rahmen" sprechen können, und angesichts der Ausnahmen stellt sich die Frage, woher sie das Recht nehmen, ihre Arbeiten als wissenschaftlich zu bezeichnen. Hier scheint einige Unklarheit über die Allgemeingültigkeit wissenschaftlicher Gesetze oder Theorien zu herrschen. Im allgemeinen erlauben wissenschaftliche *Gesetze* keinerlei Ausnahmen, doch hier werden die Ausnahmen redlich vermerkt – so als milderte die freimütige Erwähnung ihre Bedeutung. Genausowenig hätte z. B. Galilei behaupten können, das Gesetz vom freien Fall gelte für alle Körper mit Ausnahme von fünf, die eine andere Fallgeschwindigkeit aufweisen. Nun muß eine wissenschaftliche Vermutung ja nicht unbedingt deshalb aufgegeben werden, weil einige Ausnahmen auftreten; es gibt von der Wissenschaft akzeptierte Möglichkeiten, mit solchen Problemen umzugehen. Man kann die Generalisierung zunächst als Arbeitshypothese beibehalten und mit der Verkündung eines wissenschaftlichen Gesetzes warten, bis man die Ausnahmen erklärt hat. Eine Arbeitshypothese muß nicht *alle* Daten berücksichtigen. Wenn ein Wissenschaftler jedoch den Anspruch erhebt, eine *Theorie* vorzustellen, erst recht „einen allgemeinen Rahmen für ein Verständnis", dann muß er sich mit diesen Ausnahmen auseinandersetzen; entweder muß er sie mit in die Formulierung der Theorie hineinnehmen (so wie man sich auf die Reibung beruft, um Abweichungen von den Bewegungsgesetzen zu erklären), oder er muß vorschlagen, wo nach einer Erklärung zu suchen ist, bzw. zumindest zeigen, daß nach der gegebenen Theorie solche Schwierigkeiten zu erwarten sind. Newell und Simon tun nichts von alledem.

Sie könnten argumentieren, daß es keinen Grund zur Besorgnis gibt, weil selbst die besten Theorien ihre Ausnahmen haben. In seiner Untersuchung über wissenschaftliche Revolutionen weist Thomas Kuhn darauf hin, daß in allen normalen Wissenschaften durchgängig Anomalien auftreten.

Es gibt immer Diskrepanzen. Auch die hartnäckigsten fügen sich am Ende gewöhnlich doch in die normale Praxis. Sehr oft sind die Wissenschaftler bereit zu warten, besonders wenn viele Probleme auf anderen Teilgebieten anstehen. Wir haben beispielsweise schon erwähnt, daß in den sechzig Jahren nach Newtons erster Berechnung die vorausgesagte Bewegung des Mondperigäums nur halb so groß war wie die tatsächlich beobachtete.[16]

Aber das kann für Newell und Simon kein Trost sein. Eine solche Tolerierung von Abweichungen setzt voraus, daß es bereits eine bestehende Theorie gibt: „Um als Paradigma angenommen zu werden, muß eine Theorie besser erscheinen als die mit ihr im Wettstreit liegenden."[17] Sie setzt voraus, daß die Theorie zumindest in einem klar umrissenen Gebiet vollständige Erklärungen bietet. Aber Newells und Simons kognitive Theorie ist nicht einmal eine spezielle Theorie. Sie behält ihre Gültigkeit selbst in einem sorgfältig ausgewählten Spezialfall nicht. Gerade dort, wo wir eine völlige Übereinstimmung erhalten müßten, um ein Paradigma aufzustellen, finden wir die Ausnahmen. Obwohl Newells und Simons Arbeiten einige erstaunliche Näherungslösungen anbieten, so begründen sie doch keine systematische Wissenschaft, die einen Anspruch auf die Entdeckung allgemeingültiger Gesetze trotz einiger Abweichungen rechtfertigen könnte.

Hinsichtlich der oben erwähnten Unstimmigkeit in Newtons Theorie stellt Kuhn heraus, daß „die besten mathematischen Physiker Europas erfolglos mit der wohlbekannten Diskrepanz rangen ..."[18] Daß Newell und Simon keinerlei entsprechendes Interesse an den Tag legen, unterscheidet ihre Arbeit ebenfalls von der normalen wissenschaftlichen Praxis. Nach dem Erwähnen der Ausnahmen scheint in der KS niemand – am allerwenigsten Newell und Simon – an ihrer Klärung interessiert zu sein. Vielmehr fahren alle fort, in einem neuen Gebiet ad hoc weitere grobe Generalisierungen zu formulieren.

Es gibt noch einen letzten gangbaren Weg, mit Ausnahmen umzugehen. Wenn man aus *unabhängigen Gründen* wüßte, daß Denkprozesse das Ergebnis einer regelgeleiteten Abfolge diskreter Operationen sein *müssen,* dann könnten Ausnahmen als zufällige Schwierigkeiten der experimentellen Verfahren oder als besonders schwierige Fälle behandelt werden, die erst noch mit dem Gesetz in Einklang zu bringen sind. Erst dann wären jene, die in diesem Bereich arbeiten, berechtigt, jedes Programm, das intelligentes Verhalten simuliert – und sei es auch noch so unvollkommen –, als Erfolg zu betrachten und alle Rückschläge lediglich als Herausforderung anzusehen, verstärkt nach heuristischen Verfahren zu suchen und noch bessere Programme zu schreiben. In diesem Fall besteht das Problem darin, eine unabhängige Begründung für die Hypothese zu finden, daß jede menschliche „Informationsverarbeitung" in diskreten Schritten abläuft. Andernfalls würden die Ausnahmen sowie die eingeschränkte Anwendungsmöglichkeit der Programme und der fehlende Erfolg während der letzten zehn Jahre diese Hypothese eher widerlegen als bestärken. Die „Begründung" ist in zwei Phasen erfolgt.

In ihren frühen Veröffentlichungen stellen Newell und Simon die Vermutung, das menschliche Gehirn arbeite wie ein Digitalcomputer, als Voraussetzung, als Arbeitshypothese vor, die die Richtung ihrer Forschung bestimmt, und versuchen nicht, diese wichtige und problematische Annahme zu begründen. „Wir unterstellen, daß das Verhalten der Versuchsperson von einem Programm bestimmt wird, das sich aus einer Menge elementarer Informationsprozesse zusammensetzt."[19] Diese Voraussetzung, die für sich genommen ziemlich willkürlich anmuten mag, wird ihrerseits mit dem fundamentalen methodischen Prinzip der Sparsamkeit gerechtfertigt. Nach Newell, Shaw und Simon schreibt dieses Prinzip vor, *versuchsweise* die einfachste Hypothese anzunehmen; in diesem Fall würde sie lauten, daß jede Informationsverarbeitung den

Abläufen ähnelt, die in einem Computerprogramm enthalten sind. Wir können uns beispielsweise vorstellen, daß eine schachspielende Versuchsperson, während sie die erfolgversprechendsten Züge einkreist, unbewußt alle Zugmöglichkeiten auszählt. Allgemein gesagt: wann immer die maschinelle Aufzeichnung Schritte enthält, die von der Versuchsperson nicht genannt worden sind, erlaubt das Prinzip der Sparsamkeit, eine einfache Arbeitshypothese als Leitfaden der Untersuchung auszuwählen und anzunehmen, daß die Versuchsperson diese Schritte unbewußt vollzogen hat. Doch natürlich müssen weitere Untersuchungen die Arbeitshypothese *stützen;* andernfalls muß sie schließlich aufgegeben werden.

Sowohl die Abweichung der menschlichen von den Maschinenprotokollen als auch die Schwierigkeiten, die durch die Planung entstehen, zeigen, daß die Dinge nicht so einfach liegen, wie uns der Wunsch nach Sparsamkeit hoffen läßt. Angesichts dieser Schwierigkeiten läge es nahe, die Arbeitshypothese zu revidieren, so wie die Wissenschaftler die Newtonsche Mechanik aufgeben mußten, als diese bestimmte Beobachtungen nicht erklären konnte. Doch in dieser Hinsicht weicht die KS-Forschung von anerkannten wissenschaftlichen Vorgehensweisen ab. In der Zusammenfassung ihrer Arbeit über KS gelangen Newell und Simon zu dem Schluß:

Es gibt immer mehr Belege dafür, daß zwischen den elementaren Informationsprozessen, derer sich das Gehirn beim Denken bedient, und bestimmten elementaren Informationsprozessen, die in den Befehlssignalen heutiger Computer verkörpert sind, eine starke Ähnlichkeit besteht.[20]

Worin bestehen diese Belege? Wurden die Lücken in den Protokollen geschlossen und die Ausnahmen erklärt? Nicht im geringsten. Die einzigen Belege sind offenbar die Programme selbst, und ohne die unabhängige Hypothese über die Informationsverarbeitung würde die mangelnde Allgemeingültigkeit der Programme das gesamte Projekt in Frage stellen. In Anbetracht der Ausnahmen hätte man der psychologischen Annahme eine unabhängige Begründung unterstellen müssen, damit die jeweiligen Programme als fundierte Theorien ausgegeben werden konnten; doch nun wird auf einmal die Annahme als eine Hypothese behandelt, deren Geltung einzig und allein vom Gelingen der speziellen Programme abhängt. Eine auf ein methodisches Prinzip gegründete Hypothese wird später oft durch die Tatsachen bestätigt. Das Unzulässige am vorliegenden Fall ist jedoch, daß die Hypothese die Beweise *schafft,* durch die sie später bestätigt wird.

Für die psychologische Annahme gibt es keine unabhängigen empirischen Belege. Tatsächlich läßt sich aus den für die Hypothese angeführten Belegen, das Gehirn funktioniere wie ein Digitalcomputer, für sich allein genommen eher der Schluß ziehen, daß die Annahme empirisch unhaltbar ist.

Diese besondere Art einer methodischen Unklarheit betrifft nur die KS-Forscher, doch auch in der KI-Forschung gibt es diesen Glauben an die Richtigkeit heuristischer Programme, diese Tendenz, alle Schwierigkeiten als zufällig anzusehen und die Weigerung, Rückschläge als Gegenbeweise zu betrachten. In beiden Forschungsrichtungen geht man von dem kleinen Bereich aus, in dem sich Suchverfahren zum Teil als erfolgreich erwiesen haben, und setzt diesen wie selbstverständlich mit den problematischen und noch unerforschten Bereichen gleich. So betrachten alle Forscher die psychologische Annahme als wohlbegründet, wenn sie auch nicht wie die KS-Forscher versuchen, neue Annahmen mit unbewiesenen alten Hypothesen zu untermauern. Für Forscher in diesem Bereich ist diese psychologische Annahme offenbar keine empirische Hypothese, die bestätigt oder widerlegt werden kann, sondern so etwas wie ein philosophisches Axiom, das *a priori*, ohne weitere Voraussetzungen, als wahr angenommen wird.

2. *A priori*-Argumente für die psychologische Annahme

Das Apriori dieses Axioms zeigt sich in der bereits erwähnten Einführung von Miller u. a. m. in ihr Computermodell. Kurz bevor sie feststellen, daß der Erfolg von Simons Arbeit ihre Position bekräftigt, nennen sie ihre Ziele:

Jede *vollständige Verhaltensbeschreibung* muß zugleich als eine *Folge von Instruktionen* dienen können. Das heißt, sie muß die Charakteristiken eines Plans haben, nach dessen Anleitung die beschriebene Handlung ausgeführt werden kann.[21]

Miller u. a. m. nehmen an, daß allein schon die Begriffe der Erklärung oder der vollständigen Beschreibung *erfordern*, Verhalten im Rahmen eines Katalogs von Instruktionen zu beschreiben, d. h. als eine Abfolge bestimmter Reaktionen auf bestimmte Situationen. So ist es kein Wunder, daß Psychologen wie Newell, Neisser und Miller die Arbeit in der KS-Forschung keineswegs entmutigend finden. Nach ihrer Meinung *muß* – damit Psychologie überhaupt möglich ist – eine Erklärung sich in

Form eines Computerprogramms ausdrücken lassen. Das ist keine empirische Beobachtung, sondern folgt aus ihrer Definition von Erklärung. Abweichungen vom Protokoll und Fehlschläge können ignoriert werden. Wie mehrdeutig die empirischen Ergebnisse in der KS-Forschung auch sein mögen, sie *müssen* ein erster Schritt zu einer besseren Theorie sein.

Diese Definition von Erklärung muß zweifellos näher untersucht werden. Ist sie überhaupt sinnvoll? Selbst wenn sie sinnvoll ist – darf man deshalb die Ergebnisse der Psychologie vorwegnehmen, indem man darauf besteht, daß Theorien als Computerprogramme abgebildet werden können, da Psychologie sonst nicht möglich wäre? Vielleicht ist die Psychologie, wie sie von den Vertretern der KS-Forschung verstanden wird, eine Sackgasse.

Zunächst ist keineswegs klar, was es bedeutet, daß eine vollständige Beschreibung aus einer Folge von Instruktionen bestehen muß. Betrachten wir das Verhalten einer Person nach der Aufforderung, aus einer Anzahl vielfarbiger geometrischer Figuren ein rotes Quadrat auszuwählen. Eine *vollständige* Beschreibung ihres Verhaltens würde nach Miller u. a. m. in einer Menge von Instruktionen bestehen, in einem Plan zur Ausführung der Aufgabe. Welche Instruktionen könnte man einer Person geben, die diese Aufgabe ausführen soll? Vielleicht einige sehr allgemeine Regeln wie die Instruktionen beachten, die Figuren betrachten, ihre Formen vergleichen, eine Entscheidung treffen. Aber wie gibt man detailliert Anweisungen zur Unterscheidung eines Quadrats von einem Kreis? Man könnte sagen: „Zähle die Seiten; wenn es vier sind, ist es ein Quadrat." Und die Anweisungen zur Identifizierung einer Seite? „Wähle zufällige Punkte aus und prüfe, ob sie auf einer Strecke liegen, die die kürzeste Entfernung zwischen den Endpunkten ist", usw. Aber wie findet man diese Punkte? Immerhin gibt es keine wirklichen Punkte im Wahrnehmungsbereich, wenn man vor einer Anordnung geometrischer Figuren sitzt. Vielleicht enden hier die Instruktionen, und man behauptet einfach: „Aber unbewußt sieht man Punkte, und unbewußt zählt man." Aber tut man das wirklich? Und warum hören die Instruktionen hier auf und nicht früher oder später? Und wenn dies alles immer noch nicht merkwürdig genug ist – welche Anweisungen gibt man jemandem, der Rot von Blau unterscheiden soll? An diesem Punkt ist nicht mehr ersichtlich, warum oder wie eine vollständige Beschreibung in der Psychologie aus einer Reihe von Instruktionen bestehen muß und wie diese aussehen könnte.

Dennoch entstammt diese Behauptung einer ehrwürdigen Tradition. Kant analysierte alle Erfahrung, sogar die Wahrnehmung, ausdrücklich anhand von Regeln, und die Vorstellung, daß zur Erkenntnis eine Anzahl expliziter Instruktionen gehört, ist sogar noch älter. In der Tat läßt sich die Überzeugung, daß eine vollständige Beschreibung als Folge von Instruktionen möglich sein muß, weil wir erst durch eine Zerlegung in Einzelschritte einen Vorgang *verstehen* können, bis zu den Anfängen der Philosophie zurückverfolgen, d. h. bis in die Zeit, als unsere Ideen über Verstehen und Vernunft zum ersten Mal formuliert wurden. Platon führt diese Analyse des Verstehens im *Euthyphron* vor; im *Menon* stellt er die Frage, ob die Regeln, mit deren Hilfe der Philosoph Verhalten erst verstehen kann, auch notwendigerweise von der handelnden Person befolgt werden müssen. Das heißt, sind die Regeln nur vonnöten, wenn der Philosoph *verstehen* will, was vor sich geht, oder handelt die Person, falls sie sich vernünftig verhalten kann, zwangsläufig nach diesen Regeln? Da Platon die meisten Fertigkeiten als ein blindes pragmatisches Umhertasten ansah, glaubte er zweifellos, daß Regeln für das Verstehen (oder Hervorbringen) von geschicktem Handeln nicht erforderlich sind. Aber in bezug auf das Beweisen von Lehrsätzen und auf moralisches Handeln war Platon der Ansicht, daß das Verhalten von Personen, ohne daß diese sich dessen bewußt werden müssen, eine vom Philosophen darstellbare rationale Struktur aufweist; und er wirft die Frage auf, ob ein Mathematiker oder ein moralisch handelnder Mensch insgeheim diesem Programm folgt – solange er sich vernünftig verhält.

Dies ist ein entscheidender Punkt in der Geschichte unserer Begriffe des Verstehens und der Erklärung. Platon macht seine Auffassung ganz deutlich: jedes wirklich vernünftige, d. h. nicht willkürliche Handeln hat eine rationale Struktur, die in einer Theorie ausgedrückt werden kann; und jede so handelnde Person wird, zumindest unausgesprochen, genau dieser Theorie als einer Summe von Regeln folgen. Für Platon sind diese Instruktionen bereits im Gehirn als Erinnerung vorhanden, da sie in einem früheren Leben vorprogrammiert wurden, und sie können wieder zum Vorschein gebracht werden, indem man die entsprechenden Fragen stellt.[22] So ist für Platon eine Theorie menschlichen Verhaltens, die uns *verstehen* läßt, *was* in einem bestimmten Abschnitt dieses Verhaltens jeweils vollbracht wird, eine *Erklärung* dafür, *wie* dieses Verhalten hervorgebracht wird. Von dieser Vorstellung ausgehend, gelangt man ganz von selbst zur Hypothese der KS-Forscher, daß eine vollständige Verhaltensbeschreibung selbstverständlich eine präzise Menge von Instruktionen für einen Digitalcomputer darstellen muß und daß diese Regeln tatsächlich zur Programmierung von Computern verwendet werden können, um das entsprechende Verhalten *hervorzubringen*.

Wir sind der Geschichte der Vermutung nachgegangen, daß Denken dasselbe ist wie Rechnen.[23] Wir haben gesehen, daß ihre *Anziehungskraft* auf die platonische Einsicht zurückgeht, daß ein tugendhaftes Leben erträglicher und unsere Erkenntnis endgültiger wäre, wenn diese Vermutung zuträfe. Ihre *Plausibilität* beruht jedoch nur auf einer Verwechslung zwischen den mechanistischen Annahmen, die dem Erfolg der modernen Naturwissenschaft zugrundeliegen, und einer entsprechenden formalistischen Annahme, die einer Wissenschaft des menschlichen Verhaltens zugrundeläge – wenn es diese gäbe.

Auf einer bestimmten Ebene ist diese *apriorische* Annahme sinnvoll. Der Mensch ist ein Objekt. Der Erfolg der modernen Naturwissenschaft hat uns davon überzeugt, daß eine *vollständige Beschreibung* des Verhaltens eines physikalischen Objekts in Form von präzisen Gesetzen möglich ist, die ihrerseits einem Computer als Anweisungen dienen können, der dann zumindest im Prinzip dieses Verhalten simulieren kann. Dies führt zu der Idee, menschliches Verhalten neurophysiologisch zu beschreiben: Dem Körper wird Energie zugeführt, im Gehirn finden physikalisch-chemische Umwandlungsprozesse statt, und als Ergebnis beobachtet man Bewegungen des physikalischen Körpers, alles im Prinzip auf einem Digitalcomputer simulierbar.

Zumindest auf den ersten Blick ergibt diese Ebene der Beschreibung einen Sinn; seit Descartes ist sie Bestandteil der Idee einer umfassenden physikalischen Beschreibung sämtlicher Objekte des Universums. Das Gehirn ist offenkundig ein Organ, das Energie umwandelt. Es erkennt ankommende Signale; es entdeckt zum Beispiel Veränderungen der Lichtintensität, die mit Veränderungen des Oberflächengradienten zusammenhängen. Leider ist diese physikalische Beschreibung jedoch keinesfalls eine *psychologische* Erklärung, da sie alle psychologischen Termini ausschließt. Auf dieser Ebene wäre es unzulässig, von Handelnden zu sprechen, von Denken, Absichten, Wahrnehmungen, Erinnerungen und selbst von Farben und Geräuschen, wie Psychologen das wohl möchten. Energie wird aufgenommen und umgewandelt, das ist alles.

Natürlich gibt es eine andere, die sogenannte phänomenologische Ebene, auf der es durchaus sinnvoll ist, von Handelnden zu sprechen, von Handeln, Wahrnehmen usw. Was man auf dieser Ebene sieht, sind Tische, Stühle und andere Personen, was man hört, sind Geräusche und manchmal Worte und Sätze, und die Dinge, die man tut, sind bedeutungsvolle Handlungen in einem bereits bedeutungsvollen Kontext. Aber diese Ebene der Beschreibung nützt einem Psychologen ebensowenig wie die physiologische, denn hier erkennt man keine Befolgung von Instruktionen oder Regeln; es gibt keinen Raum für eine psychologische *Erklärung* von der Art, wie sie von den KS-Forschern gefordert wird. Angesichts dieser begrifflichen Schwierigkeiten haben Psychologen stets nach einer dritten Ebene gesucht, auf der sie arbeiten können, die *psychologisch* ist und dennoch eine *Erklärung* des Verhaltens ermöglicht.

Wenn Psychologie eine Wissenschaft des menschlichen Verhaltens sein soll, muß sie den Menschen als ein Objekt untersuchen. Freilich nicht als ein physikalisches Objekt, dessen Bewegungen Reaktionen auf die Zufuhr physikalischer Energie darstellen, denn das ist Aufgabe der Physik und der Neurophysiologie. Die andere Möglichkeit wäre, menschliches Verhalten als die Reaktion eines Objekts anderer Art auf eine Zufuhr anderer Art zu betrachten. Welcher Art dieses Objekt und diese Zufuhr jedoch sind, wird nie deutlich. Doch davon ganz abgesehen – wenn es eine *Erklärung* geben soll, muß der Mensch als ein Mechanismus angesehen werden, der nach bestimmten Gesetzen auf diskrete Elemente reagiert. Als Modell für diese Gesetze können Kausalgesetze dienen, die beschreiben, wie *unveränderliche Dispositionen* des Organismus mit zugeführten Stimuli aus der Umgebung zusammenwirken, um komplexe Verhaltensformen hervorzubringen. In diesem Fall ist der Mechanismus ein Reflexautomat, der nach Gesetzen der Verknüpfung arbeitet. Damit sind wir bei der empirischen Psychologie David Humes und ihrer modernen Ausprägung, der Stimulus-Response-Psychologie angelangt. Man kann das Objekt aber auch als informationsverarbeitenden Mechanismus betrachten und die Gesetze nach dem Kantschen Vorbild als *Beweggründe* auffassen, als Prinzipien der Notwendigkeit, sozusagen als *Regeln im Gehirn*, die dieses auf bestimmte zugeführte Informationen anwendet. In der Psychologie wurde diese Schule als idealistisch, intellektualistisch oder mentalistisch bezeichnet und ist nun als „Kognitive Psychologie" bekannt.

Bis zur Einführung des Computers war die empirische Schule im Vorteil, denn der intellektualistischen Richtung gelang es nie, den Menschen als ein berechenbares Objekt zu sehen. Für sie gab es immer ein Subjekt, ein „transzendentales Ich", das die Regeln anwandte. So wurde eine wissenschaftliche Theorie des Verhaltens einfach zurückgestellt, indem man dem Geist einen kleinen Menschen (Homunculus) einpflanzte, der dessen Handlungen steuerte. Computer bieten jedoch den unwiderstehlichen Reiz, regelgerecht zu arbeiten, ohne auf ein transzendentales Ich oder einen Homunculus angewiesen zu sein. Überdies liefern Computerprogramme ein Modell z. B. zur Analyse des Sprechens einer natürlichen Sprache, was zu komplex erscheint, um von der Stimulus-Response-Psychologie und dem Behaviorismus erklärt zu werden.

Kurz, es gibt nun einen Mechanismus, der der mentalistischen Richtung als Modell dienen kann. Und es ist unvermeidlich, daß unabhängig von der Gültigkeit der Argumente oder der Plausibilität empirischer Befunde, die vom Behaviorismus enttäuschten Psychologen nach diesem Strohhalm greifen werden.

Ein Computer ist ein physikalisches Objekt, doch um seine Arbeitsweise zu erklären, beschreibt man nicht die Schwingungen der Elektronen in seinen Transistoren, sondern Organisationsebenen seiner Ein-Aus-Schalter. Wenn es gelingen sollte, psychologische Begriffe als höhere Organisationsebenen solcher Kippschalter zu interpretieren, dann hätte die Psychologie eine Sprache gefunden, mit der sich menschliches Verhalten erklären ließe.

Dies schafft so verlockende Aussichten, daß die grundlegende Frage, ob diese dritte Ebene zwischen Physik und Phänomenologie überhaupt einheitlich erfaßbar ist, noch nicht einmal gestellt wurde. Aber es zeichnen sich schon die ersten Schwierigkeiten ab. Die Sprache in den Büchern von Miller u. a. m., Neisser und Fodor ist im wahrsten Sinne des Wortes uneinheitlich. Auf fast jeder Seite finden sich Sätze wie der folgende:

Wenn ein Organismus einen bestimmten Plan *ausführt,* geht *er* Schritt für Schritt vor, schließt einen Teil ab und geht danach zum nächsten über.[24]

Hier schwimmen alle drei Ebenen in einer instabilen und ungrammatischen Suspension. „Wenn ein *Organismus* [biologisch] einen Plan *ausführt* [vom Handelnden entlehnte Analogie aus dem Computerbereich], geht *er* [der Mensch als Handelnder] ..." Oder man findet das umgekehrte Vorgehen, indem nicht der Organismus personifiziert, sondern das Denken mechanisiert wird. Fodor spricht von „geistiger Verarbeitung"[25] oder „mentalen Operationen"[26], als sei ganz klar, was mit diesen Zusammensetzungen gemeint sein kann.

Dieses neue Kauderwelsch wäre bloß bizarr, wenn dahinter nicht ernstere begriffliche Unklarheiten zum Vorschein kämen. Diese sind in der Arbeit von Miller u. a. m. schon implizit enthalten, werden aber ganz deutlich in den Studien von Neisser und Fodor, die von allen Autoren in diesem Bereich am meisten bestrebt sind, ihre philosophischen Voraussetzungen präzise darzulegen. Die Verwirrung wird sofort deutlich, wenn man sich die neurophysiologische und die phänomenologische Ebene der Beschreibung genau vorstellt und dann versucht, die psychologische irgendwo zwischen diesen beiden anzusiedeln.

In dem Bemühen, die Ebene der Informationsverarbeitung unterzubringen, sagt Neisser:

Sicherlich gibt es eine wirkliche Welt mit Bäumen, Menschen, Autos und auch Büchern ... Aber wir haben keinen direkten, unmittelbaren Zugang zu dieser Welt und ihren Eigenschaften.[27]

Dies trifft sicherlich zu, sofern der Mensch als physikalisches Objekt betrachtet wird.[28] Wie Neisser sagt: „... der sensorische Input ist nicht die Buchseite selbst. Er ist eine Anordnung von Lichtstrahlen..."[29] So weit, so gut – aber dann versucht Neisser, die physikalische mit der phänomenologischen Ebene zusammenzubringen: „Durch die Linse ... entsprechend konzentriert, fallen diese Strahlen auf die empfindliche Netzhaut, wo sie denjenigen neutralen Prozeß hervorrufen, der u. U. dazu führt, daß der Mensch *etwas sieht, etwas liest oder sich an etwas erinnert.*"[30] Hier jedoch sind die Dinge keineswegs mehr offensichtlich. „Zu etwas führen" hat zwei Bedeutungen. Lichtstrahlen, die auf die Netzhaut treffen, *führen unter Umständen zu* physikalischen und chemischen Prozessen im Gehirn, doch, wenn man dies logisch weiterverfolgt, können Lichtstrahlen und neurale Prozesse nie letztendlich zum Sehen führen.[31] Sehen ist kein chemischer Prozeß; so kann es auch nicht der letzte Schritt in einer Kette derartiger Prozesse sein. Wenn andererseits „führen zu" als „notwendige und hinreichende Bedingung für" zu verstehen ist, ist Sehen entweder die ganze Kette oder etwas, das von der Kette oder einem ihrer Glieder völlig verschieden ist. In beiden Fällen bleibt unklar, warum Neisser sagt, daß wir zur Welt unserer Wahrnehmung keinen unmittelbaren Zugang haben.

Mit dieser unzulässigen Vermischung der neuralen und der phänomenologischen Ebene zu einer einzigen, die den Menschen mit der Welt verbindet, wird eine neue Terminologie erforderlich. Dieses Niemandsland wird mit Begriffen wie „sensorischer Input" und dessen „Umsetzungen" beschrieben.

In der hier benutzten Bedeutung meint der Begriff „Kognition" alle jene Prozesse, durch die der *sensorische Input umgesetzt,* reduziert, weiter verarbeitet, gespeichert, wieder hervorgeholt und schließlich benutzt wird ... Begriffe wie Empfindung, Wahrnehmung, Vorstellung, Behalten, Erinnerung, Problemlösen und Denken nebst vielen anderen beziehen sich auf hypothetische Stadien oder Aspekte der Kognition.[32]

Mit der Einführung eines „sensorischen Inputs", der sich von der Welt, wie wir sie normalerweise sehen, unterscheidet, scheint es notwendig, daß unsere Wahrnehmung sich aus diesem „Stimulus-Input" aus „entwickelt", bzw. seine „Umsetzung" darstellt.[33] Aber die Bedeutung dieser Umsetzung hängt von dem in jeder Hinsicht mehrdeutigen Begriff

„Stimulus-Input" ab. Wenn es sich dabei um Energie handelt, dann muß sie lediglich in andere Energie umgewandelt werden – denn die Prozesse im Gehirn sind fraglos durchgängig physikalischer Natur. Energie der Materie kann umgesetzt, reduziert, weiter verarbeitet, gespeichert, wieder hervorgeholt und genutzt werden, aber sie wird nie etwas anderes als Materie-Energie sein. Falls der Stimulus jedoch in einer Art primitiver *Wahrnehmung* besteht – wie Neisser an einer späteren Stelle vermuten läßt – „ein zweiter Stimulus hat eine Wirkung darauf, wie ein kurzer, erster Reiz wahrgenommen wird"[34] – dann müssen wir mehr darüber wissen, was diese neue Wahrnehmung ist. Die Philosophen haben es aufgegeben, an Sinnesdaten zu glauben, und wenn Neisser eine Vorstellung von einer primitiven Wahrnehmung hat, dann muß er dafür eine Fülle von Argumenten und Belegen beibringen. Phänomenologisch gesehen, nehmen wir unmittelbar physikalische Objekte wahr. Wir sind uns weder der Existenz von Sinnesdaten noch von Lichtstrahlen bewußt. Wenn Neisser jetzt aus einem physikalischen Input einen Input von Wahrnehmungsinhalten machen will, dann muß er auch erklären, an welche Art der Wahrnehmung er denkt und welche Belege er dafür hat, daß ein solcher Wahrnehmungskern, der weder ein Muster von Lichtstrahlen noch eine perspektivische Ansicht eines physikalischen Objekts ist, wirklich existiert.

Der Begriff, der uns aus dieser Verwirrung retten soll, ist „Information". Neisser sagt dazu: „Das, was transformiert wird, ist *Information*. Und das strukturierte Muster ihrer Transformation ist das, was wir verstehen wollen."[35] Doch solange der Begriff „Stimulus-Input" mehrdeutig ist, bleibt unklar, was Information ist und in welcher Beziehung sie zum „Stimulus-Input" steht – gleichgültig ob es sich hierbei um Energie oder direkte Wahrnehmung handelt.

In einem Paradebeispiel für eine Verwirrung der Begriffe werden die beiden ineinandergreifenden und mehrdeutigen Begriffe „Stimulus-Input" und „Information" schließlich in der „zentralen Annahme" des Buches miteinander verknüpft:

Die zentrale Annahme ist die, daß Sehen, Hören und Erinnern alles *konstruktive* Akte sind, die mehr oder weniger Gebrauch von bedingungsabhängiger Stimulus-Information machen. Von den konstruktiven Vorgängen wird angenommen, daß sie zwei Stufen haben, deren eine schnell, grob, ganzheitlich und parallel ist, während die andere bewußt, aufmerksam, detailliert und sequentiell ist.[36]

Die Mehrdeutigkeit von „Stimulus-Information" und die daraus folgende Inkohärenz des begrifflichen Rahmens, der diesem Ansatz und seinen Konsequenzen zugrundeliegt, kann am besten durch ein spezielles Beispiel verdeutlicht werden. Betrachten wir Neissers Analyse der Wahrnehmung einer Buchseite.

Wenn wir bewegte Objekte als einheitliche Dinge sehen, muß dies daher rühren, daß die Wahrnehmung aus einem integrativen Prozeß in der Zeit resultiert. Derselbe Prozeß ist sicher auch für die Konstruktion visueller Objekte aus den vom bewegten Auge aufgenommenen einander folgenden „Schnappschüssen" verantwortlich.[37]

Hier stellt sich die Frage: Was sind diese Momentaufnahmen? Sind sie „Energiemuster" oder sind sie Einzelbilder einer Seite? Wenn sie Energiemuster sind, kann von Wahrnehmung keine Rede sein; ihre Integration erfolgt nicht durch das Subjekt (den Wahrnehmenden), sondern durch das Gehirn als einem physikalischen Objekt. Auf der phänomenologischen Ebene dagegen brauchen wir überhaupt keine Einzelbilder der Seite zu integrieren. Die Seite wird ohne Unterbrechung betrachtet, und die Vorstellung, man sähe sie als eine Abfolge von „Momentaufnahmen" oder „Inputs" ist eine Abstraktion der kontinuierlich dargebotenen Seite. Die Wahrnehmung dieser Seite ist natürlich mit „Verarbeitung" verbunden, jedoch nicht mit der Verarbeitung elementarer Wahrnehmungsobjekte oder „Momentaufnahmen" – denn dies würde nur die Frage aufwerfen, wie diese elementaren Objekte ihrerseits „konstruiert" wurden –, sondern mit der Verarbeitung eines sich ständig verändernden Energiemusters, das ununterbrochen auf das Auge einwirkt.[38]

Diese begriffliche Verwirrung kommt in Fodors Schriften noch stärker zum Ausdruck, weil er noch mehr bemüht ist, gerade in diesen Punkten Klarheit zu schaffen. Im Zusammenhang mit der Wahrnehmung visueller und akustischer Muster bemerkt Fodor: „Der Begriff, den man von einem Gesicht, einer Melodie oder einer Gestalt hat ... umfaßt eine Darstellung der formalen Struktur jedes dieser Bereiche, und der Akt des Erkennens schließt die Anwendung solcher Informationen auf die Integration neuer sensorischer Inputs ein."[39]

Erneut fragt man sich, was „sensorischer Input" hier bedeutet. Falls dieser in einem Gesicht, einer Melodie oder einer Gestalt besteht, dann ist die Integration bereits erfolgt. Falls aber der „sensorische Input" die physikalische Energie ist, die auf das Sinnesorgan trifft, dann ist nicht zu verstehen, was Fodor mit der „Anwendung" eines Begriffs oder von „Informationen" auf die Integration solcher Inputs meint, denn eine Integration dieser physikalischen Energie würde sicher durch weitere Energieumwandlungen vorgehen.

Wenn wir natürlich die Sache von vornherein als erwiesen ansehen und annehmen, daß das Gehirn ein Digitalcomputer ist, dann kann die Aussage durchaus sinnvoll sein, ein Begriff sei eine formale Struktur zur Organisation von Daten. In diesem Falle wäre der sensorische Input weder eine Wahrnehmung noch ein Energiemuster, sondern eine Abfolge von Bits, und der Begriff bestünde aus einem Katalog von Instruktionen, wie diese Bits mit anderen bereits empfangenen Bits zu verknüpfen sind und wie das Ergebnis einzuordnen ist. Dies würde zu der Hypothese führen, daß menschliches Verhalten über das Modell eines Digitalcomputers verstanden werden kann. Dazu bräuchte man eine Theorie darüber, was diese Bits eigentlich sind, und müßte die Hypothese auf der Basis empirischer Belege beurteilen.

Doch für Fodor wie für Miller u. a. m. scheint die Vorstellung eines „sensorischen Inputs" und eines Konzepts als einer Regel zur Organisation dieses Inputs keiner Rechtfertigung zu bedürfen, weil sie anscheinend im Begriff einer psychologischen Erklärung bereits enthalten ist.

Soweit sie versucht, Verhalten zu erklären, läßt sich eine psychologische Theorie als eine Funktion vorstellen, die einer unendlichen Menge möglicher Inputs in einen Organismus eine unendliche Menge möglicher Outputs zuordnet.[40]

Als eine begriffliche Analyse der Beziehung zwischen Wahrnehmung und Verhalten, die unabhängig von empirischen Annahmen über das Gehirn akzeptiert werden soll, ist eine solche Darstellung unverständlich.

Genau wie bei Neisser läßt sich diese Inkohärenz am besten an einem speziellen Fall zeigen. Fodor greift das Problem auf, wie „wir gelernt haben, etwas als ähnlich zu hören" – z. B. eine Melodie –, „was physikalisch völlig unterschiedliche Abfolgen von Tönen sein können."[41] Hier steht außer Zweifel, daß Fodor das eigentliche Problem umgeht: Sind diese Tonsequenzen rein physikalisch zu verstehen oder als sinnlich wahrnehmbare Phänomene? Sind sie Muster von Schallwellen oder Wahrnehmungen? Da von ihren physikalischen Unterschieden die Rede ist, trifft wahrscheinlich das erstere zu. Und physikalisch gesehen ist es zweifellos richtig, daß Energieinputs mit unterschiedlichen Frequenzen dennoch die gleiche Wahrnehmungserfahrung hervorrufen können. Die dabei auftretenden Energieumwandlungen werden wahrscheinlich eines Tages von Neurophysiologen entdeckt werden. Aber solche *physikalischen* Tonsequenzen sind nicht *hörbar* – wir hören keine Frequenzen, sondern Klänge –, und so können diese Frequenzen erst recht nicht „als ähnlich gehört werden". Wenn wir hingegen den Input als Abfolgen von *sinnlich wahrnehmbaren* Tönen verstehen, die wir durchaus „als ähnlich hören" können, dann befinden wir uns auf der Ebene der Wahrnehmung, und Fodors Problem, wieso wir diese Tonsequenzen als ähnlich empfinden, löst sich in Luft auf. Denn in dem Moment, in dem wir das Problem aufgeworfen haben, sind wir bereits davon ausgegangen, daß die wahrnehmbaren Tonsequenzen als ähnlich gehört werden. Auf der Ebene der phänomenologischen Wahrnehmung empfinden wir sie als ähnlich, weil sie ähnlich klingen.

Desgleichen spricht Fodor davon, „welche Note im besonderen (d. h., welche absoluten Werte der Tonart, der Dauer, Intensität, Betonung, Tonhöhe, Lautstärke usw.) wir erwarten, wenn wir die ersten Töne von „Lilliburlero" hören..."⁴² Aber wir „erwarten" überhaupt keine „absoluten Werte". Wir erwarten Noten *einer Melodie*. Die absoluten Werte sind Sache des Neurophysiologen mit seinem Oszilloskop oder irgendeines anderen, der die Noten isoliert hört, aber nicht des Hörers.

Erst wenn wir diese „absoluten Werte" tatsächlich wahrnähmen und erwarteten, bräuchten wir den von Fodor vorgeschlagenen „hochentwickelten Konzeptualismus", um in verschiedenen Tonfolgen dieselbe Melodie zu erkennen:

Wie läßt sich die Fähigkeit erklären, trotz grober Unterschiede zwischen einzelnen Exemplaren identische Typen zu erkennen? Dies ist nur möglich, wenn man annimmt, daß die bei der Erkennung verwendeten Begriffe extrem abstrakt sind. Aber dann ist unklar, wie die *Anwendung* solcher Begriffe ... erklärt werden kann – es sei denn, man geht von psychologischen Mechanismen aus, deren Operationen äußerst kompliziert sein müssen."⁴³

Hier entsteht die Verwirrung durch den Gebrauch der Begriffe „Exemplar" und „Typ". Welcher Art sind diese Exemplare? Die sinnlich wahrgenommene Klangfolge (die Melodie) kann keine Abstraktion (ein Typ) sein, deren Konkretisierungen (Exemplare) aus physikalischen Energieinputs bestehen. Die Wahrnehmung und die physikalische Energie sind gleichermaßen konkret und dennoch völlig verschiedenartige Phänomene. Keine noch so komplizierten Operationen können die Kluft zwischen veränderlichen Energieinputs und der Wahrnehmung eines andauernden Klanges überbrücken. Das eine ist keine Konkretisierung des anderen. Doch ebensowenig kann mit den Exemplaren die sinnlich wahrnehmbare Folge isolierter, absoluter Töne gemeint sein (wie ein Vertreter der Sinnesdaten-Theorie es sehen würde). Beim Hören einer Melodie werden keine absoluten Töne wahrgenommen – und so würde es bei dieser Interpretation überhaupt keine Exemplare geben.

Selbst wenn man annimmt, daß Fodor an das physikalische Modell denkt, das als Computer dargestellt werden könnte, wäre diese Art der Mustererkennung – wenn überhaupt – nur mit einem neuralen Netz oder einem analogen Mechanismus möglich. Es gibt keinen Grund für die Annahme, daß ein heuristisches Programm (eine Menge abstrakter Begriffe) hierzu in der Lage sei, geschweige denn, daß ein derartiges Programm zwingend notwendig sei.

Trotzdem zieht Fodor an keiner Stelle die Annahme in Zweifel, daß es eine Ebene der Informationsverarbeitung gibt, auf der Energieumwandlungen als eine Abfolge spezifischer Operationen betrachtet werden können. Er stellt sich lediglich die Frage: Woher wissen wir, daß wir dasselbe Programm wie die Maschine haben, d. h., daß wir dieselben Operationen ausführen? So antwortet Fodor z. B. auf die Frage, wie man feststellen kann, was zu einer erfolgreichen Computersimulation gehört: „Wir brauchen uns nur darauf zu einigen, daß wir Verhaltensformen dadurch unterscheiden, daß wir uns nicht nur auf den beobachtbaren gestischen Output eines Organismus beziehen, sondern auch auf *die Abfolge mentaler Operationen, die diesen Gesten zugrundeliegen.*"[44]

Oder noch unverblümter:

Eine weitgehende Äquivalenz erfordert, daß die Operationen, die der Erzeugung eines maschinellen Verhaltens zugrundeliegen, von derselben Art sind wie die, die der Erzeugung eines organischen Verhaltens zugrundeliegen.[45]

Es dürfte mittlerweile klar geworden sein, daß Fodors Argumentation auf zweierlei Annahmen beruht: Zunächst führt er, wie Miller und Neisser, den mehrdeutigen Begriff des „Inputs" ein. Hiermit will er eine Ebene der Beschreibung schaffen, auf der es sinnvoll sein soll, Wahrnehmung so zu analysieren, als sei der Mensch ein Computer, der eine gewisse Art von Daten, genannt „Stimulus-Informationen", empfängt. Dies führt zu der Annahme, daß neben Energieverarbeitung auch „Datenverarbeitung zur Wahrnehmung gehört".[46]

Fodor macht außerdem zwei Annahmen anderer Art, deren er sich offenbar nicht bewußt ist: 1. daß diese Datenverarbeitung wie bei einem Digitalcomputer erfolgt, also aus diskreten Operationen besteht, und 2. daß dieser Digitalcomputer nach einer Art heuristischem Programm schrittweise vorgeht, so daß man von einer Abfolge solcher Operationen sprechen kann. Fodors Verteidigung seines „hochentwickelten

Konzeptualismus" und seiner Vorstellung, daß Wahrnehmung komplizierte mentale Operationen erfordert, nimmt eine neue Wendung. Jetzt führt er die Informationsverarbeitung auf dogmatische Weise ein und übersieht dabei einfach alle unterschiedlichen Typen von Computern und sogar verschiedene Formen der digitalen Datenverarbeitung. Diese Blindheit gegenüber Alternativen zeigt sich, wenn Fodor die Diskussion solcher Phänomene wie das Erkennen von Melodien abschließt:

Solche Phänomene haben typischerweise mit „Konstanz" zu tun, d. h. mit Fällen, in denen die normale Wahrnehmung eine radikale und einheitliche Abweichung vom Informationsgehalt des physikalischen Inputs bedeutet. Seit Helmholtz weiß man, daß solche Fälle das beste Argument für *unbewußte mentale Operationen* liefern. *Denn wir haben keine andere Möglichkeit, als solche Operationen zu unterstellen, wenn wir die Diskrepanz zwischen Input und Wahrnehmung erklären wollen.*[47]

Fodors gesamte Erörterung der Logik von Computersimulation wird hinfällig, weil er sich unkritisch auf diese fragwürdigen Annahmen verläßt. Die Leichtigkeit, mit der seine Scheinargumente als eine begriffliche Analyse anerkannt werden, verrät den starken Einfluß der platonischen Tradition und das Bedürfnis, an eine Ebene der Informationsverarbeitung zu glauben, weil sonst die Psychologie keine Wissenschaft ist.

Natürlich ist es legitim, den Computer als Modell des menschlichen Gehirns zu behandeln, solange dies eine Hypothese bleibt. Doch in den Schriften von Miller u. a. m., Neisser und Fodor wird diese Hypothese, wie wir gesehen haben, zur *apriorischen* Wahrheit, als sei sie bereits das Ergebnis einer begrifflichen Analyse des Verhaltens.

Gelegentlich schimmert eine empirische Grundlage für diese Annahme durch: Fodors Argument für die Berechtigung eines Computerprogramms als eine psychologische Theorie stützt sich letztlich auf die hypothetische Voraussetzung, „daß wir eine Maschine haben, die in allen denkbaren Experimenten beweist, daß Übereinstimmungen zwischen ihrem Verhaltensrepertoire und dem eines Organismus bestehen."[48] Jedoch wird dieser erst auf den zweiten Blick erkennbare empirische Charakter der Argumentation implizit wieder aufgehoben, da die gesamte Diskussion von „Abfolgen mentaler Operationen" ausgeht, als sei bereits gesichert, daß eine derartige Maschine möglich ist.

Nur wenn es solch eine Maschine gäbe und sie wirklich in Abfolgen von Schritten arbeitete, wären wir berechtigt, bei der Planung und Interpretation psychologischer Experimente die Begriffe zu benutzen, die mit heuristisch programmierten Digitalcomputern verknüpft sind. Aber zu entscheiden, ob es diese Maschine geben kann und ob daher solch ein begrifflicher Rahmen gerechtfertigt ist, muß man zuerst versuchen, sie zu programmieren oder die bereits erprobten Programme zu beurteilen. Es kann jedoch nur zu Verwirrungen führen, wenn man eine Computersprache als *selbstverständliche* und *unstrittige* Möglichkeit zur Erstellung jenes begrifflichen Rahmens ansieht, innerhalb dessen Experimente durchgeführt und interpretiert werden, ohne daß stichhaltige apriorische Argumente oder ein empirischer Existenzbeweis für die Möglichkeit einer solchen Maschine vorliegen.

Zusammenfassung

So befinden wir uns erneut in einem Teufelskreis. Am Ende vom ersten Abschnitt dieses Kapitels haben wir gesehen, daß die empirischen Ergebnisse, voll unerklärter Ausnahmen und unfähig, Prozesse höherer Ordnung wie das Einkreisen von Problemen und die Unterscheidung von wesentlichen und unwesentlichen Aspekten zu simulieren, nur dann aussichtsreich erscheinen, wenn man a priori annimmt, daß das Gehirn wie ein heuristisch programmierter Digitalcomputer arbeitet. Aber dann hat sich gezeigt, daß das einzige berechtigte Argument für diese Annahme von der tatsächlichen oder möglichen Existenz solch einer intelligenten Maschine abhängt.

Die Antwort auf die Frage, ob der Mensch eine solche Maschine bauen kann, muß sich auf die bereits vorliegenden Befunde stützen. Und im Hinblick auf tatsächliche Erfolge und die derzeitige Stagnation scheint die plausibelste Antwort „Nein" zu sein. Es ist unmöglich, einen neutralen „Input" zu bearbeiten, ohne zwischen relevanten und irrelevanten, wichtigen und unwichtigen Daten zu unterscheiden. Wir haben gesehen, daß Newell, Shaw und Simon dieses Problem nur durch eine Vorsortierung der Daten umgehen konnten, und daß Miller u. a. m. es nur deshalb vermieden haben, weil sie fälschlicherweise annahmen, daß Newell, Shaw und Simon ein Programm zur Durchführung dieser Vorsortierung entwickelt hätten. Aber wenn es keine erfolgversprechenden empirischen Belege gibt, stürzt das ganze sich selbst stützende Argument wie ein Kartenhaus in sich zusammen.

Die einzig mögliche Alternative zur Lösung des Problems, die Daten einer Vorauswahl zu unterziehen, läge in einer analogen Verarbeitung, entsprechend der Selektivität unserer Sinnesorgane. Aber dann wäre die ganze Verarbeitung nicht mehr digital, und man müßte sich mit Recht fragen, ob diese analoge Verarbeitung vielleicht nur von untergeordneter Bedeutung ist. Dies alles würde die „Abfolge von Operationen" in

Zweifel ziehen und die gesamte Diskussion wieder aufleben lassen. Obwohl der Mensch zweifellos ein physikalisches Objekt ist, das physikalische Inputs nach den Gesetzen der Physik und Chemie verarbeitet, lassen die genannten Schwierigkeiten vermuten, daß menschliches Verhalten nicht im Rahmen eines informationsverarbeitenden Mechanismus erklärt werden kann, der Inputs verarbeitet, die Merkmale der Welt darstellen. Nichts aus der Physik oder aus unserer Erfahrung deutet darauf hin, daß menschliches Handeln sich so erklären ließe, denn auf der physikalischen Ebene sehen wir uns ständig wechselnden Energiemustern gegenüber und auf der phänomenologischen Ebene Objekten in einem bereits geordneten Erfahrungsfeld.

Eine Analyse dieses Erfahrungsfeldes würde der Psychologie ein neues Forschungsgebiet erschließen. Doch bevor wir uns in Teil III dieser Alternative zuwenden, müssen wir zwei weitere Annahmen überprüfen, die – auch wenn die Arbeit in der KS nicht gerechtfertigt werden kann – immer noch den Ergebnissen der KI-Forschung Plausibilität verleihen.

DRITTES KAPITEL

Die erkenntnistheoretische Annahme

Es müßte inzwischen deutlich geworden sein, daß es extrem schwierig ist, die mentale Funktion zu definieren und daß noch längst nicht feststeht, daß das Gehirn oder der Geist – was immer er sonst sein mag – wie ein Digitalcomputer funktioniert. Damit werden die Behauptungen der KS-Forscher, daß das Gehirn Informationen nach heuristischen Regeln verarbeitet, praktisch unplausibel. Es hat sich erwiesen, daß das Computermodell nicht erklären kann, was Menschen eigentlich tun, wenn sie denken und wahrnehmen. Umgekehrt ist die Tatsache, daß Menschen denken und wahrnehmen, kein Grund zum Optimismus, daß sich eines Tages das intelligente Verhalten des Menschen mit Computern imitieren läßt.

Dennoch gibt es einen Grund zur Zuversicht: Obwohl man menschliches Verhalten nicht mit der Annahme *erklären* kann, daß Menschen tatsächlich in einer Abfolge unbewußter Operationen nach heuristischen Regeln vorgehen, ist es immer noch möglich, intelligentes Verhalten anhand solcher Regeln zu *formalisieren* und es damit auf einer Maschine zu reproduzieren.[1] Das ist die erkenntnistheoretische Annahme.

Betrachten wir die Planeten. Sie lösen keine Differentialgleichungen, während sie die Sonne umkreisen. Sie *folgen* keinerlei Regeln; trotzdem ist ihr Verhalten gesetzmäßig, und um dieses Verhalten zu verstehen, suchen wir nach einem Formalismus – in diesem Falle Differentialgleichungen –, der ihr Verhalten als eine Bewegung *gemäß* einer Regel beschreibt. Oder nehmen wir ein anderes Beispiel: Ein Mann auf einem Fahrrad kann das Gleichgewicht halten, indem er sein Gewicht entsprechend verlagert. Das für uns Einsichtige seines Verhaltens läßt sich ebensogut als Befolgung der Regel ausdrücken: Fahre eine Reihe kleiner Kurven, deren Krümmung im umgekehrten Verhältnis zum Quadrat der Geschwindigkeit steht.[2] Der Radfahrer befolgt diese Regel sicher nicht bewußt, und es gibt keinen Grund anzunehmen, daß er sie unbewußt befolgt. Doch diese Formalisierung ermöglicht uns, seine *Kompetenz*, d. h. das, was er leisten kann, zu beschreiben oder zu verstehen. Sie ist jedoch keineswegs eine *Erklärung* seiner *Leistung*. Sie sagt uns, was es *bedeutet*, richtig Fahrrad zu fahren, aber nicht, was in ihm vorgeht, wenn er dies tut.

So gibt es einen kleinen, aber wichtigen Unterschied zwischen der psychologischen und der erkenntnistheoretischen Annahme. Beide übernehmen die platonische Vorstellung, daß dem Verstehen eine Formalisierung vorausgeht. Doch die Vertreter der psychologischen Annahme (die KS-Forscher) gehen davon aus, daß die zur Formalisierung des Verhaltens verwendeten Regeln *genau die Regeln* sind, die das Verhalten erzeugen. Die Verfechter der erkenntnistheoretischen Annahme (die KI-Forscher) behaupten lediglich, daß sich jedes nicht willkürliche Verhalten anhand bestimmter Regeln formalisieren läßt und daß diese Regeln – welcher Art auch immer – von einem Computer verwendet werden können, um das Verhalten zu reproduzieren.

Die erkenntnistheoretische Annahme ist schwächer und somit weniger anfechtbar als die psychologische. Aber anfechtbar ist sie trotzdem. Jene, die auf die erkenntnistheoretische Annahme zurückgreifen, haben erkannt, daß ihr Formalismus, als eine Theorie der Kompetenz, keine Theorie *menschlicher* Leistung sein muß, aber sie haben sich nicht genügend von Platons Ideen freigemacht, um zu erkennen, daß eine Theorie der Kompetenz auch keine adäquate Theorie *maschineller* Leistung zu sein braucht. So umfaßt die erkenntnistheoretische Annahme zwei Behauptungen: a) Jedes nicht willkürliche Verhalten ist formalisierbar, und b) Mit dem Formalismus kann das betreffende Verhalten reproduziert werden. In diesem Kapitel kritisieren wir Behauptung a), indem wir darstellen, daß sie eine unzulässige Generalisierung aus der Naturwissenschaft darstellt, und Behauptung b), indem wir zu zeigen versuchen, daß eine Theorie der Kompetenz keine Theorie der Leistung sein kann, daß im Unterschied zur technischen Anwendung der physikalischen Gesetze zur Erzeugung physikalischer Phänomene eine zeitunabhängige, kontextfreie Theorie der Kompetenz *untauglich* ist, jenes zeit- und situationsgebundene Verhalten zu reproduzieren, das zur menschlichen Leistung gehört, kurz, daß es eine *Theorie* der menschlichen Leistung einfach nicht geben kann. Ist dieses Argument stichhaltig, dann läßt sich auch die erkenntnistheoretische Annahme nicht länger halten; richtig verstanden, spricht sie eher gegen die Möglichkeit einer Künstlichen Intelligenz als dafür.

Die Behauptung a), daß jedes nicht willkürliche Verhalten sich formalisieren läßt, ist kein Axiom. Vielmehr verrät sie eine bestimmte Auffassung von Verstehen, die zwar tief in unserer Kultur verwurzelt ist, sich aber trotzdem als irrig erweisen kann. Wir müssen uns nun den empirischen Argumenten zuwenden, die für diese Hypothese sprechen. Es sollte inzwischen auch klar sein, daß aus den Erfolgen der KI-Forschung keine empirischen Argumente abzuleiten sind, denn genau die

Beurteilung der Erfolge und vor allem die Möglichkeit, aus so mageren Ergebnissen wie denen von Bobrow nennenswert zu extrapolieren, stehen zur Debatte.

Da zwei Gebiete, in denen eine Formalisierung erfolgreich betrieben wird – die Physik und die Linguistik –, die erkenntnistheoretische Annahme zu stützen scheinen, müssen wir beide Gebiete untersuchen. In der Physik gibt es tatsächlich Formalismen zur Beschreibung von Verhalten (z. B. das der Planeten, die die Sonne umkreisen), aber wir werden sehen, daß Formalismen dieser Art den KI-Forschern nicht von Nutzen sein können. In der Linguistik finden wir dagegen einen Formalismus, der für die KI-Forschung wichtig ist und dafür spricht, daß jedes nicht willkürliche Verhalten formalisierbar ist; es wird sich jedoch zeigen, daß dieser Formalismus, der die *Sprachkompetenz* des Sprechers beschreibt – d. h. die ihm möglichen Leistungen –, uns keine Möglichkeit bietet, mit einem Computer seine *Sprachverwendung* – d. h. seine erbrachten Leistungen – zu reproduzieren.

1. Ein aus dem Erfolg der Physik irrtümlich abgeleitetes Argument

Minsky vertritt die optimistische Meinung, daß jedes nicht willkürliche Verhalten formalisierbar ist und daß dieser Formalismus von einem Digitalcomputer zur Reproduktion dieses Verhaltens genutzt wird. Das ist die reine erkenntnistheoretische Annahme. Diese Überzeugung äußert sich auch in seiner Behauptung, „alles weist darauf hin, daß es für Maschinen keine Beschränkungen gibt, denen nicht auch der Mensch unterworfen ist."[3] Wir werden die Argumente für diese Behauptung genau untersuchen, doch zuvor müssen wir klären, was ein Formalist unter einer Maschine versteht.

Ein Digitalcomputer ist eine Maschine, die nach jenen Kriterien funktioniert, von denen Platon einst annahm, daß sie zum Verstehen eines jeden regelhaften Verhaltens verwendbar seien. Nach Minsky, der sich Turings Definition anschließt, ist diese Maschine ein „Mechanismus, der Regeln gehorcht". Bei Turing heißt es: „Der Computer soll festen Regeln folgen ... Es ist die Aufgabe der Steuerung, zu gewährleisten, daß diese Befehle korrekt und in der richtigen Reihenfolge befolgt werden. Die Steuerung ist so beschaffen, daß dies zwangsläufig geschieht."[4] Damit ist diese Maschine ein zwar beschränkter, aber äußerst grundlegender Mechanismus. Sie verarbeitet bestimmte, unzweideutige Datenelemente nach strikten Regeln, die in einem eindeutigen Bezug zu den Daten stehen. Von einer Maschine dieser Art, der Turing-Maschine, die alle wesentlichen Eigenschaften eines Digitalcomputers aufweist, wird nun behauptet, sie könne im Prinzip alles, was auch Menschen tun können. Mit anderen Worten, ihr sind im Prinzip einzig jene Grenzen gesetzt, denen auch der Mensch unterliegt.

Minsky erörtert den Einwand der Formalisierungsgegner, daß „es vielleicht Prozesse gibt ... die sich in einer formalen Sprache einfach *nicht* beschreiben lassen und trotzdem, z. B. vom menschlichen Geist, ausgeführt werden können."[5] Statt diesem Einwand direkt zu begegnen, verweist Minsky auf Turings „brillanten" Artikel, der – wie er versichert – Argumente enthält, die „viele dieser Einwände zufriedenstellend widerlegen".[6] Tatsächlich geht Turing auf einen Einwand dieser Art ein. Er formuliert ihn folgendermaßen: „Es ist nicht möglich, eine Menge von Regeln zu erzeugen, die beschreiben, was ein Mensch in jeder denkbaren Lage tun sollte."[7] Das ist vermutlich Turings Verallgemeinerung von Wittgensteins Argument, daß es unmöglich ist, normative Regeln anzugeben, die im voraus die korrekte Anwendung eines Wortes in sämtlichen Situationen vorschreiben. Turings „Widerlegung" besteht darin, eine Unterscheidung zwischen „Regeln des Benehmens" und „Gesetzen des Verhaltens" einzuführen und dann zu erklären: „Wir können uns eher vom Fehlen umfassender Gesetze des Verhaltens überzeugen als vom Fehlen umfassender Regeln des Benehmens."[8]

Dies ist eine gute Antwort auf Wittgensteins Argument. Was Turing meint ist dies: Wenn wir auch die normativen Regeln zur korrekten Anwendung eines bestimmten Prädikats nicht angeben können, so sind wir möglicherweise dennoch in der Lage, die Regeln zu formulieren nach denen ein bestimmtes Individuum ein derartiges Prädikat *praktisch* anwendet. Mit anderen Worten: Turing ist zwar bereit zuzugestehen, daß es prinzipiell unmöglich sein mag, eine Menge von Regeln dafür anzugeben, was ein Mensch in allen möglichen Fällen tun *sollte*. Er hält jedoch daran fest, daß es prinzipiell möglich sein muß, eine Menge von Regeln zu finden, die beschreiben, was ein Mensch *tun würde*. Aber was macht diese Annahme so selbstverständlich, daß die Beweislast bei denen liegt, die sie in Frage stellen? Warum sollen wir uns eher „vom *Fehlen* umfassender Gesetze des Verhaltens überzeugen" lassen, anstatt von ihrer Existenz? Hier sehen wir uns wieder der erkenntnistheoretischen Annahme gegenüber. Wir müssen ausfindig machen, was dieser Annahme ihre *apriorische* Plausibilität verleiht.

Zunächst einmal ist der Begriff „Gesetze des Verhaltens" mehrdeutig. In einem gewissen Sinn ist menschliches Verhalten sicher gesetzmäßig, falls wir darunter einfach „geordnet" verstehen. Aber die Annahme, daß die betreffenden Gesetze von einem Computerprogramm oder einem entsprechenden Formalismus verkörpert werden können, ist eine andere und viel anspruchsvollere Behauptung, die näher begründet werden muß.

Die Vorstellung, jede Verhaltensbeschreibung sei so formalisierbar, daß sie zur Programmierung von Computern verwendet werden kann, führt dazu, daß KI-Forscher diese Frage übersehen. Sie nehmen an, menschliches Verhalten lasse sich zumindest im Prinzip durch eine Menge voneinander unabhängiger Aussagen darstellen, die Inputs des Organismus beschreiben, die mit einer Menge von Aussagen korreliert wird, die seine Outputs beschreiben. Die klarste Formulierung dieser Annahme stammt von James Culbertson, der zunächst erklärt, man könne einen Roboter konstruieren, indem man nur Kippschalter verwendet, und dann behauptet, der Roboter könne daher zumindest theoretisch jedes menschliche Verhalten reproduzieren.

Unter Verwendung von geeigneten Rezeptoren und Effektoren können wir sie über zentrale Zellen miteinander verbinden. *Hätten wir genügend viele zentrale Zellen und wären sie klein genug, und hätte jede Zelle eine ausreichende Zahl von Endröhren und könnten wir genügend viele Endröhren an jede Synapse anschließen, und hätten wir genügend Zeit, alles zusammenzumontieren,* dann könnten wir Roboter bauen, die *jeder* gegebenen Input-Output-Spezifikation genügen; d. h. wir könnten Roboter bauen, die unter beliebigen äußeren Bedingungen jedes gewünschte Verhalten zeigen würden ... Wir könnten mühelos einen Roboter mit den Verhaltenseigenschaften von John Jones oder Henry Smith konstruieren und jeden Verhaltensaspekt nach Belieben variieren.[9]

Oder noch unverblümter:

Da [diese vollständigen Roboter] im Prinzip allen gegebenen Input-Output-Spezifikationen genügen können, sind sie in der Lage, unter beliebig gewählten äußeren Bedingungen sämtliche denkbaren Instruktionen auszuführen – Probleme erfinderisch zu lösen, Symphonien zu komponieren, Werke der Kunst, Literatur und Technik zu schaffen und jedes beliebige Ziel zu verfolgen.[10]

Doch wie wir in Teil II, Kapitel 2, gesehen haben, ist nicht klar, welcher Art diese Inputs und Outputs beim Menschen sein sollen.[11] Culbertsons Vermutung, das Gehirn verknüpfe isolierte Datenelemente miteinander, beruht auf der Annahme, daß sich die Neuronen wie Kippschalter verhalten. Da das, wie aus Teil II, Kapitel 1, hervorgeht, vermutlich nicht der Fall ist, gibt es keinen Grund anzunehmen, daß Inputs und Outputs beim Menschen isoliert und ihre Wechselbeziehungen formalisiert werden könnten. Culbertsons Vermutung ist und bleibt eine Vermutung und rechtfertigt seine Schlußfolgerungen daher in keiner Weise.

Der eingefleischte Formalist kann jedoch noch einen Schritt weitergehen. Er kann die Mehrdeutigkeit des Begriffs „Gesetze des Verhaltens" für seine Zwecke nutzen und Verhalten nicht als sinnvolle menschliche Handlungen auffassen, sondern einfach als die physikalischen Bewegungen des menschlichen Organismus. Wie wir gesehen haben, sind menschliche Körper Teile der physikalischen Welt, und Objekte der physikalischen Welt folgen Gesetzmäßigkeiten, die so formalisierbar sind, daß sie in einem Digitalcomputer bearbeitet werden können; daher kann der Formalist immer noch behaupten, es müsse Gesetze menschlichen Verhaltens geben, wie sie von seinem Formalismus gefordert werden. Genauer gesagt: Wenn das Nervensystem offensichtlich den physikalischen und chemischen Gesetzen folgt, dann müßten wir noch immer das Verhalten des Nervensystems mit einem physikalischen Apparat reproduzieren können – auch wenn das Nervensystem kein Digitalcomputer ist und auch wenn es keine Input-Output-Funktion gibt, die das Verhalten des Menschen direkt beschreiben würde. Ein derartiger physikalischer Apparat könnte z. B. ein neuartiger „Analogcomputer" sein, der Ionenlösungen benutzt, deren elektrische Eigenschaften mit unterschiedlichen lokalen Sättigungsgraden variieren. Da wir die Zusammensetzung der Lösungen in diesem Apparat kennen würden, könnten wir dann – wie in Teil II, Kapitel 2 erwähnt – zumindest im Prinzip die physikalisch-chemischen Gleichungen formulieren, die diese nassen Komponenten beschreiben und diese Gleichungen dann von einem trockenen Digitalcomputer lösen lassen. Mit einem ausreichend großen Speicher und genügend Zeit könnte auf diese Weise jeder Computer – selbst ein so spezieller Analogcomputer – auf einer digitalen Maschine simuliert werden. Wenn man die grundlegenden Annahmen akzeptiert, daß das Nervensystem ein Teil der physikalischen Welt ist und daß sich alle physikalischen Prozesse in einem mathematischen Formalismus beschreiben lassen, der seinerseits von einem Digitalcomputer bearbeitet werden kann, dann gelangt man zu der anspruchsvollen Behauptung, daß das Verhalten, das aus der menschlichen „Informationsverarbeitung" resultiert, in jedem Fall mittelbar von einer digitalen Maschine reproduziert werden kann – gleichgültig, ob es formalisierbar ist oder nicht.

Diese Behauptung mag dem Formalisten sehr wohl Grund zur Selbstzufriedenheit geben, aber was läßt sich eigentlich aus der fundamentalen Wahrheit ableiten, daß jede Form der „Informationsverarbeitung" (selbst die, die *in der Praxis* nur von einem „Analogcomputer" ausgeführt werden kann) *prinzipiell* auf einem Digitalcomputer simuliert werden kann? Wie wir gesehen haben, ist sie kein Beweis für die mentalistische Behauptung, daß ein Mensch bei der Verarbeitung von Informationen unbewußt eine Reihe von Instruktionen befolgt, selbst wenn er sich der Ausführung von diskreten Operationen nicht bewußt ist. Begründet diese Wahrheit die erkenntnistheoretische Annahme, daß jedes nicht willkürliche Verhalten formalisierbar ist?

Wir müssen definieren, was in einem Computer als Informationsverarbeitung zählen kann. Ein Digitalcomputer, der die Gleichungen löst, die einen Apparat zur analogen Informationsverarbeitung beschreiben, und so dessen *Funktion* simuliert, simuliert damit nicht auch dessen „Informationsverarbeitung". Die Informationen, die er verarbeitet, sind *völlig andersgeartete Informationen*, die die physikalischen oder chemischen Eigenschaften des analogen Apparats betreffen. So ist die anspruchsvolle Behauptung, ein Digitalcomputer könne *Informationen in jeder Form* verarbeiten, irreführend. Man kann nur nachweisen, daß ein Digitalcomputer im Prinzip für jeden gegebenen Informationstyp darauf programmiert werden kann, einen Mechanismus zu simulieren, der seinerseits in der Lage ist, die betreffende Information zu verarbeiten.

Demnach ist menschliches Verhalten, als Bewegung verstanden (als Input und Output physikalischer Signale), vermutlich völlig gesetzmäßig in dem von den Formalisten geforderten Sinn. Doch dies stützt in keiner Weise die formalistische Annahme, wie sie bei Minsky und Turing erscheint. Denn wenn Minsky und Turing behaupten, der Mensch sei eine Turingmaschine, dann können sie damit nicht meinen, ein Mensch sei ein physikalisches System, weil sie sonst behaupten müßten, daß Flugzeuge oder Schiffe ebenfalls Turingmaschinen sind. Auch deren Verhalten läßt sich mit mathematisch formulierbaren Gesetzen beschreiben – die eine Beziehung zwischen ihrem Energieinput und -output herstellen – und damit zumindest im Prinzip in jedem gewünschten Genauigkeitsgrad auf einem Digitalcomputer reproduzieren. Wenn nun Minsky und Turing behaupten, daß man den Menschen als eine Turingmaschine betrachten kann, dann können sie damit nur meinen, daß ein Digitalcomputer menschliches Verhalten zu reproduzieren vermag – jedoch nicht durch das Lösen physikalischer Gleichungen, sondern durch *das Verarbeiten von Daten, die Tatsachen über die Welt darstellen*, und zwar mittels *logischer Operationen*, die sich auf Vergleichen, Klassifizieren und Anwenden Boolescher Operationen reduzieren lassen. So sagt Minsky:

Mentale Prozesse ähneln ... den Prozessen, die man in Computerprogrammen findet: willkürliche Symbolverknüpfungen, hierarchische Speichersysteme, konditionale Transfers und dergleichen.[12]

KI-Forscher behaupten, daß es eine derartige *mentale Ebene* symbolischer Beschreibungen gibt, die in einem digitalen Formalismus ausgedrückt werden kann. In der KI-Forschung geht es allein darum, mit Hilfe logischer Operationen Daten zu verarbeiten, die *die Welt darstellen*, und nicht um die Lösung physikalischer Gleichungen, die physikalische Objekte beschreiben. Überlegungen aus der Physik zeigen lediglich, daß Energieinputs und die Nervenaktivität zu deren Umwandlung prinzipiell in digitaler Form beschrieben und verarbeitet werden können.

Jeder Versuch, zur genauen Berechnung der Bewegungen menschlicher Körper die physikalischen Gesetze heranzuziehen, wäre von vornherein zum Scheitern verurteilt. Dies mag in der Tat an physikalische Grenzen stoßen, die H. J. Bremermann deutlich gemacht hat:

Kein künstliches oder organisches Datenverarbeitungssystem kann mehr als (2×10^{47}) Bits pro Sekunde und Gramm seiner Masse verarbeiten.[13]

Daraus zieht Bremermann die folgenden Schlüsse:

Ein Jahr hat $\pi \times 10^7$ Sekunden. Die Erde ist ca. 10^9 Jahre alt, und ihre Masse beträgt weniger als 6×10^{27} Gramm. Von daher könnte selbst ein Computer von der Größe der Erde in einer Zeit, die dem Erdalter entspricht, nicht mehr als 10^{93} Bits verarbeiten. [Ganz zu schweigen davon, daß mit zunehmender Größe des Computers die Lichtgeschwindigkeit ein immer stärkerer Faktor wird, der seine Prozeßzeit verlängert.] ... Beim Theorembeweisen und Problemlösen ... wächst die Zahl der verschiedenen Lösungsmöglichkeiten in kürzester Zeit ins Astronomische. Wenn unsere Vermutung zutrifft, dann können die gegenwärtigen Schwierigkeiten im Bereich der Mustererkennung und des Theorembeweisens wahrscheinlich nicht allein durch eine enorm beschleunigte Datenverarbeitung von Supercomputern der Zukunft gelöst werden.[14]

Falls diese Zahlen stimmen, muß jeder Versuch, das Gehirn als physikalisches System zu simulieren, aus einem speziellen Grund scheitern. *Der dafür erforderliche ungeheure Rechenaufwand wird wahrscheinlich durch genau die Gesetze der Physik und Informationstheorie von vornherein unmöglich gemacht, die solchen Berechnungen zugrundeliegen.*

Trotzdem suchen KI-Forscher von Turing bis Minsky ihr Heil offenbar in der Verwechslung von physikalischen Gesetzen mit Regeln der

Informationsverarbeitung, um sich selbst einzureden, die Annahme einer Formalisierbarkeit des menschlichen Verhaltens sei wohlbegründet, und die Beweislast liege bei denen, die behaupten, daß es „Prozesse gibt, ... die sich in einer formalen Sprache einfach *nicht* beschreiben lassen und trotzdem, z. B. vom menschlichen Geist, ausgeführt werden können".[15] Wenn wir erst einmal mit der Verwechslung von physikalischen Gesetzen und Regeln der Informationsverarbeitung aufgeräumt haben, was spricht dann noch dafür, daß menschliches Verhalten – auf der „Ebene der Informationsverarbeitung", wie KI-Forscher sagen – in Form von strikten Regeln beschrieben werden kann?

2. Ein aus dem Erfolg der modernen Linguistik irrtümlich abgeleitetes Argument

Wenn sich aus der Physik kein Argument für den Erfolg der KI-Forschung gewinnen läßt, weil diese sich mit der Formalisierung des menschlichen Verhaltens und nicht mit der physikalischen Bewegung befaßt, liegt die einzige Hoffnung darin, sich unmittelbar den Verhaltenswissenschaften zuzuwenden. Galileo Galilei begründete die moderne Physik, indem er viele Eigenschaften und Relationen der aristotelischen Physik abstrahierte und herausfand, daß die verbleibenden mathematischen Relationen für eine Beschreibung der Bewegung der Objekte ausreichten. Um den Optimismus der Formalisten zu rechtfertigen, wäre ein Galilei des menschlichen Geistes vonnöten, der mit Hilfe der richtigen Abstraktionen einen Formalismus finden könnte, der zur Beschreibung des menschlichen Verhaltens hinreichend wäre.

John McCarthy drückt diesen Wunsch nach einer Annäherung von Physik und Verhaltenswissenschaften folgendermaßen aus:

Obwohl wir formalisierte Theorien entwickelt haben, um die wichtigsten Bereiche der Mathematik auszudrücken, und obwohl in der Formalisierung bestimmter empirischer Wissenschaften mancher Fortschritt erzielt wurde, gibt es zur Zeit keine formale Theorie, die eine Zweck–Mittel-Analyse von der Art beschreibt, wie sie im alltäglichen Leben angewendet wird ... Unser Zugang zum KI-Problem erfordert eine formale Theorie.[16]

Ein derartiger Durchbruch hat vor kurzem stattgefunden. Chomsky und die Vertreter der Transformationsgrammatik haben von menschlicher *Sprachverwendung* – also der Verwendung bestimmter Sätze unter bestimmten Umständen – abstrahiert und so die menschliche Fähigkeit formalisieren können, grammatisch korrekte Sätze zu erkennen und inkorrekte zurückzuweisen. Auf diese Weise sind sie in der Lage, eine formale Theorie eines Großteils der *Sprachkompetenz* zu liefern.[17] Dieser Erfolg hat die KI-Forscher außerordentlich in ihrer Meinung bestärkt, daß menschliches Verhalten ohne eine Reduktion auf die physikalische Ebene formalisiert werden kann, weil er anscheinend zumindest die erste Hälfte der erkenntnistheoretischen Annahme bestätigt. Ein Ausschnitt geordneten Verhaltens, das zunächst nicht regelgeleitet zu sein scheint, läßt sich plötzlich mit komplexen Regeln von der Art beschreiben, wie sie von einem Digitalcomputer direkt bearbeitet werden können (d. h., ohne daß man auf der physikalischen Ebene die Bewegungen der Stimmbänder eines Sprechers oder die in seinem Gehirn stattfindenden Prozesse berücksichtigen muß).

Eine solche Formalisierung rechtfertigt die erkenntnistheoretische Annahme jedoch nur zur Hälfte. Sprachkompetenz ist nicht das, was die KI-Forscher formalisieren wollen. Wenn die Kommunikation mit Maschinen in natürlicher Sprache ablaufen soll, dürfen ihre Programme nicht nur die Regeln der Grammatik verkörpern; sie müssen auch Regeln der Sprachverwendung enthalten. Mit anderen Worten, das, was ausgelassen wurde, um eine syntaktische Theorie formulieren zu können – nämlich, daß Menschen in der Lage sind, ihre Sprache *anzuwenden* – ist genau das, was ebenfalls formalisiert werden muß.

Damit hat die Frage, ob die erkenntnistheoretische Annahme berechtigt ist, ihren kritischen Punkt erreicht: Gibt es einen Grund für die Annahme, daß eine formale Theorie der von den Linguisten sogenannten Pragmatik möglich ist? Zwei Einwände sprechen gegen die Möglichkeit einer solchen Verallgemeinerung einer syntaktischen Theorie.
1. Ein prinzipieller Einwand (auf den wir im nächsten Kapitel eingehen): Für eine formale Theorie der Pragmatik (also des sprachlichen Handelns in bestimmten Kontexten) bräuchten wir eine Theorie des gesamten menschlichen Wissens, diese aber ist vermutlich unmöglich.
2. Ein empirischer Einwand (auf den wir nun eingehen werden): Nicht jedes sprachliche Handeln ist regelgerecht. Wir empfinden manche sprachlichen Äußerungen als merkwürdig – sie scheinen die Regeln zu verletzen –, und dennoch können wir sie verstehen.

Ein Beispiel hierfür ist der Satz „Die Idee steckt in der Feder" (the idea is in the pen), der in einer Situation verständlich ist, in der von vielversprechenden Schriftstellern die Rede ist. Aber eine Maschine, die Regeln darüber enthält, wie groß physikalische Objekte sind, die in *pig pens* (Schweinepferchen), *playpens* (Laufställchen) und *fountain pens* (Füllfederhaltern) sein können, weiß an diesem Punkt nicht weiter. Da eine Idee kein physikalisches Objekt ist, könnte die Maschine nur bestreiten, daß sie sich im *pen* befinden könnte, oder es bestenfalls mit einer willkürlichen Interpretation versuchen. Die Deutung durch den Hörer dagegen ist alles andere als willkürlich. Da er weiß, daß menschliche Projekte oft ihren Schatten vorauswerfen und daß man zum Schreiben eines Buches einen Federhalter benutzen kann, versteht er, worum es geht: oft sieht der Sprecher an der Reaktion des Hörers, daß dieser ihn verstanden hat. Heißt dies, daß die menschlichen Sprecher beim Verstehen oder Gebrauchen der merkwürdigen Äußerung nach einer bestimmten Regel gehandelt haben – in diesem Fall einer Regel, wie man die Bedeutung von „in" modifizieren kann? Sicherlich trifft das nicht auf die Sprecher zu, die die Äußerung als „merkwürdig" identifiziert haben.

Dieses Beispiel führt uns zum Kernpunkt einer grundlegenden Schwierigkeit, vor der die Simulatoren stehen. Programmiertes Verhalten ist entweder willkürlich oder erfolgt streng nach Regeln. Deshalb muß eine Maschine, die sich einem neuen Sprachgebrauch gegenübersieht, diesen entweder als Fall betrachten, der klar unter die Regeln fällt, oder einen blinden Versuch wagen. Ein Muttersprachler spürt, daß es für ihn eine dritte Möglichkeit gibt. Er kann die Aussage als merkwürdig erkennen und ihr trotzdem einen Sinn geben, indem er sie in einen Kontext des menschlichen Lebens einordnet, ohne auf Regeln zurückzugreifen und zugleich ohne dabei willkürlich zu verfahren.

Ein völlig falscher Sprachgebrauch bringt diese Fähigkeit noch stärker zum Ausdruck. Menschen verstehen sich häufig auch dann noch, wenn ein Sprecher einen grammatischen oder semantischen Fehler begeht. Eine Äußerung kann nicht nur außerhalb der Regeln liegen, sondern von ihnen geradezu verboten werden, und doch werden solche Regelverletzungen oft nicht einmal bemerkt, weil sie mühelos verstanden werden.

Menschen, die solchen merkwürdigen Äußerungen und echten Fehlern begegnen, passen sich noch während des Gesprächs an und können anschließend über die von ihnen vorgenommenen Veränderungen nachdenken. Eine Maschine muß entweder zuerst versagen und dann, nach Eingabe der richtigen Antwort, ihre Regeln korrigieren, um diesen neuen Gebrauch erklären zu können; oder alle Regeln – auch die Regeln dafür, wie man die Regeln durchbricht und trotzdem verständlich bleibt – von Anfang an enthalten. Wählt man das erste Verfahren, so gibt man damit zu, daß Maschinen prinzipiell, nicht nur in der Praxis, dem Menschen hinterherhinken müssen – daß sie keine menschliche Intelligenz besitzen können. Andererseits widerspricht die Annahme aller Logik und Erfahrung, Regeln, die sämtliche möglichen Fälle abdecken, müßten explizit eingebaut oder gelernt werden, weil ein Digitalcomputer die menschliche Fähigkeit, mit merkwürdigen Sprachverwendungen umzugehen, sonst nicht simulieren kann.

Auf der logischen Ebene ist es schwer zu sehen, wie man die Regeln zur sinnvollen Verletzung der Regeln formulieren sollte; denn welche Metaregeln man auch immer findet, der Muttersprachler, über angeborene Strukturen verfügend, kann diese höchstwahrscheinlich ebenfalls verletzen und sich darauf verlassen, daß der jeweilige Kontext seine Äußerung verständlich macht. Offenbar gibt es für jede Ebene der Metaregeln eine noch höhere Ebene stillschweigender Übereinkunft, wie man solche Regeln verletzt und trotzdem noch verstanden wird.

Auf der phänomenologischen oder empirischen Ebene führt die Postulierung einer Menge von unbewußt angewandten Metaregeln zu weiteren Schwierigkeiten. Beim Schachspiel führte das Digitalmodell zu der Annahme, daß der Schachspieler sich unbewußt nach heuristischen Regeln richtet, auch wenn er angibt, er konzentriere sich auf starke und schwache Figurenkonstellationen. Ebenso setzt die Annahme, daß von vornherein Regeln zur Beseitigung von Mehrdeutigkeiten existieren, einen Prozeß voraus, für den wir keine empirischen Beweise haben, und sie berücksichtigt zu wenig unser Vermögen, das Fehlerhafte bestimmter Sprachgebräuche zu identifizieren.

Und diese Geringschätzung der phänomenologischen Evidenz führt genau wie beim Schachspiel zu einem teleologischen Rätsel: Wenn jeder verständliche Sprachgebrauch von einer Regel abgedeckt wird – warum sollten uns dann manche von ihnen abnorm erscheinen? Und zwar dermaßen abnorm, daß wir keinerlei Regeln angeben können, die unsere Interpretation erklären. Wenn wir eine derartige Hierarchie von Regeln besitzen und diese unbewußt blitzschnell anwenden können – warum sollten wir uns dann in manchen Fällen verwirrt fühlen und die Äußerungen auch dann noch seltsam finden, *nachdem* wir sie verstanden haben?

Obwohl eine allgemeine Theorie syntaktischer und semantischer Sprachkompetenz wissenschaftlich sein kann – weil sie ein zeitunabhängiger Formalismus ist, der nicht beansprucht, das Verstehen von Sprache in bestimmten Situationen zu formalisieren –, deuten die angestellten Überlegungen darauf hin, daß sich ernsthafte Probleme ergeben, sobald man einen vergleichbaren Formalismus für den Sprach*gebrauch* fordert.

Von diesen Schwierigkeiten bleiben jene Linguisten unbehelligt, die sich sorgfältig auf Sprachkompetenz, d. h. wie Wissenschaftler auf die allgemeinen Prinzipien, die auf alle Fälle anwendbar sind, beschränken und unsere Fähigkeit, mit Äußerungen in konkreten Kontexten umzugehen, als extralinguistisch ausschließen. Wie Kierkegaard in seiner *Abschließenden, unwissenschaftlichen Nachschrift* hervorhebt, sind die Gesetze der Wissenschaft universell und zeitlos und behandeln sämtliche Erfahrungen so, als könnten sie ebensogut in der Vergangenheit liegen.[18] Die KI-Forscher möchten jedoch, daß ihre Maschinen mit Menschen in Situationen des wirklichen Lebens der Gegenwart kommunizieren, in denen die Gegenstände eine spezielle, an den Ort gebundene Bedeutung haben. Aber Computer sind nicht in eine Situation verwickelt. Jedes Datenelement hat stets denselben Wert. Zwar sind Computer nicht, wie Kant es ausdrücken würde, „transzendental dumm"; sie können eine Regel auf einen bestimmten Fall anwenden, solange dieser bereits anhand allgemeiner Merkmale, die in der Regel vorkommen, unzweideutig beschrieben ist. Sie können so eine Form des theoretischen Verstehens simulieren. Aber Maschinen fehlt praktische Intelligenz. Sie sind insofern „existentiell" dumm, als sie nicht mit speziellen Situationen fertigwerden. So können sie Mehrdeutigkeit und das Verletzen von Regeln nur akzeptieren, wenn die Regeln zur Behandlung der Abweichungen so vollständig spezifiziert worden sind, daß die Mehrdeutigkeit aufgehoben ist. Um diesen Mangel zu überwinden, müßten KI-Forscher eine von Zeit und Ort unabhängige Theorie für gegenwärtiges, situationsbedingtes menschliches Handeln entwickeln.

Die Besonderheit, die Bedeutsamkeit und der Fluch der Arbeit an maschineller Kommunikation in natürlicher Sprache besteht darin, daß die Maschine ihren Formalismus dazu benutzen muß, mit Situationen des wirklichen Lebens, *so wie sie sind*, umzugehen. Sie muß Phänomenen, die zur ständig wechselnden Welt der Menschen gehören, so begegnen, als gehörten sie zur objektiven, formalen, unveränderlichen Welt der Wissenschaft. Der Forscher, der an maschinelles Verstehen und Anwenden von natürlicher Sprache glaubt, weil die Erfolge der Linguistik ihn beflügeln, arbeitet nicht mit einer falschen Vorstellung von der Funktionsweise des Bewußtseins, sondern von der Beziehung zwischen theoretischem und praktischem Verstehen. Er setzt voraus, daß man die praktische Welt eines tätigen Individuums in denselben Begriffen verstehen kann wie die objektive Welt der Wissenschaft. Kurz gesagt, er behauptet, was Leibniz als erster behauptet hat, daß eine Theorie der Praxis möglich ist.

Aber solch eine angewandte Theorie kann nicht dasselbe sein wie die technische Anwendung einer physikalischen Theorie, der sie zu entsprechen scheint. Wenn man z. B. die physikalischen Gesetze anwendet, um Raketen zu steuern, so ist der gegenwärtige Flug der Rakete eine Konkretisierung zeitloser, universeller Gesetze, die sich auf die spezifische Situation höchstens insofern beziehen, als sie auch in ihr gelten. Doch in der Linguistik setzen Sprecher derselben Sprache, wie wir gesehen haben, gemeinsame situationsbedingte Annahmen und Ziele voraus. Deshalb können die allgemeinen Gesetze der Sprachkompetenz nicht umstandslos auf die Simulation von Verhalten angewendet werden. Um vom linguistischen Formalismus zu einer spezifischen Sprachverwendung zu gelangen, muß man berücksichtigen, wie der Sprecher seine Situation sieht. Wenn es eine selbständige Theorie der Sprachverwendung geben könnte, müßte sie eine völlig neuartige Theorie sein – eine Theorie für einen lokalen Kontext, die diesen vollständig in allgemeingültigen, aber nichtphysikalischen Begriffen beschreibt. Weder die Physik noch die Linguistik bieten Präzedenzien für eine derartige Theorie an, und ebensowenig schaffen sie die tröstliche Gewißheit, daß eine solche Theorie entwickelt werden kann.

Zusammenfassung

Zur Widerlegung der erkenntnistheoretischen Annahme, daß es eine Theorie praktischen Handelns geben muß – im Fall der Sprache, daß die Regeln für den *Gebrauch* tatsächlicher Äußerungen prinzipiell vollständig formalisierbar sind –, genügt der Hinweis freilich nicht, daß es bisher noch kein angemessenes System zur Sprachübersetzung gibt oder daß unsere Sprache auf flexible und offenbar nicht regelgerechte Weise angewendet wird. Der Formalist könnte mit Platon treffend erwidern, daß unser Unvermögen, unsere praktische Sprachfähigkeit zu formalisieren, nur zeigt, daß wir dieses Verhalten nicht umfassend verstanden, daß wir die Regeln zur vollständigen Formalisierung der Praxis noch nicht gefunden haben.[19]

Diese Entgegnung erinnert zunächst an die Zuversicht des Programmierers, daß er eines Tages die heuristischen Regeln finden werde, die einer Maschine das Schachspielen ermöglichen, auch wenn er sie bislang vergeblich gesucht hat. Aber es gibt einen wichtigen Unterschied. Das Vertrauen des Programmierers beruht auf einer unbegründeten psychologischen Annahme über die Art und Weise, wie das Gehirn Informationen verarbeitet, während sich die Behauptung des Formalisten auf ein zutreffendes Verständnis der Natur einer wissenschaftlichen Erklärung stützt. In dem Maße, wie wir unser Verhalten in der Weise präzise spezifiziert haben, daß exakt definierten Objekten in umfassend definierten Situationen exakt definierte Reaktionen entsprechen, haben wir dieses Verhalten nicht in dem einzigen der Wissenschaft angemessenen Sinn „verstanden". Dieser *apriorischen* Behauptung des theoretischen Verstehens kann man nicht mit einer phänomenologischen Beschreibung begegnen. Man muss zeigen, dass die theoretische Behauptung in sich unhaltbar ist: dass das, was einen Muttersprachler zum Sprechen befähigt, *nicht* vollständig formalisiert werden *kann*, und dass die erkenntnistheoretische Annahme unplausibel ist und zu Widersprüchen führt.

Wittgenstein war vielleicht der erste Philosoph nach Pascal, der bemerkt hat: „... bedenke, dass wir im allgemeinen die Sprache nicht nach strengen Regeln *gebrauchen* – man hat sie uns auch nicht nach strengen Regeln gelehrt."[20] Aber Wittgenstein stützte sein Argument gegen die Behauptung, Sprechen unterliege einem formalen Regelsystem, nicht nur auf eine phänomenologische Beschreibung des nicht regelgeleiteten Gebrauchs von Sprache. Sein stärkstes Argument ist ein dialektisches, das auf einem unendlichen Regress von Regeln basiert. Mit den intellektualistischen Philosophen, die er kritisiert, nimmt er an, dass jedes nicht willkürliche Verhalten regelgeleitet sein muss, und führt diese Annahme dann ad absurdum, indem er nach den Regeln fragt, die wir beim Anwenden der Regeln anwenden usw.

Hier geht es nicht mehr darum, dass man immer wieder die Regeln verletzen und trotzdem verständlich bleiben kann. Schliesslich *meinen* wir nur, dass wir die Regeln unendlich oft verletzen können. Vielleicht irren wir uns. Es geht darum, ob ein vollständiges Verstehen des Verhaltens als regelgeleitet vorstellbar ist. Wittgenstein argumentiert, wie vormals Aristoteles gegen Platon, dass es immer einer einen Interpretationsspielraum geben müsse. Und es geht nicht nur darum, wie Turing anscheinend annahm, ob es Regeln gibt, die bestimmen, was wir tun *sollten*, und die wir berechtigterweise ignorieren dürfen. Es geht darum, ob es Regeln geben kann, die sogar beschreiben, was Sprecher *tatsächlich* tun. Für eine vollständige Theorie der praktischen Fähigkeiten von Sprechern braucht man nicht nur grammatische und semantische Regeln, sondern darüber hinaus Regeln, die es einer Person oder einer Maschine ermöglichen würden, den Kontext zu erkennen, in dem die Regeln angewendet werden müssen. So muss es Regeln geben zum Erkennen der Situation, der Absichten der Sprecher usw. Aber sobald die Theorie weitere Regeln fordert, um die Anwendung dieser Regeln zu erklären, wie der rein intellektualistische Standpunkt nahelegen würde, befinden wir uns in einem unendlichen Regress. Da wir in der Lage sind, von unserer Sprache Gebrauch zu machen, kann dieser Regress für Menschen kein Problem sein. Wenn Künstliche Intelligenz möglich sein soll, darf dies auch für Maschinen kein Problem sein.

Sowohl Wittgenstein als auch die Computertheoretiker sind sich darin einig, daß es eine Ebene gibt, auf der Regeln einfach angewendet werden, ohne weiterer Regeln zu ihrer Anwendung zu bedürfen. Wittgenstein und die KI-Theoretiker sind jedoch grundlegend verschiedener Meinung darüber, wann diese Ebene erreicht ist. Für Wittgenstein gibt es keine absolut letzte Ebene; wir greifen jeweils auf so viele Regeln zurück, wie die praktische Situation es verlangt. Irgendwann, je nachdem womit wir beschäftigt sind, liegt die Interpretation der Regel klar auf der Hand, und der Rückgriff hat ein Ende.[21]

Für die Computerforscher endet der Rückgriff auf Regeln ebenfalls mit einer offensichtlichen Interpretation, aber diese hat nichts mit den Erfordernissen der Situation zu tun. Dies ist auch gar nicht möglich, denn der Computer befindet sich nicht in einer Situation. Er erzeugt keinen lokalen Kontext. Der Computertheoretiker löst dieses Problem, indem er die Maschine so konstruiert, daß sie auf elementare Einheiten kontextunabhängiger, völlig eindeutiger Daten reagiert, die keiner weiteren Interpretation bedürfen, um verstanden zu werden. Sind die Daten erst einmal in der Maschine, muß die gesamte Verarbeitung regelgerecht erfolgen; aber beim Einlesen der Daten gibt es unmittelbare Reaktionen auf eindeutige Merkmale der Maschinenumgebung, z. B. Löcher in Karten oder das Muster der Bildpunkte einer Fernsehkamera, so daß die Maschine auf dieser letzten Ebene keine Regeln zur Anwendung von Regeln braucht. Wie eine junge Silbermöwe bei der Fütterung auf den roten Fleck am Schnabel ihrer Eltern reagiert und wie das Auge eines Frosches automatisch einen sich bewegenden schwarzen Punkt signalisiert, so muß man sich auch das menschliche Verhalten, wenn man es vollständig verstehen und in einem Computerprogramm formalisieren will, als eindeutige Reaktionen auf bestimmte Merkmale der Umgebung vorstellen.

Als Theorie einer Humanpsychologie (KS) ist dies sicher keine plausible Hypothese. Unsere Fähigkeit zur Erkennung abweichender Sprachverwendungen und unsere Überzeugung, daß es in unserer Umgebung nichts gibt, das unvermeidliche und stets gleichbleibende Reaktionen bei uns auslöst, sprechen gegen diese Auffassung. Außerdem ist diese Hypothese als Theorie unserer „praktischen Kompetenz" (unabhängig davon, wie unser Verhalten tatsächlich zustande kommt) nicht länger überzeugend. Sowohl die allgemeine Anpassungsfähigkeit unserer Sprache, die uns befähigt, Bedeutungen zu modifizieren und Analogien zu erfinden, als auch die allgemeine Flexibilität des menschlichen oder sogar des höheren tierischen Verhaltens können mit dieser Auffassung nicht erklärt werden. Dennoch stützen sich alle diese Einwände auf äußere Erscheinungen. Sie sind plausibel, jedoch nicht notwendigerweise überzeugend für die Verfechter der erkenntnistheoretischen Annahme.

Eine vollständige Zurückweisung der erkenntnistheoretischen Annahme würde erst durch ein Argument dafür ermöglicht, daß die Welt *nicht* in kontextfreie Daten zerlegt werden *kann*. Da allein die Annahme, daß es solche eindeutigen, grundlegenden Elemente gibt, die erkenntnistheoretische Annahme vor dem unendlichen Regreß bewahrt, müßte der Formalist schließlich die erkenntnistheoretische Annahme ganz und gar aufgeben.

Diese Annahme, daß die Welt erschöpfend in kontextunabhängige Daten oder kleinste Tatbestände zerlegt werden kann, ist die tiefste Annahme, die der KI-Forschung und der gesamten philosophischen Tradition zugrundeliegt. Wir werden sie die ontologische Annahme nennen und im folgenden ihre Stärken und Schwächen untersuchen.

VIERTES KAPITEL

Die ontologische Annahme

Bis jetzt haben wir erfolglos nach Argumenten und Beweisen dafür gesucht, daß das Gehirn wie ein heuristisch programmierter Computer Informationen in einer Abfolge diskreter Schritte verarbeitet oder daß menschliches Verhalten so formalisiert werden kann. Wir haben gesehen, daß es vier Arten menschlicher „Informationsverarbeitung" gibt (Randbewußtsein, Zulassen von Mehrdeutigkeit, Unterscheidung wesentlicher und unwesentlicher Aspekte und verständliche Anordnung), die sich nicht mit heuristischen Regeln formalisieren ließen. Und wir haben gesehen, daß die biologische, die psychologische und die erkenntnistheoretische Annahme, die es den Forschern erlauben, diese Schwierigkeiten als vorübergehend zu betrachten, völlig berechtigt und wahrscheinlich unhaltbar sind. Nun wenden wir uns einer noch grundlegenderen Schwierigkeit zu, mit der die KI-Forscher zu kämpfen haben: Die Daten, mit denen ein Computer arbeiten muß, wenn er wahrnehmen, sprechen und sich allgemein intelligent verhalten soll, müssen diskret, explizit und genau definiert sein; andernfalls sind es keine Informationen, die der Computer regelgerecht verarbeiten kann. Während es jedoch keinen einzigen Grund für die Annahme gibt, daß dem Computer solche Daten über die Welt verfügbar sind, lassen sich eine ganze Reihe von Gründen gegen diese Annahme beibringen.

Die ontologische Annahme, daß sich alles, was für ein intelligentes Verhalten wesentlich ist, prinzipiell in eine Menge festgelegter, unabhängiger Elemente zerlegen läßt, erlaubt den KI-Forschern, dieses Problem zu übersehen. Wir werden bald sehen, daß diese Annahme allen Überlegungen in der KI-Forschung zugrundeliegt und so selbstverständlich erscheinen kann, daß sie nie explizit gemacht oder in Frage gestellt wird. Wie im Fall der erkenntnistheoretischen Annahme werden wir sehen, daß diese Überzeugung von der Unstreitigkeit dessen, was in Wahrheit nur eine Hypothese ist, eine zweitausendjährige philosophische Tradition widerspiegelt, verstärkt durch eine Fehlinterpretation des Erfolgs der Naturwissenschaften. Wird diese Hypothese erst einmal explizit gemacht und in Frage gestellt, dann zeigt sich, daß keine Argumente je zu ihrer Verteidigung angeführt worden sind und daß sie zu tiefgreifenden begrifflichen Schwierigkeiten führt, wenn man sie einer Theorie der Praxis wie die der KI zugrundelegt.

In der Einleitung zu seinem Buch *Semantic Information Processing* warnt Minsky vor der

zutiefst irreführenden Vorstellung, die die Leute erhalten, wenn man ihnen (mit den besten Absichten) sagt, Computer seien weiter nichts als Kombinationen von Kippschaltern, und ihre Programme seien im Grunde nichts anderes als Abfolgen von Operationen an Binärziffern usw.[1]

Er versucht, gegen diese ernüchternde Art, einen Computer zu betrachten, vorzugehen:

Dies ist zwar eine zweckmäßige Betrachtungsweise, aber es ist genauso korrekt zu sagen, daß der Computer nichts anderes ist als eine Summe von Elementen, die Symbole verknüpfen und Prozesse steuern, und daß Programme nichts als Netzwerke von verschränkten Prozessen sind, die Ziele formulieren und Ziel-Mittel-Relationen beurteilen. Diese letztere Auffassung ist tatsächlich sehr viel heilsamer, denn sie vermindert die selbstgefällige Neigung zu der Annahme, damit verfügten wir über einen vollständigen Einblick in alle möglichen zukünftigen Konsequenzen.[2]

Aber Minsky sieht nur die Hälfte der Schwierigkeiten, die von seiner Beschränkung herrühren, daß der Computer mit festgelegten, unabhängigen Elementen arbeiten muß. Es ist zwar richtig, daß die Programmierer für die Arbeitsweise eines Computers Regeln einer höheren Ebene formulieren, so daß im Flußdiagramm, d. h. auf der Ebene der Informationsverarbeitung, nie zu erkennen ist, daß es Kippschalter gibt.[3] (Wir haben in den vorangegangenen zwei Kapiteln gesehen, daß auf dieser Ebene Probleme deshalb auftreten, weil es immer explizite Regeln geben muß, und nicht, weil diese Regeln letztlich aus einer Abfolge von Operationen mit Binärzahlen bestehen.) Das Modell der Informationsverarbeitung schränkt jedoch die Arten der Information ein, die man in die Maschine eingeben kann. Wie wir gesehen haben, beschrieb Newell den GPS – ein Programm, dessen Ebene der Informationsverarbeitung zutreffend als Formulierung verschränkter Ziele und Beurteilung von Zweck–Mittel-Relationen beschrieben wird – ganz unverblümt als „ein Programm, das eine Aufgabenumgebung akzeptiert, die in Form von diskreten Objekten definiert ist."[4] Aus diesen in die Datenstruktur eingegliederten diskreten Objekten setzt sich die Darstellung der Welt für den Computer zusammen. Jedes Computerprogramm muß seine Daten in dieser diskreten Form erhalten.

Dieser Umstand schafft ein eigenes Problem im Hinblick darauf, nach welchen Prinzipien der Computer seine Informationen erhalten soll: Um eine Äußerung zu verstehen, ein Problem zu gliedern oder ein

Muster zu erkennen, muß ein Computer seine Daten innerhalb eines Kontextes auswählen und interpretieren. Aber wie teilen wir dem Computer eben diesen Kontext mit? Die pointierteste – aber dennoch neutrale – Formulierung dieses Problems findet sich in Edens Beurteilung der Arbeiten zur Erkennung der Handschrift:

... wenn [ein Mensch] einen Brief in einer schwer lesbaren Schrift liest ... kann er ihn mit Hilfe seines Wissens über die Grammatik der Sprache, der Bedeutung des Textes, den er bereits entziffern konnte, der Eigenart des behandelten Gegenstandes und vielleicht des Gemütszustandes des Schreibers rekonstruieren. *Leider gibt es jedoch keinen Fingerzeig, wie man ein solches Wissen über die Welt und ihren Gang in einem Computer darstellen kann.*[5]

Wohlweislich legt sich Eden hier nicht darauf fest, was wir wissen, wenn wir „ein Wissen über die Welt und ihren Gang" besitzen. Das Modell der Informationsverarbeitung schreibt jedoch, gemeinsam mit der ontologischen Annahme, eine Antwort vor, die nicht mehr neutral bleibt, sondern eher von den Erfordernissen des Computers ausgeht. Auf die Frage, wie dieses Wissen über die Welt aussieht, erfolgt die Antwort, daß es aus einer Riesenmenge diskreter Fakten bestehen muß.

Wenn also Minsky am Ende seiner Einleitung zu *Semantic Information Processing* schließlich die Frage stellt, „welchen Umfang muß die Wissensmenge haben, um eine menschenähnliche Intelligenz zu ermöglichen?"[6], dann steht für ihn die Antwort bereits fest – es können nur bestimmte Mengen von Fakten sein:

Wenn wir Spezialwissen unberücksichtigt lassen und statt dessen nach den alltäglichen Strukturen fragen – danach, was ein Mensch braucht, um über Alltagswissen zu verfügen – dann finden wir zunächst eine Ansammlung unerläßlicher Kategorien, die alle ziemlich komplex sind: geometrische und mechanische Eigenschaften der Körper und des Raums; Verwendungszwecke und Eigenschaften einiger Tausend Dinge, Hunderte von „Fakten" über Hunderte von Menschen, Tausende von Fakten über Dutzende von Menschen, Dutzende von Fakten über Tausende von Menschen, Hunderte von Fakten über Hunderte von Dingen. Wenn man versucht, sein gesamtes Wissen in Gruppen einzuordnen, nimmt die Anzahl der Kategorien zunächst schnell zu, aber nach einer Weile wird es immer schwieriger. Mein unmaßgeblicher Eindruck ist der, daß man höchstens zehn Bereiche findet, über die man mehr als zehntausend Dinge weiß. Man findet kaum hundert Dinge, über die man tausend Fakten weiß und kaum tausend Dinge, über die man jeweils gut hundert Sachen weiß. Ich glaube daher, daß die untere kritische Grenze für eine Maschine, die in Alltagssituationen einigermaßen verständig handeln soll, bei ungefähr hunderttausend Wissenselementen liegt. Eine Million – allerdings gut organisiert – müßte für eine sehr hohe Intelligenz genügen. Wenn meine Argumentation nicht überzeugend sein sollte, kann man die Zahlen auch mit Zehn multiplizieren.[7]

Selbst wenn man zunächst einmal davon ausgeht, daß alles menschliche Wissen in eine Aufzählung von Objekten und von Fakten über jedes einzelne Objekt zerlegt werden kann, wirft Minskys Analyse das Problem auf, wie man diese Unmenge von Fakten speichern und abrufen soll. Wie könnte man diese Daten – hunderttausend verschiedene Elemente – so strukturieren, daß man die gewünschte Information in einem angemessenen Zeitraum erhält? Mit der Annahme, daß unser Wissen von der Welt aus Millionen verschiedener Fakten besteht, wird das Problem der Künstlichen Intelligenz zu einem Problem der Speicherung und der Zugänglichkeit einer umfangreichen Datenbank. Minsky erkennt, daß dies große Schwierigkeiten mit sich bringt:

... Wie jedermann weiß, ist es schwer, ein System zur Klassifizierung von Wissen zu entwickeln, das zur Bewältigung vieler verschiedener Arten von Problemen geeignet ist: Schon für einen einzigen Bereich ein plausibles Begriffsverzeichnis zu finden, ist mit einem enormen Aufwand verbunden. Jede Gliederungsstruktur, die das Wiederfinden von Daten ermöglichen soll, führt zu Festlegungen, die es erschweren, Konzepte einzugliedern, die erst nach der Festlegung der ursprünglichen Struktur aufgetaucht sind. Man ist versucht zu sagen: „Es wäre Unsinn, unsere intelligente Maschine auf einer bestimmten differenzierten, lexikonähnlichen Klassifizierung von Wissen, einer *ad hoc*-Übersicht, aufzubauen: Sicherlich ist dies kein Weg zur allgemeinen Intelligenz'."[8]

Und in der Tat sind in bezug auf das Problem der großen Datenbank nur geringe Fortschritte erzielt worden. Dennoch gelangt Minsky, trotz seiner eigenen scharfsichtigen Einwände, zu der für ihn charakteristischen Schlußfolgerung:

Aber wir sollten nicht zu vorsichtig sein, denn das bringt für uns eine weitaus verhängnisvollere Versuchung, nämlich nach einer Quelle reiner Intelligenz zu suchen. Ich sehe keinen Anlaß zu glauben, Intelligenz könne unabhängig von einer hochorganisierten Verbindung von Wissen, Modellen und Prozessen existieren. In unserer Kultur wird üblicherweise angenommen, Intelligenz sei irgendein eigenständiges reines Element, sei es *Bewußtsein, Verstand, Einsicht, Gestalt* oder was immer man will, aber hier wird nur das Aufzeigen des Problems mit seiner Lösung verwechselt. Die Fähigkeiten eines hochintelligenten Menschen, Probleme zu lösen, liegen teilweise in seinen überlegenen heuristischen Mitteln, sich seiner Wissensstruktur zu bedienen, und teilweise in der Struktur selbst; hier kann man wahrscheinlich keinen Trennungsstrich ziehen.

Auf jeden Fall gibt es keinen Grund zu der Annahme, daß man intelligent sein könne, ohne auf eine adäquate, spezifische Wissens- oder Modellstruktur zurückzugreifen.[9]

Doch dies ist kein Anlaß zum Optimismus. Zwar gelingt es Menschen, intelligent zu handeln, aber ohne die ontologische Annahme wäre dies für die KI-Forscher kein Trost. Es ist keineswegs offensichtlich, daß Menschen für ein intelligentes Verhalten irgendwie das Problem der großen Datenmenge gelöst haben oder lösen mußten. Vielleicht ist das Problem künstlich erzeugt worden, weil KI-Forscher mit diskreten Elementen arbeiten müssen. Entgegen Minskys Meinung kann man menschliches Wissen wahrscheinlich nicht als eine explizite Beschreibung analysieren. Ein Fehler, ein Konflikt, eine peinliche Situation usw. sind augenscheinlich keine Objekte oder Fakten über Objekte. Selbst ein Stuhl ist nicht als eine Menge von Fakten oder „Wissenselementen" zu begreifen. Ein Objekt z. B. als Stuhl zu erkennen, heißt, seine Beziehungen zu anderen Objekten und zu Menschen zu begreifen. Dazu gehört ein ganzer Kontext menschlicher Praxis, und die Form unseres Körpers, die Einrichtung mit Möbeln, die Unvermeidlichkeit des Ermüdens bilden nur einen kleinen Teil davon. Diese Faktoren wiederum sind genausowenig isolierbar wie der Stuhl. Sie alle erhalten *ihre* Bedeutung in dem Kontext menschlicher Aktivität, dessen Bestandteil sie sind (siehe Teil III, Kapitel 2).

Im allgemeinen verfügen wir über ein unausgesprochenes Verständnis der menschlichen Situation, die den Kontext liefert, in dem wir uns speziellen Fakten gegenübersehen und sie aussprechen. Wir haben keinen Grund zu der Annahme – es sei denn, wir gingen von der ontologischen Annahme aus – daß alle Fakten über eine Situation, die wir aussprechen können, schon unbewußt in einer „Modellstruktur" enthalten sind, oder daß wir jemals unsere Situation völlig explizit machen können, selbst wenn wir es versuchten.[10]

Warum hält Minsky diese Annahme für selbstverständlich? Was verstellt ihm so sehr den Blick für eine Alternative, daß er die Vorstellung, Intelligenz umfasse eine „spezifische Wissens- oder Modellstruktur", eine große systematische Anordnung von Fakten, als ein Axiom und nicht als eine Hypothese auffaßt? Ironischerweise nimmt Minsky an, daß er mit der Verkündung dieses Axioms die traditionelle Meinung bekämpft. „In unserer Kultur wird üblicherweise angenommen, Intelligenz sei irgendein eigenständiges reines Element, sei es Bewußtsein, Verstand, Einsicht, Gestalt..." In seiner Annahme, daß die Alternativen entweder aus einer gutstrukturierten Ansammlung von Fakten oder aus irgendeiner von den Fakten losgelösten Arbeitsweise bestehen, ist Minsky in Wahrheit so traditionell, daß er nicht einmal die grundlegende Annahme sieht, die er mit der gesamten philosophischen Tradition teilt. Indem er davon ausgeht, daß überhaupt Fakten vorgegeben werden, wiederholt Minsky einfach einen Standpunkt, der seit Platon entwickelt worden ist und inzwischen so festverwurzelt ist, daß er als selbstverständlich *erscheint*.

Wie wir gesehen haben, ist es das Ziel der in unsere Kultur eingebetteten philosophischen Tradition, jede Ungewißheit moralischer, geistiger und praktischer Art zu beseitigen. Tatsächlich fordert schon Platon, daß Wissen in Regeln oder Definitionen ausgedrückt wird, die keiner Interpretation bedürfen; und auch er glaubt, daß die Regeln auf einfache Elemente angewendet werden.[11] Bei Leibniz wird die Verbindung zwischen der traditionellen Vorstellung von Wissen und der Minskys, daß die Welt in diskrete Elemente zerlegbar sein *muß*, erstmals sichtbar. Nach Leibniz zerlegen wir beim Verstehen Begriffe in einfachere Elemente. Um einen Regreß der Elemente zu vermeiden, muß es letzte einfache Elemente geben, aus denen heraus komplexe Begriffe verstanden werden können. Wenn man der Welt Begriffe zuordnen will, muß es außerdem einfachste Elemente geben, denen diese Bestandteile der Welt entsprechen. Leibniz stellte sich „eine Art Alphabet der menschlichen Gedanken"[12] vor, dessen Charaktere, wenn sie in Beispielen gebraucht werden, eine gewisse Verbindung, Gruppierung und Ordnung aufweisen müssen, die man auch in den Objekten findet. Auch die empiristische Tradition wird von der Vorstellung diskreter Wissenselemente bestimmt. Für Hume besteht jede Erfahrung aus Eindrücken – isolierbaren, festgelegten Atomen der Erfahrung. Die intellektualistische und die empiristische Schule treffen sich in Russells logischem Atomismus, und die Vorstellung erreicht ihren vollendeten Ausdruck in Wittgensteins *Tractatus*, wo die Welt in Tatsachen zerfällt und jede Tatsache aus unendlich vielen Sachverhalten besteht und jeder Sachverhalt aus unendlich vielen Gegenständen zusammengesetzt ist. Dies ist die reinste Formulierung der ontologischen Annahme, und gleichzeitig die notwendige Voraussetzung der gesamten KI-Forschung, solange diese annimmt, daß die Welt als eine strukturierte Menge von Beschreibungen dargestellt werden muß, die ihrerseits aus einfachsten Elementen zusammengesetzt sind. Indem sich also Philosophie und Technik auf einfachste Einheiten berufen, postulieren sie weiterhin das, was Platon suchte: eine Welt, in der die Möglichkeit von Klarheit, Gewißheit und Kontrolle garantiert ist; eine Welt der Datenstrukturen, Entscheidungstheorien und Automation.

Kaum war diese Gewißheit jedoch schließlich ganz explizit gemacht worden, da begannen die Philosophen sie auch schon wieder in Frage zu stellen. Einige europäische Phänomenologen erkannten sie als einen Auswuchs der philosophischen Tradition und versuchten, ihre Beschränkungen aufzuzeigen. Merleau-Ponty spricht in diesem Zusammenhang vom „Vorurteil der Welt" (préjugé du monde)[13], Heidegger vom „rechnenden Denken"[14], in dem er das Ziel der Philosophie sieht, die zwangsläufig in der Technik gipfelt. So ist für Heidegger die Technik, indem sie auf der „durchgängigen Berechenbarkeit der Objekte"[15] beharrt, der naturnotwendige Gipfel der Metaphysik; sie bedeutet die ausschließliche Beschäftigung mit Seiendem (Objekten) und die gleichzeitige Ausklammerung des Seins (das ungefähr unserer Auffassung der menschlichen Situation entspricht, aus der sich ergibt, was als Objekt gilt). In England erkannte Wittgenstein – weniger prophetisch und mehr analytisch – die Unmöglichkeit, die in seinem *Tractatus* vorgeschlagene ontologische Analyse durchzuführen und wurde zu seinem eigenen schärfsten Kritiker.[16]

In Teil III werden wir Gelegenheit haben, die Kritik Merleau-Pontys, Wittgensteins und Heideggers an der traditionellen ontologischen Annahme und die von ihnen vorgeschlagene Alternative ausführlich zu verfolgen. Jedoch wissen wir bereits genug, um zu vermuten, daß wir die Welt in unserer Alltagspraxis nicht als eine Menge von Fakten erfahren und daß es nicht selbstverständlich ist, eine solche Analyse durchführen zu können.

Aber wenn die ontologische Annahme nicht mit unseren Erfahrungen in Einklang zu bringen ist – warum übt sie dann soviel Macht aus? Vorangetrieben wurde die philosophische Tradition zwar von der Forderung, daß die Dinge so klar und einfach sein sollten, daß wir sie verstehen und beherrschen können. Warum jedoch besteht man weiterhin auf diesem Optimismus, auch wenn sich zeigt, daß die Dinge nicht so einfach sind? Was macht diesen Traum glaubwürdig? Wie wir bereits in einem anderen Zusammenhang gesehen haben, wird der Mythos vom Erfolg der modernen Physik genährt. Zumindest auf den ersten Blick funktioniert hier die ontologische Hypothese. Erst nachdem Galilei die Bewegung von Körpern in der Weise beschreiben konnte, daß isolierbare Objekte unter dem Einfluß berechenbarer, bestimmter Kräfte ihre Lage verändern, sah Hobbes sich zu der Behauptung berechtigt, alles Denken bestehe aus einer Zusammenzählung von Einzelstücken. Es hat sich als nützlich erwiesen, sich das *physikalische Universum* als eine Menge unabhängiger, in Wechselwirkung stehender Elemente vorzustellen. Die ontologische Annahme, daß auch die menschliche Welt als eine Menge von Elementen betrachtet werden kann, ist nur gültig, wenn man zwischen Welt und Universum, oder anders ausgedrückt, zwischen der menschlichen Situation und dem Zustand eines physikalischen Systems keinen Unterschied macht.

In Minskys Arbeit bleibt diese Verwechslung implizit; in der seines früheren Kollegen John McCarthy, der nun die KI-Forschung in Stanford leitet, wird sie sogar zum Grundstein der Argumentation. In seinem Aufsatz „Programs with Common Sense" (aus dem von Minsky herausgegebenen Sammelband *Semantic Information Processing*) schlägt McCarthy einen *advice taker* (Ratbefolger) vor – ein Programm zum „Problemlösen durch die Verarbeitung von Sätzen in formalen Sprachen"; dessen Verhalten „kann man verbessern, indem man einfach Aussagen eingibt, die ihm mitteilen, wie seine symbolische Umgebung aussieht und was von ihm verlangt wird."[17] McCarthy sieht deutlich, daß „die wichtigste Bedingung für den *advice taker* ein formales System ist, mit dem Fakten über die Situation, Ziele und Handlungen ausgedrückt werden können."[18] Dies führt direkt zu dem grundlegenden Problem, wie man eine Situation in einem formalen System beschreiben kann. McCarthy jedoch sieht darin kein ernsthaftes Problem, denn er vermutet ohne jede weitere Frage, daß eine Situation ein physikalischer Zustand ist:

> Eine der Grundeinheiten in unserer Theorie ist die *Situation*. Intuitiv versteht man eine Situation als die Lage der Dinge zu einem bestimmten Zeitpunkt. Die Bewegungsgesetze eines Systems bestimmen alle zukünftigen Situationen aus einer gegebenen Situation heraus. So entspricht eine Situation einem Punkt im Raum-Zeit-Kontinuum.[19]

Aber derselbe Situationstypus kann wiederkehren und dabei andere Objekte, andere Personen und erst recht andere physikalische Zustände umfassen. Außerdem kann ein und dieselbe physikalische Anordnung von Materie als viele verschiedene Situationen empfunden werden, je nach den Zielen und Absichten der verschiedenen betroffenen Personen. So kann es, obwohl sich das Universum zu jedem gegebenen Zeitpunkt in genau einem physikalischen Zustand befindet, so viele verschiedene Situationen wie Menschen geben. Wenn McCarthy sagt, „es gibt genau eine Situation, die einem gegebenen Zeitpunkt entspricht"[20], dann hat er offensichtlich Situation mit physikalischem Zustand des Universums verwechselt. Genauer gesagt, er hat einen *vereinzelt vorkommenden Zustand* mit einem Situations*typus* verwechselt. Eine einzelne Situation *kann* mit einem einzelnen physikalischen Zustand (der durch einen Punkt im Raum-Zeit-Kontinuum gekennzeichnet ist) identisch sein. Aber ein Situations*typus* kann nicht mit einem *Typus* physikalischer Zustände identisch sein.

An einem konkreten Beispiel läßt sich diese Verwechslung verdeutlichen. Eine Situation, die McCarthy ausführlich diskutiert, ist „zu Hause sein". „Der Ausdruck ‚Zu (ich, Haus) (s)' bedeutet, ich bin zu Hause in der Situation s."[22] McCarthy scheint anzunehmen, daß dies dasselbe ist, wie sich in seinem Hause zu befinden im Sinne eines physikalischen Zustands. Aber ich kann ja zu Hause sein und mich dabei im Hinterhof aufhalten, d. h. überhaupt nicht physisch in meinem Haus sein. Ebenso kann ich mich physisch in meinem Haus befinden und trotzdem nicht zu Hause sein – z. B. wenn mir das Haus gehört, aber noch keine Möbel darin stehen. „Zu Hause sein" ist eine menschliche Situation und entspricht in keiner Hinsicht einfach dem physikalischen Zustand eines menschlichen Körpers in einem Haus. Ganz zu schweigen davon, daß es eine notwendige, wenn nicht gar hinreichende Bedingung für mein Zu-Hause-Sein ist, daß ich das Haus besitze oder es gemietet habe; und ein Haus zu besitzen oder zu mieten setzt eine komplizierte Menge institutioneller Relationen voraus, die man nicht auf eine Menge physikalischer Zustände reduzieren kann. Selbst eine physikalische Beschreibung bestimmter Tintenschnörkel auf bestimmten Papierbögen in einer bestimmten zeitlichen Reihenfolge wäre keine notwendige und hinreichende Bedingung für eine Besitzübertragung. Seinen Namen zu schreiben ist nicht immer gleichbedeutend mit Unterschreiben, und Zuschauen bedeutet nicht immer, daß man Augenzeuge ist.

Es ist leicht einzusehen, warum McCarthy die Situation gern als einen physikalischen Zustand behandeln möchte. Die Entwicklung eines physikalischen Zustandes kann in der Tat mit Differentialgleichungen formalisiert und auf einem Computer reproduziert werden. Situationen schaffen jedoch außerordentliche Probleme, wenn man sie in ein formales System übertragen will. Eine derartige Transformation ist wahrscheinlich prinzipiell unmöglich; dies läßt sich am besten verdeutlichen, wenn wir uns noch einmal dem Problem maschineller Übersetzung zuwenden.

Wie wir in Teil I gesehen haben, ist die maschinelle Sprachübersetzung gescheitert, weil die natürliche Sprache sich als weit vieldeutiger herausgestellt hat als man zunächst annahm. Bei der Reduzierung dieser semantischen und syntaktischen Mehrdeutigkeit kann der Muttersprachler auf bestimmte Informationen über die Welt zurückgreifen. Bar-Hillel führt diesen Punkt in seiner Argumentation an, die, wie er sagt, „auf einen fast vollständigen Beweis dafür hinausläuft, daß eine maschinelle Übersetzung von hoher Qualität nicht nur in naher Zukunft, sondern überhaupt unerreichbar ist."²² Das Argument ist für uns an dieser Stelle so wichtig, daß es verdient, ausführlich zitiert zu werden.

Ich werde zeigen, daß es im Englischen extrem einfache Sätze gibt – und dasselbe gilt sicherlich für jede andere natürliche Sprache – die, in gewissen linguistischen Kontexten, unverwechselbar (bis hin zu reiner Synonymie) und eindeutig in jede andere Sprache übersetzt werden können, und das von jedem, der über ausreichende Kenntnisse der beiden betreffenden Sprachen verfügt. Dennoch kenne ich kein Programm, das einer Maschine die Wiedergabe dieser einzig richtigen Übertragung ermöglichen würde – es sei denn durch ein völlig willkürliches *ad hoc*-Verfahren, dessen Wertlosigkeit bereits im nächsten Beispiel ersichtlich würde.
Als Beispiel soll der folgende Satz dienen:
The box was in the pen. (Die Schachtel war im Laufstall.)
Der sprachliche Kontext für diesen Satz könnte so aussehen:
Der kleine John suchte seine Spielzeugschachtel. Schließlich fand er sie. Die Schachtel war im Laufstall. John freute sich sehr.
Nehmen wir der Einfachheit halber an, daß *pen* im Englischen nur zwei Bedeutungen hat: 1. Füllfederhalter, 2. Laufstall. Ich behaupte nun, daß kein verfügbares oder vorstellbares Programm einen Computer in die Lage versetzen kann zu bestimmen, daß das Wort *pen* in dem gegebenen Satz innerhalb des gegebenen Kontextes die zweite der oben genannten Bedeutungen hat, während jeder Leser mit ausreichenden Englischkenntnissen diese Bestimmung „automatisch" vornehmen wird.
Abgesehen von all den anderen Punkten, die von Forschern über maschinelle Übersetzung diskutiert worden sind, liegt der Grund dafür, daß ein intelligenter menschlicher Leser diese Bedeutung ohne zu zögern auswählen wird, ... in seinem *Wissen* über die Größenverhältnisse zwischen *pens* in dem Sinn von Füllfederhaltern, Spielzeugschachteln und *pens* in dem Sinn von Laufställen; denn diese Verhältnisse sind so, daß jemand, der unter normalen Bedingungen und etwa in dem genannten Kontext „The box was in the pen" schreibt, sich höchstwahrscheinlich auf einen Laufstall und nicht auf einen Füllfederhalter bezieht.²³

Nach Bar-Hillels Meinung sind deshalb auch Vorschläge wie der von Minsky, einen „Übersetzungscomputer mit einer universalen Enzyklopädie auszustatten, „völlig utopisch". „Die Zahl der Fakten, die wir Menschen wissen, ist in einem bestimmten, höchst gewichtigen Sinne, unendlich."²⁴

Damit trifft Bar-Hillel zwar genau den Punkt, aber sein Beispiel ist unglücklich gewählt, weil es auf einer spezifischen physikalischen Tatsache beruht. Es verführt KI-Forscher wie Minsky dazu, anhand eines Modells physikalischer Tatsachen eine Lösung vorzuschlagen: „... es wäre eine gute Idee, in das semantische Modell so viel Grundwissen über geometrische Physik einzubauen, daß es unwahrscheinlich wird, daß sich die Schachtel im Füllfederhalter befindet..."[25]

Es gibt jedoch noch eine zweite Möglichkeit zur Beseitigung von Mehrdeutigkeiten, die uns zum Kern des Problems führt. Zum Ausräumen einer Mehrdeutigkeit kann man sich auf ein bestimmtes Verständnis der Situation stützen, so wie im folgenden Beispiel von Katz und Fodor:

Ein mehrdeutiger Satz wie „Er folgt Marx", der in einem Kontext auftritt, in dem der Sprecher offensichtlich über Geistesgeschichte spricht, kann nicht bedeuten „Er heftet sich an Grouchos Fersen".[26]

Katz und Fodor diskutieren diese besondere Schwierigkeit in ihrem Aufsatz „The Structure of a Semantic Theory":

Eine vollständige Theorie der Kontextbestimmung muß als Bestandteil des Kontextes einer Äußerung sämtliche Merkmale der Welt darstellen, die ein Sprecher benötigt, um die bevorzugte Deutung dieser Äußerung zu ermitteln; und ... praktisch jede Informationseinheit über die Welt ist wesentlich für das Ausräumen von Mehrdeutigkeiten. Daraus folgt: Erstens kann solch eine Theorie prinzipiell nicht zwischen der Kenntnis eines Sprechers von seiner Sprache und seinem Wissen von der Welt unterscheiden ... Zweitens, da es keine ernsthafte Möglichkeit gibt, alles Wissen, das Sprecher von der Welt gemeinsam haben, zu systematisieren, ist [eine solche Theorie] kein ernst zu nehmendes linguistisches Modell.[27]

Katz und Fodor fahren fort:

Diese Überlegungen sollen nicht die Möglichkeit ausschließen, daß man eine *begrenzte* Theorie der Bedeutungsauswahl durch den sozialen und physikalischen Kontext konstruieren kann, indem man den Informationen über die Welt, die eine Theorie in der Beschreibung eines Kontextes darstellen kann, relativ starke Beschränkungen auferlegt. Die Erörterung soll vielmehr zeigen, daß eine *vollständige* Theorie dieser Art nicht möglich ist.[28]

Bar-Hillel behauptet also, daß wir auf besondere *Fakten* zurückgreifen müssen wie z. B. auf die Größe von Füllfederhaltern, Laufställen und Schachteln. Katz und Fodor hingegen nehmen an, daß wir uns auf den *sozialen und physikalischen Kontext* beziehen müssen. Die Berufung auf den Kontext scheint überdies grundlegender zu sein als die auf Fakten, denn der Kontext legt die *Bedeutsamkeit* der Fakten fest. Trotz unseres *allgemeinen* Wissens über die relative Größe von Füllfederhaltern,

Laufställen und Schachteln geben wir dem Satz „The box is in the pen", wenn er in einem James-Bond-Film geflüstert wird, möglicherweise eine ganz andere Bedeutung als zu Hause oder auf dem Bauernhof. Und solange umgekehrt kein besonders ausgefallener Kontext vorgegeben wird, gehen wir von einem „normalen" Kontext aus und weisen den Fakten über relative Größe ihre „normale" Bedeutsamkeit zu. Minskys physikalisches Modell verbirgt diese Notwendigkeit, implizit die Situation miteinzubeziehen, beseitigt sie jedoch nicht.

Der wichtige Unterschied zwischen dem Ausräumen von Mehrdeutigkeiten durch Fakten und dem durch Einbeziehung des Kontexts wird von Minsky, Bar-Hillel oder Fodor und Katz nicht gesehen. Vermutlich nehmen sie alle an, daß der Kontext selbst durch Merkmale identifiziert wird, die Fakten sind, und daß er zum Ausräumen einer Mehrdeutigkeit beiträgt. Es wird sich jedoch zeigen, daß die Mißachtung dieses Unterschieds zwischen Fakten und Kontext sowohl bei Bar-Hillel als auch bei Fodor und Katz zu einer Unklarheit bezüglich der Frage führt, ob perfekte maschinelle Übersetzungen nur praktisch oder auch theoretisch unmöglich sind.

Es ist unklar, was Bar-Hillel behaupten will, wenn er den „Beweis" führt, daß eine maschinelle Übersetzung von hoher Qualität unerreichbar ist, weil das Ausräumen von Mehrdeutigkeiten vom Gebrauch von Fakten abhängt und die Anzahl der Fakten „in einem bestimmten, höchst gewichtigen Sinne unendlich" sei. Falls „unerreichbar" bedeutet, daß heutige Computer und bereits arbeitende oder geplante Programme eine solch umfangreiche Speicherung und Abrufung von Informationen nicht bewältigen können, so ist dies ein triftiges Argument, das ernsthafte Zweifel auf die Behauptung wirft, maschinelle Übersetzung sei bereits erreicht oder könne in absehbarer Zeit erreicht werden. Wenn hingegen „unerreichbar" soviel wie theoretisch unmöglich heißt – worauf der Begriff „unendlich" schließen läßt –, dann behauptet Bar-Hillel zuviel. Eine Maschine bräuchte keine unendliche Zahl von Fakten zu speichern, denn sie könnte, wie auch Minsky sagt, von einer großen Menge an Fakten und Regeln zu ihrer Verkettung – z. B. von den physikalischen Gesetzen – ausgehen und daraus unbegrenzt neue Fakten produzieren. Zur Zeit würde zwar kein Programm eine Maschine befähigen, solch eine endlose Datenmenge zu sortieren. Gegenwärtig gibt es nicht einmal eine Maschine oder ein Programm, das eine sehr große Datenmenge so speichern könnte, daß sich die nötigen Informationen innerhalb einer annehmbaren Zeitspanne abrufen ließen. Man arbeitet jedoch an der Entwicklung sogenannter „assoziativer Speicherung" und genialer Programmiertricks, wie z. B. „hash coding", die die Speicherung eines riesigen Informationsmaterials und den Zugriff darauf vielleicht in ferner Zukunft ermöglichen. Wenn man dann nur Fakten braucht, könnte die benötigte Information so gespeichert werden, daß man im jeweiligen Fall nur eine endliche Anzahl relevanter Fakten berücksichtigen muß.

Solange Katz und Fodor, genau wie Bar-Hillel, die ontologische Annahme anerkennen und Kontext als „Informationseinheiten" klassifizieren, bleibt ihre Argumentation genauso unklar. Zunächst behaupten sie, es gebe „keine ernsthafte Möglichkeit", das Wissen, das für die Beseitigung von Mehrdeutigkeiten einer Äußerung nötig ist, zu systematisieren, womit sie eine Aussage über unsere technischen Fähigkeiten machen. Daraus läßt sich jedoch nicht die Behauptung ableiten, eine vollständige Theorie der Bedeutungsauswahl durch den sozialen und physikalischen Kontext sei „nicht möglich". Falls jemals ein Programm zur Bewältigung sämtlichen Wissens entwickelt wird – und in ihrer Welt gibt es keinen theoretischen Grund, der dagegensprüche – wird es genau so eine Theorie sein.

Nur wenn man die ontologische Annahme ablehnt, daß die Welt in eine Menge von Fakten – oder Informationseinheiten – zerlegt werden kann, darf man über das Argument der praktischen Unmöglichkeit hinausgehen. Wir haben bereits an Beispielen gesehen, daß die Situation völlig anderer Art sein und eine völlig andere Funktion erfüllen kann als irgendeine Verknüpfung von Fakten. In dem „Marx"-Beispiel bestimmt die (akademische) Situation, wie man „Marx" eindeutig als Karl Marx identifizieren kann, und sagt uns außerdem, welche Fakten wichtig sind, um „folgt" eindeutig im ideologischen oder im chronologischen Sinn zu verstehen. (Wann wurde der Nachfolger geboren, welche politischen Ansichten hat er usw.?) In dem anderen Beispiel ist eindeutig die Größe von Schachtel und *pen* von Bedeutung, weil wir von physikalischen Objekten sprechen, die sich „in" anderen physikalischen Objekten befinden; doch hier bestimmt der Kontext – „Landwirtschaft", „Häuslichkeit" oder „Spionage" – die *Signifikanz* der beteiligten Fakten. Erst unser Verständnis der Situation befähigt uns also, aus der möglicherweise unendlichen Menge von Fakten die unmittelbar relevanten auszuwählen und anschließend ihre Bedeutsamkeit einzuschätzen. Das heißt, daß wir dem Computer die Möglichkeit geben müssen, Situationen zu erkennen – es sei denn, es gäbe einige Fakten, die in allen Situationen gleich relevant und bedeutsam sind (die aber noch niemand gefunden hat). Ohne diese Möglichkeit kann kein Computer Mehrdeutigkeiten ausräumen und ist daher auch prinzipiell unfähig, Äußerungen in natürlicher Sprache zu verstehen.

Joseph Weizenbaum scheint der einzige KI-Forscher zu sein, der diese Probleme sieht. Bei seiner Arbeit an einem Programm, das eine Kommunikation von Mensch und Computer in natürlicher Sprache ermöglicht, mußte sich Weizenbaum mit der Bedeutung der Situation auseinandersetzen und erkannte, daß man sie nicht einfach als eine Menge von Fakten behandeln kann. Seine Bemerkungen über die Bedeutung des globalen Kontextes verdienen, ausführlich zitiert zu werden:

Ohne die Existenz eines globalen Kontextes ist gegenseitiges Verstehen unmöglich. Sicherlich treffen sich Fremde, unterhalten sich und verstehen einander sofort. Doch sie handeln innerhalb einer gemeinsamen Kultur – zum Teil vermittelt durch ebendie Sprache, die sie sprechen – und begeben sich, wenn es sich nicht gerade um eine völlig triviale Situation handelt, auf eine Suche nach einem kontextuellen Rahmen.[29]

In wirklichen Gesprächen weist der globale Kontext dem Gesagten nur eine ganz generelle Bedeutung zu. Im Fortgang der Unterhaltung bezieht man sich auf Subkontexte, Sub-Subkontexte usw.[30]

In all dem sieht Weizenbaum Schwierigkeiten, jedoch kein prinzipielles Problem.

Ich mache auf das Kontextproblem aufmerksam ... um die These hervorzuheben, daß uns selbst ein sehr breit angelegter kontextueller Rahmen ermöglicht, praktische Verfahren zur Spracherkennung zu konstruieren, obwohl ein Computerprogramm, das natürliche Sprache in einem höchst allgemeinen Sinn „versteht", zur Zeit jenseits unserer Möglichkeiten liegt.[31]

So schlägt Weizenbaum vor, ineinander geschachtelte Kontexte in Form eines „kontextuellen Baumes" zu programmieren: „ausgehend von dem obersten oder Anfangsknoten, wird ein neuer Knoten erzeugt, der einen Subkontext darstellt; dieser erzeugt einen weiteren Knoten, und so entstehen viele Ebenen."[32] Er nimmt eindeutig an, daß diese Kontexte letztlich als Mengen von Fakten behandelt werden können. „Einem Gesprächsbaum entspricht das, was der Sozialpsychologe Abelson eine *Struktur von Meinungen und Überzeugungen* nennt"[33], d. h. eine organisierte Ansammlung von Fakten über das Wissen einer Person, ihre Einstellungen, Ziele usw.

Offensichtlich genügt die Einsicht in die entscheidende Rolle der Situation an sich noch nicht als Argument, um die KI-Forschung endgültig aufzugeben. Der traditionelle Verfechter der ontologischen Annahme, wie er in Weizenbaum und jedem KI-Forscher wieder neu ersteht, kann zugeben, daß die in einer Unterhaltung angeführten Fakten in bezug auf den globalen Kontext ausgewählt und interpretiert werden, und dann umstandslos den Schluß ziehen, daß wir lediglich zuerst die Merkmale, die diese grobe Situation identifizieren, herausfinden und programmieren müssen. Doch Weizenbaums Beobachtungen enthalten die Elemente eines prinzipiellen Einwandes gegen die Entwicklung von Maschinen mit menschlicher Intelligenz. Dazu müssen wir zuerst zeigen, daß Weizenbaums Zugang zu dem Problem – indem er die Bedeutung des Kontextes von der Bedeutung der im Kontext gebrauchten Worte trennt – nicht zufällig ist, sondern von der Eigenart einer Digitalmaschine diktiert wird. In unserer Alltagserfahrung nehmen wir keine derartige Unterscheidung vor. Offensichtlich verstehen wir die Situation im Rahmen der Bedeutung der Wörter ebenso, wie wir die Bedeutung im Rahmen der Situation verstehen. Für einen Computer muß dieser Prozeß der gegenseitigen Beeinflussung jedoch in eine Reihe getrennter Operationen zerlegt werden. Da Weizenbaum einsieht, daß wir den Sinn der Wörter erst bestimmen können, wenn wir die Bedeutung des Kontextes kennen, zieht er den für einen Programmierer korrekten Schluß, daß wir zuerst den Kontext spezifizieren müssen und danach mit seiner Hilfe die Bedeutung seiner Einzelelemente bestimmen können.

Außerdem legt Weizenbaums Analyse die Vermutung nahe, das automatisierte Verstehen natürlicher Sprache erfordere, die Kontexte als eine eingeschachtelte Hierarchie zu organisieren. Um zu verstehen, warum es Weizenbaum für nötig hält, eine Hierarchie der Kontexte einzuführen und sie vom obersten Knoten ausgehend abzuarbeiten, müssen wir uns erneut dem generellen Problem der Situationserkennung zuwenden. Wenn Computer nur mit Hilfe eines Kontextes Mehrdeutigkeiten ausräumen und allgemein Äußerungen in einer natürlichen Sprache verstehen können, muß die Maschine, die nicht an einer Situation beteiligt ist, so programmiert sein, daß sie einen Kontext erkennen und ihn anwenden kann. Doch hier treten erneut zwei Probleme auf, die schon beim Ausräumen von Mehrdeutigkeiten auftauchten und den Rückgriff auf die Situation notwendig machten. Auch hier zwingen sie uns zu der Vorstellung, daß man vom weitesten Kontext ausgehen muß:

1. Wenn es beim Ausräumen von Mehrdeutigkeiten in einer Hinsicht unendlich viele relevante Fakten gibt, so daß man vor der Interpretation zunächst eine Auswahl treffen muß, dann gibt es auch unendlich viele Fakten, die für das Erkennen eines Kontextes relevant sind. Wie soll der Computer alle Merkmale berücksichtigen wie z. B. Anzahl der Anwesenden, Temperatur, Luftdruck, Wochentag usw., die für irgendeinen Kontext relevant sein können?

2. Selbst wenn das Programm Regeln zur Bestimmung relevanter Fakten enthält, wären diese Fakten mehrdeutig, d. h. sie könnten mehrere verschiedene Kontexte definieren, solange sie nicht interpretiert worden sind.

Offensichtlich benötigen wir einen umfassenderen Kontext, um festzulegen, welche der unendlich vielen Merkmale relevant sind und wie man jedes einzelne deuten soll. Doch wenn umgekehrt das Programm die Maschine befähigen soll, den weiteren Kontext anhand *seiner* relevanten Merkmale zu identifizieren – und nur so kann ein Computer vorgehen, der mit diskreten Elementen arbeitet –, dann gibt es zwei Möglichkeiten: Entweder muß der Programmierer davon ausgehen, daß einige Merkmale grundsätzlich relevant sind und eine kontextunabhängige feste Bedeutung haben – wobei diese Möglichkeit schon beim ersten Rückgriff auf den Kontext ausgeschlossen wurde –, oder der Programmierer ist zu einem unendlichen Rückgriff auf Kontexte gezwungen. Aus diesem Dilemma scheint es nur einen Ausweg zu geben: anstatt sich in der Hierarchie zu immer umfassenderen Kontexten hochzuarbeiten, muß sich der Computer von einem letzten, allgemeinsten Kontext herunterarbeiten – den Weizenbaum unsere gemeinsame Kultur nennt.

Glücklicherweise scheint es so etwas wie einen letzten Kontext zu geben, aber wie wir sehen werden, erweist sich dieser als ebenso unprogrammierbar wie der unendliche Regreß, den wir mit seiner Hilfe vermeiden wollten. Wie sich gezeigt hat, muß man sich auf einen umfassenderen Kontext berufen, um festzustellen, welche Fakten zum Erkennen einer akademischen oder einer geheimdienstlichen Situation relevant sind, und um diese Fakten zu interpretieren. So erkennen wir erst in einem weiter gefaßten Kontext sozialer Interaktion, daß wir normalerweise darauf achten müssen, wie Leute gekleidet sind und was sie tun, aber nicht darauf, wieviele Insekten im Raum sind oder auf die Wolkenbildungen um zwölf Uhr mittags oder eine Minute später. Und nur dieser umfassendere Kontext läßt uns erkennen, ob diese Fakten ihre normale Bedeutung haben.

Überdies können selbst die Fakten, die eine soziale Interaktion erkennbar machen, nur deshalb identifiziert werden, weil soziale Interaktion wiederum einen Spezialfall aller menschlichen Aktivitäten darstellt, zu denen auch Dinge gehören wie allein zu arbeiten oder ein Naturvolk zu erforschen. Und schließlich ist selbst das menschliche Tun und Treiben nur eine Unterklasse einer noch weiter gefaßten Situation – sagen wir, der menschlichen Lebenswelt –, die sogar auch solche Situationen umfassen müßte, an denen keine Menschen unmittelbar beteiligt sind.

Doch welche Fakten wären für die Erkennung dieser allgemeinsten Situation relevant? Oder ist es überhaupt sinnvoll, von einem „Erkennen" der Lebenswelt zu sprechen? Es scheint, daß wir diese letzte Situation einfach als selbstverständlich annehmen, weil wir Menschen sind. Wie Wittgenstein sagt:

Das Hinzunehmende, Gegebene – könnte man sagen – seien *Lebensformen*.[34]

Nun gut – was spricht dagegen, die bedeutsamen Merkmale der menschlichen Lebensform aus deren Innerem heraus explizit zu machen? In der Tat ist diese Lösung nach dem Vorbild des Deus ex machina seit zweitausend Jahren das unausgesprochene Ziel der Philosophen, und es dürfte uns kaum überraschen, wenn nichts außer einer Formalisierung der menschlichen Lebensform uns zur Künstlichen Intelligenz verhelfen könnte (was nicht heißen soll, daß sie der normalen Intelligenz zugrundeliegt). Aber wie sollen wir vorgehen? In allem, was unmittelbar oder mittelbar in unsere Erfahrung eingeht, spiegeln sich unsere menschlichen Interessen wider. Ohne ein *besonderes* Interesse, ohne eine *besondere* Orientierung, die uns die Auswahl und die Interpretation erleichtern, stehen wir wieder der Unendlichkeit bedeutungsloser Fakten gegenüber, der wir entfliehen wollten.

Offensichtlich führt der Versuch des KI-Forschers, intelligentes Verhalten zu produzieren, zu einem Widerspruch, denn er versteht unter Vernunft die Berechnung von Fakten, und er gibt zu, daß es nicht selbstverständlich, sondern kontextabhängig ist, welche Fakten relevant und bedeutsam sind. Die These auf der einen Seite lautet: Es muß immer wieder einen weiteren Kontext geben, sonst sind wir nicht in der Lage, relevante Fakten von irrelevanten zu unterscheiden. Demgegenüber lautet die Antithese: Es muß einen letzten, allgemeinsten Kontext geben, der keine Interpretation erfordert, andernfalls gibt es einen unendlichen Rückgriff auf Kontexte, und wir können niemals mit unserer Formalisierung beginnen.

Menschen scheinen eine dritte Möglichkeit zu haben, diesem Dilemma zu entkommen. Statt als eine Hierarchie von Kontexten wird jede gegenwärtige Situation als Fortführung oder Modifizierung der vorherigen empfunden. So übertragen wir aus der unmittelbaren Vergangenheit eine Menge von Erwartungen, die sich darauf stützen, was vor einem Moment von Bedeutung war. Dieser Übertrag gibt uns dann gewisse Richtlinien an, auf was wir besonders achten müssen.

Die Realisierung dieser Alternative in einem Computerprogramm löst jedoch das Problem der Kontexterkennung keineswegs, sondern macht lediglich aus einem unendlichen Regreß der Hierarchie einen solchen der Zeit. Wann beginnt eine Situation, die ein Mensch mit sich trägt? Für den Programmierer stellt sich die Frage so: Welche aus der unendlichen Menge von Fakten, die für die menschliche Lebensform relevant sind, wählen wir als erste aus, um einen Kontext zu bestimmen, den wir Schritt für Schritt bis in die Gegenwart weiterverfolgen? Die Antwort darauf scheint zu lauten: Menschen sind als Babies genetisch einfach so veranlagt, daß sie auf bestimmte Merkmale in ihrer Umgebung wie Brustwarzen und lächelnde Gesichter reagieren, die für ihr Überleben von entscheidender Bedeutung sind. Diese ersten Reflexe zu programmieren und den Computer lernen zu lassen, könnte ein Weg sein, das Problem der Kontexterkennung zu lösen, aber es gibt zwei wichtige Einschränkungen: Keine gegenwärtige Arbeit in der Künstlichen Intelligenz verfolgt diesen Ansatz.[35] Vielmehr versucht die KI-Forschung, wie sie gegenwärtig durch Feigenbaum, Simon, Minsky, Weizenbaum und andere vertreten wird, offensichtlich die voll ausgebildete Intelligenz des Erwachsenen zu erzeugen – so wie Athene ausgewachsen dem Haupt des Zeus entsprang. Außerdem ist keineswegs klar, daß der genannte Vorschlag das ursprüngliche Dilemma umgeht. Nicht erklärt wird die Entwicklung des Kindes von festgelegten Reaktionen auf festgelegte Merkmale der Umgebung zur Bestimmung der flexiblen Bedeutungen anhand des Kontextes, eine Fähigkeit, die selbst für die KI-Forscher den Erwachsenen ausmacht.

Ist das Kind erst einmal in der Lage, Bedeutungen aus der Situation heraus zu erschließen, kann eine vergangene Situation tatsächlich modifiziert werden, um zur gegenwärtigen zu gelangen. Der erste Übergang von festgelegten zu flexiblen Reaktionen, bleibt jedoch nach wie vor im Dunkeln. Entweder muß er als stetige Modifizierung der vorangegangenen Situation erklärt werden – dann setzen wir das voraus, was wir eigentlich erklären wollen, oder der sogenannte globale Kontext muß vermittels festgelegter kontextfreier Merkmale erkannt werden – dann haben wir das Problem ignoriert statt gelöst. Entweder können Kind oder Maschine relevante Fakten auswählen, allen ihre normale Bedeutsamkeit zuweisen und sich nach Bedarf auch über diese normalen Bedeutsamkeiten hinwegsetzen – dann gibt es keine Menge fester Merkmale, nicht einmal in der Welt des Kindes, denen man eine feste Bedeutsamkeit zuweisen kann, so daß sich kein Anfangsstadium des Prozesses ausmachen ließe, oder wir benötigen nichts weiter als feste Merkmale – aber dann müssen wir genau die Flexibilität, die wir erklären wollten, als illusorisch bezeichnen. Anscheinend gibt es keine Möglichkeit, eine Situation von außen zu erkennen.

Dennoch beobachten wir, daß Verallgemeinerung und Flexibilität nach und nach erlernt werden, aber nun steckt das ganze Problem in diesem Lernprozeß. Das Kind scheint ständig entweder komplexere feste Reaktionen zu entwickeln oder bereits spezifische Fakten anhand des Kontextes interpretiert zu haben und so ein ausgeprägteres Gefühl für die Situation zu gewinnen. Wenn wir die Hypothese der festgelegten Reaktionen als unangemessen ablehnen, weil sie auf den Erwachsenen nicht zutrifft, sehen wir uns erneut dem alten Widerspruch gegenüber: Entweder muß es einen ersten Kontext geben, den eine Maschine nicht erkennen kann, weil ihr zur Bestimmung seiner relevanten Merkmale eine vorangegangene Situation fehlt, oder es gibt einen Rückgriff auf Kontexte, der unendlich weit in die Vergangenheit zurückreicht, so daß die Maschine nie mit dem Erkennungsprozeß beginnen kann.

Wie Kant bemerkt hat, muß man zur Auflösung eines Widerspruchs die Annahme aufgeben, daß es nur die beiden bedachten Alternativen gibt. Für den, der versucht, *künstliche* Vernunft zu erzeugen, gibt es in der Tat nur diese beiden Alternativen.[36] Jedoch *muß* es noch eine weitere Alternative geben, da Sprache ja tatsächlich gebraucht und verstanden wird. Es muß einen Weg geben, die Fähigkeit, unabhängigen, neutralen Fakten eine bestimmte Bedeutung zuzuschreiben, anders als mit einem in sich widersprüchlichen Rückgriff auf Kontexte oder mit der nicht nachvollziehbaren Vorstellung eines zeitlich letzten Kontextes zu erklären. Der einzige Ausweg scheint zu sein, daß wir die Trennung zwischen Fakten und Situationen aufheben, die Weizenbaum wegen des schrittweisen Vorgehens eines Digitalcomputers zwingend annehmen mußte. Wenn wir – nach allgemeiner Übereinstimmung – unmöglich die Situation ausklammern und uns auf Fakten beschränken können, deren Relevanz und Bedeutsamkeit festgelegt und kontextunabhängig ist, dann bleibt als einzige Möglichkeit zur Aufhebung der Trennung, daß wir Fakten als Produkt der Situation begreifen. Dies würde auf die Behauptung hinauslaufen, daß Fakten überhaupt nur insofern existieren, als sie ihre Relevanz aus spezifischen Situationen beziehen. Dann löst sich auch das Problem, wie man von außen eine Situation erkennen kann, durch das Argument, daß ein intelligentes Wesen nur dann fähig ist, Fakten zu interpretieren, wenn es sich bereits in einer Situation befindet.

Teil III wird zeigen, wie weit diese letztgenannte Alternative möglich ist und wie sie auch mit anderen Bereichen des menschlichen Lebens zusammenhängt. Erst dann wird sichtbar, warum die Annahme von festgelegten Merkmalen empirisch unhaltbar ist, und auch, warum sich die menschliche Lebensform nicht programmieren läßt.

SCHLUSS

Bei der Betrachtung der vier Annahmen, die der optimistischen Bewertung von Ergebnissen der KI-Forschung zugrundeliegen, ließ sich eines immer wieder beobachten: Jedesmal wurde sie als unmittelbar richtig einleuchtend hingenommen – als ein Axiom, das selten deutlich gemacht und nie in Frage gestellt wurde. In Wirklichkeit aber erwies sich jede Annahme als ihre eigene Alternativhypothese, die zudem noch fragwürdig war. Die biologische Annahme, daß das Gehirn wie ein Digitalcomputer arbeitet, entspricht nicht mehr den Tatsachen. Die anderen führen zu begrifflichen Schwierigkeiten.

Die psychologische Annahme, daß das Gehirn nach einem heuristischen Programm verfährt, läßt sich vom empirischen Standpunkt aus nicht aufrechterhalten, und *apriorische* Argumente, die sie stützen sollen, können keine kohärente Diskursebene zwischen der physikalischen und der phänomenologischen Ebene einführen. Das heißt zwar nicht, daß die der Kognitiven Simulation gestellte Aufgabe hoffnungslos ist. Ohne eine Absicherung des psychologischen Axioms schwindet jedoch das einzige Argument, das einen Grund zur Hoffnung hätte geben können. Wenn man zu Recht hätte behaupten können, daß Informationsverarbeitung nach heuristischen Regeln ablaufen *muß*, dann wäre der Kognitiven Simulation die vielversprechende Aufgabe zugekommen, diese Regeln zu finden. Ohne die Stützung durch dieses Axiom werden jedoch alle Schwierigkeiten, mit denen die KS-Forschung in den letzten zehn Jahren bedrängt worden ist, erneut akut. Angesichts der wachsenden Zahl empirischer Befunde kann man nicht länger übersehen, daß menschliche und mechanische Informationsverarbeitung völlig unterschiedlich ablaufen.

Die KI-Forscher (die Ergebnisse der KS ebenso übernehmen wie Minsky sich an Simon anlehnt) haben Programme geschrieben, die dem Digitalcomputer erlauben, sich anhand logischer Operationen den Ergebnissen *anzunähern*, die Menschen erzielen, indem sie die Probleme der Formalisierung anscheinend eher umgehen als lösen. Doch die Formalisierung eingeschränkter Kontexte ist eine *ad hoc*-„Lösung", die das Problem unberührt läßt, wie man die Gesamtheit menschlichen Wissens, die jedem intelligenten Verhalten zugrunde liegt, formalisieren kann. Diese grundlegende Schwierigkeit wird weder in der erkenntnistheoretischen noch in der ontologischen Annahme sichtbar, die besagen, daß alles menschliche Verhalten sich in Regeln zerlegen läßt, die kleinste Fakten miteinander verknüpfen.

Aber die begrifflichen Schwierigkeiten, die diese Annahmen mit sich bringen, sind sogar noch gravierender als die im Gefolge der psychologischen Annahme. Daß diese Annahmen unweigerlich als letzte Basis einer Theorie der Praxis angesehen werden, führt zu einem Rückgriff auf immer spezifischere Regeln zur Anwendung von Regeln oder zu einem Rückgriff auf immer allgemeinere Kontexte zur Erkennung von Kontexten. Angesichts dieser Widersprüche sind wir zu der Annahme berechtigt, daß es auf der Ebene der Informationsverarbeitung – anders als auf der Ebene der physikalischen Gesetze – nicht möglich ist, menschliches Verhalten als regelgeleitete Verarbeitung einer Menge von Elementen zu analysieren. Und da die KI-Theoretiker kein Argument für die Annahme beibringen, daß menschliches Verhalten durch einen Digitalcomputer, der nach strikten Regeln eindeutig Bits bearbeitet, reproduzierbar sein *muß*, haben wir offensichtlich gute philosophische Gründe, diese Annahme zurückzuweisen.

Falls wir tatsächlich alle vier Annahmen ablehnen, werden die bis heute verfügbaren empirischen Daten eine neue Bedeutung erhalten. Mittlerweile ist nicht mehr selbstverständlich, daß man heuristische Suchstrategien einführen kann, die es dem Computer dank seiner Schnelligkeit und Genauigkeit erlauben würden, sich bis in jene Gebiete durchzukämpfen, in denen Menschen elegantere Techniken anwenden. Da uns jegliche *apriorische* Basis in dieser Richtung fehlt, müssen wir uns auf die bisher erzielten empirischen Ergebnisse beschränken. Daß rohe Gewalt bis zu einem gewissen Grad zum Erfolg führen kann, bestätigen uns die frühen Arbeiten in diesem Bereich. Die jetzigen Schwierigkeiten bei Spielen, Sprachübersetzung, Problemlösen und Mustererkennung zeigen jedoch die Grenzen unserer Möglichkeiten auf, eine Form der „Informationsverarbeitung" durch eine andere zu ersetzen. Nur Experimente können zeigen, wie weit neuere und schnellere Maschinen, bessere Programmiersprachen und leistungsfähigere heuristische Strategien diese Grenze nach hinten verschieben können. Doch die dramatische Verlangsamung in den Bereichen, die wir betrachtet haben, und das allgemeine Unvermögen, frühere Vorhersagen wahrzumachen, lassen vermuten, daß die Grenze vielleicht bald erreicht ist. Ohne die vier Annahmen als letzte Zuflucht müßte die momentane Stagnation Anlaß zum Pessimismus sein.

Dies hat natürlich tiefgreifende Konsequenzen für unsere philosophische Tradition. Falls die anhaltenden Schwierigkeiten, die alle Gebiete der Künstlichen Intelligenz heimgesucht haben, als Fehlschläge umgedeutet werden, muß man diese Mißerfolge als empirische Belege gegen die psychologische, die erkenntnistheoretische und die ontologische

Annahme bewerten. Man könnte mit Heidegger sagen: Wenn die Metaphysik der westlichen Welt ihren Gipfel in der Kybernetik erreicht, dann spiegeln die neueren Probleme in der Künstlichen Intelligenz weniger technische Beschränkungen wider, sondern zeigen vielmehr die Grenzen der Technik auf.

TEIL III

Alternativen zu den traditionellen Annahmen

EINLEITUNG

Die psychologischen, erkenntnistheoretischen und ontologischen Annahmen haben eines gemeinsam: Sie gehen davon aus, daß der Mensch ein *Apparat* ist, der regelgeleitet mit Daten rechnet, die die Form von atomaren Tatsachen haben. Diese Ansicht ist gleichsam als Flutwelle aus dem Zusammenfluß zweier mächtiger Ströme entstanden: erstens aus der platonischen Reduktion jeglichen Denkens auf explizite Regeln und eine Welt atomarer Tatsachen, auf die allein diese Regeln angewandt werden konnten, ohne den Gefahren bloßer Deutung anheimzufallen; zweitens aus der Erfindung des Digitalcomputers, einem Mehrzweck-Datenverarbeitungsgerät, das nach expliziten Regeln rechnet und Daten in der Form logisch voneinander unabhängiger atomarer Elemente aufnimmt. Einer anderen Kultur wäre der Digitalcomputer höchstwahrscheinlich als ein wenig erfolgversprechendes Modell zur Schaffung Künstlicher Intelligenz erschienen. In unserer Tradition hingegen scheint der Computer das Paradebeispiel logischer Intelligenz abzugeben, dem nur noch das richtige Programm fehlt, um an jener Eigenschaft teilzuhaben, die den Menschen auszeichnet: seiner Vernunft.

Die zweitausendjährige Tradition und ihr Produkt, die gewaltigste Erfindung, die jemals von Menschen hervorgebracht wurde, haben sich wechselseitig dermaßen verstärkt, daß diese Entwicklung nicht aufgehalten, nicht abgelenkt und noch nicht einmal vollständig verstanden werden kann. Wir können höchstens hoffen, Klarheit darüber zu gewinnen, daß die Richtung, die diese Entwicklung genommen hat – so unabwendbar sie auch sein mag – doch nicht die einzig mögliche Richtung ist; daß die Annahmen, die dem Glauben an die Möglichkeit Künstlicher Vernunft zugrunde liegen, Annahmen sind und nicht Axiome – kurz, daß es ein alternatives Verständnis der menschlichen Vernunft geben könnte, das sowohl erklärt, warum das Computer-Paradigma unwiderstehlich ist, als auch, warum es scheitern muß.

Eine solche alternative Ansicht muß viele Hürden überwinden. Das größte Hindernis ist, daß sie nicht als eine alternative wissenschaftliche Erklärung betrachtet werden kann. Denn was als „vollständige Beschreibung" oder als Erklärung gilt, das wird genau von jener Tradition bestimmt, zu der wir eine Alternative suchen. Wir werden eine Fähigkeit wie die Beherrschung einer natürlichen Sprache durch den Menschen nicht *verstanden* haben, solange wir nicht eine Theorie, ein formales System von Regeln gefunden haben, mit der sich diese Sprachkompetenz beschreiben läßt. Wir werden ein Verhalten wie den *Ge-*

brauch von Sprache nicht verstanden haben, solange wir dieses Verhalten nicht als eindeutige und genau definierbare Reaktion auf genau definierte Gegenstände in allgemein definierten Situationen begreifen können. Also hat sich das abendländische Denken bereits darauf festgelegt, was als Erklärung menschlichen Verhaltens zählen könnte. Es muß eine Handlungstheorie sein, die den Menschen als einen Apparat betrachtet, d. h. als einen Gegenstand, der auf die Einwirkungen anderer Gegenstände gemäß universalen Gesetzen oder Regeln reagiert.

Aber es ist gerade diese Art von Theorie, die nach zweitausend Jahren der Verfeinerung dennoch hinreichend problematisch geworden ist, um von Philosophen sowohl der anglo-amerikanischen als auch der kontinentalen Tradition verworfen zu werden. Es ist gerade diese Theorie, die bei der Erforschung Künstlicher Intelligenz auf eine Barriere gestoßen ist. Deshalb hat nicht eine bestimmte Erklärung versagt, sondern der ganze begriffliche Rahmen, der davon ausgeht, daß eine Erklärung menschlichen Verhaltens die platonische Form annehmen könne und müsse, die in der Physik so erfolgreich ist, daß Situationen wie physikalische Zustände behandelt werden können, daß die Welt des Menschen wie ein physikalisches Universum behandelt werden kann. Wenn dieser ganze Ansatz gescheitert ist, dann müssen wir als Alternative eine ganz andere *Art* der Erklärung vorschlagen. Es wird eine andere Art von Antwort auf die Frage „Wie bringt der Mensch intelligentes Verhalten hervor?" sein müssen oder sogar eine andere Art von Frage, denn die Idee, daß Verhalten „hervorgebracht" und nicht einfach gezeigt wird, ist selbst schon von der Tradition gefärbt. Ein Ergebnis muß auf irgendeine Weise hervorgebracht werden, und wenn es nicht auf eine klar bestimmte Weise hervorgebracht wird, dann scheint die einzige Alternative zu sein, daß es sich dabei um ein Wunder handelt.

Es gibt eine Art von Antwort auf diese Frage, die sich nicht von vornherein darauf festlegt, genaue, regelhafte Beziehungen zwischen präzise bestimmten Gegenständen zu finden. Diese Antwort hat die Form einer phänomenologischen Beschreibung des betreffenden Verhaltens. Auch sie kann uns zu Erkenntnissen verhelfen, wenn sie in der Lage ist, allgemeine Charakteristika des Verhaltens herauszufinden: Was geschieht, wenn wir einen Tisch oder ein Haus sehen oder, allgemeiner, wenn wir wahrnehmen, Probleme lösen, eine Sprache gebrauchen und so weiter? Eine derartige Darstellung kann sogar eine Erklärung genannt werden, wenn sie weitergeht und versucht, jene Grundzüge menschlicher Tätigkeit herauszufinden, die notwendige und hinreichende Bedingungen für alle Formen menschlichen Verhaltens sind.

Eine solche Erklärung knüpft an Aristoteles' Methode an, ohne jedoch seinen Argumenten und Beschreibungen zu folgen. Während Platon nach festen Kriterien suchte, bemühte sich Aristoteles, die allgemeine Struktur der Wahrnehmung und des Urteilsvermögens zu beschreiben. Aber seine Vorstellung, daß Handeln auf einem praktischen Syllogismus beruhe, zeigt, daß für Aristoteles der Mensch an den Grundfunktionen des Tieres Anteil hat, aber im Unterschied zu diesem die Fähigkeit zu rechnen und zu berechnen hat. Deshalb sind seine konkreten Beschreibungen ein weiterer Schritt in jener Tradition, die schließlich die Rationalität von der Tierhaftigkeit abtrennte und versuchte, das Rechnen ganz für sich selbst genommen zu simulieren.

Erst in jüngster Zeit, seitdem die volle Tragweite des Versuchs offensichtlich wurde, den Menschen als bloßen Gegenstand oder Apparat zu behandeln, haben Philosophen begonnen, einen neuen Ansatz auszuarbeiten. Die Pioniere waren Heidegger und Wittgenstein. Seither haben viele andere, vor allem Maurice Merleau-Ponty und Michael Polanyi, ganz eigenständig ähnliche Einsichten angewandt, gefestigt und verfeinert, und junge Denker wie Charles Taylor und Samuel Todes führen deren Forschungen fort. Wenn ich nun den Alternativansatz darlege, der sich ergibt, wenn man die drei Grundannahmen der Tradition mit einer phänomenologischen Beschreibung der Struktur menschlichen Verhaltens vergleicht, werde ich mich auf die Arbeit all dieser Philosophen stützen.

Ich bin mir bewußt, daß dieser Ansatz weniger exakt und weniger experimentell ist als der behavioristische und der intellektualistische – die beiden also, die er ersetzen soll.[1] Aber man darf sich nicht so stark von den formalisierbaren Aspekten einer Sache faszinieren lassen, daß man darüber die wesentlichen Fragen vergißt, die ursprünglich zu den Forschungen Anlaß gegeben haben. Auch sollte man auf experimentelle Resultate nicht so versessen sein, daß man weiter alte Techniken benutzt, die zwar funktionieren, aber schon lange nicht mehr zu neuen Einsichten führen. Chomsky gehört zu den wenigen Verhaltenswissenschaftlern, die diese Gefahr sehen:

Ohne den Kult des gebildeten Dilettantismus überbewerten zu wollen, muß man anerkennen, daß die klassischen Probleme eine Unmittelbarkeit und Signifikanz aufweisen, die in einem solchen Bereich der Forschung fehlen können, der durch die Anwendbarkeit gewisser Mittel und Methoden weit mehr bestimmt wird als durch die Probleme, die per se von grundlegendem Interesse sind.

Das bedeutet nicht, daß auf nützliche Mittel verzichtet werden soll; es geht vielmehr erstens darum, genug Perspektiven offen zu lassen, um das unvermeidliche Eintreten jenes Zeitpunktes abschätzen zu können, an dem die Forschung, die mit diesen Mitteln durchgeführt werden kann, nicht länger wichtig ist; und es geht zweitens darum, den Wert solcher Überlegungen und Einsichten zu bestimmen, die zutreffend, wenngleich auch vielleicht vage und verfrüht sind, und die, in einem gewissen Entwicklungsstadium der Methoden und des Verstehens, noch keine Wissenschaft ermöglichen.[2]

Wir werden uns diese Anregung zu Herzen nehmen und die drei Bereiche erkunden, die bei der Erforschung der Kognitiven Simulation und der Künstlichen Intelligenz zwangsläufig vernachlässigt werden, die jedoch allem intelligenten Verhalten zugrundezuliegen scheinen: die Rolle, die der *Körper* für die Organisation und Vereinheitlichung unserer Erfahrung spielt; die Rolle der *Situation*, die den Hintergrund abgibt, auf dem Verhalten zwar geordnet, aber dennoch nicht regelgeleitet ist; und schließlich die Rolle, die die *menschlichen Bedürfnisse und Zwecke* bei der Organisation dieser Situation spielen, so daß Gegenstände als relevant und zugänglich erkannt werden.

ERSTES KAPITEL

Die Rolle des Körpers beim intelligenten Verhalten

Die Anhänger der psychologischen und erkenntnistheoretischen Annahmen gehen davon aus, daß menschliches Verhalten als heuristisches Programm für einen Digitalcomputer formalisierbar sein muß. Sie sind gezwungen, eine Theorie des intelligenten Verhaltens zu entwickeln, ohne auf die Tatsache zurückzugreifen, daß der Mensch einen Körper hat – denn der Computer besitzt, zumindest auf der gegenwärtigen Entwicklungsstufe, offenkundig keinen. Mit der Idee, daß man getrost vom Körper absehen könne, folgen diese Denker der Tradition, die von Platon bis Descartes den Körper als etwas betrachtete, das der Intelligenz und der Vernunft im Wege steht, anstatt ihn als unverzichtbar anzusehen. Wenn sich der Körper als unentbehrlich für intelligentes Verhalten herausstellt, dann werden wir uns fragen müssen, ob der Körper von einem heuristisch programmierten Digitalcomputer simuliert werden kann. Wenn nicht, dann ist das Unternehmen ‚Künstliche Intelligenz' von Anfang an zum Scheitern verurteilt. Diesen Fragen müssen wir uns nun zuwenden.

Descartes, der als erster an die Möglichkeit von Robotern dachte, war auch der erste, der auf die grundsätzliche Unzulänglichkeit einer Maschine mit einer endlichen Anzahl von Zuständen hingewiesen hat. Er bemerkt im *Discours de la méthode:*

Sollten diese Maschinen auch manches ebensogut oder vielleicht besser verrichten als irgendeiner von uns, so würden sie doch zweifellos bei vielem anderen versagen, wodurch offen zutage tritt, daß sie nicht aus Einsicht handeln, sondern nur zufolge der Einrichtung ihrer Organe. Denn die Vernunft ist ein Universalinstrument, das bei allen Gelegenheiten zu Diensten steht, während diese Organe für jede besondere Handlung einer besonderen Einrichtung bedürfen; was es unwahrscheinlich macht, daß es in einer einzigen Maschine genügend verschiedene Organe gibt, die sie in allen Lebensfällen so handeln ließen, wie uns unsere Vernunft handeln läßt.[1]

Obschon er sich des Unterschieds zwischen einer Situation und einem physikalischen Zustand nicht bewußt war, hat Descartes bereits gesehen, daß der menschliche Geist mit einer unendlichen Anzahl von Situationen zurechtkommt, während eine Maschine dagegen nur eine begrenzte Menge von Zuständen besitzt: Ihre Unzulänglichkeit zeigt sie spätestens dann, wenn sie unangemessen reagiert. Diese innere Begrenztheit eines Mechanismus, so behauptet Descartes, zeigt die Notwendigkeit, für den Menschen eine *immaterielle Seele* anzunehmen:

Das ist sicher ein interessantes Argument, und möglicherweise ist irgendeine seiner Versionen in der Tat schlüssig. Seine Plausibilität beruht jedoch auf der Annahme, daß ein Roboter nur eine relativ geringe Anzahl von Zuständen haben kann. Wenn in einem modernen Computer die Anzahl möglicher Zustände in der Größenordnung von $10^{10^{10}}$ liegt, dann ist unklar, welche Beweiskraft der Einwand von Descartes heute noch besitzt. Eine derartige Maschine könnte, wenigstens im Prinzip, auf eine unendlich erscheinende Anzahl von Situationen reagieren. Dadurch wäre sie aus der Sicht von Descartes von einem menschlichen Wesen nicht mehr zu unterscheiden und würde sein Argument zunichte machen, demzufolge intelligentes Verhalten nur dann möglich ist, wenn der reagierende Mechanismus irgendwie einer immateriellen Seele anhaftet. Es läßt sich jedoch ein neuer Einwand erheben, in gewissem Sinn das genaue Gegenteil von Descartes' Vorbehalt. Es könnte immer noch zutreffen, daß ein Gehirn in einer Flasche oder ein Digitalcomputer nicht fähig sind, auf neue Arten von Situationen zu reagieren, weil unsere Fähigkeit, mit Situationen umzugehen, nicht nur von der Flexibilität unseres Nervensystems abhängen könnte, sondern ebenso von unserer Fähigkeit, uns praktisch zu betätigen. Nach einigen Versuchen, eine solche Maschine zu programmieren, könnte sich zeigen, daß sich Menschen von Maschinen, so raffiniert sie auch immer konstruiert sein mögen, nicht durch eine losgelöste, universale, immaterielle Seele unterscheiden, sondern durch einen materiellen, in einen situativen Kontext einbezogenen Körper.

In der Tat ist es die körperliche Seite intelligenten Verhaltens, die der KI-Forschung die meisten Schwierigkeiten bereitet hat. Simon, den die Fehlschläge der letzten zwanzig Jahre nur geringfügig entmutigt haben, hat heute den Eindruck, daß „Maschinen innerhalb von *zwanzig* Jahren in der Lage sein werden, jede Arbeit zu tun, die ein Mensch verrichten kann".[2] Er räumt jedoch ein: „Die Automatisierung eines flexiblen Zentralnervensystems wird lange vor der Automatisierung eines vergleichbar flexiblen Wahrnehmungs-, Steuerungs- und Fortbewegungssystems möglich sein."[3] Wie aber steht es mit dieser Vorhersage, wenn die Arbeit des Zentralnervensystems vom motorischen System abhängt, oder, um es phänomenologisch auszudrücken, wenn die „höheren", eindeutigen, logischen und abstrakten Funktionen des Denkens mit Notwendigkeit aus den umfassenden und situationsgebundenen „niederen"

Funktionen stammen und von diesen angeleitet werden? Simons Optimismus, der sich auf die drei Annahmen der KI-Forschung wie der traditionellen Philosophie stützt, wäre dann ganz und gar unangebracht.

Die Widerspenstigkeit der „niederen" Funktionen hat ironischerweise dazu geführt, daß die Computertechnologie ihren größten Erfolg mit der Simulation der sogenannten höheren Denkfunktionen hatte – jenen, die früher als ein menschliches Privileg betrachtet wurden. Computer können hervorragend mit künstlichen Sprachen und abstrakten logischen Relationen umgehen. Demgegenüber hat ausgerechnet jener Bereich der Intelligenz, den wir mit Tieren gemeinsam haben, z. B. die Mustererkennung (neben dem Gebrauch von Sprache, der tatsächlich auf den Menschen beschränkt sein dürfte), der Simulation durch Maschinen widerstanden.

Betrachten wir erneut den Holismus, dem wir schon in zwei verwandten Bereichen begegnet waren, in denen die KI-Forschung die anfänglichen Erwartungen nicht erfüllt hat: beim Schachspiel und bei der Mustererkennung. Bei meinen bisherigen Versuchen zur Erklärung dieser Mißerfolge wies ich nach, daß die in Frage kommenden Aufgaben gar nicht formalisiert werden können, und isolierte diese nicht-formalen Formen der „Datenverarbeitung". Jetzt werde ich zu zeigen versuchen, daß diese nichtformalisierbaren Formen der „Datenverarbeitung" nur von Wesen bewältigt werden können, die mit einem Körper ausgestattet sind.

Um dies deutlich zu machen, müssen wir als erstes das strukturelle Erkennen beim Menschen genauer betrachten. Mit Hilfe von Begriffen aus der Phänomenologie werde ich zu zeigen versuchen, auf welche Weise strukturelles Erkennen eine gewisse Art von unbestimmter, globaler Erwartung erfordert. Diese Erwartung oder Einstellung ist charakteristisch sowohl für unseren Körper als „Maschine" aus Nerven und Muskeln, deren Funktion vom Anatomen studiert werden kann, als auch für unseren Körper, wie wir ihn selbst erfahren, als unsere Kraft, Gegenstände in der Welt zu bewegen und zu handhaben. Ich werde den Standpunkt vertreten, daß ein Körper in diesem Sinn nicht durch einen heuristisch programmierten Digitalcomputer reproduziert werden kann – selbst dann nicht, wenn er Räder und Greifarme besitzt. Gerade weil wir einen Körper haben, sind wir in der Lage, Aufgaben zu bewältigen, die jenseits der Fähigkeiten eines jeden heuristisch programmierten Roboters liegen.

Die beschränkte Anwendbarkeit von Programmen zur Mustererkennung legt die Vermutung nahe, daß dies beim Menschen mehr ist als die gründliche Überprüfung von Merkmalslisten. In der Tat haben Phänomenologen und Gestaltpsychologen darauf hingewiesen, daß unser Erkennen gewöhnlicher räumlicher oder zeitlicher Gegenstände keineswegs so zu funktionieren scheint, daß Listen isolierbarer, neutraler, spezifischer Merkmale durchgegangen werden. Zum Beispiel erhalten beim Erkennen einer Melodie die Noten ihren Wert, indem wir sie als Teil der Melodie wahrnehmen, statt daß wir die Melodie anhand von Noten erkennen, die unabhängig voneinander identifiziert werden. Entsprechend gibt es auch bei der Wahrnehmung von Gegenständen keine neutralen Merkmale. Dieselbe undeutliche Schicht, die ich als Staub ausmache, wenn ich glaube, einen wächsernen Apfel vor mir zu haben, erscheint mir als Feuchtigkeit, wenn ich glaube, daß es sich um einen frischen Apfel handelt. Die Bedeutung der Details und sogar ihr Aussehen selbst wird von meiner Wahrnehmung des Ganzen bestimmt.

Das Erkennen gesprochener Sprache bietet den schlagendsten Beweis für den globalen Charakter unserer Erfahrung. Von Zeit zu Zeit haben Leute wie Rosenblatt waghalsige Voraussagen gemacht über mechanische Sekretäre, in die (oder zu denen) man würde sprechen können und deren Programme die Laute in Worte zerlegen und das Ergebnis austippen würden. In Wirklichkeit weiß niemand, wie man einen solchen geistreichen Apparat herstellen kann. Fortschritte auf diesem Gebiet sind unwahrscheinlich, da die Untersuchungen bisher gezeigt haben, daß dieselbe physikalische Konstellation von Schallwellen als durchaus verschiedene Phoneme gehört wird – je nachdem, welche Bedeutung erwartet wird.

Oettinger hat diesem Problem beträchtliche Aufmerksamkeit geschenkt. Es lohnt sich, seine Analyse im einzelnen wiederzugeben: zum einen, weil das Problem strukturellen Erkennens an sich wichtig ist, zum anderen, weil dadurch das veranschaulicht wird, was wir inzwischen als typisch für die Erforschung Künstlicher Intelligenz kennengelernt haben: Nach anfänglichen Erfolgen kommt es zu vergeblichen Versuchen, die Forschungsergebnisse zu verallgemeinern.

Man hatte erhebliche Anfangserfolge, Apparate zu konstruieren, die eine fortlaufend gesprochene Lautkurve zu einer Reihe von einzelnen, unterschiedlichen Phonemen aufbereiteten. Während die Phonemanalyse in diesem Bereich vorherrschend war, wurden doch auch zahlreiche andere Ansätze verfolgt, um mit dem Problem der Decodierung fertig zu werden. Alle hatten gewisse Anfangserfolge gemeinsam, und doch hat sich bis jetzt keiner als hinreichend ausbaufähig erwiesen: Man hat nicht mehr erreicht, als bloß die Sprache einiger weniger bestimmter Individuen zu erkennen oder einige wenige bestimmte Lautmuster, ob es sich dabei nun um Phoneme oder Wörter handelt oder was auch immer.

Das alles ist schön und gut, solange man bereit ist, sich mit einem recht beschränkten Universum von Sprechern oder Lauten oder von beidem zufriedenzugeben.

Innerhalb dieser Grenzen lassen sich einige Kunststücke durchführen. Es gibt inzwischen eine Menge Maschinen, die zwischen 20 und 100 verschiedene Lautmuster erkennen, von denen einige sehr kompliziert sind. Gewöhnlich besteht der Kunstgriff ungefähr darin, daß man eine Reihe von Merkmalen identifiziert, diese als Koordinaten eines abstrakten Raums behandelt und dann Ebenen legt, die, wenn man so will, verschiedene Areale dieses Raums abriegeln. Wenn Ihr Sprechereignis irgendwo in eines dieser Areale fällt, dann sagen Sie, daß es sich um diesen Laut handelt, und Sie erkennen ihn.

Dieses Spielchen ist recht erfolgreich im Bereich zwischen etwa zwanzig und hundert verschiedenen Gegenständen. Darüber hinaus jedoch werden diese Areale so klein und eng zusammengedrängt, daß sich keine verläßlichen Unterteilungen mehr erzielen lassen und die ganze Sache ins Wasser fällt.[4]

Dies führt Oettinger zu einer ausgesprochen phänomenologischen Beobachtung:

Vielleicht ... kommt in der Wahrnehmung wie in der bewußten wissenschaftlichen Analyse das Phonem erst nach der Tatsache, das heißt ..., wenn es überhaupt konstruiert wird, dann als eine *Folge* der Wahrnehmung und nicht als ein Schritt im Wahrnehmungsprozeß selbst.[5]

Das würde bedeuten, daß die gesamte Bedeutung eines Satzes (oder einer Melodie oder eines Gegenstandes der Wahrnehmung) den Wert bestimmt, der den einzelnen Elementen zuzuschreiben ist.

Oettinger zieht diesen Schluß nur widerwillig:

Das treibt mich zu der unpopulären und möglicherweise unfruchtbaren Ansicht, daß hier vielleicht eine Art von Gestaltwahrnehmung abläuft, daß Sie mir hier zuhören und die Bedeutung dessen, was ich sage, als Ganzes zu Ihnen durchdringt. Und wenn Sie sich überhaupt darum kümmern, halten Sie erst im nachhinein inne und sagen: „Also, dies hier war ein Satz, und die Wörter darin gehörten zu dieser oder jener Art; hier war vielleicht ein Hauptwort und hier ein Vokal, und dieser Vokal war jenes Phonem, und der Satz ist ein Aussagesatz usw."[6]

Die Phänomenologen sind nicht darauf angewiesen, die Struktur so aufzuschlüsseln, daß sie von einem Digitalcomputer erkannt werden kann. Sie sind zwar nicht so überrascht, aber dennoch genauso fasziniert vom Gestaltcharakter der Wahrnehmung. Sie haben ihn denn auch in ihrer Darstellung der Wahrnehmungshorizonte systematisch studiert. Zwei Formen von Bewußtsein spielen dabei eine Rolle. Erstens gibt es das fundamentale Figur-Grund-Phänomen, das für jede Wahrnehmung notwendig ist: Was auch immer aus unserer Erfahrung hervorsticht und unsere Aufmerksamkeit auf sich zieht, erscheint stets auf einem Hintergrund, der mehr oder weniger unbestimmt bleibt. Dieser Hintergrund, der selbst niemals genauer bestimmt zu werden braucht, beeinflußt das Erscheinen dessen, was wir bestimmter wahrnehmen, indem er es als einheitliche, begrenzte Figur erscheinen läßt. In Rubins berühmter Kippfigur (Abb. 3) gehört „die Umrißlinie, welche die Figur vom Hintergrund trennt, ... allein zur Figur und wechselt ihre Form radikal, wenn eine Figur-Hintergrundumkehrung auftritt."[7] Die Figur hat also spezifische feststehende Charakteristika, während der Hintergrund lediglich gekennzeichnet werden kann als ‚das, was nicht die Figur ist'.

Abb. 3

Diese Unbestimmtheit spielt eine entscheidende Rolle in der menschlichen Wahrnehmung. Merleau-Ponty macht darauf aufmerksam, daß der größte Teil dessen, was wir erfahren, im Hintergrund bleiben muß, damit etwas im Vordergrund wahrgenommen werden kann.

Wenn die Gestaltpsychologie lehrt, daß eine Figur auf einem Untergrund das Einfachste ist, was uns sinnlich gegeben zu sein vermag, so konstatiert sie nicht lediglich einen kontingenten Charakter faktischen Wahrnehmens, der es etwa noch zuließe, gleichwohl in die „Wesens"-Beschreibung der Wahrnehmung den

Begriff der Impression aufzunehmen. Vielmehr definiert sie das Wahrnehmungsphänomen als solches ... Stets liegt das „Etwas" der Wahrnehmung im Umkreis von Anderem, stets ist es Teil eines „Feldes".[8]

Es ist dieser Grund oder äußere Horizont, wie Edmund Husserl, der Begründer der Phänomenologie, ihn nannte, der in unserem Schach-Beispiel unbestimmt bleibt und gleichwohl den Kontext für das Einschätzen der jeweiligen Zugmöglichkeiten liefert: Man behält stets ein Gespür für die Auswirkung des einzelnen Zugs auf den Gesamtverlauf des Spiels. Auf ähnliche Weise dürfte unser Sinn für den Gesamtzusammenhang unsere Wahrnehmung der Einzelheiten beim Verstehen eines Satzes organisieren und anleiten. Für einen Computer, der jede Information entweder explizit oder gar nicht aufnimmt, könnte es keinen äußeren Horizont geben. Jede zu berücksichtigende Information müßte genauso bestimmt sein wie die Figur. Das führt zu den umständlichen Berechnungen, die wir in Schachprogrammen kennengelernt haben und die Oettinger bei den Sprachprogrammen beklagt.

Der äußere Horizont beschreibt mithin, wie Hintergrund-„Informationen" über das jeweilige Gespräch oder Spiel übergangen werden, ohne ausgeklammert zu bleiben. Er beschreibt jedoch nicht, auf welche Weise der Hintergrund die Informationen liefert, die dazu beitragen, daß der Spieler sich eher auf das eine statt auf das andere Gebiet des Schachbretts konzentriert. Er beschreibt auch nicht, wie unsere Erwartung einer Satzbedeutung das Verständnis der Satzelemente determiniert, sobald sie auftauchen. Um dies zu verstehen, müssen wir die zweite Form der Unbestimmtheit der Wahrnehmung betrachten, die von Husserl und den Gestaltpsychologen untersucht wurde: das, was Husserl den inneren Horizont nennt. Dieses Etwas-mehr-als-die-Figur ist hier nicht so unbestimmt wie der äußere Horizont. Wenn wir einen Gegenstand wahrnehmen, sind wir uns bewußt, daß er mehr Seiten hat, als wir im Augenblick in Erwägung ziehen. Wenn wir diese anderen Seiten erst einmal kennengelernt haben, dann werden sie als ebenso gegenwärtig erfahren wie das, was unmittelbar zutage tritt. Wir sagen deshalb unter normalen Umständen, daß wir den ganzen Gegenstand wahrnehmen, auch seine versteckten Seiten, weil diese ebenfalls unsere Wahrnehmung direkt beeinflussen. So nehmen wir von einem Haus zum Beispiel mehr wahr als bloß eine Fassade, weil es eine Rückseite, einen inneren Horizont hat. Wir reagieren zuerst auf den ganzen Gegenstand und fügen dann, wenn wir ihn besser kennengelernt haben, die Einzelheiten seiner inneren Beschaffenheit und seiner Rückseite ein. Eine Maschine ohne einen entsprechenden inneren Horizont müßte die

Informationen in umgekehrter Reihenfolge verarbeiten: vom Detail zum Ganzen. Die Maschine würde ein bestimmtes Merkmal eines Gegenstandes entweder über ihre Rezeptoren aufnehmen oder es ignorieren. Alle Zusatzinformationen über weitere Seiten des Gegenstandes müßten wie in Minskys Modell ausdrücklich gespeichert worden sein, oder sie müßten bei Bedarf wiederum abgezählt werden. Dieses Fehlen von Horizonten ist der entscheidende Unterschied zwischen einem Bild im Film oder im Fernsehen und derselben Szene, wie sie von einem Menschen erfahren würde.

Erfaßt im Film die Kamera einen Gegenstand und nähert sich ihm, um ihn in Großaufnahme zu zeigen, so können wir uns allerdings *erinnern*, daß es sich um den zuvor schon vorhandenen Aschenbecher oder um die Hand des vorher gesehenen Schauspielers handelt, wirkliche Identifikation vollziehen wir nicht; denn die Leinwand hat keinen Horizont.[9]

Beim Schach und beim Verstehen von Sätzen spielt dasselbe Phänomen eine entscheidende Rolle. Unser Sinn für die gesamte Situation, für den äußeren Horizont, und unsere frühere Erfahrung mit dem speziellen Gegenstand oder der betreffenden Struktur, mit dem inneren Horizont, vermitteln uns einen Sinn für das Ganze und leiten uns beim Einfügen der Details an.[10]

Man bemerkt diesen Prozeß am ehesten, wenn er zusammenbricht. Wenn Sie nach einem Glas Wasser greifen und versehentlich Milch nehmen, dann werden Sie auf den ersten Schluck mit völliger Verwirrung reagieren. Es wird nicht wie Wasser schmecken, aber auch nicht wie Milch. Sie haben den Mund voll mit etwas, das dem nahekommt, was Husserl reine sinnliche Materie nennt, und wollen es natürlich ausspuken. Wenn es Ihnen dagegen gelingt, den umfassenden Sinn rasch zu finden, dann können Sie rechtzeitig zu sich kommen und die Milch als Milch akzeptieren. Mit den weiteren Eigenschaften der Milch – ob sie frisch oder sauer ist, ob es sich um Buttermilch oder Magermilch handelt – werden Sie dann ohne Schwierigkeiten zurechtkommen.

Man kann sich natürlich fragen, woher man soviel weiß, daß man eher auf „Milch" kommt als etwa auf „Benzin". Braucht man nicht irgendwelche neutralen Merkmale, um mit dem Prozeß des Erkennens zu beginnen? Die scheinbare Hellseherei des Wahrnehmenden ist so paradox, daß man versucht ist, das Computermodell trotz seiner Schwierigkeiten zu übernehmen. Der Prozeß erscheint jedoch weniger mysteriös, wenn wir uns daran erinnern, daß jede neue Bedeutung im Rahmen eines äußeren Horizonts gegeben ist, den wir bereits organisiert haben – in diesem Fall im Rahmen einer Mahlzeit, die in uns bereits gewisse Erwartungen geweckt hat. Es ist auch wichtig, daß wir manchmal *tatsächlich* eine falsche Bedeutung übermitteln. In diesen Fällen ergeben die ankommenden Informationen überhaupt keinen Sinn, und wir müssen eine neue *Gesamt*hypothese aufstellen.

Ein Computer hingegen, der nach streng festgelegten Regeln mit vollständig definierten Daten arbeiten muß, könnte bestenfalls darauf programmiert werden, eine Reihe von Hypothesen auszuprobieren, um zu sehen, welche am besten mit den eingegebenen Daten übereinstimmt. Aber dieses Verfahren ist weit entfernt von der flexiblen Interaktion zwischen wenig festgelegten Daten und wenig festgelegten Erwartungen, die für das strukturelle Erkennen des Menschen charakteristisch zu sein scheint.

Wie zu erwarten, sind die Computerfachleute diesem Problem aus dem Weg gegangen, und zwar wiederum mit der Rückendeckung der philosophischen Tradition und der Erfolge der Physik. Die Philosophen haben sich den Menschen als kontemplativen Geist vorgestellt, der die Daten über die Welt passiv empfängt und sie dann zu einer Ordnung fügt. Die Physik hat diese Vorstellung plausibel gemacht, indem sie das Gehirn als physikalischen Gegenstand betrachtete. Das Gehirn empfängt demnach passiv Energie aus der physikalischen Welt und verarbeitet sie unter den Bedingungen seines gegenwärtigen Zustands, der selbst eine Funktion früherer Energieimpulse ist. Wenn man die Auffassung von der Passivität des Geistes akzeptiert und nicht zwischen der Ebene physikalischer Verarbeitung und der Ebene der „Informationsverarbeitung" unterscheidet, dann scheint es einleuchtend zu sein, daß der Geist wie ein Computer einfach mit feststehenden Informationen gefüttert wird. In seiner Einleitung zum Computerheft der Zeitschrift *Scientific American* verwechselt McCarthy ganz naiv Gehirn und Geist, Energie und Information, so daß sich die Passivität des Computers geradezu als Modell für menschliche „Datenverarbeitung" anbietet.

Auch das menschliche Gehirn empfängt ein Input an Information, verknüpft es mit Informationen, die irgendwie in ihm gespeichert sind, und gibt ein Output an Information an seine Umgebung ab.[11]

Neisser ist da viel subtiler. Auch er unterschätzt die Probleme, die sich durch die Rolle der Erwartung ergeben, aber seine psychologischen Forschungen haben ihn wenigstens dazu geführt, den Bedarf an „ganzheitlichen Operationen" anzuerkennen, „welche die Einheiten bilden, auf die hin die Aufmerksamkeit dann gerichtet werden kann".[12] Er versucht, diesen Umstand in das Modell eines Digitalcomputers einzubauen, dem er sich insgesamt verschrieben hat. Das Ergebnis ist eine Verwirrung zwischen dem, was „global oder holistisch" innerhalb der Gestaltanalyse bedeutet, und dem, was es innerhalb eines Computerprogramms zu bedeuten hätte. Diese Verwirrung ist so entlarvend, daß es sich lohnt, sie im Detail zu verfolgen.

Eine allgemeine Charakterisierung der Gestalt oder des globalen Phänomens lautet: Die Interpretation eines Teils hängt vom Ganzen ab, in das er eingebettet ist. Das ist allerdings zu allgemein. Eine solche Definition erlaubt es zum Beispiel Minsky, das ganze Problem zu umgehen. In seinem Artikel im *Scientific American* spricht er davon, daß Evans' Analogielösungsprogramm in der Lage sei, „einen ‚globalen' Aspekt der Situation zu erkennen".[13] Nun stellt sich allerdings folgendes heraus: Auf der Grundlage seiner Berechnungen über lokale Merkmale einer Figur zerlegt sein Programm zwei überlagerte Figuren eher auf die eine als auf die andere Weise. Daran ist allerdings nichts, was einen überraschen oder interessieren könnte, der sich mit der Funktionsweise der Gestaltanordnung in unserer Erfahrung beschäftigt.

Um unterscheiden zu können zwischen den ganzheitlichen Prozessen, die Neisser interessieren, und dem, was Minsky globales Erkennen nennt, brauchen wir eine präzisere Beschreibung der Gestalt. Neisser gibt eine solche Beschreibung am Beispiel einer zeitlichen Gestalt, eines Rhythmus (eines Lieblingsbeispiels der Gestaltpsychologen):

Die Teile (einzelne Takte) erhalten ihre Bedeutung aus dem Ganzen, obwohl dieses Ganze in keinem Moment existiert. Man könnte sagen, es existiere im Geist der Versuchsperson als ein Vorhaben, eine Gestalt ...[14]

Das entscheidende Charakteristikum dieser Gestaltinterpretation, daß nämlich *durch das Ganze bestimmt wird, was als Teil zählt*, fehlt in Minskys Beispiel. Es muß dort fehlen, da für einen Digitalcomputer jedes komplexe Ganze als Kombination von ihm *unabhängig definierter* Elemente konstruiert werden muß. In Minskys Beispiel haben die Elemente bereits eine präzise Bedeutung (oder besser: zwei mögliche präzise Bedeutungen), und es geht lediglich um die Frage, welche von beiden Interpretationen angemessener ist. Diese Frage wird dann aufgrund bestimmter lokaler Merkmale der Figur entschieden.

Dagegen führt uns Neisser zum Kern des Problems, wenn er die „intentionale Vorstellung" als jene Erwartung beschreibt, die eine Folge von Einzelschlägen in Rhythmen unterteilt. Es fragt sich, wie die teilweise feststehenden Erwartungen, die beim Spielen, am strukturellen Erkennen und an intelligentem Verhalten ganz allgemein beteiligt sind, von einem heuristisch programmierten Computer so simuliert werden können, daß er nicht bloß passiv Daten aufnimmt, sondern selbst Erwartungen im Hinblick auf wichtige Informationen hat. Besonders für Neisser stellt sich das Problem, wie sich seine Gestaltanalyse mit einem Computermodell der menschlichen Leistungen vereinbaren läßt.

Neisser glaubt, eine Lösung zu haben. Er diskutiert unsere sprachliche Tätigkeit als Beispiel für den Gestalteffekt und glaubt, in den grammatischen Regeln die Ganzheiten gefunden zu haben, in die sich die Wörter als Teile einbetten lassen.

> Dies sind strukturelle Regeln. Das heißt, sie schreiben nicht vor, welche Wörter verwendet werden müssen, sondern vielmehr, wie diese Wörter untereinander und mit dem Satz als Ganzem in Beziehung zu setzen seien.[15]

Aber das ist keine Lösung. Im Falle des Rhythmus *bestimmt das Ganze, was als Element zählt*, denn so etwas wie einen isolierten, synkopierten Schlag gibt es zum Beispiel nicht. Im Falle der Sprache jedoch haben die Wörter für Neisser bereits eine feststehende Menge von möglichen Bedeutungen, und die Grammatik liefert eine Regel, die es erlaubt, eine Bedeutung auszuwählen und mit anderen zu kombinieren. Die Elemente sind in diesem Fall vollständig festgelegt und können unabhängig von den Regeln definiert werden. Es ist daher irreführend, wenn Neisser zu dem Schluß kommt:

> Ein Satz ist mehr als die Summe seiner Teile. Dieser Slogan ist nicht unbekannt. Vor langer Zeit verwendeten ihn die Gestaltpsychologen, um die ganzheitlichen Aspekte der visuellen Wahrnehmung zu beschreiben.[16]

Diese Verwirrung findet sich versteckt schon in Neissers Darstellung der Erwartung, die beim Hören eines Rhythmus beteiligt ist. Die oben zitierte Beschreibung schließt folgendermaßen: Die Erwartung „existiere im Geist der Versuchsperson als ein Vorhaben, eine Gestalt, *ein Plan, eine Beschreibung der Wiedergabe, welche ohne weiteres Aufheben ausgeführt werden kann.*"[17] Dieses Hinübergleiten von der Erwartung einer Gestalt zum vorprogrammierten Plan ist eine Verwechslung, die durch das Computermodell erzwungen wird: Eine Gestalt bestimmt, was zu den Elementen zählt, die sie anordnet; ein Plan oder eine Regel hingegen ordnet einfach Elemente an, die unabhängig davon bestimmt sind. Außerdem gilt: Ebenso wie die Einzelteile (die Schläge) nicht unabhängig von der Gestalt bestimmt werden können, ist umgekehrt die Gestalt (der Rhythmus) nichts anderes als die Anordnung der Einzelteile. Ein Plan läßt sich dagegen unabhängig von den Einzelteilen als Regel oder als Programm formulieren. Neissers Computermodell geht von einem formalen Programm aus, das eigenständig definiert und gespeichert wird – unabhängig von der Definition der Dateneinheiten, die das Programm organisiert. Dieses Modell zwingt Neisser offensichtlich dazu, seinen Gestalt-Beispielen untreu zu werden. Dieser Unterschied wird von allen Modellen der Kognitiven Simulation vernachlässigt, und dennoch ist er das Wesentliche an der Einsicht der Gestaltpsychologen. Daraus nämlich erklärt sich, warum das strukturelle Erkennen beim Menschen im Vergleich zu Maschinen so flexibel ist.

Bislang waren Computerprogramme nicht in der Lage, dieser wechselseitigen Abhängigkeit von Teilen und Ganzem gerecht zu werden. Neisser sieht dieses Problem selbst und wirft unversehens ein neues Licht auf den wichtigen Unterschied zwischen mechanistischen und Gestalt-Modellen von psychologischen Prozessen. Er stellt dem digitalen Modell neuraler Prozesse, wie es von Transformationsgrammatikern vertreten wird, das Analogmodell des Gehirns gegenüber, für das die frühen Gestaltpsychologen eingetreten sind:

Sie [die Gestaltpsychologen] waren „Nativisten" und glaubten, daß die Prozesse der Wahrnehmung weitgehend durch notwendige und angeborene Prinzipien bestimmt werden, nicht aber aufgrund von Erfahrung und Lernen. Die richtige Bildorganisation ... ging auf Prozesse im Gehirn zurück, die unveränderlichen (und ganzheitlichen) Gesetzen der Physik und Chemie folgten. Die wahrgenommene Welt nahm immer die „beste", „strukturell einfachste" Form an, dank eines Gleichgewichtsprinzips, das über jedem möglichen Lern- oder Übungseffekt stand.[18]

Im Analogmodell der Hirnfunktionen werden die Informationen durch Gleichgewichtskräfte zu einem einheitlichen Ganzen integriert statt durch Ein- und Ausschaltungen verarbeitet. Ein derartiges Modell war nötig, wenn die Gestaltpsychologen die Rolle globaler Erwartungen bei der Strukturierung von Erfahrung erklären sollten. Sie mußten deshalb mit der rationalistischen Tradition brechen, die von Descartes bis Kant reicht. Diese stellte sich den menschlichen Geist als etwas vor, das selbständig bestehende, angeborene Prinzipien (Descartes) oder Regeln (Kant) auf eine ansonsten unstrukturierte Erfahrung anwendet. Diese rationalistische Vorstellung eignet sich hervorragend für das Computermodell, wenn man zusätzlich eine minimale Menge feststehender Erfahrungsdaten zuläßt. Die Gestaltpsychologen erkannten demgegenüber, daß ihre Organisationsprinzipien – ähnlich wie die Gleichgewichtsmuster geladener Teilchen auf gekrümmten Flächen – nicht unabhängig von den Einzelteilen sind, die sie strukturieren. Selbst wenn das Digitalmodell damals schon existiert hätte, so würden die Gestaltpsychologen es verworfen haben.[19]

Neisser bemerkt das jedoch nicht. Er hält das Digitalmodell mit den eingebauten Regeln, das die Linguisten vorgeschlagen haben, für einen Fortschritt gegenüber dem Analogmodell der Gestaltpsychologie. Neissers Lob des linguistischen „Fortschritts" unterschlägt natürlich die Schwierigkeiten der KI-Forschung, die letzten Entwicklungen der Neurophysiologie und die Gründe, warum die Gestaltpsychologen das Analogmodell überhaupt vorgeschlagen haben. Deshalb ist seine Argumentation zurückzuweisen:

Den Gestaltpsychologen ist es nie gelungen, irgendeine befriedigende Beschreibung oder Analyse der an der Wahrnehmung beteiligten Strukturen zu geben. Die wenigen Versuche, „Kräftefelder" im Sehapparat oder „Ionengleichgewichte" im Gehirn zu spezifizieren, waren *ad hoc* und endeten mit Mißerfolgen. In der Linguistik hat dagegen das Studium der „syntaktischen Strukturen" eine lange Geschichte.[20]

Es ist völlig unklar, warum die lange Geschichte des Studiums syntaktischer Strukturen beweisen soll, daß die Linguisten ein besseres Modell neuraler Prozesse haben als die Gestaltpsychologen. Neisser scheint damit zu meinen, daß die Regeln, die die Linguisten suchen, bisher aber nicht gefunden haben, wahrscheinlich so beschaffen sind, daß man sie mit einem Digitalcomputer verarbeiten kann, dessen Funktionsweise wir immerhin schon verstehen. Demgegenüber könnten die Gleichgewichtsprinzipien der Gestaltpsychologie nur von einem Analogcomputer simuliert werden, der ähnlich funktioniert wie das menschliche Gehirn und von dem zum jetzigen Zeitpunkt niemand weiß, wie er zu konstruieren ist.

Das ist zweifellos wahr, erinnert allerdings auch an die Geschichte von dem Betrunkenen, der im Dunkeln seinen Schlüssel verloren hatte, dann aber unter einer Straßenlaterne danach suchte, weil das Licht dort besser war. Es wäre wirklich schön, wenn wir in der Linguistik oder in der Psychologie ein programmierbares Modell hätten. Tatsache bleibt jedoch, daß die moderne Linguistik auch keine ausgefeiltere Erklärung als die Gestaltpsychologie dafür hat, was im Gehirn vorgeht. Darüber hinaus ist die moderne Linguistik eine Theorie der Sprachkompetenz, nicht der Sprachverwendung, so daß sie nicht einmal versucht, Antworten auf die Frage zu geben, wie wir intelligentes Verhalten hervorbringen. Schlimmer, in diesem Fall brennt die Straßenlaterne noch nicht einmal. Wir haben gesehen, daß die Versuche, mit Digitalcomputern die Sprach*verwendung* zu simulieren, erstaunlich wenig Erfolg hatten.

Ganz entgegen seiner Absicht lenkt Neissers Vergleich der gestaltpsychologischen und linguistischen Gehirnmodelle unsere Aufmerksamkeit auf den Unterschied zwischen diesen Modellen. Dieser Unterschied gleicht dem in der Auffassung ganzheitlicher Prozesse, den er ja ebenfalls übersieht. Neissers Beispiel vom Rhythmus, der den Schlägen, aus denen er besteht, Bedeutung verleiht, illustriert jene Art von Gestaltprozeß, die die Vermutung nahelegt: Wie auch immer das Gehirn die Reize zu einem einheitlichen Ganzen verarbeitet, es verfährt dabei nicht wie ein Digitalcomputer, der unabhängig definierte, heuristische Regeln auf unabhängig definierte Einzeldaten anwendet.

Unter den Computerexperten hat nur Donald MacKay dies erkannt. Abschließend meint er:

Es ist gut möglich, daß nur ein zweckgebundener ‚Analogmechanismus' allen Einzelanforderungen gerecht werden kann ... Wir von der maschinentechnischen Seite sollten lieber sehr vorsichtig sein, bevor wir darauf beharren, daß die Art von Datenverarbeitung, die ein Gehirn leistet, in einem realisierbaren Schaltkreis nachgebildet werden kann. Womöglich ist dazu so etwas wie ‚weiche' Technik unvermeidlich.[21]

Die phänomenologischen und neurophysiologischen Erkenntnisse legen den Schluß nahe, daß das Nervensystem eine Art von Analogcomputer ist, der mit Gleichgewichtsfeldern arbeitet. Aber selbst wenn wir diese Ansicht akzeptieren, müssen wir uns dennoch davor hüten, auf die Psychologie ein Modell zu übertragen, das unser Nervensystem als Gehirn in der Flasche begreift, wobei Energien von der Außenwelt aufgenommen und Rückmeldungen ausgestrahlt werden. Der wahrnehmende Mensch muß anders verstanden werden als sein Nervensystem. Um zu einer alternativen Erklärung intelligenten Verhaltens zu gelangen, müssen wir die allgemeinen und grundlegenden Merkmale menschlicher Aktivität beschreiben. Auch wenn ein brauchbares Computermodell nach wie vor aussteht und wir dem Neurophysiologen die Frage überlassen können, wie das Gehirn die ankommenden physikalischen Reize integriert, müssen wir uns immer noch fragen: Auf welche Weise setzen Menschen eine nicht vollständig bewußte, ganzheitliche Erwartung ein, um ihre Erfahrung zu organisieren?

Husserls Erklärung, daß das „transzendentale Bewußtsein" die „wunderbare" Fähigkeit hat, Sinn zu stiften und dadurch die Wahrnehmung, das Erkennen und das Erkunden dauerhafter Gegenstände zu ermöglichen, bringt im Grunde nichts Neues. Wie die Gestaltpsychologen denkt er sich diesen Sinn als teilweise unbestimmte Ganzheit statt als ausdrücklich festgelegtes Programm oder als Regel. Aber selbst Husserl ist nicht frei von den traditionellen intellektualistischen Vorstellungen, und auch er ist daher anfällig für die Einwände, die wir gegen Neisser vorgebracht haben. Husserl denkt wie Descartes und Kant, daß die Form vom Inhalt, daß die globale Erwartung von der zugehörigen sinnlichen Empfindung getrennt werden kann. Das Noema, der sinnverleihende Akt und die dadurch konstituierte Sinneinheit einer Wahrnehmung, verhält sich in einem entscheidenden Punkt wie eine Regel oder ein Programm: Es existiert im transzendentalen Bewußtsein unabhängig davon, wie es auf die Erfahrung, die es strukturiert, angewandt wird.

Merleau-Ponty versucht Husserls Darstellung in diesem Punkt zu korrigieren und zugleich eine allgemeine Beschreibung zu entwickeln, die die Gestalttheorie untermauert. Er behauptet, daß es der Körper ist, der den von Husserl entdeckten Sinn verleiht. Schließlich ist es unser Körper, der einen Rhythmus auffängt. Wir haben eine körperliche Einstellung dazu, auf Klangstrukturen zu reagieren. Diese körperliche Einstellung ist keine geistige Regel, die sich unabhängig von der konkreten Erwartung der Schläge formulieren oder aufrechterhalten läßt.

Im allgemeinen gilt: Wenn wir eine Fertigkeit erwerben – zum Beispiel Autofahren, Tanzen oder eine Fremdsprache erlernen –, müssen wir zuerst langsam, mühselig und bewußt den Regeln folgen. Dann aber kommt der Augenblick, von dem an wir die Tätigkeit automatisch ausführen können. Nun scheint es aber nicht so zu sein, daß wir zu diesem Zeitpunkt diese starren Regeln einfach ins Unterbewußtsein fallen lassen. Eher verhält es sich so, daß wir uns sozusagen die Muskelstruktur des Erlernten einverleibt haben, die unserem Verhalten eine neue Flexibilität und Geläufigkeit gibt. Dasselbe gilt für den Erwerb von Wahrnehmungsfertigkeiten. Um eines von Merleau-Pontys Beispielen zu wählen: Wenn man lernen will, wie sich Seide anfühlt, dann muß man lernen oder bereit sein, seine Hand auf eine bestimmte Weise zu bewegen und gewisse Erwartungen zu haben. Bevor wir die nötige Geschicklichkeit erworben haben, erleben wir nur undeutliche Empfindungen.

Am leichtesten wird man sich der Rolle des Körpers bewußt beim Schmecken, Hören und Tasten, aber auch das Sehen will gelernt sein. Einen Brennpunkt, die richtige Perspektive und Einzelheiten erkennen – das alles sind Tätigkeiten, an denen feinabgestimmte Handlungen und Erwartungen beteiligt sind. Oder wie Piaget sagt: „Kurz, die Wahrnehmungskonstanten scheinen das Resultat wirklicher Tätigkeiten zu sein, die aus tatsächlichen oder virtuellen Bewegungen des Blicks oder der beteiligten Organe bestehen..."[22]

Diese körperlichen Fertigkeiten ermöglichen uns nicht nur, einen Gegenstand mit jedem einzelnen Sinn zu erkennen. Dank der gefühlten Übereinstimmung zwischen den einzelnen Wahrnehmungsfertigkeiten können wir außerdem denselben Gegenstand sowohl sehen als auch berühren. Damit ein Computer dasselbe fertigbrächte, müßte er darauf programmiert sein, eine besondere Liste der optischen Merkmale eines analysierten Gegenstandes aufzustellen und sie mit jener Liste zu vergleichen, die er erhält, wenn er den Gegenstand mit Rezeptoren abtastet. Das bedeutet, daß es für jeden einzelnen Sinn ein Modell von jedem Gegenstand geben müßte und daß der Computer diese verschiedenen Modelle nach gemeinsamen Zügen überprüfen müßte, um einen Gegenstand zu erkennen, der zugleich gesehen und gefühlt wird.

Mein Körper ermöglicht mir, diese formale Analyse zu umgehen. Anders als eine festgelegte Reaktion oder ein Reaktionsschema kann eine Fertigkeit auf unzählige Weisen in Situationen eingebracht werden. Wenn der Wahrnehmende eine Fertigkeit erwirbt, dann

> verknüpft [er] nicht individuelle Bewegungen mit individuellen Stimuli, sondern erwirbt das Vermögen, Situationen gewisser Gestalt in Lösungen eines gewissen Typs zu entsprechen, wobei die Situationen von einem Fall zum anderen sehr verschieden sein und die ihnen entsprechenden Bewegungen bald diesem, bald jenem Organ zur Ausführung überlassen werden können, Situationen und entsprechende Bewegungen sich also in den verschiedenen Fällen weit weniger durch partielle Identität der Elemente als durch Gemeinsamkeit des Sinnes ähneln.[23]

So kommt es, daß ich den Widerstand einer rauhen Oberfläche mit meinen Händen, Füßen oder gar mit einem Blick wahrnehmen kann. Mein Körper ist folglich, was Merleau-Ponty ein „synergisches System"[24] nennt, das heißt „ein durch und durch aus intersensorischen Äquivalenzen und Transpositionen bestehendes System".[25]

Desgleichen fordert jeder einem der Sinne gegebene Gegenstand von sich aus dazu auf, alle anderen Sinne einhellig mit Bezug auf ihn ins Spiel zu setzen. Eine Oberflächenfarbe sehe ich, weil ich ein Sehfeld habe und das Arrangement des Feldes meinen Blick zu ihr hinführt; ich nehme ein Ding wahr, weil ich ein Existenzfeld habe und jedes erscheinende Phänomen meinen ganzen Leib als System perzeptiver Vermögen auf sich hin polarisiert.[26]

Ein wahrnehmender Mensch braucht, wie eine Maschine, Rückmeldungen, um herauszufinden, ob er einen Gegenstand erfolgreich erkannt hat. Aber auch hier gibt es einen wichtigen Unterschied in der Art und Weise, wie diese Rückmeldung erfolgt. Eine Maschine kann bestenfalls eine bestimmte Anzahl Hypothesen aufstellen und dann untersuchen, ob sie durch die Daten bestätigt oder widerlegt werden. Der Körper jedoch kann seine Erwartungen aufgrund seiner Flexibilität ständig verändern: Da wir körperliche Wesen sind, brauchen wir nicht zu überprüfen, ob die besonderen Merkmale oder der besondere Merkmalsbereich im einzelnen stimmen, sondern bloß, ob wir auf der Grundlage unserer Erwartungen mit dem Gegenstand zurechtkommen. Ein solches Zurechtkommen braucht nicht durch eine besondere Anzahl von Merkmalen bestimmt zu werden, sondern zeigt sich dann, wenn wir die Lage weiter meistern. Das nennt Merleau-Ponty *Maximalverständnis*. Was als Maximalverständnis angesehen wird, hängt vom Handlungsziel und von den Hilfsmitteln ab, die in der Situation vorhanden sind. Es kann deshalb nicht ohne Bezug auf die Situation und die verfolgte Absicht ausgedrückt werden.

Fassen wir zusammen: Das Erkennen von Strukturen fällt einem Digitalcomputer verhältnismäßig leicht, wenn wenige spezifische Merkmale die Struktur festlegen. Komplexe Strukturen jedoch widersetzen sich hartnäckig der Anwendung dieses Verfahrens. Transzendentalphänomenologen wie Husserl haben darauf hingewiesen, daß der Mensch komplexe Strukturen erkennt, indem er ein ziemlich unbestimmtes Ganzes auf sie projiziert, das fortlaufend mit früheren Erfahrungen ausgefüllt wird. Existentialistische Phänomenologen wie Merleau-Ponty haben diese Fähigkeit mit unserem aktiven Körper in Beziehung gesetzt, der eine organische Einheit bildet. Dieser Körper reagiert auf seine Umwelt mit einem unablässigen Gespür für sein eigenes Funktionieren und seine eigenen Ziele.

Seitdem sich herausgestellt hat, daß strukturelles Erkennen eine körperliche Fertigkeit ist, die allem intelligenten Verhalten zugrundeliegt, läuft die Frage nach der Möglichkeit Künstlicher Intelligenz darauf hinaus, ob es ein künstliches handlungsfähiges Wesen mit körperlichen Eigenschaften geben kann. Die Frage ist nur dann von philosophischem Interesse, wenn wir sie einschränken: Kann man einen derartigen Roboter herstellen, indem man einen Digitalcomputer verwendet? (Ich gehe davon aus, daß es im Prinzip keinen Grund gibt, warum man ein solches künstliches Wesen nicht sollte bauen können, wenn man dazu Bestandteile verwendet, die den menschlichen Baustoffen hinreichend ähnlich sind.)

Das Projekt, einen solchen *digital* gesteuerten Roboter zu bauen, wurde in den 60er Jahren am MIT verfolgt. Es ist philosophisch interessant, sein Programm und die ihm zugrundeliegenden Annahmen zu untersuchen. Der Projektleiter, wiederum Minsky, wollte sich mit einer mechanischen Schulter, einem Arm und einer Hand bescheiden, die von einer Fernsehkamera koordiniert werden sollten. Er hatte jedoch vor, den Roboter Werkzeuge gebrauchen zu lassen, um Gegenstände herzustellen. Die erste einfache Aufgabe bestand darin, einen vereinfachten Greifarm so zu programmieren, daß er Klötze aufheben konnte. Dies gelang in der Tat und stellt einen der auf diesem Gebiet erwarteten Anfangserfolge dar. Die Schwierigkeit besteht aber wie immer darin, die gegenwärtig erfolgreichen Techniken zu erweitern. Damit ein einfacher Greifarm einen Klotz hochheben kann, müssen der Klotz und der Arm in demselben objektiven Raum geortet und dann zusammengebracht werden. Das ist bereits eine beträchtliche Leistung. Eine mathematische Beschreibung davon, wie sich der Arm im objektiven Raum bewegt, führt zu erstaunlichen Unstimmigkeiten. So gibt es Punkte, die zwar im objektiven Raum aneinandergrenzen, in der Reichweite des Greifarms jedoch weit auseinanderliegen. Wenn wir uns zum Beispiel am Rücken kratzen wollen, dann verlängern wir nicht einfach die Stellung, die wir einnehmen, um uns am Ohr zu kratzen. Da wir in unserem Körper leben, haben wir einen motorischen Raum konstruiert, in dem wir objektiv aneinandergrenzende Punkte als weit voneinander entfernt empfinden. Wir versuchen, sie automatisch auf sehr verschiedene Weise zu erreichen und haben dabei nicht das Gefühl, daß wir die mathematischen Berechnungen anstellen müssen, die in jedem einzelnen Fall notwendig sind, um den günstigsten Weg zu finden. Für den Programmierer jedoch, der den Computer darauf programmieren muß, die Bewegungen des Greifarms im objektiven Raum zu berechnen, haben sich diese Unstimmigkeiten bislang als unüberwindliches Hindernis erwiesen. Je flexibler der Arm ist, je mehr Spielraum er hat, desto schwieriger und zeitaufwendiger werden die Berechnungen. Ein Gerücht besagt, daß ein ausgeklügelter Greifarm mit sechs Richtungsvarianten, den Minsky 1965 konstruiert hat, noch immer nicht programmiert worden ist, sich zu bewegen, geschweige denn Klötze aufzuheben oder Werkzeuge zu gebrauchen. Wenn man sich außerdem vergegenwärtigt, daß für alle Tätigkeiten, die in der konkreten Zeit ausgeübt werden (wie zum Beispiel Tischtennis spielen), auch die Berechnungen in der konkreten Zeit ausgeführt werden müssen, dann sind die Aussichten nicht gerade rosig. So bemerkt Feigenbaum in seinem Bericht über den derzeitigen Stand der Roboterforschung:

Die Forschungsgruppe des MIT und der Stanford University haben an Programmen gearbeitet, um eine Vielzahl von Arm-Hand-Steuerungsgeräten zu entwickeln: von sehr einfachen bis zu sehr komplexen und von menschenähnlichen bis zu ganz und gar menschenunähnlichen Varianten. Keines dieser komplizierteren Steuerungsgeräte scheint leidlich zu funktionieren. Allerdings wurde auch keine Dokumentation über die Erfolge und Fehlschläge und ihre Ursachen veröffentlicht.[27]

Was ermutigt die Forscher, ihre Forschungseinrichtungen trotz dieser Schwierigkeiten für ein derartiges Projekt zu verwenden? Es ist einfach die Überzeugung, daß wir „Maschinen aus Fleisch" sind, wie Minsky offenherzig erklärt. Deshalb und weil wir Tischtennis spielen können, gibt es keinen theoretischen oder praktischen Grund, warum eine Maschine aus Metall nicht dasselbe leisten könnte. Bevor sie jedoch solche Schlüsse ziehen, sollten die Roboterhersteller erst einmal ihre Annahme überprüfen, daß nämlich zwischen Maschinen aus Fleisch und Maschinen aus Metall, zwischen der körperlichen Existenz von Armen und der Kontrolle beweglicher Greifarme kein wesentlicher Unterschied besteht. Wie spielen Menschen Tischtennis, oder, um die Sache einfacher zu machen: Wie gebrauchen Menschen Werkzeuge?

Heidegger, Merleau-Ponty und Michael Polanyi haben über diese Frage reiflich nachgedacht. Jeder von ihnen erörtert, auf welch gewichtige Weise sich unsere Erfahrung des Werkzeuggebrauchs von unserer Erfahrung eines Gegenstandes unterscheidet. Der Blinde, der den Stock befühlt, mit dem er gewöhnlich seinen Weg abtastet, wird sich dessen objektiver Lage im Raum bewußt sein und auch dessen charakteristische Merkmale kennen: Gewicht, Härte, Biegsamkeit usf. Wenn derselbe Blinde den Stock jedoch benutzt, wird er sich über dessen Stellung im Raum, dessen Merkmale und selbst über dessen sich verändernden Druck gegen seinen Handballen nicht bewußt sein. Vielmehr ist der Stock, wie sein eigener Körper, ein durchsichtiger Zugang zu den Gegenständen geworden, die er damit berührt. Polanyi drückt es folgendermaßen aus:

Wenn wir uns auf ein Werkzeug oder ein Sondierinstrument verlassen, behandeln wir sie nicht als äußerliche Gegenstände ... sie bleiben auf unserer Seite ..., bilden Teile unserer selbst, der handelnden Personen. Wir strömen in sie hinein und eignen sie uns an als Teile unseres Daseins. Wir nehmen sie existentiell an, indem wir uns gleichsam häuslich in ihnen einrichten.[28]

Auf diese Weise gelingt es uns, das Sondierinstrument mit einem Gegenstand im physikalischen Raum zusammenzubringen, ohne daß wir uns ihres objektiven Ortes bewußt sein müssen. Merleau-Ponty bemerkt:

Die ganze Handlung spielt sich im phänomenalen Bereich ab und nimmt durch die objektive Welt keinen Durchgang; nur ein Zuschauer, der dem sich bewegenden Menschen seine objektive Vorstellung vom lebendigen Leib unterstellt, kann glauben, ... die Hand bewege sich im objektiven Raum ...[29]

Aber Merleau-Ponty gibt zu, daß diese Fähigkeit vom Standpunkt der Wissenschaft aus ein „Wunder" zu sein scheint. Es sollte uns daher nicht überraschen, daß der Computerwissenschaftler sich lieber die Annahme zu eigen macht, daß die Leute unbewußt und mit unfaßlicher Geschwindigkeit jene enormen Berechnungen anstellen, die das Computerprogramm für eine vergleichbare Leistung aufbringen muß, ehe er zugibt, keine Erklärung für die Fähigkeiten der Menschen zu haben. So wenig plausibel diese Ansicht auch sein mag, sie gewinnt einfach deshalb an Überzeugungskraft, weil eine alternative Erklärung aussteht.

Um aus dem Hinweis auf den menschlichen Körper eine brauchbare Alternative zu entwickeln, müssen wir zeigen, wie man physische Leistungen verrichten kann, ohne dabei in irgendeiner Weise auf die Gesetze der Physik oder der Geometrie zurückzugreifen. Untersuchen wir, wie ich ziellos mit meiner Hand in der Luft herumfuchtle. Ich versuche nicht, meine objektive Hand an einen objektiven Ort im Raum zu bringen. Um dieses Herumfuchteln zu vollführen, brauche ich keine Geometrie, da ich nichts Besonderes damit erreichen will. Nehmen wir nun an, daß ich während des Herumfuchtelns zufälligerweise etwas berühre und daß dies ein Bedürfnis in mir weckt, mit Dingen umzugehen (mehr darüber in Teil III, Kapitel 3). *Was immer ich auch getan habe,* das kann ich nun wiederholen – aber diesmal *mit der Absicht,* etwas zu berühren –, ohne dabei auf die Gesetze zurückzugreifen, die notwendig sind, um meine Bewegung als eine physikalische Bewegung zu beschreiben. Ich habe somit ein Verfahren, mit dem ich zwei Gegenstände im objektiven Raum zusammenbringen kann, ohne mich dabei auf irgendein anderes Prinzip zu berufen als: „Mach das noch einmal." Dies ist vermutlich das Verfahren, mit dem Fertigkeiten entwickelt werden. Fertigkeiten sind aus folgendem Grund besonders wichtig: Obwohl die *Wissenschaft* verlangt, das Ausüben einer Fertigkeit als regelgeleitete Tätigkeit zu *beschreiben,* brauchen diese Regeln an der Handlung überhaupt nicht *beteiligt* zu sein.

Der Mensch ist außerdem fähig, sich diese recht unbestimmten Bewegungsschemata ins Gedächtnis zurückzurufen, sie zu verfeinern und zu reorganisieren. Piaget hat eine Anzahl von Beweisen zusammengetragen, die die Entwicklung dieser motorischen Fertigkeiten bzw. Operationen nachzeichnen, und ist zu folgendem Schluß gekommen:

Die spezifische Natur der Operationen besteht ... gerade in der Tatsache, daß sie niemals in diskontinuierlichem Zustand existieren ... eine vereinzelte Operation kann nicht Operation sein, denn die eigentümlichste Eigenschaft der Operationen liegt gerade darin, daß sie zu Systemen vereinigt sind. Man muß hier mit ganzer Energie gegen den logischen Atomismus ankämpfen, dessen Schema die Psychologie des Denkens schwer belastet hat.[30]

Mit Hilfe derselben Überlegung lassen sich die falschen Voraussetzungen zerschlagen, auf denen die Hoffnungen im Hinblick auf maschinelle Übersetzungen anfangs beruhten. Wenn der Mensch eine Unzahl von Tatsachen nach semantischen und syntaktischen Regeln speichern und abrufen müßte, hätte er ebensogroße Schwierigkeiten wie die Maschine. Der Muttersprachler ist sich jedoch nicht bewußt, daß er semantische Vieldeutigkeiten hervorbringt, die er dann unter Rückgriff auf Tatsachen wieder auflöst. Genausowenig ist er sich bewußt, daß er komplexe Strukturen anhand ihrer Merkmale entdeckt oder daß er jene Berechnungen anstellt, die nötig sind, um den Weg zu beschreiben, auf dem er seine Hand an einen bestimmten Punkt im objektiven Raum lenkt. Vielleicht ist auch das Beherrschen einer Sprache eine Fertigkeit, die wir erwerben, indem wir nach einer angeborenen Anleitung herumfuchteln, und die wir auf eine nicht regelhafte Weise gebrauchen. Viele Fertigkeiten, zum Beispiel unser ganzes Repertoire an Techniken des Setzens und Aufstehens bei Stühlen unterschiedlicher Form und Größe, erlauben uns eine unendliche Anzahl von Abwandlungen, die keineswegs strikten Regeln folgen.

Dies ist keine behavioristische Auffassung. Wir haben die Fähigkeit, die Sprache situationsgebunden zu gebrauchen, und können – ganz allgemein – mit Hilfe holistischer Verfahren die Bestandteile eingeübter Handlungen sinnvoll und zweckorientiert organisieren und strukturieren. Diese Fähigkeiten können weder als willkürliche Aneinanderreihung neutraler, feststehender Elemente noch als regelgeleitete Verbindung solcher Elemente verstanden werden.

Wenn die Sprache als motorische Fertigkeit begriffen wird, dann würden wir in ihr leben und sie uns so zu eigen machen, wie wir uns ein Werkzeug aneignen. Polanyi stellt das so dar:

Indem wir eine Sprache sprechen, lesen und schreiben, erweitern wir unsere körperliche Ausstattung und werden zu intelligenten menschlichen Wesen. Wenn wir eine Sprache, ein Sondierinstrument oder ein Werkzeug gebrauchen lernen und uns mithin diese Dinge so bewußt machen, wie wir unseres Körpers bewußt sind, dann verinnerlichen *wir diese Dinge und* richten uns gleichsam häuslich in ihnen ein.[31]

Ich wiederhole: Da wir *körperliche* Wesen sind, können wir unsere Fähigkeiten, unsere Kompetenz in Leistung umsetzen, wobei die Regeln, die zur Bestimmung unserer Kompetenz notwendig sind, keineswegs in der Leistung enthalten sein müssen.

Der KI-Forscher und der Transzendentalphänomenologe gehen gemeinsam von der Annahme aus, daß es nur eine Möglichkeit gibt, mit Informationen umzugehen: Man muß sie zu Gegenständen einer körperlosen Verarbeitung machen. Für den Transzendentalphänomenologen wird der Aufbau unseres intelligenten Verhaltens damit unverständlich. Den KI-Forscher scheint es in der Annahme zu bestätigen, daß intelligentes Verhalten hervorgebracht werden kann, indem man passiv Daten empfängt und dann die nötigen Berechnungen anstellt, um das Verhalten objektiv zu beschreiben. Wie wir aber gesehen haben, schafft die körperliche Existenz eine zweite Möglichkeit. Der Körper erfüllt drei Funktionen, die die gegenwärtigen und auch die bislang vorstellbaren Programme des Digitalcomputers nicht nachvollziehen können: 1. der innere Horizont, das heißt die teilweise unbestimmte, skizzenhafte Erwartung teilweise unbestimmter Informationen (aber nicht die Erwartung vollständig bestimmter Alternativen oder vollständig unbestimmter Alternativen, welches die einzig möglichen digitalen Umsetzungen dieser Erwartungshaltung wären); 2. der globale Charakter dieser Erwartungen, der die Bedeutung der zu integrierenden Details bestimmt und seinerseits durch sie bestimmt wird; 3. die Übertragbarkeit dieser Erwartung von einem Sinnes- und einem Handlungsorgan auf die anderen. Alle diese Leistungen gehören zu der allgemein menschlichen Fähigkeit, körperliche Fertigkeiten zu erwerben. Dank dieser grundlegenden Fähigkeit kann sich ein körperliches Wesen in der Welt häuslich einrichten, so daß ihm die endlose Aufgabe erspart bleibt, alles zu formalisieren.

Diese körperliche Art der „Datenverarbeitung", bei der die Bedeutung des Ganzen der Bedeutung der Teile vorhergeht, scheint im Gang zu sein, wenn wir komplexe Strukturen wie die Sprache erkennen, mit deren Erörterung wir dieses Kapitel begonnen haben. In der Tat liegen die motorischen Fertigkeiten der Sinnesorgane der Wahrnehmung zugrunde. Die Figur-Grund-Struktur der Wahrnehmung wiederum scheint allen „höheren" Denkfunktionen zugrundezuliegen. Selbst die Logik und die Mathematik weisen diesen Horizontcharakter auf. In allen diesen Fällen erhalten die einzelnen Merkmale ihre Bedeutung durch eine nicht vollständig bewußte Erwartung des Ganzen.

Da dem Computer der lebendige Körper fehlt, kann er nicht als

Ganzheit reagieren, sondern muß von festgelegten Einzelheiten ausgehen und darauf sein Erkennen aufbauen. Wenn ihm also die globalen Formen strukturellen Erkennens nicht offen stehen, dann ist der pessimistische Schluß gerechtfertigt, den Oettinger in seinem Artikel über das Erkennen von Sprache zieht: „Wenn wir tatsächlich die Fähigkeit besitzen, uns auf einen umfassenden Kontext zu beziehen, ohne ihn zu formalisieren ..., dann ist die Zuversicht in unseren Ansatz verfehlt, der auf dem Abzählen unterscheidbarer Details beruht ..."[32]

ZWEITES KAPITEL

Der situative Kontext: Geordnetes Verhalten ohne Rückgriff auf Regeln

Bei unserer Erörterung des Problemlösens und der Sprachübersetzung sind wir auf die Gefahr gestoßen, die im endlosen Rückgriff auf Regeln zur Feststellung von Relevanz und Bedeutung liegt. Ähnlich verhält es sich zu Beginn eines Lernprozesses: Irgend etwas muß man bereits wissen, bevor man Regeln lernen oder anwenden kann. Jedenfalls haben wir herausgefunden: Wenn es keine Tatsachen mit festgelegter Bedeutung gibt, dann läßt sich der Rückgriff nur aufhalten, wenn man sich auf den Kontext bezieht.

Nun wenden wir uns ohne Umschweife der Beschreibung dieses Kontexts oder dieser Situation zu, um eingehender die Einzigartigkeit des „In-der-Welt-Seins" des Menschen darzustellen. Die besondere Funktion dieser Welt besteht darin, ein Verhalten möglich zu machen, das geordnet ist, ohne von Regeln geleitet zu sein.

Es ist zu diesem Zweck hilfreich, sich die kontroversen Positionen noch einmal vor Augen zu führen. Bei unserer Erörterung der erkenntnistheoretischen Annahme (Teil II, Kapitel 3) haben wir gesehen, daß die philosophische Tradition von folgender Voraussetzung ausgeht: Alles, was geordnet ist, kann auch durch Regeln formalisiert werden. Diese Auffassung fand ihren auffallendsten und dogmatischsten Ausdruck in der Überzeugung der KI-Forscher, jegliche Form intelligenten Verhaltens lasse sich formalisieren. Minsky hat dieses Dogma zu einer zwar unsinnigen, aber um so entlarvenderen Theorie des freien Willens weiterentwickelt. Er ist davon überzeugt, daß jede Art von Ordnung von Regeln beherrscht wird. Daraus zieht er den Schluß, daß unser Verhalten entweder völlig willkürlich oder aber geordnet und vollständig durch Regeln bestimmt ist. Um es mit seinen Worten auszudrücken: „... wann immer sich eine Ordnung [in unserem Verhalten] beobachten läßt, findet sie ihre Entsprechung im Bereich deterministischer Regeln."[1] Andernfalls wäre unser Verhalten völlig willkürlich und frei. Die Möglichkeit, daß unser Verhalten zwar geordnet und regelmäßig, aber nicht regelgeleitet sein könnte, kommt ihm nicht einmal entfernt in den Sinn.

Im folgenden werden wir nicht nur zu zeigen versuchen, daß das menschliche Verhalten regelmäßig sein kann, ohne durch formalisierbare Regeln gesteuert zu werden, sondern sogar, daß dies so sein muß. Denn die Vorstellung von einem Gesamtsystem von Regeln, deren Anwendung auf alle Eventualitäten schon von vornherein feststeht, ist unsinnig.

Bei unserer früheren Erörterung des Problemlösens hatten wir uns beschränkt: zum einen auf formale Probleme, bei denen das Subjekt nach einer gegebenen Menge von Regeln mit unzweideutigen Symbolen operieren mußte; zum anderen auf kontextunabhängige Probleme wie zum Beispiel den Analogie-Intelligenztest. Wenn die Kognitive Simulation jedoch eine psychologische Theorie hergeben soll – und wenn KI-Programme als intelligent gelten sollen –, dann muß die mechanische Verarbeitung von Information auf *alle* Bereiche menschlichen Handelns ausgeweitet werden, also selbst auf jene Bereiche des Alltagslebens, in denen die Menschen vor Problemen mit offener Struktur stehen und sie lösen.[2]

Im Gegensatz zu Spielen oder Tests werfen Probleme mit offener Struktur drei Arten von Schwierigkeiten auf: Man muß herausfinden, welche Tatsachen möglicherweise relevant sind, welche tatsächlich in diesem Fall relevant sind und welche davon schließlich wesentlich und welche unwesentlich sind. Zunächst fallen in einer gegebenen Situation nicht alle Tatsachen in den Bereich möglicher Relevanz. Viele kommen in der jeweiligen Situation gar nicht vor. So ist etwa im Rahmen des Schachspiels das Gewicht der Figuren irrelevant. Es wird beim Spiel nie in Betracht gezogen, schon gar nicht für die Frage, ob es für einen bestimmten Zug wesentlich oder unwesentlich ist. Im allgemeinen besteht die Entscheidung, ob bestimmte Fakten relevant oder irrelevant, wesentlich oder unwesentlich sind, nicht darin, aus einem Haufen von Tatsachen einige herauszugreifen und andere zu vernachlässigen. Vielmehr hängt das, was wir für wesentlich halten, davon ab, was wir für unwesentlich halten und umgekehrt. Diese Unterscheidung kann nicht im voraus getroffen werden und nicht unabhängig von dem besonderen Problem, das sich gerade stellt, oder von der besonderen Situation, die das Spiel gerade erreicht hat. Da nun Tatsachen nicht unveränderlich relevant oder irrelevant sind, sondern nur im Hinblick auf menschliche Zwecke, kann jede Tatsache in irgendeiner Situation möglicherweise relevant sein. Wenn man zum Beispiel Schachspiele *herstellt*, dann ist das Gewicht *möglicherweise* eine relevante Tatsache (obwohl sie für die meisten Entscheidungen bei der Herstellung und beim Vertrieb von Schachspielen nicht wirklich relevant oder gar wesentlich sein wird). Für die Situationsabhängigkeit der Relevanz gilt: In einer gegebenen Situation ist eine unendliche Menge von Fakten möglicherweise relevant und eine unendliche Menge irrelevant. Da ein Computer sich nicht in einem situativen Kontext befindet, muß er jederzeit *alle* Fakten als möglicherweise relevant behandeln. Dies bringt die KI-Forscher in eine Zwickmühle: Entweder müssen sie eine unendliche Menge von Tatsachen speichern und erschließen, oder sie müssen irgendwelche möglicherweise relevanten Tatsachen von den Berechnungen des Computers ausschließen.

Aber selbst wenn es gelänge, das Universum von Tatsachen für jedes bestimmte Problem auf die möglicherweise relevanten Fakten einzuschränken – und bisher leistet dies nur der Programmierer, nicht das Programm –, so bliebe doch die Schwierigkeit herauszufinden, welche Informationen *tatsächlich* relevant sind. Selbst bei einem nicht-formalen Spiel wie dem Pferdewetten, das dennoch viel systematischer ist als die alltäglichen Probleme mit offener Struktur, gibt es eine unbegrenzte, unendlich große Anzahl von möglicherweise relevanten Tatsachen. Gewöhnlich können wir uns beim Einsatz der Wette auf solche Fakten wie das Alter des Pferdes, den Jockey, die früheren Erfolge und die Konkurrenz beschränken. Auf diese wenigen Tatsachen über die Rennform beschränkt, könnte eine Maschine vielleicht ganz brauchbare Prognosen stellen, möglicherweise sogar bessere als der durchschnittliche Wettprofi. Es gibt jedoch immer zusätzliche Faktoren, ob das Pferd zum Beispiel auf Goldruten allergisch ist oder ob der Jockey gerade einen Krach mit dem Besitzer gehabt hat – und diese Zusatzfaktoren *können* in manchen Fällen entscheidend sein. Wettprofis sind nicht allwissender als Maschinen, aber sie sind fähig, die Tragweite dieser Fakten zu erkennen, sobald sie davon erfahren. Um dieser menschlichen Fähigkeit gerecht zu werden, müßten die KI-Forscher der Maschine Kenntnisse über Tiermedizin eingeben und darüber, wie die Leute sich verhalten, wenn sie mit ihrem Arbeitgeber Streit haben, und so weiter. Dann aber taucht die Frage auf, wie dieses riesige Warenhaus von Fakten sortiert werden kann. Worauf man die Antwort erhält, daß all diese Informationen im Maschinenspeicher fein säuberlich kodiert und etikettiert würden, so daß die Maschine nur nach „Pferdewetten" zu suchen und das relevante Material abzurufen hätte. Aber nicht alles relevante Material wäre im Hinblick auf diese besondere Verwendung kodiert worden. Charles Taylor hat das an diesem Beispiel herausgearbeitet:

Vielleicht ist der Jockey heute keinen Einsatz wert, weil gestern seine Mutter starb. Aber wenn wir die Information speichern, daß Menschen kurz nach dem Tod ihrer engsten Angehörigen oft in ihrer Leistung nachlassen, dann kann man von uns nicht erwarten, daß wir eine Verbindung zu Pferdewetten herstellen.

Denn diese Information kann in einer unendlichen Menge von Kontexten wichtig sein.

Eine Maschine könnte nach einigen Schlüsselbegriffen auswählen, auf die sie sich konzentriert, zum Beispiel Pferde, Jockeys, Jockey Schmidt usw., und dann alle Fakten darüber heraussuchen. Aber auch das würde noch zu einer absurden Streuung führen. Auf dem Weg über Jockey, Mensch und Pferd käme man womöglich dahin, alle Fakten über Zentauren abzurufen. Es gibt nur eine Möglichkeit, wie die Maschine sich auf die relevanten Tatsachen konzentrieren kann: Sie müßte aus diesem oder einem anderen Katalog von Tatsachen jede einzelne daraufhin untersuchen, ob sie eine kausale Relevanz für das Ergebnis des Rennens hat; wenn ja, muß sie berücksichtigt, wenn nein, kann sie ausgeklammert werden.[3]

Wenn die Maschine aber jeden möglicherweise relevanten Faktor als feststehende Information lesen und explizit überprüfen müßte, um zu entscheiden, ob sie berücksichtigt oder vernachlässigt werden soll, dann könnte sie vor lauter Berechnungen nie auch nur das Ergebnis eines einzigen Rennens voraussagen. Wenn die Maschine hingegen systematisch Tatsachen ausschließt, die möglicherweise relevant sind, nur um mit ihren Berechnungen fertig zu werden, dann wird sie gelegentlich schlechter abschneiden als der Mensch, dem dieselben Informationen zur Verfügung standen.

Selbst der Rückgriff auf ein Zufallselement wird hier nichts nützen: Denn um Zufallsstichproben der ausgeschlossenen Möglichkeiten vornehmen zu können, damit keine Möglichkeit grundsätzlich ausgeschlossen bleibt, müßte die Maschine mit einer expliziten Liste aller anderen möglicherweise relevanten Fakten oder mit einer bestimmten Zusammenstellung von Routineinformationen ausgestattet sein, mit deren Hilfe sie alle möglicherweise relevanten Fakten überprüfen kann. Auf diese Weise blieben keine Fakten grundsätzlich unzugänglich. So könnte man in einem vollständig definierten System wie dem Schachspiel vorgehen, in dem die Menge aller möglichen Kombinationen durch eine endliche Anzahl von Begriffen vollständig und eindeutig festgelegt ist. Aber in der wirklichen Welt wäre die Liste der möglicherweise relevanten Tatsachen oder selbst der Rubriken von möglicherweise relevanten Tatsachen unendlich groß („unendlich trächtig", um Bar-Hillels Ausdruck zu gebrauchen). Alle alltäglichen Probleme – ob beim Übersetzen einer Sprache, beim Problemlösen oder beim strukturellen Erkennen – beruhen auf zwei grundlegenden Problemen: 1. Wie lassen sich die möglicherweise relevanten Tatsachen einschränken und die Allgemeingültigkeit dennoch erhalten? 2. Wie lassen sich aus den möglicherweise relevanten Tatsachen jene auswählen, die tatsächlich relevant sind?

Selbst Minsky gibt unter der Hand zu, daß kein Mensch weiß, wie man mit dem Datenberg fertig werden soll, der verarbeitet werden müßte, wenn man einfach alle Tatsachen zu speichern versucht:

Während eines Denkprozesses ist man zu jedem Zeitpunkt mit einer weitgestreuten Ansammlung von Aussagen, Definitionen, Assoziationen usw. und mit einem Netz von Zielen beschäftigt. Man hat es nicht nur mit Tatsachen über Gegenstände, Beziehungen zwischen Gegenständen und ähnlichem zu tun, sondern auch mit Tatsachen über Tatsachen, Rubriken von Tatsachen und Beziehungen zwischen solchen Rubriken usw. Die heuristischen Programme, die – wie wir noch sehen werden – die Verfahrensweise so schön veranschaulichen, wenn sie auf kleine Modelle angewandt werden, arbeiten, auf große Modelle angewandt, nicht effizient. Schleifen und Verzweigungen zu durchlaufen, die Fortschritte zu beurteilen und, ganz allgemein, das Geschehen zu verfolgen – das alles wird einen unverhältnismäßig großen Teil der Berechnungszeit in Anspruch nehmen.[4]

Es ist schwierig zu beschreiben, was den Menschen befähigt, sich auf die relevanten Tatsachen zu konzentrieren, ohne daß er andere Tatsachen, die relevant werden könnten, definitiv ausschließt. Erst in der letzten Zeit ist dieses Problem in den Brennpunkt der philosophischen Diskussion gerückt. Es hängt damit zusammen, wie der Mensch in seiner Welt zu Hause ist, wie sie sozusagen bequem um sich herumgewickelt hat. Der Mensch befindet sich immer schon auf eine ihm angemessene Weise in der Welt: Was er benötigt, um mit den Dingen zurechtzukommen, ist um ihn herum verteilt, wo er es braucht, und nicht in einer Truhe voller Gegenstände oder gar fein säuberlich registriert in einem Aktenschrank weggepackt. Ein System von Beziehungen ermöglicht es uns, die Gegenstände zu entdecken, wenn sie gebraucht werden. Darin sind wir zu Hause, es ist unsere Welt. Um das etwas weniger metaphorisch auszudrücken, wollen wir zum Beispiel des Pferdewettens zurückkehren, wie es Charles Taylor weiterentwickelt hat:

Ein guter Teil des Wissens, das ein Mensch im Hinblick auf eine Situation und ihre Möglichkeiten besitzt, ist praktischer Natur. Das bedeutet, daß es nicht vollständig zerlegt werden kann in ein Gefüge von Anweisungen und Tatsachenbehauptungen, sondern daß es eine allgemeine Fähigkeit ist, angemessene Handlungen hervorzubringen und, falls nötig, auch die ihnen zugrunde liegenden „Anweisungen". Gewöhnlich stellen wir uns diese Form unendlich zerlegbaren Wissens verknüpft vor mit den praktischen Kenntnissen, die unseren Handlungen zugrundeliegen. Aber die gleiche Art von Wissen liegt auch dem zugrunde, was wir erleiden, unseren „Leidenschaften". Deshalb habe ich auch ein allgemeines Verständnis dafür, was es heißt, herumzuschlendern, meine Hände zu gebrauchen, Auto zu fahren oder einen Mandanten vor Gericht zu vertreten (falls ich Rechtsanwalt bin). Ebenso habe ich ein allgemeines Verständnis dafür, was ich fürchten muß, was es bedeutet, gute Nachrichten zu erhalten, von meiner Freundin sitzengelassen oder in der Öffentlichkeit lächerlich gemacht zu werden.

Der Wettprofi verfügt nun über dieses allgemeine Verständnis für gewisse allgemein-menschliche Handlungen und Leidenschaften. Er hat ein Gespür für die Waghalsigkeit des Rennens, das vom Jockey (und vom Pferd) den ganzen Willen und Einsatz für den Sieg verlangt. Aber in dieses Gespür ist die Fähigkeit eingeschlossen, sich eine unendliche Zahl von Möglichkeiten auszumalen und sie gegebenenfalls zu erkennen, wie dieser Siegeswille und Einsatz irregeleitet oder durch Zufälle vereitelt werden können. Diese Möglichkeiten sind nicht irgendwo im Geist oder Gehirn als separate Tatsachen gespeichert. Sie sind nicht „zerlegt", sondern sie können einfach aufgrund des allgemeinen Verständnisses der Situation aktualisiert werden. Natürlich kann sich das allgemeine Verständnis der Menschen im Hinblick auf Reichweite und Genauigkeit unterscheiden. Wenn der Wettprofi früher selbst Pferde geritten hat, dann wird sein Verständnis dieser Tätigkeit viel sicherer sein; sein Gespür dafür, was alles schieflaufen kann, wird viel feiner sein. Aber sogar der Großstadtgangster hat ein allgemeines Verständnis dafür, was es heißt, sich anzustrengen und hart für den Sieg zu kämpfen.

Der Befürworter Künstlicher Intelligenz könnte jedoch immer noch einwenden, daß es sich bei all dem nur um eine alternative „Speichermethode" handelt. Selbst wenn er zugibt, daß die Maschine nicht in der Lage ist, diese Methode anzuwenden, könnte er immer noch fragen, wie denn damit die Informationen gelesen werden. Wie erkennt der Wettprofi gerade jene abwegigen Faktoren, die relevant sind? Die Antwort lautet: Unser Verständnis der Welt entsteht aus unserem Umgang mit ihr und unserem Betroffensein von ihr, wobei wir unseren unterschiedlichen Fähigkeiten und Interessen folgen. Wenn man sich das klar gemacht hat, sieht man, daß die Frage, wie ein vorgegebenes Interesse oder eine Absicht die relevanten Merkmale unserer Umgebung auswählen kann, sich überhaupt *nicht stellt. Denn unsere jeweiligen Interessen und Absichten sind nichts, was unabhängig von unserem Bewußtsein der Situation existiert; vielmehr sind sie das Bewußtsein dieser Situation in einem bestimmten Licht*, das Bewußtsein der Situation mit einer bestimmten Struktur. Wenn ich zum Beispiel überfallen werde, dann empfinde ich in meiner Todesangst die Ausbuchtung der Hosentasche des Schlägers als Bedrohung, und ich spüre meine Verletzlichkeit gegenüber seiner Faust, die jeden Augenblick mein Gesicht treffen könnte, usw.[5]

Die Lebenswelt des Menschen ist also durch die menschlichen Absichten und Interessen vorstrukturiert. Was als Gegenstand betrachtet oder was an einem Gegenstand für wichtig angesehen wird, ist bereits eine

Funktion oder eine Verkörperung dieser Betroffenheit. Hier kann ein Computer nicht mithalten, der sich nur mit universal definierten, das heißt kontextunabhängigen Gegenständen befaßt. Um diesen Bereich der Betroffenheit zu simulieren, kann der Programmierer den schon feststehenden Tatsachen lediglich noch weitere Tatsachen zuordnen, sogenannte Werte, was für die Maschine nur zu weiteren Komplikationen beim Abfragen führt.

In *Sein und Zeit* beschreibt Heidegger die Welt, in der der Mensch zu Hause ist, als eine Konstellation von *Zeug*. Die einzelnen (Werk-)Zeuge stehen in einem Bezug zueinander, zur Werk-Stätte (dem Zeugganzen) und letztlich zu den menschlichen Zwecken und Absichten. Der Blinker an einem Auto dient ihm als Beispiel für eine „Tatsache", die ihren ganzen Sinn durch ihren Verwendungszusammenhang erhält:

Dieses Zeichen ist ein Zeug, das nicht nur im Besorgen (Lenken) des Wagenführers zuhanden ist. Auch die nicht Mitfahrenden – und gerade diese – machen von diesem Zeug Gebrauch und zwar in der Weise des Ausweichens nach der entsprechenden Seite oder des Stehenbleibens. Dieses Zeichen ist innerweltlich zuhanden im Ganzen des Zeugzusammenhangs von Verkehrsmitteln und Verkehrsregelungen. Als ein Zeug ist dieses Zeigzeug durch Verweisung konstituiert.[6]

Auch Wittgenstein bezieht sich häufig auf die menschlichen Lebensformen und Interessen sowie auf sehr allgemeine „Tatsachen unserer Naturgeschichte", die wir bei unserem Gebrauch der Sprache und bei der Strukturierung unserer alltäglichen Tätigkeiten als selbstverständlich voraussetzen – Tatsachen von so besonderer Art übrigens, daß sie vermutlich von dem Programmierer übersehen würden, der sich an einem Programm für das gesamte menschliche Wissen versuchte. Wie Wittgenstein sagt: „Die für uns wichtigsten Aspekte der Dinge sind durch ihre Einfachheit und Alltäglichkeit verborgen. (Man kann es nicht bemerken, – weil man es immer vor Augen hat.)"[7] Tatsachen überdies, die so tiefgehend mit allen anderen Tatsachen verknüpft sind, daß es schwierig, wenn nicht gar unmöglich wäre, sie zu klassifizieren, wenn es denn überhaupt gelingen sollte, sie explizit zu machen. Die Grundeinsicht all dieser Überlegungen ist, daß die Umwelt des Menschen von allem Anfang an organisiert ist nach seinen Bedürfnissen und Neigungen, die den Tatsachen Sinn verleihen bzw. die Tatsachen zu dem machen, was sie sind. Deshalb stellt sich das Problem gar nicht, eine Riesenliste von *bedeutungslosen, isolierten* Daten zu speichern und abzufragen.

Samuel Todes[8] hat im einzelnen beschrieben, wie unsere Erfahrung in Felder gegliedert ist. Diese Feld-Struktur geht den Tatsachen voraus und legt ihre Relevanz und Bedeutung implizit fest. Er weist darauf hin, daß wir die Welt als Feld innerhalb von Feldern erfahren. Wir erfahren Aspekte oder Teile von Gegenständen nicht als isolierte Tatsachen, sondern verankert in einer ganzen Reihe von Kontexten. Dabei hat „in" viele verschiedene Bedeutungen. Keine davon beschränkt sich auf das physische Einschließen, das Minsky und McCarthy für primär halten. Teile von Gegenständen werden *in* den Gegenständen erfahren, die sich aus ihnen *zusammensetzen;* Gegenstände sind *in* Räumen, die sie *ausfüllen;* Räume *liegen in* einer näheren Umgebung, die selbst wiederum *im* Horizont möglicher Situationen *in* einer menschlichen Welt ist. Daten sind weit davon entfernt, roh zu sein: Die Aspekte von Gegenständen sind nicht direkt in der Welt gegeben, sondern sie kennzeichnen diese Gegenstände in Räumen in einer näheren Umgebung in Raum und Zeit in der Welt.

Wir können uns auf die wichtigen Inhalte unseres Wahrnehmungsfelds konzentrieren und tun dies auch, weil dieses Feld nicht in einem neutralen Verhältnis zu uns steht, sondern strukturiert wird durch unsere Interessen und durch unsere Fähigkeit, an das heranzukommen, was sich in ihm befindet. Jeder Gegenstand unserer Erfahrung muß sich in diesem Feld zeigen, und zwar im Licht unserer jeweils vorherrschenden Interessen. Zugleich muß der Gegenstand erreichbar sein für irgendeine Variante jener Tätigkeit, die dieses Feld hervorgebracht hat. Da wir das Feld nach unseren Interessen erschaffen, können darin nur Tatsachen auftauchen, die möglicherweise relevant sind.

Die Relevanz ist also bereits eingebaut. Im Fall des Pferderennens gehört das Rennen in einen verschachtelten Kontext von Aktivitäten: Spiele, Sportveranstaltungen, Wettbewerbe. Eine Sache als Pferderennen anzusehen heißt, sie als eine Handlung zu betrachten, bei der die Absicht zu gewinnen eine zentrale Rolle spielt. Um zu Taylors Schilderung zurückzukehren:

Der Wettprofi ist daran interessiert, einen Gewinner herauszufinden. Als menschliches Wesen hat er einen Sinn für alles, was zu dem Vorhaben gehört, Sieger zu werden. Sein Interesse bedeutet, daß er ein Pferd, einen Jockey usw. in jener besonderen Weise wahrnimmt, in der Gefahren eine Rolle spielen. Wenn er die Spalte mit den Todesfällen liest, bemerkt er deshalb, daß Schmidts Mutter gestern gestorben ist (Schmidt ist der Jockey, den er als sehr labil kennt). Er setzt diesmal gegen die Form. Die Maschine würde den Tod von Schmidts Mutter als eine von vielen Tatsachen über Schmidt registrieren, neben der Tatsache zum Beispiel, daß Schmidts zweiter Vetter in irgendeiner anderen Stadt zum Hundefänger gewählt worden ist. Sie muß dann die wahrscheinlichen Konsequenzen dieser verschiedenen Tatsachen überprüfen, bevor sie entscheidet, ob sie sie für die Wette berücksichtigt oder nicht.[9]

Unsere gegenwärtigen Interessen und die praktischen Kenntnisse, die wir uns im Laufe der Zeit angeeignet haben, bestimmen also immer schon, was übergangen wird, was im äußeren Horizont der Erfahrung als möglicherweise relevant haften bleibt und was unmittelbar als wesentlich berücksichtigt wird.

Wittgenstein wird nicht müde, darauf hinzuweisen, daß die Zerlegung einer Situation in Tatsachen und Regeln (womit die traditionellen Philosophen und die Computerexperten glauben anfangen zu müssen) selbst nur in einem bestimmten Kontext und für bestimmte Zwecke sinnvoll ist. Auch hier spiegeln schon die Elemente die Ziele und Absichten wider, um derentwillen die Zerlegung in die Elemente vorgenommen wurde. Die letzten Teilchen, die wir brauchen, um eine Maschine zu füttern, müssen kontextunabhängige, zweckfreie Elemente sein – Informationen, die für alle möglichen Aufgaben relevant sind, weil sie für keine besondere Aufgabe ausgewählt wurden. Letzten Endes versuchen wir damit die Tatsachen unserer Erfahrung aus genau jenem lebenspraktischen Zusammenhang herauszulösen, der es uns ermöglicht, so flexibel mit ihnen umzugehen, daß wir mit unseren Alltagsproblemen zu Rande kommen.

Nicht daß ein Computermodell jemals ganz zweckfrei wäre: Auch ein Modell, das mit der Speicherung von Informationen arbeitet, muß irgendwie den Kontext widerspiegeln, in dem es gebraucht wird. Aber eine solche Zerlegung des Kontextes in Tatsachen und Regeln ist starr und einschränkend. Um dies zu verdeutlichen, nehmen wir an, daß alle Eigenschaften von Gegenständen (was immer das heißen mag) in einem Entscheidungsbaum festgehalten werden könnten: Jeder Knoten würde angeben, ob der Gegenstand ein bestimmtes situationsunabhängiges Prädikat oder dessen Umkehrung besitzt. Diese Art von Klassifikationsstruktur hat Edward Feigenbaum in seinem EPAM-Modell programmiert.[10] Ein derartiges Netz von Unterscheidungen könnte im Prinzip eine erschöpfende, explizite und scheinbar situationsunabhängige Charakterisierung eines Gegenstandes oder sogar einer Situation enthalten, insofern diese Situation als Gegenstand aufgefaßt würde. Der Entscheidungsbaum scheint also die Informationen effizient zu speichern und zugleich die Unterscheidung zwischen Feld und Gegenstand zu vermeiden. Aber etwas Entscheidendes wird bei der Beschreibung einer solchen Informationsstruktur ausgelassen: die Organisation der

Struktur selbst, die bei der Speicherung der Informationen eine entscheidende Rolle spielt. *Die Informationen sind in diesem Baum auf unterschiedliche Weise gespeichert und auf unterschiedliche Weise zugänglich – je nachdem, in welcher Reihenfolge die Unterscheidungen vorgenommen werden.* Dazu äußert sich William Wynn in einer Erörterung des EPAM-Modells:

EPAM's Klassifikationsverfahren ist, ... zu geschichtsabhängig und zu wenig anpassungsfähig, da das Unterscheidungsnetz nur von der Wurzel her vergrößert und nicht von der Spitze aus reorganisiert werden kann. Weder können einzelne Tests in diesem Netz entfernt werden, falls sich später herausstellt, daß sie für eine gegebene Menge von Stimuli über eine zu geringe Unterscheidungskraft verfügen, noch können neue Tests in die oberen Bereiche des Netzes eingeführt werden. Wenn es einmal ausgeformt ist, läßt sich EPAM's Unterscheidungsnetz nur schwer reorganisieren, um eine größere Lese-Effizienz zu erreichen. Jedes Verfahren, die Tests zu reorganisieren, stellt eine ernsthafte Beeinträchtigung für das Abrufen vieler Informationen aus dem Gedächtnisspeicher dar.[11]

Die Reihenfolge der Unterscheidungen ist also entscheidend. Aber in der physikalischen Welt sind alle Prädikate gleichrangig. Nur das Gespür für die Situation bestimmt den Programmierer, die Reihenfolge im Entscheidungsbaum festzulegen. Durch die Bewertung des Programmierers wird die Unterscheidung zwischen Feld und Gegenständen in das Computermodell eingebracht. Der Kontext, in dem der Programmierer seine Bewertung vornimmt, kann zwar selbst durch einen Entscheidungsbaum charakterisiert werden, aber nur mit Hilfe einer Reihenfolge von Unterscheidungen, die wiederum einen breiteren Kontext widerspiegelt. Zwar sind auf jeder Ebene dieser allgemeinen Baumstruktur Informationen über diesen breiteren Kontext enthalten, nicht aber an den einzelnen Knotenpunkten. Auf jeder Ebene spiegelt die Situation die pragmatische Intuition des Programmierers wider, die die Reihenfolge der Entscheidungsschritte festlegt. Aber dadurch werden die Tatsachen in eine Ordnung gebracht, die auf einer bestimmten Absicht beruht, und dies führt unweigerlich zu jenem Mangel an Flexibilität, auf den Wynn hingewiesen hat.

Auf der anderen Seite könnte man im Namen der Flexibilität jede zweckgerichtete Anordnung ausschalten, so daß die Maschine eine unstrukturierte Liste von gereinigten Tatsachen aufnehmen könnte – Tatsachen über die Größe und Form von Gegenständen in der physikalischen Welt und selbst über Möglichkeiten ihrer Verwendung, sofern es sich um isolierbare Funktionen handelt. Dann aber müßten all diese

Tatsachen in jeder Berechnung explizit aus- oder eingeschlossen werden, und der Computer wäre überwältigt von ihrer unendlichen Menge.

Damit soll nicht geleugnet werden, daß auch Menschen *manchmal* isolierte Daten aufnehmen und ihre Bedeutung zu ermitteln suchen, indem sie diese mit früher schon angesammelten Informationen in Einklang bringen. Sherlock Holmes und alle anderen Detektive tun das von Berufs wegen. Aber selbst in einer nicht vertrauten Situation muß es einen allgemeinen Kontext geben, in dem wir uns zu Hause fühlen. Ein Marsmensch müßte sich auf der Erde in einer sehr ungewohnten Umgebung bewegen. Wenn seine Vorhaben allerdings nichts mit den unseren gemeinsam hätten, dann wäre seine Aufgabe, das Relevante vom Irrelevanten und das Wesentliche vom Unwesentlichen zu scheiden, genauso hoffnungslos wie die des Computers.

Wir alle wissen ebenfalls, was es heißt, in einem beschränkten Kontext Daten nach Regeln zu speichern und zu gebrauchen. Wir tun das zum Beispiel, wenn wir Bridge spielen, obwohl sich auch hier ein guter Bridgespieler den heuristischen Regeln gegenüber Freiheiten herausnimmt und die Daten im Hinblick auf unterschiedliche Absichten und Strategien speichert. Manchmal spielen wir auch im Geist einige Alternativen durch, um vorauszusagen, was im wirklichen Spiel geschehen wird. Wir wissen, was es bedeutet, sich in einer Welt zurechtzufinden, in der wir nicht zu Hause sind; was es bedeutet, regelgeleitete Handlungen auszuführen wie das Reizen beim Bridge; und wir wissen, wie wir im Geiste Ereignisse ablaufen lassen, die noch gar nicht stattgefunden haben – aber nur weil wir das alles wissen, wissen wir auch, daß wir uns die meiste Zeit in keiner Weise bewußt sind, diese Dinge zu tun. Die Behauptung, daß wir solche Handlungen dennoch unbewußt ausführen, ist entweder eine empirische Behauptung, für die es keine Grundlage gibt, oder eine Behauptung *a priori*, die auf eben jener Annahme beruht, die wir hier in Frage stellen.

Wenn wir in der Welt heimisch sind, dann sind die sinntragenden Gegenstände in den Bezugsrahmen eingebettet, in dem wir leben. Sie sind nicht Modelle der Welt, die wir in unserem Geist oder Gehirn gespeichert haben. *Sie sind die Welt selbst.* Für die öffentliche Welt der allgemeinen Zwecke, der Verkehrsregeln usw. scheint dies einzuleuchten. Wie aber steht es mit *meiner* Erfahrung, könnte man sich fragen. Meine private Sammlung von Tatsachen ist doch sicherlich in meinem Geist? Dies scheint nur deswegen plausibel, weil man diese menschliche Welt immer noch mit einem physikalischen Universum verwechselt. Meine Erinnerungen sind in dem vertrauten Aussehen eines Stuhls gespeichert oder in der bedrohlichen Atmosphäre einer Straßenecke, wo ich früher einen Unfall hatte. Meine Absichten und Befürchtungen sind bereits in meine Erfahrung der Gegenstände eingegeben: Einige sprechen mich an, anderen gehe ich aus dem Weg. Die „Daten" zu den sozialen Aufgaben und Zielen sind in die Gegenstände und Räume um mich herum eingegeben und werden von diesen persönlichen „Daten" überlagert, die ebenfalls ein Teil meiner Welt sind. Schließlich sind persönliche Befürchtungen und Neigungen nicht subjektiver als allgemein menschliche Zwecke und Absichten.

Folgendes wird nun deutlich: Selbst wenn das Nervensystem als physikalischer Gegenstand verstanden wird, als eine Art Analogcomputer, dessen Energieaustausch mit der Welt im Prinzip als Input-Output-Funktion ausdrückbar sein muß, so geht dies an dem eigentlichen Problem vorbei. Es stiftet doch Verwirrung, wenn man unterstellt, der wahrnehmende Mensch verhalte sich auf der Ebene der Datenverarbeitung wie ein Analogcomputer und besitze eine präzise Input-Output-Funktion, die von einem Digitalcomputer simuliert werden kann. Das Input-Output-Modell ergibt hier keinen Sinn. Es besteht kein Grund anzunehmen, daß die menschliche Lebenswelt in unabhängige Elemente zerlegt werden kann. Aber selbst wenn dies gelänge, wüßte man immer noch nicht, ob man diese Elemente als Input oder Output des menschlichen Geistes zu betrachten hätte.

Wenn wir Schwierigkeiten haben, diese phänomenologische Vorstellung zu akzeptieren, dann liegt das daran, daß sie im Gegensatz zu unserer cartesianische Tradition steht. Diese Tradition geht davon aus, daß die physikalische Welt auf unseren Geist einströmt, der sie dann im Einklang mit seiner früheren Erfahrung und seinen angeborenen Ideen oder Regeln strukturiert. Aber nicht einmal Descartes ist so verwirrt, wie es die zeitgenössischen Psychologen und KI-Forscher zu sein scheinen. Er behauptet, daß die Welt, die auf uns einströmt, *eine Welt reiner physikalischer Bewegung* ist, während die Welt „im Geiste" eine Welt der Gegenstände, Geräte usw. ist. Für ihn ist lediglich die Beziehung zwischen diesen beiden Welten unklar. KI-Theoretiker wie Minsky zeichnen jedoch ein viel gröberes Bild, in dem die Welt der Geräte noch nicht einmal vorkommt. Nach dieser Auffassung werden Einzelheiten der Alltagswelt – gewissermaßen Schnappschüsse von Tischen, Stühlen usw. – vom menschlichen Geist aufgenommen. Diese Bruchstücke werden dann nach einem Modell wieder zusammengesetzt, das aus den anderen Tatsachen aufgebaut ist, die im Gehirn gespeichert sind. Die Außenwelt, eine Ansammlung isolierter Tatsachen, wird nach den Kriterien des inneren Speichers interpretiert, der wiederum mit anderen isolierten, aber wohlgeordneten Tatsachen gefüllt ist. Dieser Speicher ist aufgrund früherer Erfahrungen dieser bruchstückhaften Welt entstanden und wird schließlich durch die Aufnahme neuer Einzelheiten immer weiter verfeinert. Nirgends findet sich in dieser Vorstellung die vertraute, zweckgeordnete Welt der Dinge.

Minsky hat versucht, seinen Computer-Cartesianismus zu einer Philosophie auszuarbeiten. Er beginnt mit einer mechanisierten Beschreibung dessen, was die Vorstellungskraft tatsächlich leistet:

Wenn ein Lebewesen eine Frage über ein hypothetisches Experiment beantworten kann, ohne es wirklich durchzuführen, dann hat es etwas von seinem Wissen über die Welt vorgeführt. Denn die Antwort, die es auf die Frage gibt, muß von irgendeiner untergeordneten Maschine oder einem „Modell" (innerhalb des Lebewesens) ausgehen. Es ist die kodierte Beschreibung des Verhaltens dieses Modells, das damit auf die kodierte Beschreibung der Außenwelt reagiert, die in der Frage enthalten war.[12]

Ohne weitere Erklärung oder Rechtfertigung verallgemeinert Minsky dann diese zweifelhafte Beschreibung der eigentlichen Funktionsweise unserer Vorstellungskraft für jegliche Form der Wahrnehmung und des Wissens:

Fragen über die Dinge in der Welt werden beantwortet, indem ich Aussagen über das Verhalten einander entsprechender Strukturen in meinem Weltmodell mache.[13]

Auf diese Weise wird Minsky dazu gebracht, ein formalisiertes Abbild der Außenwelt einzuführen; als ob wir neben den Gegenständen, die uns zum Handeln animieren, noch eine Enzyklopädie brauchten, in der wir nachschlagen können, wo wir sind und was wir tun:

Das Weltmodell eines Menschen hat eine ausgesprochen zweigeteilte Struktur: Dem einen Teil geht es um mechanische, geometrische und physikalische Tatsachen, während der andere mit Zielen, Bedeutungen, sozialen Angelegenheiten und ähnlichem verknüpft ist.[14]

Wenn alles Wissen ein Modell erfordert, dann brauchen wir natürlich auch ein Modell von uns selbst:

Wenn man einem Menschen eine allgemeine Frage über sich selbst stellt, dann wird er versuchen, eine allgemeine Beschreibung des Modells zu geben, das er von sich hat.

Und damit diese Selbstbeschreibung vollständig wird, benötigen wir natürlich eine Beschreibung des Modells von unserem Modell von uns selbst und so weiter. Minsky glaubt, daß dieser selbstbezügliche Regreß die Quelle der philosophischen Verwirrung über Geist, Körper, freien Willen usw. ist. Er ist sich nicht darüber im klaren, daß sein Beharren auf Modellen zu diesem Regreß geführt hat und daß diese Schwierigkeit vielmehr die philosophische Widersprüchlichkeit seiner Annahme beweist, daß wir niemals etwas unmittelbar wissen können, sondern immer nur im Rahmen von Modellen.

Je länger man sich über dieses Bild Gedanken macht, desto schwieriger ist es zu verstehen. Anscheinend gibt es zwei Welten, die äußere und die innere Datenstruktur. Keine von beiden wird je erfahren, und keine von beiden ist das physikalische Universum oder die Welt der Geräte, die wir normalerweise wirklich erfahren. Für das physikalische Universum oder für unsere Welt von miteinander in Beziehung stehenden Gegenständen scheint kein Platz zu sein, sondern lediglich für eine Bibliothek von Beschreibungen des Universums und der menschlichen Lebenswelt, und selbst die kann es nach dieser Theorie nicht geben.

Wenn wir diese Theorie als widersprüchlich verwerfen, dann leugnen wir damit nicht, daß physikalische Energie unseren physischen Organismus bombardiert und daß daraus unsere Erfahrung der Welt entsteht. Wir behaupten einfach, daß die physische Verarbeitung physikalischer Energie kein psychologischer Prozeß ist. Die physische Verarbeitung geschieht nicht in der Weise, daß Tatsachen von menschlichem Zuschnitt, zum Beispiel über Tische und Stühle, sortiert und gespeichert werden. Vielmehr ist die menschliche Lebenswelt das Resultat dieser Energieverarbeitung, und es bedarf keiner weiteren mechanischen Wiederholung desselben Verarbeitungsprozesses, um diese Lebenswelt wahrzunehmen und zu verstehen.

Dieser Punkt ist so einfach und dennoch so schwer nachvollziehbar für alle, die in der cartesianischen Tradition groß geworden sind, daß es ratsam sein mag, diese Verwirrung noch einmal anhand eines speziellen Falls durchzusprechen. Wie wir gesehen haben, beginnt Neisser sein Buch *Kognitive Psychologie* mit einer Darstellung dessen, was er für „das zentrale Problem der Erkenntnis" hält:

Sicherlich gibt es eine wirkliche Welt mit Bäumen, Menschen, Autos und auch Büchern ... Aber wir haben keinen direkten, unmittelbaren Zugang zu dieser Welt und ihren Eigenschaften.[16]

Hier ist, wie wir in Teil II, Kapitel 2, bemerkt haben, der Schaden schon angerichtet. Es gibt in der Tat eine Welt, zu der wir keinen unmittelbaren Zugang haben: Die Welt der Atome und der elektromagnetischen Wellen nehmen wir nicht direkt wahr (wenn es denn überhaupt einen Sinn hat, davon zu sprechen, daß wir sie wahrnehmen). Die Welt der Autos und Bücher jedoch ist gerade die Welt, die wir wirklich direkt erfahren. In Teil II, Kapitel 2 hatten wir bemerkt, daß Neisser an dieser Stelle auf die unbegründete Theorie unserer Wahrnehmung von „Schnappschüssen" oder Sinnesdaten zurückgreift. Seine weiteren Ausführungen vergrößern diese Verwirrung nur noch:

Physikalisch ist diese Buchseite eine Anordnung kleiner Druckfarbenhügel, die sich an bestimmten Stellen der stärker reflektierenden Papierfläche befinden.[17]

Aber *physikalisch* gesehen, haben wir hier in Bewegung befindliche Atome vor uns, und nicht Papier und kleine Farbhügel. Papier und kleine Farbhügel sind Bestandteile der menschlichen Lebenswelt. Neisser versucht sie freilich auf eine besondere Weise zu betrachten, so als wäre er ein Wilder, ein Marsmensch oder ein Computer, der keine Ahnung davon hat, wozu sie dienen. Es gibt keinen Grund anzunehmen, daß es solche seltsam isolierten Gegenstände sind, die die Menschen direkt wahrnehmen (obwohl man sich einer derartigen Erfahrung vielleicht annähern kann, indem man die sehr sonderbare, distanzierte Haltung einnimmt, die einen Kognitiven Psychologen überkommt, wenn er sich hinsetzt, um ein Buch zu schreiben). Was wir normalerweise wahrnehmen, ist eine bedruckte Seite.

Neissers Zwischen-Welt ist weder die Welt der Physik noch die Lebenswelt. Sie erweist sich wiederum als künstlich. Noch niemand hat eine derartige unheimliche Welt gesehen, und kein Physiker hat einen Platz dafür in seinem System. Wenn sie aber einmal postuliert worden ist, dann folgt daraus unvermeidlich, daß die menschliche Lebenswelt irgendwie aus diesen Bruchstücken rekonstruiert werden muß.

Die sogenannten „proximalen Reize" sind einseitig in ihrer Perspektive, einmalig und neu in jedem Moment, verändern ... sich mehrmals in der Sekunde radikal und haben weder mit dem wirklichen Gegenstand, von dem sie herrühren, noch mit dem Erfahrungsgegenstand, den der Wahrnehmende konstruiert, eine nennenswerte Ähnlichkeit.[18]

Aber dieser Konstruktionsprozeß ist überflüssig. Er ist auf eine Art beschrieben, die nur dann Sinn ergibt, wenn wir uns den Menschen als einen Computer denken, der isolierte Tatsachen aus einer Welt empfängt, in der er keine Zwecke verfolgt. Ein Computer wird darauf programmiert, derlei Tatsachen zusammen mit einer Menge anderer angesammelter oder eingegebener, sinnloser Daten so zu verwenden, daß er versteht (was immer das auch heißen mag), was um ihn herum vorgeht.

Es gibt keinen Grund für die Annahme, daß ein normales menschliches Wesen dieses Problem hat, obwohl einige Sprachgestörte sich mit solchen Schwierigkeiten herumschlagen. Ein normaler Mensch erfährt die Gegenstände der Welt als bereits zusammenhängend und sinnvoll. Es besteht keine Rechtfertigung für die Annahme, daß wir zuerst isolierte Tatsachen oder Schnappschüsse von Tatsachen oder Momentaufnahmen von Schnappschüssen von Tatsachen erfahren und ihnen *dann* erst Sinn geben. Auf die analytische Nutzlosigkeit eines solchen Prozesses versuchen moderne Philosophen wie Heidegger und Wittgenstein hinzuweisen. Wenn wir diese Überlegung für Neissers Erörterung so genau wie nur irgend möglich berücksichtigen, dann müßten wir sagen: „Die menschliche Lebenswelt *ist* die Reaktion des Gehirns auf die physikalische Welt." Es hat dann keinen Sinn mehr, sie „im Geist" anzusiedeln, und es erübrigt sich auch, eine dritte Welt zwischen der physikalischen und der menschlichen Lebenswelt zu erfinden, die eine künstlich verarmte Version jener Welt ist, in der wir leben und aus der wir die Lebenswelt dann wieder zusammenbasteln müssen.

Von den Computerexperten hat allein Oettinger gesehen, daß in der Welt der Wahrnehmung und der Sprache, mit der die Linguisten und KI-Forscher ihre Analyse beginnen, ein globaler Sinn immer schon gegenwärtig ist:

Was ich vorbringen möchte, ist nicht unbedingt neu, aber man hat es aus den Augen verloren. Vielleicht ist dies verdientermaßen geschehen, weil es einem nicht sagt, was als nächstes zu tun ist. Meines Erachtens scheint es fast so, als wäre die Wahrnehmung des Sinns primär und alles andere eine Folge des Verstehens dieses Sinns.[18]

Aber Oettinger scheint nicht zu erkennen, daß man zwangsläufig vor einem Rätsel oder in einer Sackgasse stehen bleibt, wenn man einfach nach einem neuen Verfahren Ausschau hält, mit dessen Hilfe dieser umfassende Sinn „hergestellt" wird. Denn damit dreht man das vorhandene Mißverständnis nur um:

Wenn wir dies umzukehren versuchen und sagen: „Wohlan, hier haben wir diesen Strom von Lauten, der zu Ihnen hinüber dringt, oder das Entsprechende auf einer bedruckten Seite. Was geschieht nun, wenn Sie mir zuhören oder die bedruckte Seite lesen? Was versetzt Sie in die Lage, auf die Bedeutung dessen zu reagieren, was ich sage?" – dann scheinen wir damit in einer Sackgasse zu landen.[20]

Auch Oettinger begreift nicht, daß *beides* da ist, die Schallwellen *und* die sinnvolle Rede. Der Sinn wird nicht aus sinnlosen Einzelteilen *hergestellt*, ob das nun Zeichen oder Laute sind. Der Lautstrom ist ein Problem für die Physik oder die Neurophysiologie, während auf der Ebene sinnvoller Rede die notwendige Energieverarbeitung schon stattgefunden hat. Das *Ergebnis* dieser Energieverarbeitung ist eine sinnhafte Welt, für deren Erklärung wir eine *neue* Theorie weder benötigen noch widerspruchsfrei denken können.

Wenn wir vermeiden wollen, Probleme und Rätsel zu erfinden, dann müssen wir die physikalische Welt den Physikern und Neurophysiologen überlassen und uns wieder der Beschreibung der menschlichen Lebenswelt zuwenden, die wir unmittelbar wahrnehmen. Die zeitgenössischen Philosophen stehen vor der Schwierigkeit, den Kontext oder die Situation zu beschreiben, in der die Menschen leben, ohne dabei Vorurteile aus der Philosophiegeschichte oder der gegenwärtigen Begeisterung für Computermodelle zu übernehmen. Das führt uns zurück auf das Problem von Regelmäßigkeit und Regel.

Unsere kontextgebundene Tätigkeit ist durchaus regelmäßig, auch wenn wir die Relevanz und Bedeutung bestimmter Gegenstände und Tatsachen ständig verändern. Aber diese Regelmäßigkeit braucht nicht vollständig von Regeln geleitet zu sein und kann es auch nicht. Wenn wir Mehrdeutigkeiten zulassen, aber auch in anderen Fällen stellen wir fest: Unsere Tätigkeit ist in dem Maße regelgeleitet, wie es die vor uns liegende Aufgabe erfordert – wobei die Aufgabe selbst natürlich nicht genauer ist als die Regeln.

Wittgenstein zieht, wie Heidegger, die Regelung des Verkehrs als typisches Beispiel heran:

Die Verkehrsregelung in den Straßen erlaubt und verbietet gewisse Handlungen der Fahrer und Fußgänger; aber sie versucht nicht, ihre sämtlichen Bewegungen durch Vorschriften zu leiten. Und es wäre sinnlos, von einer ‚idealen' Verkehrsordnung zu reden, die das täte; wir wüßten zunächst gar nicht, was wir uns unter diesem Ideal zu denken hätten. Wünscht einer die Verkehrsordnung in irgendwelchen Punkten strenger zu gestalten, so bedeutet das nicht, er wünsche sie so einem Ideal anzunähern.[21]

Diese Regelmäßigkeit der Umgebung wird niemals vollständig durch Regeln bestimmt, ist aber immer so geordnet, wie es gerade nötig ist. Sie ist so allgegenwärtig, daß man sie leicht übersieht. Wenn man sie jedoch einmal als Hintergrund für das Problemlösen, den Sprachgebrauch und anderes intelligentes Verhalten in den Blick bekommen hat, dann scheint es nicht länger notwendig zu sein, jedes geordnete Verhalten als regelgeleitet zu betrachten. Das Regelmodell scheint nur dann unvermeidlich, wenn man sich selbst aus der menschlichen Situation herauslöst. Philosophen haben das zweitausend Jahre lang versucht, und Computerexperten haben gar keine andere Wahl, weil der kontextunabhängige Charakter der Datenverarbeitung in Digitalcomputern sie dazu zwingt.

DRITTES KAPITEL

Der situative Kontext – eine Funktion der menschlichen Bedürfnisse

Wir sind in der Welt zu Hause und finden uns darin zurecht, weil es *unsere* Welt ist und weil sie durch uns zum Kontext unseres zweckgerichteten Handelns wird. Bislang haben wir diese Welt oder Situation beschrieben und auf welche Weise sie es ermöglicht, daß wir uns auf wichtige Gegenstände darin konzentrieren. Wir haben auch darauf hingewiesen, daß dieses Feld der Erfahrung durch unsere Aufgaben strukturiert wird. Diese Aufgaben sind mit Zielen verbunden, und diese wiederum hängen mit den gesellschaftlichen und individuellen Bedürfnissen jener Menschen zusammen, deren Tätigkeit die Welt hervorgebracht hat.

Was lernen wir daraus im Hinblick auf die Möglichkeit Künstlicher Intelligenz? Wenn die Daten, die gespeichert und gelesen werden müssen, normalerweise mit Hilfe spezieller Zielbestimmungen organisiert werden, dann scheint das Problem der KI-Forschung, mit der großen Menge des Datenmaterials fertig zu werden, einfach zu lösen zu sein: Man entwirft eine Liste mit den Zielsetzungen und ihrer Rangfolge, die man dann zusammen mit den Tatsachen dem Computer eingibt. Eine solche Liste wird von Computerfachleuten, die mit Programmen zur Entscheidungsfindung zu tun haben, als Nützlichkeitsfunktion bezeichnet.

Wir haben jedoch gesehen, daß man mit expliziten Zielsetzungen nicht weiterkommt. Selbst einfache Problemlösungs-Programme lassen sich mit ihrer Hilfe nicht organisieren. Die Schwierigkeiten mit der Zweck-Mittel-Analyse zeigen, daß es für die Maschine nicht ausreicht, eine Zielsetzung zu haben und ihre Fortschritte im Hinblick auf dieses vorgegebene Ziel zu messen. Der Computer kann auf diese Weise noch nicht einmal gut strukturierte Probleme lösen. Planung bedeutet vor allem, daß man die wesentlichen Operationen ausfindig macht. So mußten „pragmatische Überlegungen" wie die relative Bedeutung logischer Operationen von den Programmierern selbst heimlich eingeführt werden, bevor das Logik-Programm beginnen konnte. Als nächstes müssen wir also genauer zu klären versuchen, wie sich diese pragmatische Strukturierung von einer Zweck-Mittel-Analyse unterscheidet. Zuletzt müssen wir uns natürlich fragen, ob diese menschliche Fähigkeit der zweckgerichteten Organisation grundsätzlich auf einem Digitalcomputer programmiert werden kann.

Auf den Unterschied zwischen menschlichen Zielen und den Zwecken oder Zielsetzungen von Maschinen hat ein Wissenschaftler hingewiesen, der sich mit strukturellem Erkennen selbst befaßt hat. Satosi Watanabe beschreibt diesen Unterschied folgendermaßen:

Der Mensch vollzieht seine Einschätzungen nach einem System von Werten, die unspezifisch und quasi-affektiv sind, während die Einschätzungen einer Maschine nur nach einer Tabelle oder festgelegten Kriterien erfolgen können ... Der Unterschied ist subtil aber gewichtig. Man könnte sagen, daß ein Mensch ein Wertesystem hat, während die Maschine Zielsetzungen unterliegt. Gewiß haben auch Menschen Zielsetzungen, aber die leiten sich von einem Wertesystem ab und sind nicht die letzte Instanz seiner Handlungen, wie das beim Roboter der Fall wäre ... Sobald die Zielsetzung festgelegt ist, kann die Maschine sie verfolgen, genauso wie der Mensch es kann. Entsprechend läßt sich das auf Nützlichkeit ausgerichtete Verhalten des Menschen leicht durch eine Maschine simulieren, wenn die quantitative Nützlichkeit und die Wahrscheinlichkeit eines jeden alternativen Ereignisses konstant sind und wenn die Maschine mit diesen Angaben gefüttert wurde. Aber die Maschine kann nie an den Ursprung dieser Nützlichkeit herankommen.[1]

Watanabe behauptet, daß diese Werte für intelligentes Verhalten wesentlich sind. Auf jeden Fall, so argumentiert er, „gibt es unendlich viele mögliche Hypothesen, die durch unsere Erfahrung gestützt werden. Die Einschränkung dieser Hypothesen auf eine kleinere Teilmenge geschieht oft nach einem nur vage vorgestellten Kriterium, zum Beispiel nach dem Prinzip der Vereinfachung oder der Eleganz."[2] Im einzelnen kann Watanabe zufolge gezeigt werden, daß je zwei beliebige Gegenstände genau dieselbe Anzahl von Eigenschaften gemeinsam haben. Wenn es uns so vorkommt, als sei das nicht der Fall, dann liegt das daran, daß wir bestimmte Eigenschaften für wichtiger halten als andere. Die Entscheidung darüber, was wichtig ist, hängt von unserem Wertesystem ab.[3]

Aber warum von unserem Wertesystem und nicht von einer Liste von Zielsetzungen? Wie unterscheidet sich das, was Watanabe ein Wertesystem nennt, von einer Funktion der Nützlichkeit? Bislang scheint der einzige Unterschied darin zu liegen, daß Werte unbestimmter sind. Aber auch in Watanabes weiteren Ausführungen findet sich kein Argument dafür, warum diese Werte nicht einfach als unbestimmte Zielsetzungen verstanden und daher als eigenständiger Bereich auf einer quantitativen Skala wiedergegeben werden können. Um diesen wichtigen Unterschied zu verstehen, den Watanabe zwar festgestellt, aber nicht erklärt hat, müssen wir als erstes von seiner Art der Problemstellung Abstand nehmen. Wenn man von Werten spricht, hat man das Spiel von vornherein verloren. Denn Werte sind ein Erzeugnis derselben philosophischen Tradition, die auch in begrifflicher Hinsicht den Grundstein für die KI-Forschung gelegt hat. Obwohl die Diskussion über Werte für die Philosophie recht neu ist, stellt sie doch nur eine letzte Stufe der Objektivierung dar: Die pragmatischen Überlegungen, die unsere Erfahrung durchdringen und die bestimmen, was als Gegenstand zählt, werden einfach als zusätzliche Merkmale unabhängiger Gegenstände bestimmt, etwa wie die Härte oder die Farbe. Ein Wert ist dann eine weitere Eigenschaft, die dem Gegenstand zugeordnet oder entzogen werden kann. Wenn Watanabe diese Terminologie und die in ihr enthaltene philosophische Position übernimmt, dann kann er nicht erklären, in welcher Weise sich Werte von leicht verschwommenen Eigenschaften unterscheiden, und deshalb vermag er auch nicht anzugeben, warum er sie für nicht programmierbar hält. Um den grundsätzlichen Unterschied zu verstehen, den Watanabe macht, müssen wir zwischen den Gegenständen und dem Feld oder der Situation unterscheiden, die unsere Erfahrung von Gegenständen möglich macht. Denn das, was Watanabe irreführenderweise Werte nennt, gehört zur Struktur des Erfahrungs*feldes*, und nicht zu den in ihm befindlichen Gegenständen.

Wie wir gesehen haben, ist die Erfahrung selbst durch unsere Aufgaben strukturiert. Wie auf dem Schachbrett gibt es auch in der Welt Bereiche, die uns entweder anziehen oder abstoßen, verschiedene Zugänge, Bereiche der Aktivität und der Ruhe. Auf dem Feld unserer eigenen Wahrnehmung sind wir alle Großmeister. Die Gegenstände sind bereits im Rahmen des jeweiligen Feldes, in dem sie sich befinden, gesichtet und geortet. Erst dann nehmen wir sie ins Visier und beschäftigen uns mit ihren Details. Nur weil unsere Interessen *nicht* Gegenstände unserer Erfahrung sind, können sie diese grundlegende Rolle bei der Strukturierung unserer Erfahrung in sinnvolle Muster und Bereiche spielen.

Heidegger hat beschrieben, auf welche Weise die menschlichen Interessen innerhalb der Erfahrungen für eine Ordnung nach Plätzen und Bereichen sorgen:

Das Zeug hat seinen *Platz*, oder aber es „liegt herum", was von einem puren Vorkommen an einer beliebigen Raumstelle grundsätzlich zu unterscheiden ist ... Der durch Richtung und Entferntheit – Nähe ist nur ein Modus dieser – konstituierte Platz ist schon auf eine Gegend und innerhalb ihrer orientiert ...

Ständig Zuhandenes, dem das umsichtige In-der-Welt-sein im vorhinein Rechnung trägt, hat deshalb seinen Platz. Das Wo seiner Zuhandenheit ist für das Besorgen in Rechnung gestellt ...[4]

Heidegger war auch der erste, der darauf aufmerksam machte, mit welcher Entschlossenheit die Philosophie von Anfang an danach strebte, die Interessen, denen wir leben, in Gegenstände unserer Kontemplation und Kontrolle zu verwandeln. Sokrates versuchte, die eigene und anderer Leute Überzeugungen explizit zu machen, damit sie verglichen, beurteilt und gerechtfertigt werden konnten. Es ist jedoch eine grundlegende und merkwürdige Eigentümlichkeit unserer Lebensweise, daß unsere persönlichsten Interessen ihre Gewalt über uns verlieren, sobald wir sie in Gegenstände verwandeln, die wir betrachten und auswählen können. Sie bilden dann nicht länger ein Feld bedeutsamer Möglichkeiten, innerhalb dessen wir handeln, sondern werden schlicht zu bloßen Möglichkeiten, die wir wählen oder zurückweisen können. Deshalb gelangten die Philosophen schließlich zu Nietzsches und Sartres Nihilismus, für den die persönlichen Interessen nichts als eine Liste von Werten sind, die wir willkürlich wählen und die wir ebenso willkürlich aufgeben und umwerten können. Um es mit Nietzsches Worten zu sagen: „Ein Geist, der Großes will, der auch die Mittel dazu will, ist nothwendig Skeptiker ... Die Freiheit von jeder Art Überzeugung gehört zu seiner Stärke ..."[5]

Was aber fehlt in dieser Darstellung, außer dem Gefühl, daß man von seiner Überzeugung beherrscht ist? Welchen Unterschied macht es für das Hervorbringen intelligenten Verhaltens, wenn unsere Bewertungen auf eine Funktion der Nützlichkeit statt auf irgendein letztes Interesse zurückzuführen sind? Ein Unterschied, den Watanabe bemerkt, aber nicht erklären kann, besteht darin, daß eine Aufstellung der Werte eindeutig sein muß, während die menschlichen Interessen nur so eindeutig sein müssen, wie es die Situation gerade erfordert. Diese Flexibilität hängt eng mit der menschlichen Fähigkeit zusammen, die Erfordernisse der Gattung als Zwecke zu erkennen und den Gebrauch der Sprache in einer Weise zu erweitern, die den Regeln entspricht, ohne von ihnen beherrscht zu sein. Außerdem besteht das letzte Interesse des Menschen nicht einfach darin, irgendein Ziel am Ende einer Reihe von Zielen zu erreichen. Das Interesse am Ziel ist vielmehr in jedem Augenblick gegenwärtig, strukturiert die Gesamtheit unserer Erfahrung und lenkt unsere Tätigkeiten, während wir ständig entscheiden, was im Hinblick auf die jeweilige Situation wichtig ist.[6] Demgegenüber steht die Liste der Zielsetzungen bei der Maschine in einem ganz willkürlichen Verhältnis zu den jeweiligen Entscheidungsalternativen. Die Maschine muß in vorher festgelegten Abständen auf die Liste zurückgreifen, um ihre Fortschritte beurteilen und ihre nächste Wahl treffen zu können.

Herbert Simon und Walter Reitman haben erkannt, daß die Emotion und die Motivation bei intelligentem Verhalten eine Rolle spielen. Sie simulieren dies jedoch mit Programmen, in denen „Emotionen" die Arbeit an einem Problem *unterbrechen,* damit äußere Faktoren oder Arbeit an einem anderen Problem eingeführt werden können.[7] Sie scheinen nicht zu merken, daß Emotionen und Interessen unser kognitives Verhalten *lenken* und *begleiten.* Einmal mehr handelt es sich hier um einen Fall von Vogel-Strauß-Politik: Man ist nicht fähig, das zu erkennen, was man nicht programmieren kann.

Heidegger versucht, das allgegenwärtige, die menschliche Erfahrung strukturierende Interesse zu erklären, indem er auf das grundlegende Bedürfnis des Menschen zurückgeht, sein Sein zu verstehen. Aber diese Darstellung bleibt sehr abstrakt. Sie erklärt die Sinnhaftigkeit im allgemeinen, aber nicht irgendwelche spezifischen Ziele oder irgendeinen spezifischen Sinn. Damit gleicht Heidegger jede menschliche Tätigkeit dem kreativen Problemlösen oder dem künstlerischen Schaffen an: Hier sind wir uns über unser Ziel solange nicht vollständig bewußt, bis wir es schließlich erreicht haben. Für Heidegger gibt es keine Liste von Merkmalen, die eine Lösung erfüllen muß. Dennoch sind unsere Bedürfnisse so sehr festgelegt, daß sie den Dingen für unser Verständnis eine besondere Bedeutung verleihen, und viele unserer Ziele sind durchaus explizit. Um das zu verstehen, brauchen wir eine konkretere phänomenologische Beschreibung der menschlichen Bedürfnisse.

Die philosophische und die psychologische Tradition (mit Ausnahme des Pragmatismus) haben die Bedeutung der Bedürfnisse für intelligentes Verhalten tunlichst übergangen, und das Computermodell hat diese Tendenz noch verstärkt. So schreibt zum Beispiel N. S. Sutherland, Professor für experimentelle Psychologie an der Universität Sussex, in seinem Artikel „Maschinen und Menschen":

Überleben und Selbsterhaltung sind gewährleistet, weil im menschlichen Gehirn eine Reihe von Trieben oder Zielen genetisch eingebaut sind. Die offensichtlichsten sind Hunger, Durst, der Sexualtrieb und das Vermeiden von Schmerz. All diese Triebe haben insofern nur eine beschränkte Bedeutung, als man sich komplexe Datenverarbeitungssysteme denken könnte, die intelligentes Verhalten an den Tag legen, denen aber etwas den Trieben Vergleichbares gänzlich fehlt.[8]

Wie wir jedoch gesehen haben, vermitteln unsere körperlichen Bedürfnisse uns direkt oder indirekt ein Gespür für die Aufgabe, die wir zu bewältigen haben. Im Rahmen der Aufgabe unterscheidet unsere Erfahrung zwischen wichtigen und unwichtigen Dingen. Die Bedürfnisse selbst haben eine sehr eigenartige Struktur, die dem künstlerischen Schaffen ähnelt, dabei allerdings stärker ausgeprägt ist als in Heideggers Darstellung. Wenn wir ein Bedürfnis verspüren, wissen wir zuerst nicht genau, was wir brauchen. Wir müssen erst zu entdecken suchen, wodurch wir unsere Unruhe oder unser Unbehagen verringern können. Das geschieht nicht, indem wir verschiedene Gegenstände und Tätigkeiten mit einem objektiven, feststehenden Kriterium vergleichen, sondern durch das, was Samuel Todes ein Gefühl der Befriedigung nennt. Zwar wird diese Befriedigung so erfahren, als hätten wir endlich entdeckt, was wir die ganze Zeit schon brauchen; aber dabei handelt es sich um einen Akt rückwirkenden Verstehens, der die Tatsache verdeckt, daß wir unser Bedürfnis nicht bestimmen konnten, bevor wir die Befriedigung erlangten. Die ursprüngliche Befriedigung eines Bedürfnisses ist daher das, was Todes eine kreative Entdeckung nennt.[9]

Die Menschen beginnen ihr Leben nicht mit einer genetischen Liste von Bedürfnissen oder Werten, die sie dann im weiteren Verlauf ihres Lebens zusehends enthüllen. Und wenn es sich um authentische Werte handelt, übernehmen sie diese auch nicht einfach von ihrer Umwelt. Wenn sie entdecken, was sie brauchen, dann präzisieren sie vielmehr ein allgemeines Bedürfnis, das zwar immer schon vorhanden, aber nicht genauer bestimmt war.

Das wird ganz offenkundig, wenn wir uns mit weniger instinktiven psychischen Bedürfnissen befassen. Wenn sich ein Mann verliebt, dann verliebt er sich in eine bestimmte Frau. Aber es war nicht diese bestimmte Frau, nach der er ein Bedürfnis hatte, *bevor* er sich verliebte. Nachdem er nun aber verliebt ist, nachdem er also herausgefunden hat, daß diese bestimmte Beziehung ihn beglückt, wird sein Bedürfnis zum spezifischen Bedürfnis nach dieser besonderen Frau, und der Mann hat eine kreative Entdeckung über sich selbst gemacht. Er wird zu einer Person, die dieser bestimmten Beziehung bedarf, und muß sich selbst für jemanden halten, dem diese Beziehung schon die ganze Zeit über gefehlt hat. Angesichts dieser kreativen Entdeckung enthüllt die Welt eine neue Ordnung der Bedeutungen, die weder einfach entdeckt noch willkürlich gewählt wird.

Sören Kierkegaard führt aus, auf welche Weise sich die Persönlichkeit oder das Selbst durch eine solche Erfahrung neu definiert und wie in der Welt dieses Menschen dadurch alles einen neuen Sinn erhält. Da eine solche Veränderung die Grundlagen einer Person verwandelt, verändert sie auch das gesamte Feld der Interessen, das allem und jedem seine Bedeutung verleiht. Kierkegaard nennt diese grundlegende Veränderung eine Daseinserschütterung. Diese Veränderung läßt sich aufgrund unserer bisherigen Interessen nicht vorhersagen. Dennoch ist sie so eindringlich, daß wir es uns nachher gar nicht mehr anders vorstellen können, weshalb Kierkegaard die Daseinserschütterung einen Sprung nennt.[10]

Die gleiche Art der Veränderung unserer Welt kann sich auf der begrifflichen Ebene abspielen, dann spricht man von einer Verschiebung des Begriffsnetzes. Thomas Kuhn hat diese Art Umwälzung in seinem Buch *Die Struktur wissenschaftlicher Revolutionen* untersucht. Er stellt darin fest: „Soweit ihre einzige Beziehung zu dieser Welt in dem besteht, was sie sehen und tun, können wir wohl sagen, daß die Wissenschaftler nach einer Revolution mit einer anderen Welt zu tun haben."[11]

Der begriffliche Rahmen bestimmt, was als Tatsache gilt. Infolgedessen gibt es während einer solchen Revolution keine Tatsachen, auf die sich die Wissenschaftler berufen könnten, um zu entscheiden, welche Ansicht die richtige ist. „Die Daten selbst waren andere geworden. Das ist der letzte Gesichtspunkt, unter dem wir sagen wollen, daß die Wissenschaftler nach einer Revolution in einer anderen Welt arbeiten."[12] Die von Minsky für selbstverständlich gehaltene Idee, wonach das Wissen aus einem großen Speicher voll neutraler Daten besteht, eignet sich nicht, solche Momente grundsätzlichen Wandels zu erklären. Kuhn zufolge kann es „kein wissenschaftlich oder empirisch neutrales System der Sprache oder der Begriffe geben".[13]

Was während einer wissenschaftlichen Revolution geschieht, kann nicht vollständig auf eine neue Interpretation einzelner und stabiler Daten zurückgeführt werden. Zunächst einmal sind die Daten nicht eindeutig stabil. Ein Pendel ist kein fallender Stein, und Sauerstoff ist keine entphlogistizierte Luft.[14]

Diese Feststellung führt Kuhn dazu, die ganze philosophische Tradition zu verwerfen, die in der Vorstellung gipfelt, Vernunft beruhe auf der Speicherung und Verarbeitung von „Daten". Auf der Grundlage seiner Forschungen erkennt Kuhn zum einen die Unangemessenheit dieser Tradition und zum anderen, warum sie dennoch weiterhin einleuchtend erscheint.

Sind Theorien einfach menschliche Interpretationen gegebener Daten? Der erkenntnistheoretische Standpunkt, der die westliche Philosophie während dreier Jahrhunderte so oft geleitet hat, verlangt ein sofortiges und eindeutiges Ja! In

Ermangelung einer ausgereiften Alternative halte ich es für unmöglich, diesen Standpunkt völlig aufzugeben. Und doch, er fungiert nicht mehr wirksam, und die Versuche, ihn durch Einführung einer neutralen Beobachtungssprache wieder dazu zu bringen, erscheinen mir hoffnungslos.[15]

Um Ansätze zu einem alternativen erkenntnistheoretischen Standpunkt zu gewinnen, untersucht Kuhn, auf welche Weise die Wissenschaft tatsächlich vorgeht. Sein Alternativvorschlag betont die Bedeutung eines Paradigmas für die Orientierung der Forschung. Ein Paradigma ist ein spezielles, anerkanntes Beispiel wissenschaftlicher Praxis. Wie in dem früher untersuchten Fall der Familienähnlichkeit werden auch hier die Gegenstände nicht durch allgemeine Regeln beschrieben, sondern eher durch ihre Beziehung zu einem speziellen konkreten Fall, dessen Merkmale und Implikationen nicht vollständig formalisiert werden können.

Sie [die Wissenschaftler] können in der *Identifizierung* eines Paradigmas übereinstimmen, ohne sich über seine vollständige *Interpretation* oder *abstrakte Formulierung* einig zu sein oder auch nur zu versuchen, eine solche anzugeben. Das Fehlen einer Standardinterpretation oder einer anerkannten Reduzierung auf Regeln hindert ein Paradigma nicht daran, die Forschung zu führen [...] In der Tat folgt aus der Existenz eines Paradigmas nicht einmal, daß irgendein vollständiges System von Regeln vorhanden ist.[16]

Es ist gerade die Offenheit und Reichhaltigkeit der Paradigmata, die sie so bedeutsam macht:

Paradigmata sind vielleicht eher da, verbindlicher und vollständiger als jedes System von Forschungsregeln, das sich eindeutig aus ihnen ableiten ließe.[17]

Ohne solche Paradigmata würden die Wissenschaftler der Welt mit der gleichen Verwirrung gegenüberstehen, die einen KI-Forscher befallen müßte, wenn er versuchte, die menschliche Form des Lebens zu formalisieren:

Beim Fehlen eines Paradigmas [...] scheinen alle Tatsachen, die irgendwie zu der Entwicklung einer bestimmten Wissenschaft gehören könnten, gleichermaßen relevant zu sein.[18]

Mehr noch: Ohne ein Paradigma wäre nicht einmal klar, was als Tatsache zu gelten hätte, da Tatsachen mit Hilfe eines bestimmten Paradigmas zur Interpretation der Erfahrung hervorgebracht werden. Wenn man ein neues Paradigma findet, vollführt man gleichsam einen Kierkegaardschen Sprung:

Gerade weil es ein Übergang zwischen inkommensurablen Dingen ist, kann er nicht Schritt um Schritt vor sich gehen, von Logik und neutraler Erfahrung erwirkt. Er muß, wie der Gestaltwandel, auf einmal (wenn auch nicht notwendigerweise in einem Augenblick) geschehen oder überhaupt nicht.[19]

Damit wird deutlich, daß die Vorstellung vom Problemlösen als einfachem Speichern und Durchsuchen von Daten nach Maßgabe einer bestimmten Zielsetzung niemals diesem grundsätzlichen Begriffswandel gerecht werden kann. Und doch sind es diese Umwälzungen, die den begrifflichen Raum festlegen, in dem die Probleme erstmals gestellt werden können und in dem die Daten ihre unverzichtbare Relevanz und Wichtigkeit erhalten, so daß sich die Probleme lösen lassen. Der herrschende Begriffsrahmen leitet die Forschung ebenso an, wie das Wahrnehmungsfeld unsere Wahrnehmung der Gegenstände anleitet.

Schließlich gibt es etwas noch Grundsätzlicheres als die von Kuhn untersuchte Verschiebung des Begriffsnetzes, und zwar die kulturellen Revolutionen: Die Anfänge der griechischen Philosophie etablierten zum Beispiel eine Auffassung vom Wesen des Menschen und der Vernunft, aus der sich alle nachfolgenden begrifflichen Umwälzungen ableiten lassen. Gleichermaßen tiefgreifend wurde mit den Anfängen des Christentums eine neue Art Liebe möglich, die im antiken Griechenland nicht möglich gewesen war; Heldentum wurde als Anzeichen von Stolz verdächtigt, und Tugendhaftigkeit bestand zusehends in der Opferbereitschaft der Heiligen. Diese kulturellen Revolutionen zeigen uns, worauf Pascal als erster hingewiesen hat: Es gibt keine feste Grenze zwischen Natur und Kultur – selbst instinktive Bedürfnisse können durch Paradigmata modifiziert und außer Kraft gesetzt werden –, folglich ist die Natur des Menschen nicht festgelegt.

Die Natur des Menschen ist sogar so formbar, daß sie heute vielleicht an der Schwelle einer neuen Veränderung steht. Das Computerparadigma könnte so beherrschend werden, daß die Menschen beginnen, sich selbst als Muster nach dem Arbeitsmodell der KI-Forschung zu begreifen. Da aber aus den erwähnten Gründen Maschinen nicht wie Menschen sein können, müßten sich die Menschen fortschreitend den Maschinen angleichen. Die Bedeutung der Objektivität, der Glaube, daß Handlungen von unveränderlichen Werten bestimmt werden, die Vorstellung, daß sich Fertigkeiten formalisieren lassen, und ganz allgemein die Idee, daß eine Theorie praktischen Handelns möglich ist, haben während der letzten zwei Jahrtausende allmählich Einfluß auf die Psychologie und die Sozialwissenschaft genommen. Die Menschen haben begonnen, sich für Gegenstände zu halten, die den starren Berechnungen körperloser Maschinen angepaßt werden können. Die menschliche Lebensform – die angemessenerweise als ein durch sensomotorische Fertigkeiten organisiertes Feld von Interessen betrachtet werden sollte – muß für diese Maschinen in bedeutungslose Daten zerlegt werden. Die Gefahr besteht für uns nicht so sehr in dem Aufkommen superintelligenter Maschinen wie vielmehr in dem subintelligenter Menschen.

SCHLUSS

Diese alternative Auffassung vom Menschen und seiner Fähigkeit zu intelligentem Verhalten untersucht im wesentlichen, auf welche Weise der Mensch beim Verfolgen seiner Bedürfnisse durch eingeübte, körperliche Tätigkeiten seine Lebenswelt hervorbringt. Und es ist diese Welt, die die Bedingungen aufstellt, unter denen bestimmte Tatsachen für den Menschen sowohl relevant als auch bedeutsam werden, weil diese Tatsachen von Anfang an im Rahmen jener Bedürfnisse organisiert sind. Dies versetzt uns in die Lage, den grundlegenden Unterschied zwischen menschlicher und maschineller Intelligenz zu erkennen. Künstliche Intelligenz beginnt auf einer Ebene von Objektivität und Rationalität, auf der die Tatsachen bereits erzeugt worden sind. Sie abstrahiert diese Tatsachen[1] aus der Situation, innerhalb derer sie angeordnet sind, und unternimmt den Versuch, mit Hilfe der Ergebnisse intelligentes Verhalten zu simulieren. Aber diese aus dem Kontext herausgelösten Tatsachen sind eine sperrige Masse neutraler Daten, mit der die KI-Forschung bis auf den heutigen Tag nicht fertig wird. Alle bisherigen Programme „bleiben unweigerlich stecken, wenn die Datenmengen anwachsen".[2]

Außer der Anhäufung von Tatsachen gibt es zur Zeit keine Datenverarbeitungstechniken. Nachdem die traditionellen philosophischen Annahmen die der Erforschung Künstlicher Intelligenz zugrundeliegen, in Frage gestellt worden sind, gibt es keinen Grund mehr anzunehmen, daß die digitalen Datenspeicherungs- und -abrufverfahren jemals ausreichen werden, mit der Masse von Daten zu Rande zu kommen, die sich ergibt, wenn wir unser Wissen von der Welt explizit zu machen versuchen. Da sehr wohl die Möglichkeit besteht, daß die Daten über die Welt unendlich sind und die Formalisierung der menschlichen Lebensform versagt, wäre es vernünftiger, davon auszugehen, daß die digitalen Speicherungsverfahren diese Aufgabe niemals werden meistern können.

Wenn diese phänomenologische Beschreibung der menschlichen Intelligenz zutrifft, dann gibt es außerdem prinzipielle Gründe dafür, daß Künstliche Intelligenz niemals vollständig verwirklicht werden kann. Neben dem technischen Problem, eine große Menge neutraler Daten zu speichern, ergibt sich folgende Schwierigkeit: Ganz gleich, ob es sich hier um eine Menge von einer oder zehn Millionen handelt, so stehen diese Tatsachen letzten Endes keineswegs fest, wie Minsky gerne glauben würde. Da der Mensch die Tatsachen erzeugt bzw. mitgestaltet, können sich die Tatsachen selbst durch eine Verschiebung des Begriffsnetzes verändern.

Wenn schließlich der Philosoph oder KI-Forscher diesen Einwand ausräumen will, indem er die menschlichen Bedürfnisse formalisiert, die diesen veränderlichen Kontext erzeugen, dann steht er einfach dem Ursprung derselben Schwierigkeit gegenüber. Die unbestimmten Bedürfnisse und Ziele sowie die Erfahrung der Befriedigung, die ihre Bestimmung anleitet, können nicht auf einem Digitalcomputer simuliert werden, dessen einzige Daseinsweise eine Reihe festgelegter Zustände ist. Aber gerade weil diese Bedürfnisse weder für den einzelnen noch für die Menschheit feststehen, sind sie überhaupt schärfer faßbar. Deshalb kann die menschliche Natur rückwirkend durch individuelle oder kulturelle Umwälzungen verändert werden.

SCHLUSSFOLGERUNG

Der Bereich und die Grenzen der Künstlichen Vernunft

Die Grenzen Künstlicher Intelligenz

Wir sind nun in der Lage, die verschiedenen Stränge unserer philosophischen Beweisführung über die Grenzen der Künstlichen Intelligenz miteinander zu verbinden. Die Unterteilung der Disziplin in zwei Bereiche, nämlich die Kognitive Simulation (KS) und die Künstliche Intelligenz (KI) führte zur Behandlung zweier unterschiedlicher, doch zusammenhängender Fragen: 1. Folgt der Mensch bei der „Informationsverarbeitung" tatsächlich formalen Regeln wie ein Digitalcomputer? 2. Läßt sich menschliches Verhalten, unabhängig von seinem Zustandekommen mit einem formalen System beschreiben, nach dem auch ein Digitalcomputer arbeiten kann?

Bei der Erörterung dieser Fragen stellten wir zunächst fest, daß die deskriptiven oder phänomenologischen Beweise, ohne traditionelle philosophische Vorurteile betrachtet, einen Schluß nahelegen: daß nämlich alle Formen intelligenten Verhaltens nichtprogrammierbare menschliche Fähigkeiten aufweisen. Darüber hinaus sahen wir, daß kein gegenteiliger empirischer Beweis einer genaueren methodischen Überprüfung standhält. Soweit die Frage, ob Künstliche Intelligenz möglich ist, eine empirische Frage ist, scheint die Antwort also zu lauten, daß weitere bedeutsame Fortschritte in der Kognitiven Simulation oder der Künstlichen Intelligenz ausgesprochen unwahrscheinlich sind.

Wenn KI-Forscher angesichts dieser Schwierigkeiten ihren Optimismus noch immer aufrechterhalten möchten, liegt die Beweislast künftig bei ihnen. Sie müssen zeigen, daß Künstliche Intelligenz trotz der empirischen Schwierigkeiten möglich sein *muß*. Aber die *apriorischen* Argumente für Künstliche Intelligenz sind hier sogar noch schwächer als die empirischen. Genau jene Argumente, die beweisen sollen, daß eine Formalisierung möglich ist, erweisen sich als nicht schlüssig oder widersprüchlich. Sie zeigen im Gegenteil sogar, daß eine Formalisierung unmöglich ist, abgesehen von einigen höchst unwahrscheinlichen empirischen Annahmen, die durch allgemeine Übereinkunft ausgeschlossen wurden. Die *apriorischen* Argumente *für* Formalisierung verkehren sich also in prinzipiell bedingte Argumente *gegen* die Möglichkeit von Kognitiver Simulation und Künstlicher Intelligenz.

Wir wollen diese Argumente noch einmal genauer betrachten. Bei der Diskussion über KS stellten wir fest, daß Menschen bei Spielen wie Schach, bei der Lösung komplexer Probleme, im Erkennen von Gleichartigem und von Ähnlichkeiten, in der metaphorischen, ungrammatischen oder eigenwilligen Verwendung von Sprache offenbar weder für sich selbst noch für Beobachter strengen Regeln folgen. Hingegen scheinen sie sich einer ganzheitlichen Organisation ihrer Wahrnehmung zu bedienen, pragmatische Unterscheidungen zwischen wichtigen und unwichtigen Operationen zu treffen, sich an Paradigmata zu orientieren und ein gemeinsames Situationsverständnis zu benutzen, um sich verständlich zu machen.

Natürlich könnte all diese geordnete, doch anscheinend regellose Aktivität trotzdem das Ergebnis unbewußt befolgter Regeln sein. Versucht man jedoch dies als philosophische These aufzufassen, daß *alles* Verhalten als Folge eines Regelsystems verstanden werden *muß*, dann müßte man auf Regeln zur Anwendung von Regeln zurückgreifen. Dieser Rückgriff läßt sich nicht mit dem Hinweis auf gewöhnliche Tatsachen abtun, da nach der ursprünglichen Behauptung die Tatsachen selbst stets nach Regeln erkannt und interpretiert werden müssen.

Man könnte diesen Rückgriff vermeiden, indem man behauptet, daß die letzten, eigentlichen Daten aus Inputs physikalischer Energie bestehen und daß sich solche Inputs immer digitalisieren und nach Regeln verarbeiten lassen. Dies scheint Fodors Ansicht zu sein. Die Behauptung, daß diese Inputs, ähnlich den Daten eines digitalen Programms, in einer Abfolge von Operationen verarbeitet werden, ist nicht unplausibel. Sie würde jedoch – wie Fodor zugibt – einen unglaublich komplexen Formalismus verlangen, den bislang niemand hat entdecken oder erfinden können. Ein empirisches oder *apriorisches* Argument dafür, daß ein derartiger Formalismus für die Verarbeitung physikalischer Inputs existiert oder existieren muß, fehlt. Da aber andererseits empirische Beweise dafür vorliegen, daß das menschliche Gehirn wie ein Analogcomputer funktioniert, gibt es keinen Grund anzunehmen, sondern allen Grund zu bezweifeln, daß die Verarbeitung physikalischer Inputs im menschlichen Gehirn die Gestalt eines Digitalcomputer-Programms annimmt.

Man kann diesen Rückgriff auf Regeln nur vermeiden, wenn man die These modifiziert und annimmt, daß auf der niedrigsten Stufe Regeln automatisch und ohne Anweisung angewandt werden. Aber dies führt in doppelter Hinsicht zu Problemen:

1. Sobald die *apriorische* These, daß alles Verhalten Instruktionen folgt, derart abgeschwächt wird, kann man ebensogut annehmen, daß intelligentes Verhalten auf *keiner* Stufe auf unbewußt befolgten Instruktionen beruhen muß. Dann muß auch das Argument, daß – trotz der phänomenologischen Evidenz – Menschen Regeln folgen *müssen,* aufgegeben werden.

2. Beharrt man jedoch darauf, daß eine letzte Ebene nicht-interpretierter Gegebenheiten existieren *muß* und daß diese Gegebenheiten weder physikalische Inputs noch gewöhnliche Gegenstände sind, dann ist man gezwungen, diese Gegebenheiten als bedeutungsleere Elemente von Informationen über die Welt zu betrachten. So kommen wir zur „Stimulus-Information", den Sinnesdaten oder Momentaufnahmen, die Neisser einführt. Aber dieser *apriorische* Griff der Stimulus-Informationen erweist sich als nicht nachvollziehbar. Auf der einen Seite ist empirisch lediglich ein ständiger Zustrom physikalischer Inputs in den Organismus gegeben, und auf der anderen Seite die Welt der gewöhnlichen Gegenstände für das wahrnehmende Subjekt. Keinem Kognitiven Psychologen ist es bislang gelungen, eine andere Form des Inputs irgendwo zwischen diesen beiden zu definieren, die jene letzten Daten enthält, auf die die Regeln angewandt werden sollen. Alle bisherigen Erklärungsversuche sind eine unvereinbare Mischung aus einer physikalischen Beschreibung, nach der die Daten aus Energie, und einer phänomenologischen, nach der sie aus grob definierten Sinneseindrücken bestehen.

Die psychologische Behauptung, intelligentes Verhalten resultiere allem Anschein zuwider aus der Befolgung fester, formaler Regeln wie bei einem Digitalcomputer, kommt also um den Rückgriff auf Regeln zur Anwendung von Regeln nicht herum. Sie kann sich daraus auch nicht dadurch befreien, daß sie auf einen Begriff des physikalischen Inputs verweist, den sie (da er nicht psychologisch ist) nicht verwenden, oder auf eine Stimulus-Information, die sie nicht definieren kann.

Obwohl weder die Psychologie noch erfolgreiche Forschungen empirische Beweise liefern, sind die KI-Forscher wie auch die KS-Forscher davon überzeugt, daß die Formalisierung intelligenten Verhaltens möglich sein muß. Ihr Argument wird nie explizit formuliert, scheint aber auf einer ontologischen Annahme zu beruhen, daß die Welt in unabhängige logische Elemente zerlegt werden kann. Dazu kommt eine erkenntnistheoretische Annahme, daß unser Verständnis von der Welt anschließend durch die Verknüpfung dieser Elemente nach heuristischen Regeln rekonstruiert werden kann. Die erste Annahme ist genügend sicher. Da der KI-Forscher, im Gegensatz zum Kognitiven Psychologen, sich nicht mit der Beschreibung von Menschen befassen muß, bereitet es ihm keine Probleme, auch die letzten Informationselemente zu identifizieren, auf die die Regeln angewandt werden müssen – es sind einfach digitalisierte Schallwellen oder Elemente eines Fernsehbildes. Diese lassen sich ohne Verweis auf weiterführende Regeln erkennen. Die zweite Annahme jedoch, daß diese Elemente auch wieder zusammengefügt werden können, führt zu einem Rückgriff auf Regeln immer höherer Ordnung, wenn sie als *apriorische* Notwendigkeit ausgegeben wird: die Umkehrung des Rückgriffs auf Regeln zur Anwendung von Regeln, dem man in der Kognitiven Simulation gegenüberstand.

Da jedes dieser logischen Elemente unabhängig von allen anderen sein soll, hat es auch erst dann eine Bedeutung, wenn es zu anderen in Beziehung gesetzt wird. Aber wenn man diese Elemente einmal aus dem Kontext herausgenommen und jeder Bedeutung beraubt hat, ist es nicht so einfach, ihnen wieder eine Bedeutung zurückzugeben. Die Bedeutung, die jedes logische Element bekommen muß, hängt wiederum von anderen logischen Elementen ab. Um Muster und schließlich Gegenstände und sinnvolle Äußerungen bilden zu können, müssen alle Eingaben durch Regeln mit anderen Eingaben verknüpft werden. Doch die Elemente unterliegen je nach der angewandten Regel unterschiedlichen Interpretationen, und die Wahl der einzelnen Regel hängt vom Kontext ab. Für einen Computer kann der Kontext selbst jedoch nur aufgrund einer Regel erkannt werden.

Auch hier widerspricht diese am Computer orientierte Analyse unserer Erfahrung. Eine phänomenologische Beschreibung unserer Erfahrung des Sich-in-einer-Situation-Befindens läßt den Schluß zu, daß wir uns immer schon in einem Kontext oder einer Situation befinden, die wir aus der unmittelbaren Vergangenheit übertragen und durch Ereignisse aktualisieren, die im Licht dieser vergangenen Situation bedeutungsvoll erscheinen. Wir begegnen niemals sinnlosen Informationselementen, anhand deren wir einen Kontext identifizieren müßten, sondern lediglich Tatsachen, die schon interpretiert sind und die umgekehrt jene Situation definieren, in der wir uns befinden. Die menschliche Erfahrung ist nur dann begreiflich, wenn sie im Rahmen von Situationen organisiert ist, in denen Relevanz und Bedeutung bereits gegeben sind. Diese Notwendigkeit einer höheren Organisation erscheint in der KI wieder als Notwendigkeit einer Hierarchie der Kontexte, wobei ein übergeordneter oder breiterer Kontext nötig ist, um die Relevanz und Bedeutung eines engeren oder untergeordneten Kontextes zu bestimmen.

Um also beispielsweise zwei Punkte auf einem Gemälde als Augen zu identifizieren, muß man den Kontext bereits als Gesicht erkannt haben. Um diesen Kontext als Gesicht zu erkennen, muß man *seine* relevanten Merkmale wie Form und Haar aus Hell und Dunkel unterschieden haben. Diese Merkmale können dann ihrerseits wieder nur in einem breiteren Kontext als relevant erkannt werden, etwa innerhalb einer häuslichen Situation, in der das Programm auch erwarten kann, Gesichter vorzufinden. Auch dieser Kontext muß anhand seiner relevanten Merkmale identifiziert werden, und zwar als ein sozialer und nicht etwa als ein meteorologischer, damit das Programm Menschen als bedeutungsvoll auswählt und keine Wolken. Aber wenn jeder Kontext wieder nur aufgrund relevanter Merkmale erkannt und in einem breiteren Kontext interpretiert werden kann, dann steht der KI-Forscher vor einer endlosen Kette von Rückgriffen auf Kontexte.

Wie im Fall der Kognitiven Simulation hätte es vielleicht einen empirischen Ausweg aus dieser endlosen Kette gegeben. So wie in der KS die letzten nicht-interpretierten Informationselemente möglicherweise digitalisierte physikalische Inputs waren, hätte man sich in der KI vorstellen können, daß der letzte Kontext oder die letzte Kontextmenge zu erkennen waren, weil sie aus bestimmten Mustern oder Gegenständen mit fester Bedeutung bestehen, mit deren Hilfe man das Programm an den entsprechenden untergeordneten Kontext von Gegenständen oder Gesprächen koppeln kann. Aber wie bei der KS spricht auch hier die Evidenz gegen diese empirische Möglichkeit. Es gibt offenbar keine Worte oder Gegenstände, die immer relevant sind und immer dieselbe Bedeutung haben, wie etwa der rote Fleck auf einem Stichlingsweibchen für das Männchen immer die Paarungszeit bedeutet.

Es bleibt nur eine einzige mögliche „Lösung". Der Computerprogrammierer kann eine Hierarchie von Kontexten sowie allgemeine Regeln aufstellen, nach denen diese für den Computer zu organisieren sind. Dies tut er, indem er seinem allgemeinen Gefühl dafür folgt, was für Menschen generell relevant und bedeutsam ist. In *manchen* Situationen jedoch kann jede Tatsache wichtig werden. Um dies zu formalisieren, so daß der Computer die für den Menschen kennzeichnende Flexibilität an den Tag legt, müßte der Programmierer in der Lage sein, all das explizit zu machen, was er als Mensch normalerweise für selbstverständlich hält. Wenn er jedoch seine eigene Situation so zu behandeln versucht, als sei er ein Computer, der diese von außen betrachtet, dann steht der Programmierer selbst einer unendlichen Menge sinnloser Fakten gegenüber, deren Relevanz und Bedeutung nur in einem breiteren Kontext bestimmt werden könnten.

Es stellt sich also heraus, daß eine logisch-atomistische Ontologie keine logisch-atomistische Erkenntnistheorie nach sich zieht. Selbst wenn die Welt in Form von logisch unabhängigen Informationselementen in den Computer eingespeist wird, so läßt das noch nicht den *apriorischen* Schluß zu, daß man sie auch aus diesen Elementen wieder zusammenfügen kann. Der Versuch, *a priori* zu behaupten, die Welt könne mit formalen Regeln interpretiert werden, weil man sie auch in

Elemente zerlegen kann, endet tatsächlich mit dem Beweis des Gegenteils.

Diese Überlegungen werden gestützt durch eine allgemeine Theorie der menschlichen Erfahrung des schon immer In-einer-Situation-Seins, in der die Tatsachen immer schon interpretiert sind. Diese Theorie besagt außerdem, daß die letzte, eigentliche Situation, in der Menschen sich befinden, von deren Zielen abhängt, die wiederum eine Funktion ihres Körpers und ihrer Bedürfnisse sind. Nach dieser Theorie sind diese Bedürfnisse nicht ein für allemal gegeben, sondern werden im Verlauf der individuellen Anpassung an die Gesellschaft mit der permanenten Veränderung der Selbstdeutung immer wieder neu interpretiert und festgelegt. So können wir letzten Endes verstehen, warum es keine Tatsachen mit unveränderlicher Bedeutung gibt und keine festen menschlichen Lebensformen, die man je programmieren könnte.

Das soll nicht heißen, daß Kinder nicht mit gewissen automatischen Reflexen beginnen – wenn sie das nicht täten, gäbe es kein Lernen – sondern, daß sie aus diesen Reflexen im Verlauf ihres Reifeprozesses herauswachsen. Folglich verbleiben bei einem Erwachsenen keine festen Reaktionen, die nicht von der Bedeutung der Situation kontrolliert würden.

Könnten wir demnach Computer so programmieren, daß sie sich wie Kinder verhalten und sich ihren Weg zur Intelligenz selbst bahnen? Diese Frage führt uns über die Grenzen psychologischer Erkenntnisse und Computertechniken der Gegenwart hinaus. In diesem Buch habe ich lediglich zeigen wollen, daß der heutige Versuch, Computer mit voll entwickelter Intelligenz zu programmieren, auf empirische Schwierigkeiten und grundlegende begriffliche Widersprüche stößt. Ob ein Kind-Computer mit situationsunabhängigen Reaktionen beginnen und allmählich lernen kann, hängt von der Rolle ab, die undefinierte Bedürfnisse und die Fähigkeit, auf den Gesamtkontext zu reagieren, für das Lernen spielen. Piagets lernpsychologische Arbeiten lassen z. B. vermuten, daß für das Lernen dieselben Formen der „Informationsverarbeitung" erforderlich sind wie für reifes, intelligentes Verhalten, und daß Intelligenz sich durch eine Verschiebung des Begriffsnetzes entwickelt. Dies kann uns nicht überraschen. Computer können nur Tatsachen verarbeiten, aber der Mensch – die Quelle der Tatsachen – ist selbst keine Tatsache oder eine Menge von Tatsachen, sondern ein Wesen, das im Verlauf des Lebens in der Welt sich selbst und die Welt der Tatsachen erschafft. Diese menschliche Welt mit ihren erkennbaren Gegenständen ist organisiert durch Menschen, die ihre verkörperten Fähigkeiten einsetzen, um ihre verkörperten Bedürfnisse zu befriedigen. Es gibt keinen Grund für die Annahme, daß eine Welt, die über diese fundamentalen menschlichen Fähigkeiten organisiert ist, durch irgendwelche anderen Mittel zugänglich sein sollte.

Die Zukunft der Künstlichen Intelligenz

Diese Schwierigkeiten geben uns jedoch keine Vorstellung von der Zukunft der Künstlichen Intelligenz. Setzen wir einmal folgendes voraus: 1. der Versuch, isolierte intelligente Handlungen zu programmieren, erfordert letztlich immer die Programmierung der gesamten Lebensform des erwachsenen Menschen; 2. ein umfassend intelligenter Digitalcomputer ist im Prinzip unmöglich. Das bedeutet also, die vollkommen ausgebildete menschliche Intelligenz ist über ein Feld organisiert und definiert, das seinerseits durch die darin befindlichen Gegenstände definiert und zu radikalen Veränderungen fähig ist. Selbst wenn das alles richtig wäre, dann bliebe immer noch die Frage, wie weit KI-Forscher ihre Verfahren der stückweisen Informationsverarbeitung dazu verwenden können, eine Annäherung an intelligentes menschliches Verhalten zu erreichen. Um unsere Analyse der Möglichkeiten und Grenzen der Künstlichen Vernunft zu vollenden, müssen wir nun die praktischen Konsequenzen aus den vorangegangenen Argumenten ziehen.

Zuvor müssen wir allerdings zweckmäßigerweise noch vier Bereiche des intelligenten Handelns unterscheiden. Danach können wir feststellen, bis zu welchem Grad intelligentes Verhalten in jedem Bereich die vier menschlichen Formen der „Informationsverarbeitung" voraussetzt, die wir in Teil I untersucht haben. Damit können wir einschätzen, welche Erfolge erzielt wurden, und voraussagen, welche weiteren Fortschritte zu erwarten sind.

Die vier Grundformen intelligenten Verhaltens sind in nachstehender Tabelle aufgeführt. Wir haben gesehen, daß die beiden ersten Grundformen der digitalen Computersimulation zugänglich sind, während der dritte nur teilweise programmierbar ist, und der vierte sich gänzlich jedem Zugriff entzieht.

KLASSIFIKATION INTELLIGENTER AKTIVITÄTEN

I. Assoziatives Verhalten	II. Einfach-formale Systeme	III. Komplex-formale Systeme	IV. Nicht-formales Verhalten

Merkmale der Aktivität

Irrelevanz von Bedeutung und Situation	Bedeutungen völlig explizit und situationsunabhängig	Im Prinzip genau wie II; in der Praxis von der inneren Situation abhängig, unabhängig von der äußeren Situation	Abhängig von Bedeutung und Situation, die nicht explizit sind.
Angeboren oder Lernen durch Wiederholung	Lernen nach Regeln	Lernen nach Regeln und durch Praxis	Lernen durch verständliche Beispiele

Bereich der Aktivität (und angemessenes Verfahren)

Gedächtnisspiele, z. B. „Geographie" (Assoziationen)	Computerisierbare oder quasi computerisierbare Spiele, z. B. *Nim* oder *Tic-Tac-Toe* (Algorithmen suchen oder auszählen)	Nicht computerisierbare Spiele, z. B. Schach (globale Intuition und detailliertes Auszählen)	Nicht eindeutig definierte Spiele, z. B. Rätselraten (Vermuten aufgrund von Wahrnehmung)
Labyrinthprobleme (Versuch und Irrtum)	Kombinatorische Probleme (nicht-heuristische Mittel-Zweck-Analyse)	Komplexe kombinatorische Probleme (Planung und Labyrinthkalkulation)	Offen strukturierte Probleme (Einsicht)
Wort-für-Wort-Übersetzung (mechanisches Lexikon)	Beweis von Theoremen mit Hilfe mechanischer Prüfverfahren (Algorithmensuche)	Beweis von Theoremen, wo keine mechanischen Prüfverfahren existieren (Intuition und Kalkulation)	Übersetzung einer natürlichen Sprache (Verstehen im Kontext des Sprachgebrauchs)
Reaktion auf starre Strukturen (angeborene Auslöser und klassische Konditionierung)	Erkennen einfacher starrer Strukturen, z. B. Lesen von Typoskripten (Suchen nach Merkmalen, deren Verbindung Gruppenzugehörigkeit definiert)	Erkennen komplexer Strukturen in Geräuschen (Suche nach Regelmäßigkeiten)	Erkennen von variierenden und verzerrten Strukturen (Erkennen typischer oder paradigmatischer Fälle)

Arten von Programmen

„Entscheidungsbaum", Listensuchen, Schablonen	Algorithmus	Heuristik, die die Suche abkürzt	keine

Im Bereich I fühlen sich die Stimulus-Response-Psychologen am meisten zu Hause. Er umfaßt alle Formen des elementaren assoziativen Verhaltens, wo Bedeutung und Kontext für die betrachtete Aktivität irrelevant sind. Mechanisches Auswendiglernen von Unsinnssilben ist das gelungenste Beispiel für ein derartiges Verhalten, wie es bisher programmiert wurde. Aber auch jede Form eines bedingten Reflexes gehört hierher. Auch manche Spiele wie „Geographie" (das einfach daraus besteht, daß man ein Land suchen muß, dessen Anfangsbuchstabe gleichzeitig der letzte Buchstabe eines vorhergenannten Landes ist) gehören in diesen Bereich. In der Sprachübersetzung ist dies die Ebene des mechanischen Wörterbuchs; beim Problemlösen die des einfachen Probierverfahrens, bei der Mustererkennung das Vergleichen mit vorgegebenen Schablonen.

Bereich II ist die Domäne von Pascals *Geist der Geometrie* – das besonders geeignete Feld für die Künstliche Intelligenz. Er umfaßt die Welt der Begriffe und nicht die der sinnlichen Wahrnehmung. Hier lassen sich Probleme vollständig formalisieren und berechnen. Deshalb nennt man ihn am besten den Bereich der einfach-formalen Systeme. Hier ist Künstliche Intelligenz sowohl prinzipiell als auch tatsächlich möglich.

Im Bereich II wird die natürliche Sprache durch eine formale ersetzt. Bestes Beispiel dafür ist die Logik. Spiele haben hier präzise Regeln und können völlig vorausberechnet werden, wie z. B. Nim und Tic-Tac-Toe (Drei in einer Reihe). Eine Mustererkennung auf dieser Ebene erfolgt anhand bestimmter Grundformen, die durch eine Merkmalsliste definiert sind; diese Merkmale charakterisieren die Individuen, die zu der betreffenden Klasse gehören. Probleme werden in der Form gelöst, daß der Abstand zwischen Mittel und Ziel durch die wiederholte Anwendung von Regeln verkürzt wird. Die formalen Systeme in diesem Bereich sind genügend einfach, daß sie durch Algorithmen bearbeitet werden können, die ohne jedes Suchverfahren auskommen (z. B. Wangs Logikprogramm). Heuristische Verfahren sind hier nicht nur unnötig, sondern sogar hinderlich, wie die Überlegenheit von Wangs algorithmischem Logikprogramm über Newells, Shaws und Simons heuristisches Logikprogramm zeigt. In diesem Bereich hatte die Künstliche Intelligenz ihre einzigen uneingeschränkten Erfolge.

Bereich III, die komplex-formalen Systeme, ist am schwersten zu definieren und hat die meisten Mißverständnisse und Probleme in der KI-Forschung hervorgerufen. Er umfaßt Verhalten, dessen Formalisierung zwar prinzipiell möglich ist, aber an den technischen Grenzen scheitert. Mit zunehmender Anzahl der Elemente wächst auch die der erforderlichen Transformationen, allerdings exponential. Nach dem vorliegenden Wortgebrauch, schließt der „komplex-formale" Bereich jene Systeme ein, die in der Praxis nicht durch erschöpfende Listenalgorithmen behandelt werden können (Schach, Go usw.) und deshalb heuristische Programme erfordern.[1]

Bereich IV könnte man als den Bereich des nicht-formalen Verhaltens bezeichnen. Er umfaßt all jene alltäglichen Handlungen in unserer Menschenwelt, die zwar regel*mäßig*, aber nicht regel*geleitet* sind. Das überzeugendste Beispiel dieser kontrollierten Ungenauigkeit ist unsere Reduktion der Mehrdeutigkeit natürlicher Sprachen. Der Bereich enhält außerdem Spiele, deren Regeln nicht eindeutig festgelegt sind, wie z. B. Rätselspiele. Die Mustererkennung beruht hier auf dem Erkennen von Gattungseigenschaften oder typischen Merkmalen anhand eines Paradigmas. Die Probleme auf dieser Ebene sind offen strukturiert, erfordern die Ermittlung der relevanten Kriterien und das einsichtige Erkennen der wesentlichen Operationen, ehe das Problem in Angriff genommen werden kann.[2] Die Techniken auf dieser Ebene werden üblicherweise durch die Generalisierung von Beispielen vermittelt und intuitiv – ohne das Befolgen von Regeln – angewandt. Wir können Pascals Terminologie übernehmen und Bereich IV die Heimat des *feinsinnigen Geistes* nennen. Da in diesem Bereich ein Verständnis der Gesamtsituation notwendig ist, um eine unendliche Anhäufung von Tatsachen zu vermeiden, ist es im Prinzip unmöglich, schrittweise verfahrende Techniken zu benutzen, um direkt erwachsenes Verhalten zu reproduzieren. Selbst die Anordnung der vier Bereiche wie in der Tabelle ist irreführend ermutigend, da sie den Schluß nahelegt, daß sich Bereich IV von Bereich III einfach darin unterscheidet, daß eine zusätzliche Komplexitätsebene eingeführt wird, obwohl Bereich IV einer völlig anderen Ordnung zugehört als Bereich III. Tatsächlich ist er überhaupt nicht komplexer, sondern einfacher, da er evolutionär, ontogenetisch und phänomenologisch den Bereichen II und III vorangeht, ähnlich wie die natürliche Sprache der Mathematik vorgeordnet ist.

In der KI-Literatur werden diese vier Bereiche im allgemeinen nicht unterschieden. Newell, Shaw und Simon z. B. erklären, eine „Logikmaschine" sei entworfen worden, um zu lernen, wie sich so schwierige Probleme lösen lassen wie das Beweisen mathematischer Theoreme [II oder III], die Ableitung wissenschaftlicher Gesetze aus Datenmaterial [III und IV], Schach zu spielen [III] oder den Sinn englischer Prosa zu verstehen [IV].[3] Die von Paul Armer von der RAND Corporation explizit formulierte Annahme, daß alles intelligente Verhalten von derselben allgemeinen Art ist, hat die Forscher zu Unrecht ermutigt, aufgrund des Erfolges in den beiden vielversprechenden Bereichen auch auf einen Erfolg in den beiden anderen Bereichen zu rechnen. Diese Verwechslung hat zwei gefährliche Konsequenzen. Erstens besteht die Tendenz zu einer Annahme, wie sie exemplarisch von Simon vertreten wird, daß heuristische Verfahren, die in einem bestimmten Bereich des intelligenten Handelns, z. B. dem Beweisen von Theoremen, entdeckt wurden, uns auch etwas über die „Informationsverarbeitung" bei anderen intelligenten Verhaltensweisen sagen müssen, wie etwa beim Verstehen natürlicher Sprache. Daher werden gewisse einfache Formen der Informationsverarbeitung, die in den Bereichen I und II anwendbar sind, auf den Bereich IV übertragen, wobei man einfach übersieht, daß hier „Daten" überhaupt nicht „verarbeitet" werden. Das hat zur Folge, daß dasselbe Problem eines exponentiellen Wachstums auftaucht, das entsteht, wenn man die Techniken von Bereich I und II auf den Bereich III ausweitet.[4]

Zweitens besteht auch die umgekehrte Gefahr. Der Erfolg der Künstlichen Intelligenz im Bereich II ist abhängig von der ausschließlichen Verwendung einzelner, bestimmter und situationsunabhängiger Operationen. Die Tatsache, daß die komplexen Systeme in Bereich III – ähnlich den einfachen Systemen in Bereich II – formalisierbar sind, verleitet den KS-Forscher zu der Annahme, daß auch das intelligente Handeln im Bereich III auf einem Digitalcomputer reproduziert werden kann. Wenn der graduelle Unterschied zwischen einfachen und komplexen Systemen sich in der Praxis jedoch als prinzipieller Unterschied erweist, d. h., wenn exponentielles Wachstum zu einem grundsätzlichen Problem wird, dann versucht der Programmierer sich folgendermaßen zu helfen: In Unkenntnis der Unterschiede zwischen den beiden Bereichen führt er in Bereich III Verfahren ein, die er der Beobachtung menschlicher Problemlösungen in Bereich IV entnimmt, z. B. die Beurteilung von Stellungen beim Schach, Mittel-Ziel-Analysen beim Problemlösen oder semantische Überlegungen beim Beweisen von Theoremen. Diese Verfahren beruhen beim Menschen jedoch auf einer oder mehreren der für ihn spezifischen Formen der „Informationsverarbeitung". Zumindest beim Menschen setzt die Nutzung von heuristischen Verfahren beim Schachspiel ein Randbewußtsein für starke und schwache Stellungen voraus, die Einführung von Zweck-Mittel-Analysen erfordert Planung und deshalb eine Unterscheidung zwischen wichtigen und unwichtigen Operationen, und semantische Überlegungen sind ohne Verständnis des Kontextes unmöglich.

Der Programmierer stellt zuversichtlich fest, daß Bereich III im Prinzip ebenso formalisierbar ist wie Bereich II. Er ist sich nicht bewußt, daß er bei der Übertragung der Techniken aus Bereich IV in Bereich III die Stetigkeit zwischen den Bereichen II und III, durch die Unstetigkeit zwischen den Bereichen III und IV ersetzt und damit alle die Schwierigkeiten einführt, die der Formalisierung von nichtformalem Verhalten entgegenstehen. Daher treten in der Praxis auch für komplex-formale Systeme Probleme auf, die sich eigentlich nur bei dem Versuch zeigen dürften, die erweiterbaren, „schwach strukturierten" Alltagsaktivitäten zu programmieren. Da alles, was in Bereich III als relevante Daten zählt, völlig explizit ist, können heuristische Verfahren bis zu einem gewissen Grad funktionieren (wie in Samuels Dameprogramm). Der Bereich IV ist aber gerade jener, in dem der Versuch, Digitalcomputer so zu programmieren, daß sie sich wie intelligente Erwachsene verhalten, fehlschlagen muß. Deshalb muß im Bereich III der zwangsläufige Rückgriff auf heuristische Verfahren, die die Fähigkeiten von Bereich IV voraussetzen, früher oder später auf Schwierigkeiten stoßen. Wie weit nun die heuristische Programmierung im Bereich III gehen kann, ist eine empirische Frage. Wir haben jedoch zahlreiche Anhaltspunkte dafür, daß sich die Probleme sehr schnell einstellen, denken wir nur an die Mißerfolge der Schachcomputer, beim maschinellen Beweisen nicht-trivialer Theoreme, bei der Sprachübersetzung und beim GPS-Programm.

Trotzdem gibt es einige Techniken der Annäherung an jene Abkürzungen im Bereich IV, die für einen Fortschritt in Bereich III notwendig sind, ohne die oben erwähnten menschlichen Formen der „Informationsverarbeitung" vorauszusetzen, die in keinem noch so hochentwickelten Programm reproduziert werden können.

Um den gegenwärtigen Stillstand im Bereich III zu überwinden, scheinen folgende verbesserte Techniken erforderlich zu sein:

1. Heutige Computer, selbst primitive Hand-Auge-Roboter, haben keinen Körper in dem Sinn, wie es in Teil III, Kapitel 1 beschrieben ist. Niemand weiß oder hat auch nur eine Ahnung, wie die ganzheitliche Organisation der menschlichen Wahrnehmung und die nicht formalisierbaren körperlichen Fertigkeiten des Menschen sich programmieren ließen. Das Beste, worauf man im Moment also hoffen kann, ist irgendein grobes, ganzheitliches Verfahren auf unterstem Niveau, das in einem speziellen Erfahrungsbereich die menschliche Fähigkeit annähernd erreicht, das zentrale Problem zu erfassen, ehe es mit der expliziten, regelgesteuerten Manipulation oder Berechnung beginnt. Dies kann nicht bedeuten, das Programm um noch detailliertere Verfahren zu erweitern, mit denen es herausfinden kann, welcher Bereich eine weitere Erkun-

dung lohnt. Bei Schachprogrammen z. B. wird es allmählich klar, daß die Fütterung von „Generatoren starker Züge" mit immer spezifischerem Schachwissen schließlich in allzu vielen *ad hoc*-Subroutinen steckenbleibt. (Samuel meint, daß dies der Grund ist, weshalb für das Greenblatt-Schachprogramm kein weiterer Fortschritt mehr berichtet wird.[5]) Vonnöten ist also etwas, das der Sehweise eines Meisters entspricht, der auf dem Brett die vielversprechenden und die gefährlichen Stellen erkennt. Wie allerdings eine solche ganzheitliche Datenverarbeitung aussehen könnte, ist schwer zu sagen, wenn man an das schrittweise Vorgehen bei allen Computerberechnungen denkt. Zwei unterschiedliche Wege scheinen sich anzubieten. Wenn Minsky und Papert davon sprechen „globale Merkmale" zu finden, meinen sie wohl gewisse isolierbare, feststehende Merkmale eines Musters (z. B. die Winkel, unter denen zwei Linien sich schneiden), die dem Programm erlauben, verläßliche Vermutungen über das Ganze abzugeben. Dies führt jedoch lediglich zu weiteren heuristischen Verfahren und ist in keinem interessanten Sinn ganzheitlich. Neisser macht bei der Erörterung der Frage, ob bei der Mustererkennung zunächst einzelne Bestandteile voneinander isoliert werden, bevor das wahrnehmende Subjekt sie im Detail analysiert, einen ehrgeizigeren Vorschlag:

Da die Prozesse der fokalen Aufmerksamkeit nicht gleichzeitig auf das ganze visuelle Feld wirken können, müssen ihnen Operationen vorausgehen, welche die vorhandenen figuralen Einheiten voneinander trennen. Diese vorbereitenden Operationen verdienen selbst das größte Interesse. Zum Teil entsprechen sie dem, was die Gestaltpsychologen „autochthone Kräfte" nannten, und sie produzieren das, was HERB „ursprüngliche Einheit" nannte. Ich werde sie *präattentive Prozesse* nennen, um zum Ausdruck zu bringen, daß sie die Objekte abgrenzen, welche nachfolgende Mechanismen im Detail ausfüllen und interpretieren müssen.
Aus den Anforderungen dieser Aufgabe folgt, daß die präattentiven Prozesse „global" und „ganzheitlich" sein müssen. Jede Figur oder jedes Objekt muß von den anderen in seiner Ganzheit abgetrennt werden, um so einen möglichen Rahmen für die in der Aufmerksamkeitsphase folgenden detaillierteren Analysen abzugeben.[6]

Aber Neisser muß passen, sobald er erklären soll, wie diese erste grobe Annäherung durch einen Digitalcomputer erreicht werden soll. Er scheint lediglich heuristische Zerlegungsverfahren im Sinn zu haben, die – wie Neisser stillschweigend zugibt – nur dort funktionieren, wo die Muster bereits recht klar abgegrenzt sind. „Sehr simple Operationen können Einheiten abtrennen, falls diese kontinuierliche Umrisse oder zwischeneinander Leerstellen aufweisen. Ein Computerprogramm zum Beispiel, das Linien folgt oder Lücken entdeckt, kann man ebenso einfach schreiben wie Programme, welche Lücken füllen und örtliche Unregelmäßigkeiten beheben."[7] Aber solche Techniken versagen z. B. im Falle kursiver Schreibschrift.

Natürlich ist es schwer, irgend etwas anderes vorzuschlagen. Gesucht wird ein Weg, mit dem Wahrnehmungsfeld umzugehen, bevor es in bestimmte Objekte zerlegt wird, aber solche vorgegenständliche Erfahrung liegt per definitionem außerhalb der Grenzen eines Digitalcomputers. Computer müssen spezifische Regeln auf bestimme Daten anwenden; besteht das Problem darin, die bestimmten Daten erst noch herauszuarbeiten, dann steht der Programmierer vor der Schwierigkeit, bestimmte Regeln auf etwas Unbestimmtes anwenden zu müssen.

Wenn wir also die von Menschen angewandten Verfahren in Bereich IV umgehen wollen, dann können wir bestenfalls noch auf die einfallsreichen heuristischen Verfahren hoffen, die Minsky und Papert vorschlagen, um ein Vorschaltprogramm in die Lage zu versetzen, bestimmte spezifische Merkmale herauszusuchen, die die Steuerung des Programms bei der Eingabe weiterer Details unterstützen. Aber solche *ad hoc*-Techniken werden schnell unpraktikabel und verhelfen uns in keinem Fall zu jener Allgemeinheit und Flexibilität einer teilweise festgelegten umfassenden Reaktion, wie sie für den Menschen kennzeichnend ist.

2. Eine zweite Schwierigkeit zeigt sich in Verbindung mit der *Darstellung* eines Problems innerhalb eines problemlösenden Systems. Sie betrifft die Notwendigkeit einer Unterscheidung zwischen wichtigen und unwichtigen Merkmalen. Im Zusammenhang mit den Problemen der KI-Forschung in ihrem zweiten Jahrzehnt nennt Feigenbaum dieses Problem „das wichtigste, wenn auch nicht das am ehesten lösbare."[8] Er erklärt die Schwierigkeit so:

In heuristischen Problemlösungsprogrammen wird die Suche nach Lösungen innerhalb eines Problemraums nach heuristischen Regeln ausgeführt und gesteuert. Die Darstellung, die diesen Problemraum definiert, ist das „Problemverständnis" des Problemlösers und spezifiziert zugleich die Form der Lösungen. Die Wahl einer Darstellung, die für ein Problem geeignet ist, kann die Effizienz des Lösungsfindungsprozesses spektakulär verbessern. Die Wahl der Problemdarstellung ist die Arbeit des menschlichen Programmierers und daher ein schöpferischer Akt.[9]

Das ist die Aktivität, die wir als Auffinden der Tiefenstruktur oder als

Einsicht bezeichnet haben. Da heutige Computer, selbst primitive Roboter, keine Bedürfnisse in dem in Teil III, Kapitel 3 erörterten Sinn haben, und da niemand weiß, wie man einer Maschine Bedürfnisse einprogrammieren soll, gibt es zur Zeit keine Hoffnung, auf diesen „schöpferischen Akt" verzichten zu können. Im Augenblick kann man bestenfalls erwarten, daß Programme mit spezifischen Zielen entwickelt werden, die Daten aktiv organisieren und nicht nur passiv aufnehmen. Programmierer haben festgestellt, daß es bei der Analyse komplexer Arrangements nützlich ist, daß Programm eine Hypothese formulieren zu lassen, was es auf der Basis bereits vorhandenen Daten zu finden erwartet, und dann danach zu suchen. Das darf jedoch nicht mit der Art und Weise verwechselt werden, wie Menschen das, *was als Daten zählt*, im Rahmen ihrer Zwecke organisieren. Man kann lediglich erwarten, daß feste Regeln auf feste Daten angewandt werden. Es gibt also eine programmierte Menge von Alternativen, und das Programm kann, auf der Basis der vorhandenen Daten, eine dieser Alternativen als die wahrscheinlichste auswählen und auf der Grundlage dieser Vorhersage nach weiteren Daten suchen.

Man könnte also spezifische langfristige Ziele oder eine Menge alternativer langfristiger Ziele in Spiel- und Problemlösungsprogramme einbauen, so daß der Computer in bestimmten Situationen bestimmte Strategien versucht (und für den Gegner vorhersagt). Diese Technik würde natürlich nicht die Einschränkung aufheben, daß alle diese Alternativen vorher explizit eingegeben werden und an bestimmten Stellen des Programms explizit zu Rate gezogen werden müßten. Menschliche Absichten hingegen steuern und organisieren menschliche Aktivitäten implizit von Augenblick zu Augenblick. Deshalb könnte ein Computer selbst mit diesen Durchbrüchen nicht die Flexibilität eines Menschen bei der Lösung eines offen strukturierten Problems zeigen (Bereich IV). Diese Techniken könnten jedoch bei komplex-formalen Problemen wie Spielstrategien hilfreich sein oder bei der langfristigen Planung der Organisation von Zweck–Mittel-Analysen.

3. Computer befinden sich nicht in einer Situation, und man weiß nicht, wie man es anstellen soll, Computern – selbst solchen, die heute bereits herumlaufen – eine eigene Welt einzuprogrammieren. Das stellt die Computer-Forscher vor ein letztes Problem: Wie programmiert man eine Darstellung der Umwelt eines Computers? Wir haben gesehen, daß dies zu einem anderen Problem führt: Wie man nämlich diese riesige, vielleicht sogar unendliche Menge von Daten speichern und wieder abrufen kann. Manchmal wird dies das Problem der großen Datenbasis

genannt. Minsky stellt in seinem Buch verschiedene Möglichkeiten vor, dieses Problem zu umgehen, aber bis jetzt hat sich keine einzige als generalisierbar erwiesen.

Trotz Minskys Behauptung, einen ersten Schritt zur Lösung des Problems getan zu haben, meint C. A. Rosen in einer Erörterung neuerer Roboterprojekte, über die Minsky in seinem Buch noch nicht berichtet, daß noch immer nach neuen Techniken gesucht wird:

Wir können eine maximale Kapazität zur Speicherung einer enzyklopädischen Menge von Fakten über bestimmte interessante Umgebungen absehen, aber wir benötigen dringend neue Methoden der Organisation, die sowohl eine rasche Suche als auch logische Ableitungen ermöglichen.[10]

In Feigenbaums Bericht wird schließlich das Grundsätzliche dieses Problems erkannt und sogar eine andere Vorgehensweise vorgeschlagen. Bei der Erörterung des Projekts über bewegliche Roboter am Stanford Research Institute meint Feigenbaum:

Die SRI-Gruppe hält den Teil ihrer Simulationsbemühungen für den unbefriedigendsten, der der Simulation der Umgebung gilt. Und das, obwohl 90 % der Anstrengungen des Simulationsteams auf diesen Bereich entfielen. Es stellte sich als sehr schwierig heraus, in einer inneren Darstellung für einen Computer den notwendigen Reichtum an Umwelt zu reproduzieren, der ein interessantes Verhalten des hochanpassungsfähigen Roboters hervorbringen könnte.[11]

Wir haben gesehen, daß dieses Problem bei Menschen nicht auftritt, weil ihr Modell von der Welt die Welt selbst ist. Es ist interessant, festzustellen, daß sich die Arbeit am SRI in diese Richtung bewegt.

Es ist einfacher und billiger, einen Roboter zu bauen, der die benötigten Informationen aus der wirklichen Welt gewinnt, als ein brauchbares Modell zu organisieren und zu speichern. Grob gesagt, argumentiert die SRI-Gruppe, daß der wirtschaftlichste und leistungsstärkste Speicher von Informationen über die wirkliche Welt eben die wirkliche Welt selbst ist.[12]

Dieser Versuch, das Problem der großen Datenbasis dadurch zu umgehen, daß viele Daten bei Bedarf rückbestimmend gewonnen werden, ist eine interessante Idee, wenn auch noch nicht klar ist, wie weit sie führen kann. Er setzt eine Lösung für das holistische Problem voraus, das wir unter 1. diskutiert haben, damit die zu erkennenden Bereiche gegliedert werden können. Er erfordert außerdem eine Möglichkeit, wichtige von unwichtigen Fakten zu unterscheiden. Vor allem aber ist er natürlich dadurch begrenzt, daß er es mit der wirklichen Welt als einer Menge von Fakten zu tun hat, ob sie nun aus einem Robotergedächtnis abgerufen oder von einem Bildschirm abgelesen wird. Menschen hingegen organisieren die Welt nach ihrem Interesse, so daß Fakten nur so weit deutlich gemacht werden müssen, als sie relevant sind.

Was können wir erhoffen, während wir auf die Entwicklung und Anwendung dieser verbesserten Techniken warten? Im Bereich II sind offenbar Fortschritte zu erwarten. Wie Wang erklärt, „Verfügen wir über Sklaven, die ... hartnäckige Arbeitstiere sind."[13] Im Bereich einfachformaler Systeme können wir guten Gebrauch von ihnen machen. Mehr noch, die Protokolle, die Newell, Shaw und Simon gesammelt haben, legen den Schluß nahe, daß Menschen sich manchmal wie Digitalcomputer verhalten, und zwar innerhalb des Kontextes allgemeinerer Prozesse. Da die symbolverarbeitenden Fähigkeiten von Digitalmaschinen dem Menschen überlegen sind, sollten sie so weit wie möglich die digitalen Aspekte menschlicher „Informationsverarbeitung" übernehmen.

Um in den Bereichen III und IV Computer einsetzen zu können, müssen wir ihre Fähigkeit zur raschen und genauen Berechnung mit der abgekürzten Verarbeitung verbinden, die durch Randbewußtsein, Einsicht und Ambiguitätstoleranz ermöglicht wird. Schon Leibniz behauptete, daß ein Automat die Leistungsfähigkeit des Geistes weit mehr erhöhen werde, als die optischen Instrumente die Sehschärfe der Augen verstärken. Aber Mikroskope und Teleskope sind ohne das auswählende und interpretierende Auge selbst nutzlos. Ein Schachspieler, dem eine Maschine zur Verfügung stünde, die alle Alternativen durchrechnet, nachdem er sich auf einen interessanten Bereich konzentriert hat, wäre daher ein zu fürchtender Gegner. Bei der Problemlösung könnte eine Maschine ähnlich eingreifen, um die Einzelheiten auszuarbeiten, wenn ein Problem erst einmal strukturiert und ein Lösungsweg vorgezeichnet ist (wie bei einem Ersatzteillager oder im Investmentgeschäft). Ein mechanisches Wörterbuch, das Bedeutungen nach ihrer wahrscheinlichen Relevanz auf einem Bildschirm zeigt, könnte bei Übersetzungen hilfreich sein. Bei der Mustererkennung können Maschinen bestimmte komplexe Muster erkennen, die wir aufgrund unserer natürlichen Erfahrungswerte vielleicht übersehen würden. Bar-Hillel, Oettinger und Pierce haben unabhängig voneinander vorgeschlagen, an Systemen zu arbeiten, die ein enges Wechselspiel zwischen Mensch und Maschine fördern. Wie Walter Rosenblith kürzlich auf einem Symposium formulierte: „Mensch *und* Computer sind gemeinsam zu Dingen fähig, die keiner von beiden allein erreichen könnte".[14]

Tatsächlich wurde unlängst von dem ersten geglückten Computereinsatz berichtet, in dem die menschliche Intelligenz verstärkt statt ersetzt wird. Ein theorembeweisendes Programm mit der Bezeichnung SAM (Semi-Automated Mathematics) hat ein offenes Problem der Verbandstheorie gelöst. Seine Konstrukteure sagen dazu:

Die halbautomatisierte Mathematik ist ein Ansatz, Theoreme zu beweisen, der automatische Logikprogramme mit normalen Beweisverfahren derart verbinden will, daß das daraus resultierende Verfahren einerseits effizient ist und andererseits menschlichen Eingriffen in Form von Kontrolle und Steuerung unterliegt. Da er den Mathematiker zu einem wichtigen Faktor bei der Suche nach Theoremen macht, ist dieser Ansatz eine Abkehr von den üblichen theorembeweisenden Versuchen, bei denen der Computer *ohne menschliche Unterstützung* versucht, Beweise zu führen.[15]

Man könnte erwarten, daß der Mathematiker, mit seinem Sinn für Relevanz, den Computer dabei unterstützt, einen Bereich auszuwählen, in dem sich das Auszählen von Alternativen lohnt. Und genau das geschieht.

Der Anwender kann auf unterschiedliche Weise in den Prozeß der Beweisführung eingreifen. Seine Auswahl der Eingangsformeln ist selbstverständlich ein wichtiger Faktor, der den weiteren Ablauf von AUTO-LOGIC bestimmt. Übergroße oder ungeschickt gewählte Gruppen von Eingangsformeln können dazu führen, daß das Programm triviale und uninteressante Ergebnisse beweist und so nie zu den interessanten Formeln vorstößt. Mit guten Eingangsformeln versehen, produziert AUTO-LOGIC jedoch nützliche und interessante Ergebnisse. Wenn der Anwender sieht, daß die Möglichkeiten des Programms erschöpft sind, die ursprünglichen Formeln sinnvoll zu verarbeiten, kann er den Vorgang anhalten und zusätzliche Axiome oder anderes Material eingeben. Er kann den Prozeß auch dadurch steuern, daß er Formeln löscht, die unwichtig oder ablenkend erscheinen. Dieses Echtzeit-Wechselspiel zwischen Mensch und Maschine hat sich als eine anregende und lohnende Betriebsart erwiesen.[16]

Statt zu versuchen, die speziellen Fähigkeiten von Computern zu nutzen, geben sich die KI-Forscher jedoch – geblendet von ihren frühen Erfolgen und hypnotisiert von der Annahme, daß das Denken ein Kontinuum sei – mit nichts weniger zufrieden als einer rein maschinellen Intelligenz. Feigenbaums und Feldmans Textsammlung beginnt mit der unverblümtesten Formulierung dieses zweifelhaften Prinzips:

Innerhalb des von Armer vorgeschlagenen Intelligenzkontinuums befinden sich die Computerprogramme, die wir bislang konstruiert haben, noch immer am unteren Ende. Wichtig ist, daß wir weiterhin auf den Meilenstein zustreben, der die Fähigkeiten menschlicher Intelligenz repräsentiert. Gibt es irgendeinen Grund anzunehmen, daß wir dort nie ankommen werden? Nicht den geringsten. Kein einzelner Anhaltspunkt, kein logisches Argument, kein Beweis und kein Theorem sind je vorgebracht worden, die auf eine unüberwindliche Hürde irgendwo auf dem Kontinuum hinweisen könnten.[17]

Armer deutet wohlweislich eine Grenze an, ist aber trotzdem optimistisch:

Es ist unwichtig, ob es eine obere Grenze gibt oder nicht, die Maschinen in diesem Kontinuum nicht überschreiten können. Selbst wenn eine solche Grenze existiert, gibt es keinen Beweis dafür, daß sie nur wenig oberhalb der Fähigkeiten angesiedelt ist, die von heutigen Maschinen erreicht werden.[18]

Wenn man die gegenwärtigen Schwierigkeiten jedoch nicht im Rahmen optimistischer *apriorischer* Argumente interpretiert, dann müssen wir vermuten, daß die Bereiche intelligenten Verhaltens *nicht kontinuierlich* sind und daß *die Grenze nahe liegt*. Der Stillstand in jeder der spezifischen Bemühungen der KI weist darauf hin, daß es eine schrittweise Verwirklichung eines voll ausgeformten, erwachsenen intelligenten Verhaltens für irgendeine isolierte Form menschlicher Leistung nicht geben kann. Spielen nach Regeln, Sprachübersetzung, Problemlösung und Mustererkennung, alles ist abhängig von spezifischen Formen der menschlichen „Informationsverarbeitung", denen wiederum die menschliche Weise des In-der-Welt-Seins zugrundeliegt. Und dieses Sich-in-einer-Situation-Befinden erweist sich mit den gegenwärtig vorstellbaren Techniken als prinzipiell nicht programmierbar.

Die Alchimisten waren so erfolgreich darin, Quecksilber aus scheinbarem Dreck zu destillieren, daß sie selbst nach jahrhundertelangen, fruchtlosen Bemühungen Gold aus Blei zu gewinnen, immer noch nicht glauben wollten, daß man auf chemischem Weg Metalle nicht verwandeln kann. Sie brachten jedoch – als Nebenprodukte – Öfen, Retorten, Schmelztiegel usw. hervor. Ähnlich ist es bei den Computerwissenschaftlern, die zwar keine Künstliche Intelligenz hervorbringen können, doch Assembler-, Fehlersuch- und Editierprogramme usw. entwickelt oder, wie das Roboterprojekt am MIT, einen sehr eleganten mechanischen Arm gebaut haben.

Wenn wir dem Schicksal der Alchimisten entgehen wollen, müssen wir uns endlich fragen, wo wir stehen. Bevor wir noch mehr Zeit und Geld in die Informationsverarbeitung investieren, sollten wir uns überlegen, ob die Protokolle von Versuchspersonen und die bislang erstellten Programme den Schluß zulassen, daß die Computersprache geeignet ist, menschliches Verhalten zu analysieren: Ist eine erschöpfende Zerlegung der menschlichen Vernunft in regelgesteuerte Verarbeitungen von einzelnen, festgelegten und kontextunabhängigen Elementen möglich? Ist eine Annäherung an dieses Ziel überhaupt wahrscheinlich? Die Antwort auf beide Fragen scheint zu lauten: Nein.

Bedeutet dies, daß all die Arbeit und das Geld, das in die Künstliche Intelligenz gesteckt worden ist, umsonst war? Keineswegs, wenn wir nicht länger versuchen, unsere Schwierigkeiten zu verharmlosen, sondern zu verstehen suchen, was sie uns zeigen. Der Erfolg und der anschließende Stillstand der KS- und KI-Forschung, dazu die allgegenwärtigen Probleme der Mustererkennung und des Verstehens natürlicher Sprache und ihre überraschenden Schwierigkeiten, das alles sollte uns dazu führen, die Forschung auf die vier menschlichen Formen der „Informationsverarbeitung", die sie aufzeigen, zu konzentrieren, sowie auf das Situationsspezifische der menschlichen Vernunft, der ihnen allen zugrundeliegt. Diese menschlichen Fähigkeiten sind in jenen Bereichen intelligenten Handelns nicht notwendig, in denen die KI-Forschung ihre frühen Erfolge hatte. Wichtig jedoch sind sie in eben den Bereichen, in denen die KI-Forscher beständig versagt haben. Dann können wir ihre jüngeren Arbeiten als entscheidende Experimente betrachten, durch die die traditionelle Annahme widerlegt wird, daß menschliche Vernunft in regelgesteuerte Schritte der Verarbeitung situationsunabhängiger, einzelner Elemente zerlegt werden kann – die wichtigste Widerlegung dieser metaphysischen Forderung, die je gemacht wurde. Diese Methode, unsere philosophischen Annahmen so lange in Technik umzusetzen, bis sie ihre Grenzen offenbaren, eröffnet faszinierende neue Bereiche der Grundlagenforschung. C. E. Shannon, der Erfinder der Informationstheorie, sieht – bis zu einem gewissen Grade – wie völlig neuartig potentiell intelligente Maschinen sein müßten. In seinem Beitrag „What Computers Should Be Doing" („Was Computer tun sollten") stellt er fest:

Effiziente Maschinen für Probleme wie Mustererkennung, Sprachübersetzung usw. erfordern wohl einen anderen Computertyp, als wir ihn heute haben. Ich bin überzeugt, daß dies ein Computer sein wird, dessen natürliche Arbeitsweise eher Muster, Begriffe und unbestimmte Ähnlichkeiten zum Gegenstand hat und nicht mehr aus einer schrittweisen Verarbeitung von Dezimalziffern besteht.[19]

Vom einzigen Wesen aus betrachtet, das mit solcher „Unbestimmtheit" umgehen kann, müßte eine „Maschine", die eine natürliche Sprache beherrscht und komplexe Muster erkennen kann, einen Körper besitzen, um in der Welt zu Hause zu sein.

Wenn aber Roboter, die nicht-formale Informationen verarbeiten sollen, völlig anders als die heutigen Digitalcomputer konstruiert sein müssen, wie Shannon vorschlägt, was ist dann heute zu tun? Nichts, was unmittelbar dazu dienen soll, heutige Maschinen so zu programmieren, daß sie menschliche Intelligenz zeigen. Auf kurze Sicht müssen wir uns auf die Zusammenarbeit zwischen Mensch und Maschine konzentrieren, und nur langfristig nicht-digitale Automaten ins Auge fassen, die, wenn sie in einer Situation wären, jene Formen der „Informationsverarbeitung" aufweisen würden, die im Umgang mit unserer nicht-formalen Welt wichtig sind. KI-Forscher, die der Meinung sind, einige konkrete Ergebnisse seien besser als gar keine, und die glauben, daß sie ihre Arbeit erst an dem Tag aufgeben sollten, an dem sie in der Lage sind, solche künstlichen Menschen zu konstruieren, kann man nicht widerlegen. Die lange Herrschaft der Alchimie hat gezeigt, daß eine Forschung, die schon früh Erfolge vorweisen konnte, immer von denen gerechtfertigt und fortgeführt werden kann, die ein Abenteuer der Geduld vorziehen.[20] Wenn Forscher auf einem *apriorischen* Beweis für die Unmöglichkeit eines Erfolgs bestehen, kann man bestenfalls mit Hilfe formaler Methoden wie die von Gödel die Grenzen formaler Systeme aufzeigen, aber solche Beweise sind in der KI belanglos.[21] Der Forscher könnte in jedem Fall antworten, daß man sich dem Ziel zumindest nähern kann. Wenn er jedoch empirische Beweise akzeptiert, um festzustellen, ob seine Bemühungen irregeleitet waren, dann braucht er nur die Vorhersagen und die Ergebnisse zu betrachten. Auch dort, wo es keine Vorhersagen, sondern nur Hoffnungen gab, wie bei der Sprachübersetzung, sind die Ergebnisse enttäuschend genug, um gegen sich zu sprechen. Hätte der Alchimist aufgehört, über seinen Retorten und Pentagrammen zu brüten, und seine Zeit statt dessen damit verbracht, die tieferen Strukturen des Problems zu suchen, so wie der Urmensch seine Augen vom Mond abwandte, vom Baum herabstieg und Feuer und Rad erfand, wären die Dinge in eine aussichtsreichere Richtung gelenkt worden. Schließlich haben wir, dreihundert Jahre nach den Alchimisten, Gold aus Blei gewonnen (und sind auf dem Mond gelandet), aber erst nachdem wir die Arbeit auf der alchimistischen Ebene eingestellt und daran gearbeitet haben, die chemische und die noch tieferliegende Ebene der Elementarteilchen zu begreifen.

ANHANG

# Bilanz 1979

Bei Erscheinen löste dieses Buch eine anhaltende Debatte unter all denen aus, die sich für die Möglichkeit formaler Modelle des menschlichen Denkens interessierten. Darin vertrat ich die These, daß sich trotz eines Jahrzehnts eindrucksvoller Computerleistungen und bedrohlicher Ankündigungen superintelligenter Roboter die KI-Forscher seit 1967 ernsthaften Schwierigkeiten gegenübersahen, die sie oft mit speziellen Lösungen und unhaltbaren Behauptungen über deren Generalisierbarkeit zu bemänteln versuchten. Im darauffolgenden Jahrzehnt ist die Berechtigung dieser Kritik zunehmend anerkannt worden. Von 1967 bis 1972 wurde der beschränkte Charakter der KI-Forschung nicht nur zugegeben, sondern nachgerade zu einem methodischen Prinzip erhoben. Die Erforschung künstlich begrenzter, spielähnlicher Bereiche wurde zur Erforschung von *Mikrowelten* hochstilisiert und als notwendiger erster Schritt auf dem Weg zu umfassenderen und flexibleren Programmen verteidigt. Von 1972 bis 1977 wurde immer deutlicher, daß sich die „Erfolge" auf dem Gebiet der Mikrowelten nicht verallgemeinern ließen, und in den renommiertesten KI-Forschungslaboratorien stellten sich die Forscher endlich dem Problem der Simulation des Alltagswissens, dem sie in ihrer fünfzehnjährigen Arbeit immer wieder ausgewichen waren. In jüngster Zeit haben selbst Insider auf diesem Gebiet das für die KI-Forscher typische Wunschdenken in ihren Verlautbarungen erkannt und ironisiert. Meine frühe Entrüstung über die irreführenden Bezeichnungen von bestimmten Programmen, z. B. den „General Problem Solver" (GPS) von Newell, Shaw und Simon wird mittlerweile auch von Drew McDermott vom MIT geteilt:

In der KI-Forschung sind unsere Programme größtenteils Probleme und keine Lösungen. Wenn ein Forscher versucht, ein Programm „des Verstehens" zu erstellen, dann nicht weil er einen besseren Weg gefunden hat, diese im Prinzip gut durchdachte Aufgabe auszuführen, sondern weil er hofft, der *ersten* adäquaten Verwirklichung ein Stück näherzukommen. Wenn er die Hauptschleife seines Programms ‚UNDERSTANDING' nennt, dann umgeht er (bis zum Beweis seiner Unschuld) einfach das Problem. Damit kann er eine Menge Leute, vor allem sich selbst, in die Irre führen, und eine ganze Menge anderer gegen sich aufbringen.[1]

McDermott geht auch besonders auf den überschätzten GPS ein:

Wenn man erst einmal auf den Punkt gekommen ist, fallen einem sogleich eine ganze Reihe lehrreicher Beispiele für das Wunschdenken der KI-Forscher ein.

Erinnern Sie sich an den GPS? Heute ist „GPS" ein farbloser Begriff zur Kennzeichnung eines besonders borniertes Programms zur Lösung von Denksportaufgaben. Ursprünglich bedeutete er jedoch ‚General Problem Solver' und erzeugte unnötige Aufregung und Begeisterung. Man hätte ihn besser als LFGNS bezeichnet – „Local Feature-Guided Network Searcher".[2]

Mein frühestes Urteil, daß die Tätigkeit der KI-Forscher mehr an Alchimie als an Naturwissenschaft erinnere[3], ist sogar von Terry Winograd, einem ehemaligen Mitarbeiter des MIT, übernommen worden, der heute in Stanford tätig ist:

In mancher Hinsicht ist KI mit der Alchimie des Mittelalters verwandt. Da wir noch keine zufriedenstellenden Theorien entwickelt haben, befinden wir uns in einem Stadium, in dem wir verschiedene Substanzen in unterschiedlichen Anteilen vermengen und zusehen, was passiert, weil wir noch keine zufriedenstellenden Theorien entwickelt haben. Dreyfus hat diese Analogie als Kritik an der KI vorgeschlagen (1965), aber aus ihrer Berechtigung folgt nicht zwingend das von ihm ausgesprochene negative Urteil ... es waren die praktische Erfahrung und die Neugier der Alchimisten, die jene Fülle an Daten lieferten, aus denen später eine wissenschaftliche Theorie der Chemie entwickelt werden konnte.[4]

Winograd hat recht; solange Forscher auf dem Gebiet der Künstlichen Intelligenz ihre Fehler zugeben und daraus lernen, kann ihr Versuch, menschliches Wissen in Computer einzugeben, am Ende Daten für einen völlig andersgearteten Einsatz von Computern zur Erzeugung intelligenter Kunstprodukte liefern. Bis vor kurzem war jedoch in KI-Kreisen das Eingestehen von Fehlern, aus denen andere hätten lernen können – ein wesentlicher Bestandteil jeder wissenschaftlichen Disziplin –, praktisch völlig unüblich. McDermott wiederholt meine Auffassung, wenn er sagt: „... Es ist dringend nötig, daß das Scheitern einiger Projekte der KI dokumentiert wird." Und er spricht die Warnung aus: „Vergessen wir nicht – wenn wir nicht fähig sind zur Selbstkritik, dann werden wir uns der Kritik von außen unterziehen müssen."[5] Für mich ist dies eine Aufforderung, die Forschung der letzten zehn Jahre erneut einer kritischen Prüfung zu unterziehen.[6]

Was mich selbst ebenso erstaunt wie andere Autoren, die über die Geschichte dieser Disziplin geschrieben haben[7], ist in welch hohem Maße meine eigenen Auffassungen und die von Forschern, die an den theoretischen Problemen der KI interessiert sind, sich allmählich einander angenähert haben. In jüngerer Zeit haben KI-Forscher den Versuch aufgegeben, Spezialprogramme für engbegrenzte Bereiche zu entwickeln, die nach der Maxime der höchsten Effizienz arbeiten, gleichgültig ob die dabei benutzten Methoden von Menschen angewandt werden oder nicht. Diese Programme sind von den KI-*Theoretikern* aufgegeben und freimütig und höchst erfolgreich von selbsternannten KI-*Technikern* übernommen worden, die keinen Ehrgeiz hatten, Maschinen mit allgemein intelligentem Verhalten zu konstruieren. Unter jenen, die nach wie vor ein Interesse an den theoretischen Problemen haben, die sich bei der uneingeschränkten Simulation menschlichen intelligenten Verhaltens durch Computer ergeben, besteht heute folgende allgemeine Übereinstimmung: Intelligenz – wie ich in diesem Buch behaupte – setzt Verstehen voraus, und Verstehen erfordert, einen Computer mit jenem Fundus an alltagspraktischer Vernunft auszustatten, über den erwachsene Menschen einfach deshalb verfügen, weil sie einen Körper haben, der zweckmäßig mit der materiellen Welt umgeht, und weil sie in eine Kultur hineingewachsen sind.

Unter den erkenntnistheoretischen Annahmen, wie sie sich zwangsläufig aus dem Modell der Informationsverarbeitung ergeben, erscheint diese Vorbedingung eines intelligenten Verhaltens KI-Forschern als die Notwendigkeit, eine formale Darstellung zu finden, in der alle Wissensinhalte und Meinungen eines durchschnittlichen erwachsenen Menschen für eine flexible Anwendung explizit gemacht und organisiert worden sind. Mit einer einzigen Ausnahme erkennt inzwischen jeder an, daß die Darstellung und Organisierung unseres Alltagswissens unerhört schwierig ist und daß die Konfrontation mit diesem Problem für die Disziplin der KI den Augenblick der Wahrheit bedeutet. Es muß entweder eine Möglichkeit zur Darstellung und Organisierung des menschlichen Alltagswissens gefunden werden, oder die KI-Forscher ersticken unter der Fülle von Tatsachen und Meinungen, die explizit gemacht werden müssen, um überhaupt einen zutiefst fremdartigen Computer ohne Fleisch und Blut über das menschliche Alltagsleben informieren zu können. Mit dieser Erkenntnis, die die letzten fünf Jahre der KI-Forschung charakterisiert, ist an die Stelle eines unbegründeten Optimismus eine selbstkritische Vorsicht getreten.

Seit dem Abschluß meiner Arbeit an diesem Buch ist aus der Stagnation der KI-Forschung eine Krise geworden. Müßte ich das Buch heute neu schreiben, dann würde ich diesen Zeitraum in zwei Phasen einteilen und sie als drittes und viertes Kapitel in den Teil I aufnehmen, so daß die gesamten zwanzig Jahre berücksichtigt würden, auf die die KI-Forschung zurückblicken kann. Außerdem würde ich die Schlußbetrachtung umschreiben und auf die jüngste Weiterentwicklung auf diesem Gebiet eingehen. Da jedoch das Hauptargument des Buchs durch die neuesten Entwicklungen bestätigt und nicht widerlegt wurde, habe ich mich dazu entschlossen, den Text der Erstausgabe mit Ausnahme einiger unklarer oder irreführender Formulierungen oder Abschnitte nicht zu verändern und ihn lediglich um die Kapitel 1 und 2 von Teil II sowie die neue Schlußbetrachtung in dieser Einleitung zu erweitern.

Phase III (1967 – 1972)
Die Bearbeitung von Mikrowelten

Als dieses Buch im Januar 1972 erstmals erschien und die These vertrat, die KI-Forschung sei nach einem furiosen Start, der hochgespannte Erwartungen erweckte, in ein Stadium der Stagnation eingetreten, verwiesen Rezensenten, die selbst auf dem Gebiet der KI-Forschung tätig waren, sofort darauf, daß die von mir kritisierte Forschung bereits überholt sei, und daß mein Vorwurf der Stagnation jenen „Durchbruch" unberücksichtigt lasse, der in den fünf Jahren vor der Veröffentlichung meiner Kritik erzielt worden sei. Typisch für diese Reaktionen ist etwa eine Besprechung in den *Computing Reviews* von Bruce Buchanan:

Man würde erwarten, daß eine Kritik an einer im Wachstum begriffenen Disziplin vor allem auf die Arbeiten während des letzten Drittels ihrer Existenz eingeht ... Für den Rezensenten wie auch für andere, die in der KI-Forschung tätig sind, leisten die in den letzten fünf Jahren entwickelten Programme weit mehr als jene, die zwischen 1957 und 1967 erstellt wurden, als es noch vorrangig um die Entwicklung der Hilfsmittel ging. So ist es beispielsweise unredlich, ein Buch als „Kritik" der KI zu bezeichnen, das zwar die Fehlschläge früherer Sprachübersetzungsprogramme behandelt (die in der Hauptsache auf einer Syntaxanalyse beruhten), ohne die neueren Arbeiten über das Verstehen von natürlichen Sprachen zu untersuchen (die auf Syntax, Semantik und Kontext aufbauen.)[8]

Würde man mir vorwerfen, in meinem Buch so wichtige Programme außer acht gelassen zu haben wie das vom MIT 1970 erstellte MATHLAB zur Verarbeitung algebraischer Ausdrücke oder das von der Universität Stanford ebenfalls 1970 erarbeitete DENDRAL zur Erschließung der chemischen Struktur aus massenspektrometrischen Daten, dann würde ich mich schuldig bekennen. Ich müßte allerdings darauf hinweisen, daß diese Programme zwar schwierige technische Probleme lösen und Programme erzeugen können, deren Leistungsfähigkeit durchaus den Vergleich mit menschlichem Expertenwissen standhält, daß sie jedoch gerade deshalb so erfolgreich sind, weil sie sich auf einen eng umschriebenen Bereich von Fakten beschränken und damit ein Beispiel für das liefern, was Edward Feigenbaum, der Leiter des DENDRAL-Projekts, als *knowledge engineering* („Wissenstechnik") bezeichnet hat. Deshalb führen sie in Wirklichkeit auch keinen Schritt weiter zur Schaffung genereller oder generalisierbarer Verfahren, die angemessenes intelligentes Verhalten reproduzieren sollen.

Buchanan würde dem vermutlich zustimmen, da die von ihm angeführten Programme, die meinen Vorwurf der Stagnation Lügen strafen sollen, nicht jene technischen Triumphe sind, sondern theoretisch orientierte Projekte wie Winograds Programm zum Verstehen natürlicher Sprachen und die am MIT und in Stanford entwickelten Wahrnehmungsprogramme.[10] Diese sowie Patrick Winstons Begriffslernprogramm werden am häufigsten von denen angeführt, die behaupten, ich ignoriere in meinem Buch den Durchbruch, der etwa 1970 stattgefunden hat. Bedeuten diese Programme tatsächlich einen Fortschritt, dann widerlegen sie rundweg meinen Vorwurf der Stagnation, so daß wir jedes einzelne dieser Programme näher betrachten und auch einen kurzen Blick auf die Roboterforschung werfen müssen, die die Gemüter beim erstmaligen Erscheinen dieses Buches so sehr erregte.

Da man allgemein der Ansicht ist, daß Winograds Programm zum Verstehen natürlicher Sprachen (SHRDLU – 1971) einen – laut Papert und Minsky – „bedeutenden" Fortschritt darstellt[11], werden wir uns diesem Programm als erstem zuwenden. SHRDLU simuliert einen Roboterarm, der eine Anzahl unterschiedlich geformter Klötze bewegen kann, und ermöglicht dem Benutzer, in einen Dialog mit dem Computer einzutreten, Fragen zu stellen, Aussagen zu machen und Befehle zu erteilen, alles im Rahmen dieser sogenannten *Klötzchenwelt*. Das Programm ist ein integriertes System, das mit Syntax, Semantik und Tatsachen über Klötze arbeitet. Wie Winograd vorsichtig formuliert, handelt es sich demnach um „ein Computerprogramm, das Sprache in einem begrenzten Bereich ‚versteht', indem es ein Modell des Gegenstandes enthält, über den geredet wird, sowie einen Kontext der Unterhaltung ..."[12] Darüber hinaus erforscht dieses Programm die neue Idee, dieses Wissen in Form eines prozessualen Verlaufs darzustellen. Der sich daraus ergebende Dialog wirkt verblüffend natürlich. Hier ist ein Beispiel. (Die Sätze in Versalien sind Computerausdrucke. In den Klammern stehen Winograds Kommentare).

1. Nimm einen großen roten Klotz auf.
OK.

(Das System antwortet mit „OK", wenn es einen Befehl ausführt. Damit es den roten Klotz aufnehmen konnte, mußte es ihn erst freibekommen, indem es einen Platz für den grünen Klotz fand und diesen dorthin beförderte).

2. Greife die Pyramide.

ICH VERSTEHE NICHT, WELCHE PYRAMIDE SIE MEINEN.

(Es stehen drei Pyramiden zur Verfügung, so daß das Programm untätig bleibt.)

3. Suche einen Klotz, der länger ist als der, den du gerade in der Hand hast und stecke ihn in die Schachtel. (Das System muß herausfinden, was mit „der, den" und mit „ihn" gemeint ist und welchen Klotz es gerade in der Hand hat; das letztere ermittelt es über Deduktion).

ICH NEHME AN, MIT „IHN" MEINEN SIE DEN KLOTZ, DER LÄNGER IST ALS DER, DEN ICH GERADE IN DER HAND HABE.

(Wird zu unserer Information ausgedruckt.)

OK.

(Die Hand legt den roten Klotz hin, bevor sie den längeren, blauen Klotz ergreifen kann).

4. Was befindet sich in der Schachtel?

DIE BLAUE PYRAMIDE UND DER BLAUE KLOTZ.

5. Was befindet sich unter der Pyramide? (Zuvor hatte das System auf „die Pyramide" mit der Antwort reagiert „ich verstehe nicht, welche Pyramide Sie meinen". Nunmehr nimmt es an, daß die gerade erwähnte Pyramide gemeint ist).

DIE SCHACHTEL.

...

9. Kann der Tisch Klötze aufnehmen?

NEIN.

(Die semantischen Regeln machen dies zu einer sinnlosen Frage, die darum falsch sein muß).

10. Kann sich unter einer Pyramide ein Klotz befinden?

JA.

(Das deduktive System findet ein aktuelles Beispiel und weiß von daher, daß dies möglich ist).

11. Kann sich unter einer Pyramide eine Pyramide befinden?

ICH WEISS NICHT.

(Die Frage ist sinnvoll, es existiert jedoch kein Beispiel auf der „Bühne", so daß keine einfache Antwort möglich ist, ohne das Programm des Roboters zu überprüfen).

12. Stelle zwei Pyramiden aufeinander.
ICH KANN NICHT.
(Der Roboter hat es vergeblich versucht).
13. Die blaue Pyramide gehört mir.
ICH VERSTEHE.
(Diese Information wird der Datenbasis hinzugefügt).
14. Mir gehören Klötze, die nicht rot sind, aber mir gehört nichts, das eine Pyramide trägt.
ICH VERSTEHE.
(Es wurden zwei neue Theoreme erzeugt, mit denen ein Nachweis über „Eigentum" möglich ist).
15. Gehört mir die Schachtel?
NEIN.[13]

Wenn mit „bedeutendem Fortschritt" ein höherer Grad der Allgemeinheit als bei den Vorläufern dieses Programms gemeint ist, dann stellt SHRDLU einen wesentlichen Fortschritt dar, denn hinsichtlich seiner Sprachanalysen unterliegt es keinen äußeren Beschränkungen, wie sie z. B. für Bobrows STUDENT entscheidend waren. Winograd selbst unterstreicht die Überlegenheit seines Programms über frühere Programme zum Sprachverstehen:

... Der Erfolg eines Programms kann davon abhängen, daß man das Problem, das gelöst werden soll, sorgfältig auswählt, so daß sich eine einfache und effiziente Lösung für einen speziellen Zweck ergibt. ELIZA (Weizenbaum, 1964) und STUDENT (Bobrow, 1967) sind Beispiele für Programme, deren Leistungen deshalb besonders beeindrucken, weil die Art des von ihnen angestrebten Verstehens weitgehend und mit Bedacht eingeschränkt wurde. Der Entwurf eines Modells von allgemeinerer Bedeutung muß einen großen Bereich der Dinge umfassen, die wir mit „Verstehen" umschreiben. Die Prinzipien müssen aus einem Versuch abgeleitet sein, die fundamentalen kognitiven Strukturen zu erfassen.[14]

Wenn jedoch „bedeutender Fortschritt" heißt, daß wir im Umgang mit jenen fundamentalen Strukturen, die unser Alltagswissen erst ermöglichen, ein Stück weitergekommen sind, so daß wir dank SHRDLU mit Optimismus in die Zukunft der KI blicken können – dann hat Winograds Programm keinen Anspruch auf diese Auszeichnung. Zur Begründung dieses negativen Urteils müssen wir zunächst untersuchen, wieso die Optimisten der frühen siebziger Jahre so überzeugt sein konnten, mit SHRDLU befände sich die KI-Forschung zumindest auf dem richtigen Weg.

Vorausgesetzt, man ist wie etwa Winograd der Meinung, daß es unterschiedliche Formen der Verstehens gibt, so daß die Frage, ob ein Wesen über ein Verständnis verfügt oder nicht, lediglich auf die Frage nach graduellen Unterschieden hinausläuft, dann mag es so aussehen, als ob jedes neue Programm ein klein wenig mehr an Verständnisfähigkeit aufbringe als das vorhergehende und der Fortschritt aus kleinen Bewegungen entlang eines Kontinuums des immer besseren Verstehens bestünde. Wer andererseits daran festhält, daß die Möglichkeit des „Verstehens" ausschließlich dem Menschen gegeben ist, der trifft damit eine Vorentscheidung, nach der Künstliche Intelligenz generell unmöglich ist. Aber hier geht es nicht darum zu definieren, was man mit „Verstehen" meint. Bevor man über *Grade* des „Verstehens" spricht, gilt es, den Begriff „verstehen" in seiner Wechselbeziehung zu anderen Ausdrücken des Sprachverhaltens zu erkennen wie „fragen", „antworten", „wissen" usw. Und einige dieser Ausdrücke – so z. B. „antworten" – *sind* einfach ganz und gar festgelegt. Die Versuchung ist natürlich groß, dem DENDRAL-Programm zum Beispiel zuzubilligen, daß es die Massenspektroskopie im wörtlichen Sinne *versteht*. Dazu gehört dann allerdings das Eingeständnis, daß Problemeingabe und Ausdruck der Lösung identisch sind mit Stellen und Beantworten einer Frage, und dies wiederum bedeutet unter anderem, daß das Programm *weiß*, daß es geantwortet hat. Aber welches Verhalten wir auch zum Kriterium des Wissens machen, es dürfte doch außer Frage stehen, daß es gegenwärtig keinen Computer gibt, der dieses Kriterium auch nur annähernd erfüllt, so daß er nicht einmal eine minimale Frage beantworten kann. Wer die zentrale Bedeutung dieser miteinander verknüpften intentionalen Begriffe erkannt hat, der weiß auch, daß die Behauptung, Programme wie SHRDLU verfügten über ein wenn auch geringes Verständnis, bestenfalls metaphorisch und grundsätzlich irreführend ist.

Die KI-Forscher versuchten natürlich nicht die Tatsache offenzulegen, daß SHRDLUs scheinbares Verständnis durch die Einschränkung seines Anwendungsbereichs zustande gekommen war. Sie erfanden sogar einen Namen. Von nun an hieß das Resultat von Winograds Methode zur Beschränkung des Gegenstandbereichs Mikrowelt. Und in einem internen Memorandum des MIT aus dem Jahr 1970 bemerken Minsky und Papert unumwunden:

Jedes Modell – oder jede „Mikrowelt" – ist stark schematisiert; es handelt von einem Märchenland, in dem die Dinge derart vereinfacht sind, daß beinahe jede

Aussage darüber buchstäblich falsch wäre, wenn man sie auf die Dinge in der wirklichen Welt bezöge.[15]

Aber sie fügen sofort hinzu:

Dennoch halten wir sie [die Mikrowelten] für so wichtig, daß wir mit allen Kräften an der Entwicklung einer Reihe von Mikrowelten arbeiten. Wir wollen herausfinden, auf welche Weise wir die anregenden wegweisenden Fähigkeiten der Modelle nutzen können, ohne uns von ihrer Unvereinbarkeit mit der buchstabengetreuen Wahrheit einschüchtern zu lassen.[16]

Angesichts des anerkannt künstlichen und willkürlichen Charakters der Mikrowelten stellt sich die Frage, wieso Papert und Minsky auf den Gedanken kommen, sich mit ihren Forschungen auf einem erfolgverheißenden Weg zu befinden.

Aufschluß darüber geben Minskys und Paperts scharfsichtige Bemerkungen über Erzählungen und ihre überraschende Schlußfolgerung:

... In einer bekannten Fabel bringt der schlaue Fuchs den eitlen Raben dazu, ein Stück Käse, das dieser im Schnabel hält, fallenzulassen, indem er ihn auffordert, ihm etwas vorzusingen. Diese Geschichte wird von Kindern richtig verstanden, wenn sie beispielsweise folgende Frage beantworten können: „Glaubte der Fuchs, der Rabe hätte eine schöne Stimme?"

Das Problem wird gelegentlich als „Umgang mit der natürlichen Sprache", als „deduktive Logik" usw. klassifiziert. Solche Beschreibungen sind schlecht gewählt. Das eigentliche Problem besteht nämlich nicht darin, eine bestimmte Sprache zu verstehen, sondern *überhaupt* etwas zu verstehen. Deutlich gesagt, es ist nichts damit gewonnen, wenn wir die Geschichte in vereinfachter Syntax wiedergeben: RABE AUF BAUM, RABE HAT KÄSE. FUCHS SAGT: „DU HAST EINE SCHÖNE STIMME. BITTE, SINGE MIR ETWAS VOR." FUCHS VERSCHLINGT KÄSE. Wir können den einzelnen Worten ihre Mehrdeutigkeit nehmen (zumindest in dem gewöhnlichen, einfachen Sinn, aus einer diskreten Anzahl von „Bedeutungen" eine einzige auszuwählen). Damit stehen wir aber immer noch vor der Schwierigkeit, eine Maschine dazu zu bringen, die richtige Antwort zu geben. Die Schwierigkeit liegt auch nicht im Aufbau einer ungewöhnlich leistungsstarken logischen Struktur. Unser Hauptproblem besteht vielmehr darin, daß bisher niemand aus den Elementen dieser Dinge einen Wissensfundus konstruiert hat, der zum Verständnis der Geschichte geeignet wäre. Worauf kommt es hier an?

Zunächst einmal gibt es für solche Probleme niemals eine einzige Lösung, so daß wir nicht danach fragen, was das Programm wissen *muß*. Dennoch ist es sicherlich nützlich, wenn es über den Begriff der SCHMEICHELEI verfügt. Um dieses Wissen zu vermitteln, stellen wir uns eine „Mikrotheorie" der Schmeichelei vor – eine erweiterungsfähige Sammlung von Fakten oder Verfahren, die Bedingungen beschreiben, unter denen man mit einer Schmeichelei rechnen kann, in welchen Formen sie auftritt, welche Konsequenzen sie hat usw. Wie komplex diese Theorie ist, hängt davon ab, was wir voraussetzen. So wäre es z. B. sehr schwierig, dem Programm Schmeichelei zu beschreiben, wenn es nicht bereits weiß, daß Äußerungen auch zu anderen Zwecken getan werden können als zur Vermittlung buchstabengetreuer Informationen. Es müßte zumindest über Begriffe wie ZWECK oder ABSICHT verfügen.[17]

Die überraschende Wendung ist hier die Schlußfolgerung, es könne eine umgrenzte „Mikrotheorie" der Schmeichelei geben – die abgetrennt vom übrigen menschlichen Leben und dennoch einleuchtend sein soll –, während die Ausführungen von Minsky und Papert gleichzeitig ein Verständnis von Schmeichelei an den Tag legen, das mit dem Hinweis auf Zwecke und Absichten durchaus die Tür zu unserer übrigen Alltagswelt öffnet. Was die Periode der frühen siebziger Jahre kennzeichnet und SHRDLU als Fortschritt auf dem Weg zu einer allgemeineren Intelligenz erscheinen läßt, ist genau jenes Konzept der Mikrowelt – eines Bereichs, den man isoliert analysieren kann. Dieses Konzept impliziert, daß zwar jeder Gegenstandsbereich seinen Zugang zu den übrigen menschlichen Aktivitäten hat, aber seine Verzweigungen sind nur scheinbar endlos und werden schon bald zu einer in sich geschlossenen Ansammlung von Fakten und Relationen konvergieren. In einer Erörterung der Mikrowelt des Tauschhandels beispielsweise diskutieren Papert und Minsky, was ein Kind wissen muß, um das folgende Bruchstück eines Gesprächs zu verstehen:

Janet: „Der Ball, den du da hast, ist nicht besonders gut. Gib ihn mir, ich gebe dir meinen Lutscher dafür."[18]

Und sie bemerken dazu:

... Wir gehen davon aus, daß es möglich ist, die erforderlichen Mikrotheorien ziemlich gedrängt und leicht formulierbar (d. h. *lernbar*) darzustellen, sobald wir eine geeignete Menge struktureller Grundformen für sie gefunden haben. Wenn man sich an eine Aufzählung dessen macht, was man allein für einen Bruchteil von Janets Geschichte wissen muß, dann scheint diese zunächst endlos zu sein:
Zeit Dinge Worte
Raum Menschen Gedanken
Sprechen: erklären, fragen, bestellen, überreden, vortäuschen.
Soziale Beziehungen: geben, kaufen, handeln, betteln, fragen, Geschenke, stehlen ...
Spielen: wirklich und unwirklich, vortäuschen.

Besitzen: Teil von, zugehörig, Herr von, Halter von.
Essen: Wie vergleicht man die Werte von Nahrungsmitteln mit denen von Spielzeugen?
Mögen: Gut, schlecht, nützlich, hübsch, Anpassung.
Leben: Mädchen, aufgeweckt, ißt, spielt.
Absicht: Bedürfnis, Plan, Komplott, Ziel, Ursache, Ergebnis, Verhinderung.
Gefühle: Stimmungen, Dispositionen, herkömmliche Gefühlsausdrücke.
Zustände: Schlafend, wütend, daheim.
Persönlichkeitsmerkmale: Erwachsen, rothaarig, Rufname „Janet".
Geschichte: Erzähler, Handlung, Hauptpersonen.
Menschen: Kinder, Umstehende.
Orte: Wohnungen, im Freien.
Wütend: Zustand verursacht durch:
  Beleidigung
  Benachteiligung
  Tätlichkeit
  Ungehorsam
  Enttäuschung
  spontan
Ergebnisse: nicht kooperativ
  niedrigere Schwelle
  Aggression
  laute Stimme
  irrational
  Vergeltung
usw.[19]

Die Autoren kommen zu dem Schluß:

Aber die Aufzählung ist nicht endlos. Sie ist nur umfangreich, und man benötigt eine große Menge von Begriffen, um sie zu organisieren. Nach einiger Zeit fällt es immer schwerer, neue Begriffe zu finden, und auch diese erweisen sich zunehmend als entbehrlich.[20]

Diese völlig aus der Luft gegriffene Überzeugung, daß die scheinbar endlosen Beziehungen zu anderen menschlichen Aktivitäten schließlich konvergieren würden, so daß die Untersuchung von einfachen relativ isolierten Mikrowelten möglich ist, beruft sich auf die ursprünglich erfolgreichen Methoden der Naturwissenschaften, die in naiver Weise von der KI übernommen werden. Bezeichnend hierfür sind die aus der Physik übernommenen Begriffe, mit denen Winograd seine Arbeit beschreibt:

Wir bemühen uns, einen Formalismus oder eine „Darstellung" zu entwickeln, mit der wir ... Wissen beschreiben können. Wir sind auf der Suche nach den „Atomen" und „Elementarteilchen", aus denen es aufgebaut ist, und nach den „Kräften", die darauf wirken.[21]

Es trifft zu, daß man physikalische Theorien über das Universum aufstellen kann, indem man relativ einfache und isolierte Systeme untersucht, anschließend das Modell zunehmend komplexer werden läßt und andere Bereiche von Naturerscheinungen mit aufnimmt. Dies ist möglich, weil alle diese Erscheinungen vermutlich das Ergebnis der gesetzähnlichen Relationen zwischen einer Anzahl von Grundelementen sind, die Papert und Minsky „Grundbausteine" nennen. Dieser Glaube an einen lokalen Erfolg und eine allmähliche Verallgemeinerung hat zweifellos auch Winograds Arbeit am SHRDLU-Programm beeinflußt.

In diesem System weisen wir dem Gebrauch von Begriffen eine besondere Rolle zu, weil es damit in die Lage versetzt wird, in Dialoge einzutreten, die in vieler Hinsicht das Verhalten eines Sprechers der menschlichen Sprache simulieren. Für einen erweiterten Bereich des Diskurses müßte die Begriffsstruktur in ihren Einzelheiten und vielleicht auch in bestimmten Aspekten ihrer Gesamtorganisation erweitert werden.[22]

Das klingt so, als könne man beispielsweise SHRDLUs Begriff des Besitzens „erweitern", da in der von uns wiedergegebenen Unterhaltung das Programm eine – wenn auch sehr einfache – Mikrotheorie über den Besitz von Bauklötzen enthält. Wie jedoch Simon in einer ausgezeichneten Analyse der Beschränkungen von SHRDLU darlegt, versteht das Programm überhaupt nicht, was besitzen heißt, da es nicht mit Bedeutungen umgehen kann. Man hat ihm lediglich eine bestimmte Anzahl von Grundbausteinen – einfachen Tatsachen – sowie die zwischen ihnen möglichen Beziehungen eingegeben. Simon bemerkt hierzu:

Das SHRDLU-System bearbeitet Probleme in einer Welt aus einzelnen Bauklötzen, deren Darstellung festgelegt ist. Erhält es den Befehl ‚nimm einen großen, roten Klotz auf', dann braucht es nur den Ausdruck ‚aufnehmen' mit einem Verfahren zur Ausführung dieses Vorgangs zu verknüpfen; durch die Anwendung geeigneter Tests in Verbindung mit ‚groß', ‚rot' und ‚Klotz' kann es dann den Parameter für das Verfahren identifizieren und seine Fähigkeiten der Problemlösung einsetzen, um das Verfahren auszuführen. Wenn ich sage ‚es braucht nur', so will ich damit nicht etwa die Fähigkeiten von SHRDLU herabsetzen. Gerade weil das Programm Speicherprogramme besitzt, die die Inhalte der in Anfragen und Befehlen verwendeten Begriffe zum Ausdruck bringen, ist seine Deutung dieser Anfragen und Instruktionen relativ unkompliziert.[23]

Im Hinblick auf ein Verstehen jedoch „hat das problemverstehende Subsystem eine weit kompliziertere Aufgabe zu lösen als die bloße Eintragung der eingegebenen Sprache in die in einem Lexikon gespeicherten Inhalte. Es muß außerdem eine Darstellung für die erhaltene Information erzeugen sowie Bedeutungen für jene Begriffe, die mit der Darstellung in Einklang stehen."[24] Beispielsweise ging es in dem Dialog um den Besitz von Klötzen:

Obwohl die Antwort von SHRDLU auf die Frage völlig zutreffend ist, kann man nicht behaupten, daß das Programm die Bedeutung von „besitzen" verstehe, es sei denn in einem sehr sophistischen Sinn. Der Test des Programms, ob ihm einer der Klötze oder der Pyramiden gehört, besteht einfach in der Überprüfung, ob sie das Etikett „gehören" tragen oder nicht. Es gibt keine inhaltliche Überprüfung des Besitzverhältnisses, so daß SHRDLU zwar weiß, was es besitzt, aber nicht versteht, was es heißt, etwas zu besitzen. SHRDLU würde verstehen, was es bedeutet, eine Schachtel zu besitzen, wenn es beispielsweise diesen Sachverhalt dadurch überprüfen könnte, daß es sich daran erinnert, wie es in den Besitz der Schachtel gelangt ist, oder den Besitz einer Quittung überprüft, die es beim Erwerb bekommen hat; es könnte unterschiedlich auf Befehle reagieren, eine Schachtel aufzunehmen, je nachdem, ob sie ihm gehört oder nicht. Es könnte generell solche Tests und Maßnahmen durchführen, die allgemein mit der Zuschreibung und Ausübung von Besitzrechten in unserer Rechtsprechung und unserer Gesellschaft verbunden sind.[25]

Aber selbst wenn das Programm all diesen Bedingungen genügen könnte, so würde es immer noch nichts verstehen, wenn es nicht zugleich ein Verständnis davon hätte, daß es gar nichts besitzen kann, da es kein Teil jener Gemeinschaft ist, in der Besitzen erst einen Sinn ergibt. Angesichts unserer kulturellen Bräuche im Zusammenhang mit Eigentum kann ein Computer ebensowenig etwas besitzen wie ein Tisch dies kann.

Diese Erörterung zeigt, daß die Bezeichnung UNDERSTANDING für ein Programm, das erst herausfinden muß, was Verstehen bedeutet ebenso irreführend ist, wie eine bestimmte Anzahl von Fakten und Verfahren im Hinblick auf Bauklötze eine Mikro*welt* zu nennen, wo es eigentlich darum geht zu verstehen, was eine Welt ist. Eine Menge von zusammenhängenden Fakten kann ein *Universum*, einen Bereich oder eine Gruppe bilden, aber es bildet keine *Welt*, denn eine Welt ist ein organisiertes Ganzes von Objekten, Zwecken, Fertigkeiten und Gebräuchen, innerhalb dessen menschliches Handeln eine Bedeutung hat oder einen Sinn ergibt. Daraus folgt, daß es zwar die Welt der Kinder gibt, zu der unter anderem auch Bauklötze gehören, nicht jedoch so etwas wie eine Welt der Bauklötze. Oder, um dies als eine Kritik an Winograd zu formulieren, man kann kein Programm, das „einen winzigen Ausschnitt der Welt" herausgreift, mit einem Programm gleichsetzen, das eine „Mikrowelt" bearbeitet.[26]

In unserem Alltagsleben beteiligen wir uns allerdings an den verschiedenen „Subwelten", z. B. an der Welt des Theaters, der Geschäftswelt oder der Welt der Mathematik, doch jede von ihnen ist ein „Modus" unserer gemeinsamen Alltagswelt.[27] Das heißt, Subwelten sind nicht vergleichbar mit isolierten physikalischen Zusammenhängen, die sich zu größeren Systemen *fügen*, vielmehr sind sie örtliche Ausarbeitungen eines Ganzen, das sie *determiniert*. Angenommen, man hätte es bei Mikrowelten mit Subwelten zu tun, dann wäre man nicht genötigt, sie zu erweitern und zu kombinieren, um die Alltagswelt zu erreichen, weil die Alltagswelt bereits in ihnen eingeschlossen wäre. Da Mikrowelten jedoch keine *Welten* sind, gibt es keine Möglichkeit, sie zu verbinden und auf die Alltagswelt auszudehnen. Als Ergebnis der unterlassenen Frage, was eine Welt ist, wurde eine fünf Jahre anhaltende Stagnation in der KI-Forschung als Fortschritt verkannt.

Der Antrag von Papert und Minsky auf die Bewilligung weiterer Forschungsmittel aus dem Jahr 1973 ist vermutlich das letzte Zeugnis, in dem der künstlich isolierte Charakter der Mikrowelt als wissenschaftliche Tugend verteidigt wird –zumindest am MIT:

Die Künstliche Intelligenz befindet sich als neue Technologie in einem Zwischenstadium der Entwicklung. Während der ersten Phasen eines neuen Forschungszweigs müssen die Dinge vereinfacht werden, so daß sich die *elementaren* Phänomene *isolieren* und untersuchen lassen. Bei den erfolgreichsten Anwendungen arbeiten wir mit einer Strategie, die wir als „Arbeiten in einer Mikrowelt" bezeichnen.[28]

Wiederum wird SHRDLU als die erfolgreichste Version dieser Forschungsmethode herausgestellt. „Ein gutes Beispiel für eine zweckmäßig konzipierte Mikrowelt liefert das allgemein bekannte Projekt Winograds, das zahlreiche praktische und theoretische Beiträge zum Problem des maschinellen Verstehens von natürlichen Sprachen geleistet hat."[29] Aber während immer noch Anspielungen auf die Möglichkeit der Verallgemeinerung verweisen, gerät SHRDLU offensichtlich in Schwierigkeiten.

Seit Winograds Dissertation und Beweisführung haben etliche Mitarbeiter das System um neue Elemente, Anpassungen und Merkmale erweitert. Diese Arbeit ist jedoch nicht sehr weit gediehen, da die Implementierung des ursprünglichen Systems in ihren Einzelheiten sehr komplex war.[30]

Zweifellos liegen diese fehlgeschlagenen Versuche einer Verallgemeinerung der zwei Jahre später vorgelegten nüchternen Einschätzung zugrunde:

... Die Künstliche Intelligenz hat sich in eng umgrenzten Bereichen gut bewährt. Winograd hat beispielsweise die gesamte Fachwelt in Erstaunen versetzt, als er sein System zum Verstehen natürlicher Sprachen im Rahmen einer *Klötzchenwelt* vorstellte. Die Ausdehnung dieses besonderen Leistungsvermögens auf größere Welten hat sich jedoch als nicht unkompliziert erwiesen ... Der Zeitpunkt ist gekommen, die dabei auftretenden Probleme als den zentralen Punkt zu behandeln.[31]

Bezeichnenderweise wurde erst im günstigen Klima der nächsten Forschungsphase mit ihren neuen Hoffnungen, die Illusion der frühen siebziger Jahre, man könne Arbeiten in eng begrenzten Bereichen verallgemeinern, schließlich als solche erkannt und zu Grabe getragen. Winograd selbst räumt ein:

Die KI-Programme der späten sechziger und frühen siebziger Jahre sind viel zu wörtlich. Sie gehen mit Bedeutungen um wie mit einem Gebäude, das anstelle von Ziegeln und Mörtel aus Wörtern aufgebaut werden müsse, anstatt einen Entwurf zu gestalten, der auf die bereits in der Eingabe enthaltenen Umrisse und Hinweise aufbaut. Dank ihres „spröden" Charakters sind sie gut geeignet, mit eng spezifizierten Bedeutungsbereichen in einer künstlich formalen Unterhaltung umzugehen. Entsprechend gering ist ihre Leistungsfähigkeit bei natürlichen Sprechäußerungen voller Einzelbegriffe und Fragmente, fortwährenden (unbemerkten) Metaphern und Bezügen zu weit schwieriger formalisierbaren Wissensgebieten.[32]

Ein weiterer angeblicher Durchbruch, den Buchanan erwähnt, ist Adolfo Guzmans Programm SEE (1968), das zweidimensionale Projektionen komplizierter Arrangements aus mehreren, zum Teil verdeckten Polyedern analysiert (siehe Abb. 4). Bereits in der von Guzman entwickelten Version war dieses Programm Menschen darin überlegen, bestimmte Klassen komplizierter Arrangements zu entschlüsseln, und in der Weiterentwicklung durch David Waltz ist es sogar noch beeindruckender. Es zeigt nicht nur, welche Leistungssteigerungen möglich sind, sobald der untersuchte Bereich weitgehend eingeschränkt wird, sondern auch jene Form der Generalisierung, die bei der Arbeit mit Mikrowelten erreicht werden *kann*. Außerdem läßt sich indirekt erkennen, welche Generalisierungen aufgrund der Eigenart der auf bestimmte Zwecke zugeschnittenen Heuristik von vornherein ausgeschlossen sind.

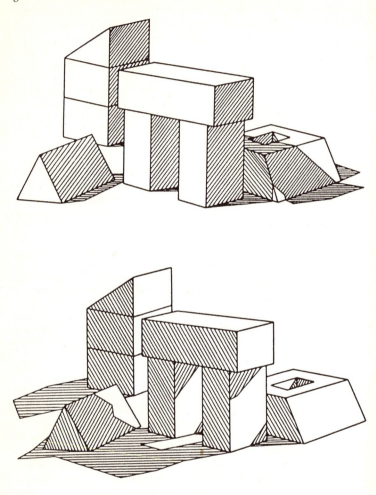

Abb. 4

Guzmans Programm analysiert Arrangements aus Würfeln und anderen festen Körpern mit geraden Kanten und benutzt die Schnittpunkte als Unterscheidungskriterien. Jeder Schnittpunkt weist darauf hin, daß zwei oder mehr Regionen in seinem Umfeld zusammengehören, je nachdem, ob er durch Winkel gebildet wird, die wie ein L, ein Pfeil, ein T, ein K, eine Gabel, eine nach oben oder eine nach unten gerichtete Spitze aussehen. Mit diesen acht Grundbausteinen und alltagspraktischen Regeln zu ihrer Auswertung funktionierte Guzmans Programm sehr gut. Dennoch hatte es bestimmte Schwächen. Nach Winston „wurde das Programm nicht mit Schatten fertig, und seine Leistungen waren mäßig, wenn die Objekte Löcher hatten oder wenn in der Zeichnung Linien fehlten."[33] Waltz hat später gezeigt, daß sich durch die Einführung drei weiterer Grundbausteine ein Computer so programmieren läßt, daß er entscheiden kann, ob eine bestimmte Linie der Zeichnung ein Riß, eine verdeckende Kante oder eine Fuge ist, und zwar ähnlich wie die Lösung einer Anzahl algebraischer Gleichungen. Winston faßt diese Neuerung so zusammen:

Früher hatte man angenommen, nur ein Programm mit komplizierten Steuerungsstruktur und extrem hoher Leistungsfähigkeit bei Schlußfolgerungen könnte möglicherweise Arrangements wie das in Abb. 4 dargestellte analysieren. Da wir nun die Grenzen der Möglichkeiten kennen, innerhalb derer in der realen Welt Grenzkanten, konvexe oder konkave Innenflächen, Schatten und Fugen an Verbindungsstellen aufeinandertreffen, haben wir es mit einem wesentlich einfacheren Problem zu tun. Eine tabellarische Auflistung der wenigen tausend physikalischen Variationen für das Zusammentreffen zweier Linientypen, gekoppelt mit einem einfachen Zuordnungsprogramm – das ist alles, was man dazu braucht. Die Bildanalyse wird in ein Problem übersetzt, das einem Puzzlespiel oder einer Reihe algebraischer Gleichungen ähnlich ist. Keine tiefgreifenden Problemlösungsstrategien sind erforderlich, die ganze Arbeit beruht lediglich auf der Ausführung eines ganz einfachen, auf Einschränkungen beruhenden iterativen Verfahrens, in dessen Verlauf alle unvereinbaren Linienarrangements ausgeschieden werden.[34]

Genau diese Art mathematischer Generalisierung kann man in Mikrowelten anwenden, wo die regelgeleiteten Beziehungen zwischen den Grundbausteinen (in diesem Fall die Anordnung der Schnittpunkte) externen Beschränkungen unterliegen wie hier den Gesetzen der Geometrie und der Optik. Diese spezielle Heuristik benutzt Schnittpunkte als Unterscheidungskriterien für Körper mit gradlinigen Kanten. Sie kann sicherlich nicht so generalisiert werden, daß auch die Erkennung von Objekten anderer Art möglich wäre. Und da die Verfahren von Guzman oder Waltz auf Verbindungen gerader Linien beruhen, sind sie für die Analyse eines Arrangements aus Gegenständen mit gekrümmten Kanten auch tatsächlich völlig unbrauchbar. Man gewinnt zwar etwas durch die Verkleinerung eines Bereichs, verliert aber zugleich etwas an der Vielfalt der Anwendungsmöglichkeiten. Diese Lehre läßt sich aus Winstons Einschätzung zwar nicht ziehen:

... Es wäre falsch, in der Arbeit von Waltz lediglich eine Aussage der Erkenntnistheorie der Linienzeichnungen von Polyedern zu sehen. Ich halte sie vielmehr für eine elegante Fallstudie eines Paradigmas, auf das wir vermutlich immer wieder stoßen werden, und als solches ist sie ein leistungsfähiges metaphorisches Werkzeug bei der Anleitung unseres Denkens, nicht nur in der Phantasie, sondern auch in der Erforschung anderer Systeme, bei denen Intelligenz eine Rolle spielt.[35]

Aber in einem späteren Bewilligungsantrag räumt er ein,

Zu einem Verständnis der wirklichen Welt benötigen wir einen anderen Satz von Grundbausteinen als die relativ einfachen Linienauswerter, die für eine Welt aus Bauklötzen zweckmäßig und ausreichend sind.[36]

Die Arbeit von Waltz ist durchaus ein Paradigma für jene Art der Generalisierung, die man *innerhalb* einer Mikrowelt anstreben kann, aber aus genau demselben Grund gibt sie uns keine Möglichkeit an die Hand, über Systeme mit allgemeiner Intelligenz nachzudenken. Im Licht dieser späteren Einschätzungen erscheint meine Annahme gerechtfertigt, die Arbeiten der frühen siebziger Jahre hätten meinen Vorwurf der Stagnation nicht widerlegt.

Die Tatsache, daß die bislang erörterten Programme nicht generalisierbar sind, ändert zwar nichts an ihrem Rang als programmiertechnische Bravourleistungen, macht sie jedoch nicht zu Fortschritten auf dem Weg zu allgemein intelligenten Systemen, weshalb sie auch keineswegs vielversprechende Beiträge zur Psychologie sind. Trotzdem schließt Winston auch die Arbeit von Waltz mit ein, wenn er behauptet: „Wenn wir Maschinen das Sehen beibringen, gewinnen wir damit wichtige Rückschlüsse darüber, wie Tiere sehen ..."[37] Ähnliche Ansprüche erhebt Winograd im Hinblick auf die psychologische Relevanz seiner Arbeiten:

Vorteilhaft ist die KI weniger wegen der Nutzanwendung der von uns geschaffenen Programme als wegen der Entwicklung der von uns entwickelten Konzepte und der Chancen, sie auf das Verstehen der menschlichen Intelligenz anzuwenden.[38]

Diese Bemerkungen deuten darauf hin, daß sich in den frühen siebziger Jahren eine interessante Veränderung am MIT vollzogen hat. In früheren Veröffentlichungen hatten sich Minsky und seine Mitarbeiter betont von KS-Forschern distanziert, die wie Simon ihre Programme als psychologische Theorien vorstellten, und hatten stets betont, die am MIT entwickelten Programme seien „ein Versuch, intelligente Maschinen zu bauen, ohne dem Irrglauben zu verfallen, dieses System von vornherein humanoid machen zu wollen."[39] In ihrem Buch *Artificial Intelligence*[40], einem Überblick über die Arbeit am MIT von 1967–1972, stellen Papert und Minsky ihre Forschung am MIT nunmehr als einen Beitrag zur Psychologie dar. Zunächst führen sie den Begriff einer symbolischen Beschreibung ein:

Was meinen wir mit „Beschreibung"? Wir meinen damit nicht, daß unsere Beschreibungen Aneinanderreihungen von Wörtern aus der Alltagssprache sein müssen (auch wenn dies machbar wäre). Am einfachsten gelingt Beschreibung als Struktur, in der einige Merkmale einer Situation in bestimmte („Grund")-Symbole umgesetzt sind und die Beziehungen zwischen diesen Merkmalen von anderen Symbolen getragen werden – oder von anderen Merkmalen, je nach der Art und Weise, wie die Beschreibung zusammengesetzt ist.[41]

Im Anschluß daran verteidigen sie die Rolle symbolischer Beschreibungen in einer psychologischen Deutung von intelligentem Verhalten und polemisieren unausgesetzt gegen den Behaviorismus und die Gestaltpsychologie, die den Gebrauch formaler Modelle des Denkens verwerfen.

Hinter dieser Kehrtwende kann man die Spuren wittern, die eine ständige Erweiterung der Mikrowelten, die auf symbolischen Beschreibungen beruhen, hinterläßt wie auch die Irritation beim gescheiterten Bemühen, auch nur ansatzweise ein System mit der geistigen Flexibilität eines sechs Monate alten Kindes hervorzubringen. Allerdings gelang es den KI-Forschern nicht, aus diesen frustrierenden Lage den Schluß zu ziehen, daß die für spezielle Zwecke gedachten Verfahren, die sich in kontextunabhängigen, spielähnlichen Mikrowelten bewähren, in keiner Hinsicht eine Ähnlichkeit mit der unspezialisierten menschlichen oder tierischen Intelligenz aufweisen. Statt dessen wählten die KI-Forscher den weniger verwirrenden, wenngleich auch weniger plausiblen Weg mit der Behauptung, selbst wenn ihnen die Erstellung intelligenter Systeme mißlungen sei, so müßten die ad hoc entwickelten, in der Analyse von Mikrowelten so erfolgreichen symbolischen Beschreibungen doch als wertvoller Beitrag zur Psychologie gelten.

Das alte Motto, es spiele keine Rolle, ob eine Maschine sich menschenähnlich verhalte oder nicht, die Hauptsache sei ihre Intelligenz, wird durch einen höheren Anspruch abgelöst, der allerdings empirischer Überprüfung standhalten muß. Ein informationsverarbeitendes Modell muß jedoch eine formale symbolische Struktur sein, so daß Minsky und Papert aus der Not eine Tugend machen und die fragwürdige intellektualistische Position wiederbeleben, derzufolge die konkrete Wahrnehmung mit den im abstrakten Denken verwendeten regelgeleiteten symbolischen Beschreibungen vergleichbar ist.

Die Gestaltpsychologen suchen einfache und grundlegende Prinzipien, nach denen die Wahrnehmung organisiert ist, und versuchen anschließend zu zeigen, daß symbolisches Denken anscheinend denselben Prinzipien folgt. Wir dagegen entwickeln eine komplexe Theorie darüber, wie Wissen für die Lösung von Denkproblemen angewandt wird, und versuchen anschließend zu zeigen, wie die symbolische Beschreibung, d. h. das, was man „sieht", ähnlichen Prozessen entsprechend konstruiert wird.[42]

Neuere psychologische Forschungsergebnisse weisen jedoch in die genau entgegengesetzte Richtung. Die frühen Untersuchungen der Gestaltpsychologie zur Wahrnehmung von Ähnlichkeit einfacher Figuren wurden von Erich Goldmeier auf breiterer Ebene fortgesetzt – zum Teil als Reaktion auf „die frustrierenden Bemühungen, Computern strukturelles Erkennen zu vermitteln".[43] Goldmeiers Untersuchungen haben die Annahme widerlegt, daß Wahrnehmung sich anhand formaler Merkmale analysieren läßt. Vielmehr erschlossen sie komplizierte Unterscheidungen zwischen Figur und Hintergrund, Materie und Form, wesentlichen und zufälligen Aspekten, Normen und Entstellungen usw., die sich nicht unter Zuhilfenahme irgendwelcher bekannter formaler Merkmale der abgebildeten Figuren erklären lassen. Nach Goldmeier ist es jedoch möglich, dieses Phänomen auf der neurologischen Ebene zu erklären. Der große Einfluß der Prägnanz – d. h. besonders auffallender Formen und Orientierungen, deutet auf die Wirkung physikalischer Phänomene im Gehirn, wie z. B. Bereiche der Resonanz[44].

Neuere Untersuchungen der Neurophysiologie lassen neue Funktionszusammenhänge vermuten, die eher die intuitiv gewonnenen Erkenntnisse der Gestaltpsychologie bestätigen, daß andere Prozesse an der Wahrnehmung beteiligt sind als die für Computer erforderliche Verarbeitung formaler Darstellungen. Während wir noch immer nichts Endgültiges darüber wissen, wie das Gehirn „Informationen verarbeitet", können wir doch soviel sagen, daß Computermodelle des menschlichen Denkens heute noch unwahrscheinlicher sind als 1970, während

Modelle, die sich die Eigenschaften optischer Hologramme zunutze machen, wohl eher einen Erfolg versprechen. John Haugeland zieht hierzu folgende Bilanz:

Erstens: Optische Hologramme entstehen aus den von einem gewöhnlichen Gegenstand zurückgeworfenen Lichtstrahlen, und mit ihrer Hilfe läßt sich anschließend ein völlig dreidimensionales, farbiges Bild dieses Gegenstandes rekonstruieren. Zweitens: Es ist möglich, das ganze Bild aus irgendeinem genügend großen Teilstück des Hologramms zu rekonstruieren (wobei man nicht sagen kann, welcher Teil des Hologramms welchen des Bildes „verschlüsselt"). Drittens: Mehrere Gegenstände können unabhängig voneinander auf demselben Hologramm aufgezeichnet sein, wobei unbekannt ist, welcher Teil des Hologramms welchen Gegenstand aufgezeichnet hat. Viertens: Wenn das Hologramm einer beliebigen Szene in geeigneter Weise durch das von einem Bezugsobjekt zurückgeworfene Licht beleuchtet wird, dann erscheinen (praktisch im selben Augenblick) auf ihm helle Punkte, welche die Existenz und die Lokalisierung des Bezugsobjekts in der aufbezeichneten Szene signalisieren (schwächer leuchtende Punkte verweisen auf „ähnliche" Objekte). Auf diese Weise können neurophysiologische, holographische Verschlüsselungen Auskunft geben über eine ganze Anzahl verblüffender Eigenschaften der visuellen Erinnerung und Wahrnehmung, so unter anderem ihre Schnelligkeit, einige ihrer Invarianzen sowie die Tatsache, daß sie selbst durch größere Verletzung wesentlicher Regionen des Gehirns nur geringfügig beeinträchtigt werden...

Noch eine weitere interessante Eigenschaft von optischen Hologrammen soll zur Sprache kommen: Wenn ein Hologramm (das Licht zweier getrennter Gegenstände miteinander verbunden hat) nun von einem dieser Objekte beleuchtet wird, erscheint das Bild des anderen (fehlenden) Gegenstandes. Deshalb kann ein solches Hologramm als eine Art „Assoziierer" (nicht von Ideen, sondern) von visuellen Mustern betrachtet werden...[45]

Haugeland fügt hinzu:

Ausführliche hypothetische Modelle werden für Hologramme in neuronalen Strukturen entworfen; und es gibt einige empirische Anhaltspunkte dafür, daß manche Neuronen Verhaltensweisen zeigen, die den Modellen entsprechen.[46]

Natürlich mag bei den Gestaltpsychologen Übertreibung im Spiel sein, wenn sie dem Denken die gleiche Art konkreter holistischer Prozesse unterstellen, wie sie es zur Erklärung der Wahrnehmung für nötig hielten. Wenn also die Vertreter der symbolischen Beschreibung außerstande sind, Wahrnehmung zu erklären, so könnten sie Recht haben mit der Auffassung, der Funktionszusammenhang des alltäglichen Denkens und Lernens bestehe darin, eine formale Beschreibung der Welt zu konstruieren und diese Darstellung nach bestimmten Regeln zu transformieren.

Ein solches formales Modell des alltäglichen Lernens und der Kategorienbildung wird von Winston in „Das Lernen von strukturellen Beschreibungen aus Beispielen" (Phil. Diss. 1970) vorgeschlagen.[47] Beispielsweise kann Winstons selbsternanntes „klassisches" Programm nach Eingabe einer Anzahl positiver und negativer Beispiele ein deskriptives Repertoire benutzen, um eine formale Beschreibung der Kategorie der Bögen zu erstellen. Da Winstons Programm wie bereits erwähnt (zusammen mit denen von Guzman und Winograd) häufig als Erfolg der späten sechziger Jahre angeführt wird, müssen wir näher darauf eingehen.

Ist dieses Programm eine plausible allgemeine Theorie des Lernens? Da Winston sich auf ein Computermodell festlegt, muß es wohl so sein:

Diese scheinbar ganz spezielle Art des Lernens ist dennoch sehr folgenreich, weil ich glaube, daß diese verschiedenen Arten des Lernens durch Beispiele, durch Unterweisung, durch Nachahmung, durch Verstärkung und andere Formen des Lernens einander doch ziemlich ähnlich sind. In der lerntheoretischen Literatur findet sich häufig die unausgesprochene Annahme, daß zwischen diesen verschiedenen Formen wesentliche Unterschiede bestehen. Ich bin jedoch der Meinung, daß die klassischen Grenzen zwischen den einzelnen Arten des Lernens verschwinden werden, sobald wir diese auf den ersten Blick verschiedenartigen Formen des Lernens als Prozesse auffassen, die Beschreibungen konstruieren und bearbeiten.[48]

Aber das Programm von Winston funktioniert nur, wenn man dem „Schüler" die Arbeit der – von Charles Sanders Peirce so bezeichneten – „Abduktion" abnimmt, indem man ihm eine bestimmte Anzahl kontextunabhängiger Merkmale und Beziehungen „einsagt" – in diesem Fall eine Aufzählung möglicher räumlicher Beziehungen von Bauklötzen wie „links von", „aufrecht stehend", „oben" und „auf" –, aus denen er die Beschreibung eines Bogens konstruieren soll. Minsky und Papert halten diese Vorauswahl für notwendig, wenn sie voraussetzen: „Zur Eliminierung von Gegenständen, die nicht der Regel zu entsprechen scheinen, verzeichnet das Programm alle Beziehungen, die sich bei mehr als der Hälfte der zu begutachtenden Objekte feststellen lassen".[49] Hinter diesem Ausspruch lauert natürlich die Idee, es gäbe nur eine endliche Zahl relevanter Merkmale, aber ohne Vorauswahl der Merkmale gehen die Objekte eine unendliche Zahl von Beziehungen ein. Als Ergebnis wiederholter Erfahrungen gelten Unterscheidung, Auswahl und Gewichtung einer begrenzten Anzahl relevanter Merkmale und stellen bereits die erste Phase des Lernprozesses dar. Da jedoch der Programmierer die Grundbausteine auswählt und gewichtet, gibt uns Winstons Programm keinen Hinweis darauf, wie ein Computer die Probleme der Auswahl und Gewichtung lösen würde. (In dieser Hinsicht bedeutet Winstons Programm keinen Fortschritt gegenüber dem Vorschlag von Newell, Shaw und Simon aus dem Jahr 1958; vgl. dazu meine Einleitung). Wie jedes andere Mikrowelten-Programm funktioniert auch dieses nur deshalb, weil es genau jene Fähigkeit aus seinem Aufgabenbereich ausgeschlossen hat, die es eigentlich erklären sollte.

Wenn Winstons Programm auch als Lerntheorie versagt hat – vielleicht bietet es eine überzeugende Theorie der Klassifizierung. Betrachten wir noch einmal das Beispiel mit dem Bogen. Sobald man ihm das eingegeben hat, was Winston entwaffnend eine „gute Beschreibung" nennt, sowie sorgfältig ausgesuchte Beispiele, gelangt das Programm zu dem Schluß, daß ein Bogen ein Bauwerk ist, bei dem ein prismatischer Körper von zwei senkrecht stehenden Klötzen getragen wird, die einander nicht berühren. Da Bögen in unserem Alltagsleben jedoch unterschiedlichen Zwecken dienen, besteht kein Grund für die Annahme, daß dies die notwendigen und hinreichenden Bedingungen für einen Bogen sind oder daß es überhaupt solche definierenden Merkmale gibt. Zwei besondere Kennzeichen, die die meisten heutzutage existierenden Bögen aufweisen, lassen sich etwa so formulieren: „hilft etwas zu tragen und läßt gleichzeitig unter sich viel Raum frei" oder „ist ein Gegenstand, unter dem man gleichzeitig gehen und hindurchgehen kann". Wie will Winston jene kontextabhängigen Merkmale in die notwendig kontextunabhängigen Begriffe der formalen Beschreibung umwandeln?

Winston räumt ein, daß zwei Tragteile mit einer flachen Auflage darüber noch nicht einmal in Ansätzen die geometrische Struktur von dem erfassen, was ein Bogen ist. Deshalb schlägt er vor, „die deskriptive Fähigkeit der Maschine im Hinblick auf bestimmte Handlungen sowie Eigenschaften zu verallgemeinern, die für diese Handlungen erforderlich sind",[51] etwa durch die zusätzliche funktionale Aussage „etwas, unter dem man hindurchgehen kann"[52]. Aber es ist durchaus unklar, wie eine funktionale Aussage formalisiert werden kann, die sich auf ein implizites Wissen von der körperlichen Fähigkeit des Hindurchgehens bezieht. Tatsächlich wird die vorschnelle Berufung auf formale funktionale Aussagen von Winston selbst in Form einer reductio ad absurdum zurückgenommen:

Für einen Menschen mag ein Bogen etwas sein, durch das man hindurchgehen kann, oder auch eine bestimmte Anordnung von Mauerziegeln. Und sicherlich dient ein flacher Stein einem hungrigen Esser als Tisch, obgleich er weit entfernt ist von dem Bild, das wir mit dem Wort Tisch gewöhnlich assoziieren. Aber noch weiß die Maschine nichts vom Gehen oder Essen, so daß die hier erörterten Programme nur einige der physikalischen Aspekte dieser menschlichen Angelegenheiten behandeln. Keine inneren Hindernisse verbieten der Maschine, sich über ihr funktionales Verständnis zu freuen, vielmehr handelt es sich um das Problem, die deskriptiven Fähigkeiten der Maschine so zu verallgemeinern, daß Handlungen und die dafür notwendigen Eigenschaften formalisiert werden können. Dann koppeln Verbindungsketten den Begriff TISCH mit ESSEN ebenso wie mit dem physikalischen Bild des Tisches, und die Maschine wird vollkommen glücklich dabei sein, dem Hungrigen an einem flachen Stein Gesellschaft zu leisten, sofern sich auf diesem etwas befindet, was sie gern essen möchte.[53]

Anscheinend können wir mit Fortschritten beim Erkennen von Bögen, Tischen usw. erst dann rechnen, wenn wir mit einer abstrakten symbolischen Beschreibung einen Großteil von dem erfaßt haben, was Menschen von sich aus über ‚essen‘ und ‚gehen‘ wissen, einfach, weil sie einen Körper haben oder wenn Computer bereits wissen, was ‚gehen‘ und ‚essen‘ bedeutet, weil sie selbst menschliche Körper und Hungergefühle haben!

Trotz dieser offenbar unüberwindlichen Hindernisse tönt Winston, daß „wir uns nicht mit Lernmaschinen zufrieden geben werden, die genau soviel leisten wie der Mensch."[54] Aber es ist nicht erstaunlich, daß Winston während seiner neunjährigen Arbeit nur wenige Fortschritte im Hinblick auf Lernmaschinen, Induktion und Begriffsbildung erzielen konnte. In ihrem Bericht räumen Papert und Minsky ein, daß „wir noch immer nicht das geringste darüber wissen, wie sich ein leistungsfähiges und dennoch differenziertes und aufnahmefähiges induktives Lernprogramm konstruieren läßt".[55] Erstaunlich ist ihr Nachsatz: „Doch die von Winston entwickelten Schemata werden uns wohl ein beträchtliches Stück weiterbringen."[56] Es ist schwer zu verstehen, warum dieses Programm die KI-Forschung ein wesentliches Stück vorwärtsbringen soll. Einerseits stagniert die Forschung seit der Veröffentlichung von Winstons Arbeit, andererseits ist das Programm auf vorausgewählte, gewichtete Grundbausteine angewiesen, um seine starren, eingeengten und weitgehend unbedeutenden Beschreibungen zu leisten.

Wenn Winston überdies behauptet, „ein Licht auf die Frage zu werfen: Wie erkennen wir Beispiele für unterschiedliche Begriffe?"[57], dann muß seine Theorie über Begriffe als Definition wie jede psychologische Theorie empirisch überprüfbar sein. Nun sind neue Ergebnisse genau zu diesem Thema von Eleanor Rosch gesammelt und analysiert worden.

Sie zeigen, daß im Unterschied zu Winstons Behauptung Menschen wissentlich nicht Gegenstände als Beispiele für eine abstrakte Regel einstufen, sondern diese als mehr oder weniger weit von einem gedachten Paradigma entfernt einordnen. Das schließt zwar nicht die Möglichkeit einer unbewußten Verarbeitung aus, unterstreicht jedoch die Tatsache, daß es für Winstons formales Modell überhaupt keine empirischen Belege gibt. Bei Rosch heißt es hierzu:

Mit Hilfe vieler Experimente haben wir anscheinend Klarheit darüber gewonnen, wie Kategorien im menschlichen Denken verschlüsselt werden. Weder wird jedes individuelle Mitglied dieser Kategorie registriert, noch liefert eine Liste formaler Kriterien die notwendigen und hinreichenden Bedingungen für eine Mitgliedschaft. Wir denken eher an einen Prototypen mit den charakteristischen Merkmalen eines Mitglieds. Dies *konkrete Bild* des durchschnittlichen Mitglieds einer Kategorie ist zweifellos eine ökonomische Glanzleistung des Denkens bei der Verschlüsselung einer Kategorie.[58]

Es sieht so aus, als wiege ein einziges Paradigma tausend Regeln auf. Die folgende Phase der KI-Forschung war unter anderem durch den Versuch bestimmt, die Erkenntnisse aus der Arbeit von Rosch zu berücksichtigen.

Welche Bilanz können wir inzwischen über den Beitrag der KI-Forschung zur Psychologie ziehen? Niemand wird bestreiten, daß „die Computerwissenschaft unser Nachdenken über das Denken mit einer Fülle von ... durchdachten und experimentell abgesicherten Ideen bereichert hat..."[59] Aber wenn wir bis zum Kern all dieser Ideen vorstoßen, so finden wir immer wieder die symbolischen Beschreibungen mit ihren verschiedenen Möglichkeiten von Aufbau und Handhabung. Außerdem haben wir gesehen, daß angesichts der neuesten Forschung über Wahrnehmung und alltägliche Begriffsbildung die Vorstellung fragwürdig geworden ist, das menschliche Denken lasse sich mit Hilfe von formalen Darstellungen erklären. Selbst Minsky und Papert legen inzwischen eine löbliche Bescheidenheit an den Tag. Sie gehen sogar bis zu dem Zugeständnis, daß die KI bislang erst das Niveau der Astrologie (nicht unähnlich der Alchimie) erreicht habe und daß der so lautstark verkündete Durchbruch erst in der Zukunft zu erwarten sei:

Nachdem Kepler die Regelmäßigkeit der Planetenbewegung entdeckt hatte, folgte die Astronomie auf die Astrologie. Ebenso müßten die Entdeckungen dieser vielen Prinzipien bei der empirischen Erforschung intelligenter Vorgänge in Maschinen schließlich eine eigenständige Wissenschaft hervorbringen.[60]

Glücklicherweise ist in dieser Prognose das Wörtchen „müßten" an die

Stelle von „werden" getreten. Eigentlich lassen die Beiträge zur Psychologie in dieser Periode noch weniger hoffen: Einige Psychologen wie Goldmeier zeigen sich enttäuscht über die Beschränktheit der formalen Computermodelle, andere tendieren dazu, im Gegensatz zur symbolischen Darstellung die Funktion von Bildern zu erforschen. Der Gedanke liegt nahe, daß dieser doch sehr mäßige Erfolg insgesamt einer Widerlegung des gesamten Modells zur Begriffsbildung gleichkommt.

Um unseren Überblick über den Stand der KI-Forschung zu Beginn des zweiten Jahrzehnts ihres Daseins zu vervollständigen, müssen wir noch aus zwei Gründen einen Blick auf den Stand der Roboterforschung werfen, erstens weil zu dieser Zeit die Arbeiten auf diesem Gebiet lang und breit durch die Presse gingen, zweitens weil KI-Forscher, wie wir am Beispiel Winstons gesehen haben, häufig ihre Zuflucht in der Vorstellung nehmen, daß Computer endgültig eine menschliche Erkenntnisfähigkeit erreichen werden, wenn sie eine menschenähnliche äußere Erscheinung haben werden.

Nach den üblichen optimistischen Anfängen wurde die Arbeit am MIT-Roboterarm genau wegen desjenigen Problems abgebrochen, den ich als Grund für sein Scheitern prophezeit habe (vgl. dazu Teil III, Kapitel 2). Dieses Problem stiftete offensichtlich einige Verwirrung. So heißt es im KI-Forschungsbericht 1968–1969:

...Wie soll man das Körperbild einer Maschine darstellen? Im Fall eines einzelnen, nicht allzu komplizierten Arms kann man sich zweifellos mit ausgeklügelt verkodeten, knappen, dreidimensionalen Matrizen behelfen, aber wir würden gern etwas weiter in die symbolische Richtung gehen. Als wir uns fragten, was wohl im Zentralnervensystem abläuft, haben wir nichts gefunden, das ernsthaft die Aufstellung einer Theorie rechtfertigen würde. Denken wir nur daran, daß ein normaler Mensch einen Gegenstand auf einen Tisch stellen, sich umdrehen, seine Stellung und Haltung deutlich verändern und anschließend mit geschlossenen Augen und einer Genauigkeit von wenigen Zentimetern nach dem Gegenstand greifen kann! Es ist unwahrscheinlich, daß sein Kleinhirn die hierfür erforderlichen Vektorberechnungen angestellt hat...[61]

Anstatt jedoch darin einen Beweis zu sehen, daß ihr Versuch fehlgeleitet war, den Roboterarm als eines von mehreren Objekten im physikalischen Raum darzustellen, geraten die Autoren des Berichtes bei der Verteidigung ihrer Überzeugung nur noch tiefer in die Sackgasse:

... Möglicherweise wird diese komplexe motorische Aktivität irgendwie aus einer großen Bibliothek *stereotyper Programme* gespeist in Verbindung mit einem heuristischen Interpolationsverfahren, das die erforderliche Handlung einem Gefüge *hinreichend ähnlicher gespeicherter Handlungen* anpaßt. Wir haben jedoch nirgends in Erfahrung bringen können, in welcher Weise neurologische Funktionszusammenhänge an dem Zustandekommen dieser Aktivitäten beteiligt sind. Möglicherweise gehen irgendwelche einladenden Ideen aus der Roboterforschung selbst hervor.[62]

Die Neurophysiologie bietet – zugegebenermaßen spekulative – Erklärungen für eine solche Ähnlichkeit, doch handelt es sich dabei um holographische Modelle und nicht um Modelle der Informationsverarbeitung. Für die KI-Forschung reduziert sich dieser ganze Komplex auf ein weiteres Problem des Erkennens von Ähnlichkeit, wie in Phase IV im Zusammenhang mit Schachspielprogrammen erörtert wird. Wenn der Bericht hierzu noch bemerkt, „leider ist es um diesen Bereich zur Zeit etwas ruhig geworden"[63], so können wir im Licht der genannten Probleme „ruhig" nur als höfliche Umschreibung für stagnierend ansehen.

Trotz seiner besseren Bewertung durch die Fachpresse war die Leistung des SRI-Roboters Shakey keineswegs besser. In einer Erwiderung auf die übertriebenen Kommentare in den Medien faßt Bertrand Raphael die Lage ohne Umschweife zusammen:

...Zwischen 1968 und 1972 wurden mit Shakey viele Experimente durchgeführt ... aber trotz verschiedener anderslautender Presseberichte erreichten wir nur geringe Erfolge in Richtung auf unser Ziel, einen unabhängigen mit Sinneswahrnehmungen ausgestatteten Roboter zu schaffen, der sich sinnvoll in einer normalen menschlichen Umwelt bewegen kann. Verantwortliche Wissenschaftler halten diese faszinierende Idee für verfrüht, vermutlich um mindestens einige Jahrzehnte.[64]

In der Tat beweist Shakey einmal mehr, daß Erfolge in der Mikrowelt zum Scheitern in der realen Welt verurteilt sind.

Auf der Höhe seines Erfolgs konnte Shakey lediglich in einer sterilen „Laufstall"-Umwelt funktionieren, die aus Wänden, Türen, sorgfältig angestrichenen Fußleisten (er konnte z. B. „sehen", wo die Wände an den Fußboden stießen) und einigen einfach geformten Holzklötzen bestand; er verfügte lediglich über ein rundes Dutzend vorprogrammierter „instinktiver" Fähigkeiten wie DREHEN, SCHIEBEN, DURCH-DIE-TÜR-GEHEN und RAMPE-ERKLETTERN, die sich durch die Planungsprogramme in der unterschiedlichsten Weise miteinander kombinieren ließen ... Die Wissenschaftler, die an Shakey arbeiteten, bekamen mehr und mehr Respekt vor den Schwierigkeiten, einen Roboter mit relativ trivialen Fähigkeiten zu konstruieren, ganz zu schweigen von einem Science-fiction-Roboter mit echter unabhängiger Kompetenz.[65]

Laut Raphael wurden Shakey und das SRI-Roboterprojekt „vorübergehend auf Eis gelegt", und interessante Neuigkeiten über Roboterforschung werden solange auf sich warten lassen, bis die KI-Forscher das fundamentale Problem der Wissensdarstellung gelöst haben:

Überraschenderweise sind in der bisherigen Roboterforschung am meisten die Fragen vernachlässigt worden, wie ein umfassender Wissensbestand erworben, dargestellt und nutzbar gemacht werden kann. Die Konstrukteure der im Laboratorium entwickelten Robotersysteme waren von der Aufgabe in Anspruch genommen, bereits existierende Fähigkeiten (Aufnahme visueller Reize, Sprache und Problemlösen) zusammenzustückeln und völlig neue Bereiche auszuschöpfen (Darstellung der physikalischen Welt, Fähigkeit zur Fehlerkorrektur), daß sie sich nicht um das grundlegende Problem von Wissensstrukturen kümmerten.[66]

Damit haben wir einen Gesamtüberblick gewonnen. Als dieses Buch zum erstenmal erschien, feierten die KI-Enthusiasten Erfolge in den Bereichen: Sprachverständnis, Bildanalyse, Begriffslernprogramme und Roboterkonstruktion. Wie sich später herausstellte, beruhten die Arbeiten auf einer zwar glänzenden, aber *nicht generalisierbaren* Ausnutzung spezifischer Merkmale des Aufgabenbereichs. Angesichts dieser Ergebnisse mußte die KI-Forschung sich schließlich dem Problem der Darstellung des Alltagswissens stellen – einer schwierigen, grundlegenden und philosophisch faszinierenden Aufgabe, mit der sie sich heute noch herumschlägt.

Phase IV (1972–1977)
Das Problem der Wissensdarstellung

Je deutlicher sich die beschränkte Relevanz von Arbeiten in eng definierten Bereichen abzeichnete, desto schärfer wurde die Unterscheidung zwischen spezifischen Anwendungen und der Erforschung von Grundprinzipien. Feigenbaum hat seine Arbeit an den beiden Programmen DENDRAL und META-DENDRAL als Technisierung des Wissens *(knowledge engineering)* bezeichnet, während Winograd und seine Mitarbeiter ihrer Arbeit die Bezeichnung „kognitive Wissenschaft" gaben.[68] Ein Projektvorschlag am MIT aus dieser Zeit unterscheidet zwischen „spezieller Arbeit in spezifischen Bereichen" und „Grundlagenforschung ohne Tricks".[69] Und mittlerweile sind sich wohl alle darüber einig, daß jedes hier diskutierte Programm aus Phase III und eigentlich das gesamte Konzept der Mikrowelt in diesem unmittelbaren Sinn ein Trick war.

Wir werden nun verfolgen können, daß in Phase IV die Arbeit an speziellen Problemen ständige Fortschritte verzeichnet, während die Grundlagenforschung in eine Krise gerät. Täglich erhalten wir neue Beweise dafür, daß intelligentes Verhalten von menschlichem Alltagswissen abhängig ist, doch die Forscher quälen sich mit dem unglaublich schwierigen, wenn nicht unmöglich zu lösenden Problem herum, dieses Wissen zu programmieren.

Die Gebiete, auf denen die Technisierung des Wissens erfolgreich war, sind die, für die ich in der ersten Auflage dieses Buches einen Erfolg vorausgesagt hatte (vgl. Spalte III der Tabelle S. 246). Solange ein solcher Bereich Spielcharakter besitzt, d. h., die Schwerpunkte für das was relevant sein soll, von vornherein festgelegt sind und die möglicherweise relevanten Faktoren in Gestalt kontextunabhängiger Grundbausteine definiert werden, können Computer hier sehr viel leisten. Je komplexer das Spezialwissen ist, das von ihnen verlangt wird, desto eher können sie den Menschen an Leistung übertreffen. In diesen Spezialprogrammen folgt die Wissensdarstellung dem einfachen Schema Situation → Handlungsregeln. Die Situation ist über einige wenige Parameter definiert und bestimmt die Bedingungen, unter denen eine bestimmte heuristische Regel relevant ist. Da die Relevanz von vornherein feststeht, sind Entscheidungen über Schlußketten möglich, ohne daß man auf Analogieschlüsse zurückgreifen muß.

Alle diese Merkmale finden sich bei einem der zur Zeit eindrucksvollsten praktischen Programme: Shortliffes MYCIN (1976) zur Diagnose von Blutinfektionen und Meningitis und zur Empfehlung der geeigneten Medikamente. Die Regeln in diesem Programm folgen folgendem Schema:

REGEL 85

WENN:

1. Der Sitz der Kultur im Blut ist und
2. die Gramfärbung des Organismus gramnegativ ist und
3. der Bau des Organismus stäbchenförmig ist und
4. der Patient in Verdacht steht, ein Träger dieser Krankheit zu sein

DANN:

Besteht die Vermutung, daß es sich beim Organismus um Pseudomonas-aeruginosa handelt.[70]

Das Programm wurde von einer Gruppe von Fachleuten beurteilt:

...In 90 Prozent der den Gutachtern vorgelegten Fälle äußerte eine Mehrheit unter diesen, die Entscheidungen des Programms seien dieselben oder ebenso gut wie die Entscheidungen, die sie in einem solchen Fall selbst getroffen hätten.[71]

Dieser Ansatz stellt zweifellos eine technische Glanzleistung dar. Er ist jedoch an mehrere Voraussetzungen gebunden, die seine Effizienz einschränken könnten. In seiner Analyse des MYCIN-Programms nimmt Feigenbaum an, der Erwerb von Fachwissen setze sich zusammen aus dem Erwerb von Regeln zur Identifizierung von Situationen und Regeln zur Bewertung von Beweismaterial.

...In den meisten Berufen, wo erlerntes Wissen sich mit praktischer Erfahrung verbindet, gelten die „Fachkenntnisse" als Höhepunkte der Kunst. Und wir meinen mit Kunst jene Teile der Wissensbereiche, die der sachkundige Praktiker als „Regeln der Fachkenntnis" oder Regeln der „richtigen Beurteilung" zur Hand hat. Diese Regeln möchten wir auf unsere Programme übertragen.[72]

Er bemerkt durchaus, daß sich die Experten selbst gar nicht bewußt sind, daß sie Regeln anwenden:

...Die Erfahrung hat uns auch gelehrt, daß ein Großteil dieses Wissens vom Experten fast als etwas Privates gehütet wird, nicht weil er sich weigern würde, öffentlich zu machen, wie er vorgeht, sondern weil er dazu gar nicht imstande ist. Er weiß mehr als ihm bewußt ist. (Warum sonst sind die Jahre der Doktorandenzeit oder der klinischen Praktika der Ärzte eine zunftähnliche Lehre für einen späteren „Meister des Handwerks"? Was die Meister wirklich wissen, steht in den Lehrbüchern der Meister nicht drin).[73]

Mit seiner Annahme, daß Fachleistung ausschließlich das Ergebnis einer Befolgung von Regeln sei, ist Feigenbaum überzeugt, er könne durch geeignete Fragen den Experten dazu bringen, alle seine ihm unbewußten heuristischen Verfahren zu „erinnern", wie Platon sagen würde:

...Aber wir haben auch erfahren, daß dieses Wissen freigelegt werden kann, entweder durch die sorgfältige, mühsame Analyse einer zweiten Person oder manchmal auch durch den Experten selbst, wenn man im Zusammenhang mit einer großen Anzahl hochspezialisierter praktischer Probleme arbeitet.[74]

Wenn die *wesentlichen* Bedingungen für das Urteilsvermögen von Experten in einem ausgedehnten Praktikum und dem Anwenden von Beispielen bestehen, wenn es also für das, was mit Hilfe von Regeln verstanden wird, eine Grenze gibt, dann wird Feigenbaum sie nicht zu Gesicht bekommen – am wenigsten in Bereichen wie der Medizin. Dort existiert ein umfangreicher und beständig rapide anwachsender Bestand an Faktenwissen im Hinblick auf Medikamente und deren Nebenwirkungen und Interaktionen, so daß der Computer mit seiner Kapazität zur Verarbeitung von Daten das ausgleichen kann, was ihm an Urteilsfähigkeit fehlt. Dennoch müssen wir als Tatsache anerkennen, daß selbst in jenen Bereichen, in denen die Technisierung des Wissens ihren wertvollen Beitrag geleistet und die Experten überflügelt hat, noch immer einige Fachleute *mehr* leisten als die Maschine. Um zu entscheiden, ob hier der Zufall seine Hand im Spiel hat oder ob fachliches Können mehr verlangt als nur die Befolgung von Regeln, mag es hilfreich sein, einen Blick auf die Entwicklung des Schachcomputers zu werfen. Dieser Bereich läßt sich leicht überschauen, das Tatsachenwissen ist minimal, und wir können uns auf einige psychologische Erkenntnisse stützen, wenn wir herausfinden wollen, was Schachmeister eigentlich tun.

Schach ist eine ideale Mikrowelt, in der die Relevanz auf den engen Bereich der unterschiedlichen Figuren (Bauer, Läufer usw.), ihrer Farbe und ihrer Stellung auf dem Schachbrett beschränkt ist. Während jedoch der fest umschriebene Charakter des Spiels ein weltmeisterliches Schachprogramm prinzipiell möglich macht, haben wir eine Fülle von Anhaltspunkten dafür, daß Menschen Schach ganz anders spielen als Computer. Ich war nicht überrascht, als ich herausfand, daß Schachcomputer bis 1971 nur ein sehr niedriges Niveau erreichten (vgl. dazu meine Einleitung). Allerdings gewann das Schachprogramm der Northwestern University, das sog. CHESS 4.5, im Juli 1976 in der B-Klasse der amerikanischen Schachmeisterschaft mit einer eindrucksvollen Serie von fünf Siegen ohne Niederlage. Und im Februar 1977 gewann es das 84. offene Turnier von Minnesota gegen hochklassige Spitzenspieler.[75] Derartige unerwartete, eindrucksvolle Erfolge erfordern eine erneute Untersuchung der unterschiedlichen Spielweisen von Mensch und Computer.

Ein Schachprogramm arbeitet nach dem Schema Situation → Handlungsregeln, das wir bereits erörtert haben. Eine Situation wird durch kontextunabhängige Merkmale charakterisiert: die Stellung und Farbe jeder Spielfigur auf dem Brett. Alle möglichen erlaubten Züge und die daraus resultierenden Stellungen werden über diese Merkmale definiert. Zur Bewertung und zum Vergleich von Stellungen stehen Regeln bereit, die Eigenschaften mit Hilfe eines Punktesystems berechnen. Solche Eigenschaften sind „materielles Kräfteverhältnis" (hierbei wird jeder Figur auf dem Brett ein numerischer Wert zugeordnet und für beide Spieler die Gesamtsumme errechnet) und „Kontrolle des Zentrums", wobei die Anzahl der Figuren gezählt wird, die eines der vier Mittelfelder beherrschen). Schließlich muß es eine Formel geben, um auf der Basis der ermittelten Punktwerte unterschiedliche Stellungen bewerten zu können. Mit diesen Hilfsmitteln und unter Rückgriff auf einen „Entscheidungsbaum" von rund drei Millionen potentiellen Stellungen vermag CHESS 4.5 einige Spitzenspieler zu schlagen, aber ein Schachmeister überprüft in Gedanken normalerweise die Resultate von weniger als 100 möglichen Zügen und spielt dennoch ein weit besseres Spiel. Wie ist das möglich?

Im 1. Kapitel sprach ich davon, daß Menschen im Unterschied zu Schachcomputern es nicht nötig haben, eine große Menge alternativer Spielzüge auszuzählen, sondern sie können den für einen Zug günstigen Bereich „einkreisen". Nach meiner Auffassung verdanken Spieler diese Fähigkeit einem Sinn für das sich entwickelnde Spiel. Diese Behauptung trifft sicherlich zu, nur erscheint sie mir inzwischen als Erklärung nicht ausreichend. Sie läßt nämlich die Tatsache außer acht, daß zur Entwicklung dieser Fähigkeit des „Einkreisens" Schachmeister Tausende von Spielen entweder real oder aus Büchern nachspielen müssen. Was trägt diese Lehrzeit zu ihrem Fachkönnen bei?

Wenn Meister Schachpartien aus Büchern nachspielen, entwickeln sie wahrscheinlich die Fähigkeit, in aktuellen Spielsituationen bestimmte Figurenkonstellationen als ähnlich zu den ‚klassischen' Stellungen wahrzunehmen. Diese früheren Stellungen wurden aber bereits auf bedeutungsvolle Aspekte in Hinblick auf den weiteren Spielverlauf untersucht. Zu den Aspekten einer Stellung des Schachspiels zählen allgemeine Eigenschaften wie „Kontrolle der Lage" (das Maß, in dem der Spieler die Züge seines Gegners durch eigene Drohzüge erzwingen kann), „Festgefahrenheit der Stellung" (der jeweilige Spielraum beider Kontrahenten, der sich aus der Stellung ihrer eigenen Figuren ergibt) oder „Überentfaltung" (die Tatsache, daß die Stellung auf den ersten Blick sehr stark wirkt, ohne daß der Spieler jedoch die Lage genügend beherrscht, um „durchzumarschieren", so daß er bei richtiger Spielweise des Gegners zu einem massiven Rückzug gezwungen ist). Die bereits früher analysierten und vom Spieler erinnerten Stellungen lenken seine Aufmerksamkeit konzentriert auf kritische Aspekte der aktuellen Stellung, und der Meister kann auf diese Weise die kritischen Zonen einkreisen, bevor er beginnt, bestimmte Züge durchzugehen.

An dieser Stelle gewinnt die Unterscheidung zwischen Merkmalen und Aspekten zentrale Bedeutung. In einer Beschreibung der Züge eines menschlichen Schachspielers erfahren *Aspekte* eine ähnliche Bewertung wie die *Merkmale* in einem Computermodell, aber es gibt einen wichtigen Unterschied. Im Computermodell wird die *Situation* definiert, *nachdem* die *Merkmale* feststehen, während im menschlichen Schachspiel ein *Situationsverständnis* der *Bestimmung der Aspekte* vorangeht. So läßt sich beispielsweise der numerische Wert eines Merkmals (z. B. des materiellen Kräfteverhältnisses) unabhängig von jedem Verständnis des Spiels berechnen, während ein Aspekt wie Überentfaltung nicht einfach über die Stellung der einzelnen Figuren bestimmt wird, da ein und dieselbe Spielkonstellation verschiedene Aspekte haben kann, bezogen auf die jeweilige Spielphase innerhalb einer weitläufigen Strategie. Wenn beispielsweise Weiß die langfristige Strategie verfolgt, den König des Gegners anzugreifen, dann signalisiert die entwickelte Stellung der weißen Figuren hier keine Überentfaltung, wie sie es sonst tun würde. Keines der fertigen oder gerade entwickelten Schachcomputerprogramme versucht, eine solche langfristige Strategie zu integrieren, aber erst mit Hilfe der Gesamtinterpretation des Spiels können wir einzelne Aspekte richtig einschätzen. Aus demselben Grund kann auch die Fähigkeit eines Schachmeisters zur Problemeinkreisung nicht damit erklärt werden, daß er anhand bestimmter *Merkmale* die aktuelle Stellung mit einer gespeicherten Bibliothek früherer Stellungen vergleicht. Die Wahrscheinlichkeit ist astronomisch klein, daß sich zwei Stellungen jemals als *identisch* erweisen, so daß es sich nur um einen Vergleich *ähnlicher* Stellungen handeln kann. Aber Ähnlichkeit kann nicht so definiert werden, daß sich viele Figuren auf identischen Feldern befinden. Angenommen, wir haben zwei Stellungen, die identisch sind bis auf einen einzigen Bauern auf einem benachbarten Feld, dann können diese Stellungen trotzdem völlig unterschiedlich sein. Große Ähnlichkeit weisen vielleicht dagegen Stellungen auf, selbst wenn keine zwei Figuren identische Felder besetzen. Ähnlichkeit hängt demnach vom Gefühl des Spielers für die problematischen Aspekte ab und nicht nur von der Stellung der Figuren. Nur bei großer Spielerfahrung kann der Spieler zwei Stellungen als ähnlich wahrnehmen. Indem er die Spielsituation als Aspekte von bereits erinnerten ähnlichen Spielsituationen strukturiert, hat er das immense Auszählen nicht nötig, das bei Stellungen erforderlich wird, die durch kontextunabhängige Merkmale gekennzeichnet sind.

Außerdem können Schachmeister mit Hilfe von Aspekten heuristische Maximen formulieren, die in diesem Zusammenhang eine analoge Rolle spielen wie heuristische *Regeln* in Computermodellen. Polanyi lenkt die Aufmerksamkeit auf den Unterschied zwischen strengen Regeln und Maximen:

Maximen sind Regeln. Sie leiten besondere Fähigkeiten, die zum Teil durch die richtige Anwendung dieser Regeln zustande kommen. Die echten Maximen des Golfspiels oder der Dichtkunst vertiefen unsere Einsicht in Golfspiel und Poesie und können sogar Golfspielern und Dichtern eine wertvolle Hilfe sein; doch diese Maximen würden sofort absurd werden, wenn sie versuchten, das Geschick des Golfspielers oder die Kunst des Dichters zu ersetzen. Maximen können von keinem verstanden, geschweige denn angewandt werden, der nicht bereits über ein gutes praktisches Wissen von der Kunst verfügt.[76]

Zum gegenwärtigen Zeitpunkt können Computer unter Einsatz umfangreicher Suchprogramme und Schachmeister, die sich in ihrer selektiven Suche an Aspektanalyse und Maximen orientieren, jeweils sechs oder sieben Züge samt allen möglichen Konsequenzen vorhersehen. Angesichts des exponentiellen Wachstums der Zahl alternativer Züge wird es ohne verbesserte heuristische Suchverfahren nicht möglich sein, in absehbarer Zeit die Leistungsfähigkeit des Computers nennenswert zu steigern. So geht es bei den gegenwärtigen Programmen lediglich um das Problem, auf welche Weise Computer, deren Taktik auf kontextunabhängigen Merkmalen aufbaut, all das durch den Einsatz roher Kraft ausgleichen können, was für menschliche Schachmeister charakteristisch ist: der Einsatz einer langfristigen Strategie, die Erkennung von Ähnlichkeiten mit bereits früher analysierten Spielen und das Einkreisen entscheidender Aspekte.

Ganz allgemein spielen offenbar alle genannten Faktoren eine wesentliche Rolle für den Erwerb und die Nutzbarmachung von Fachwissen: die Fähigkeit, Ähnlichkeiten mit prototypischen Fällen zu sehen, gemeinsame Aspekte im Zusammenhang mit dieser Ähnlichkeit zu erkennen sowie Maximen zu nutzen, die im Rahmen dieser Aspekte formuliert sind. Da diese Fähigkeiten jedoch nicht auf kontextunabhängigen Merkmalen, sondern auf der Gesamtsituation beruhen, lassen sie sich nicht in das Schema Situation → Handlungsregeln einfangen. Deshalb werden wir überall dort, wo das Fachkönnen auf anhaltender Erfahrung beruht, einige Experten finden, deren Leistungen selbst die höchstentwickelten Computerprogramme übertreffen.

Obgleich Schachprogramme und die Technisierung des Wissens in den beiden letzten Jahren bemerkenswerte Fortschritte erzielt haben, befindet sich die Forschung auf dem Gebiet des Textverständnisses von Computer trotz der Einführung interessanter neuer Ideen noch in demselben Zustand der Stagnation wie 1972. Während einige Forscher mit noch ausgefalleneren Versprechungen und Behauptungen als früher reagierten, dachten andere nüchtern über die Schwierigkeit nach, das menschliche Sprachverstehen zu programmieren. Um vernünftig beurteilen zu können, was noch zur Intelligenzentwicklung von Computern getan werden sollte, müssen wir uns von deren Erfolgen in beschränkten Bereichen abwenden und uns mit der Stagflation beschäftigen, von der das Projekt Sprachverstehen befallen ist.

Der Unterschied zwischen Programmen wie MYCIN und CHESS 4.5 und Programmen zum Sprachverstehen ist exakt der Unterschied zwischen fachspezifischem Wissen und allgemeiner Intelligenz; zwischen der technischen Lösung beliebiger eingeschränkter Probleme und einer Grundlagenforschung ohne Tricks oder, wie wir jetzt sehen, zwischen Bereichen, in denen die Relevanz vorweg festgelegt wurde (Spalte III, der Tabelle S. 246), und den Bereichen, in denen die Bestimmung dessen, was relevant ist, das eigentliche Problem darstellt (Spalte IV).

In den vergangenen fünf Jahren wurde das Problem, wie in einer Situation, in der alles relevant werden kann, Daten strukturierbar und abrufbar waren, als das Problem der Wissensdarstellung bekannt. Patrick Winston, der Leiter des KI-Laboratoriums am MIT, bemerkt hierzu in einem Projektvorschlag aus dem Jahr 1975 mit dem Titel „Die Notwendigkeit grundsätzlicher Untersuchungen":

...Wir sind überzeugt, daß eine geeignete Form der Darstellung der Schlüssel zur Weiterentwicklung von Bildanalyse, alltagspraktischem Denken und geschicktem Problemlösen sowie zu vielen anderen Aspekten der Künstlichen Intelligenz ist.[77]

Selbstverständlich war die Wissensdarstellung schon immer ein zentrales Problem in der KI-Forschung, nur versuchte man in früheren Perioden diese Schwierigkeit zu unterdrücken, indem man erst einmal abwartete, wieviel sich mit einem Minimum an Wissen erreichen ließ. Heute stellen die KI-Fachleute sich dem Problem, wie Roger Schank von der Yale University unlängst bemerkte:

...Die Forscher beginnen zu begreifen, daß Kraftakte in der Programmierung zwar interessant, aber nicht erweiterungsfähig sind ... die KI-Fachleute erkennen inzwischen, daß sie das Schlüsselproblem lösen müssen, in welcher Weise Menschen Wissen gebrauchen und darstellen...[78]

Papert und Goldstein erläutern das Problem:

An dieser Stelle mag die Beobachtung von Interesse sein, daß die Ziele eines vom Wissen ausgehenden Ansatzes der KI eng verwandt sind mit jenen, die Piaget veranlaßten ..., sich eher einen Erkenntnistheoretiker als einen Psychologen zu nennen. Beidem liegt die Auffassung zugrunde, daß der Prozeß der Intelligenz durch das Wissen bestimmt wird, über das eine Person verfügt. Die eigentlichen und primären Probleme bestehen darin, die Operationen und Datenstrukturen zu verstehen, die hierbei eine Rolle spielen.[71]

Eine andere Bemerkung verdeutlicht, wie einer der größten Tricks der KI-Forschung immer wieder von dem Gespenst der Nichtgeneralisierbarkeit heimgesucht wird – als Strafe für das Ignorieren des Hintergrundwissens:

... Viele Probleme entstehen bei Experimenten oder maschineller Intelligenz, weil die für Personen selbstverständlichen Dinge in den Programmen fehlen. Man kann mit Hilfe einer Schnur ziehen, aber man kann nicht drücken. Man kann auch nicht mit einem dünnen Draht drücken. Ein straffes, nicht dehnbares Seil wird unter geringem seitlichen Druck brechen. Wenn man einen Gegenstand vorwärts drückt, beeinflußt man vor allem seine Geschwindigkeit und nur indirekt seine Lage! Einfache Tatbestände wie diese brachten Bobrows „Student"-Programm in ernsthafte Schwierigkeiten, als Charniak eine Erweiterung in Richtung auf realitätsbezogene Anwendung versuchte. Diese Probleme sind bis heute nicht gelöst.[80]

Die gegenwärtig interessanteste Forschung konzentriert sich auf die unterschwelligen Probleme bei der Entwicklung neuer, flexibler, komplexer Typen von Daten. Mit der Lösung dieser Schwierigkeit kann die Darstellung des Hintergrundwissens in großen, besser strukturierten Einheiten realisiert werden.

1972 sah ich mich durch Husserls phänomenologische Untersuchungen veranlaßt, auf die Hauptschwächen der KI hinzuweisen, daß nämlich kein Programm mit Erwartungen arbeitet (vgl. Teil III, Kapitel 1). Anstatt Intelligenz als Instanz für die passive Aufnahme kontextunabhängiger Fakten in ein Gefüge bereits gespeicherter Daten einzubauen, begreift Husserl Intelligenz als kontextabhängige, zielgerichtete Aktivität – als eine *Suche* nach „antizipierten" Fakten. Für ihn stellt das Noema den sinnverleihenden Akt und die dadurch konstituierte Sinneinheit einer Wahrnehmung dar, einen „intentionalen Horizont" von Erwartungen oder „Vorzeichnungen", der die von außen kommenden Daten strukturiert:

So nehmen wir von einem Haus zum Beispiel mehr wahr als bloß eine Fassade, weil es eine Rückseite, einen inneren Horizont hat. Wir reagieren zuerst auf den ganzen Gegenstand und fügen dann, wenn wir ihn besser kennengelernt haben, die Einzelheiten seiner inneren Beschaffenheit und seiner Rückseite ein.[81]

Das Noema stellt demnach eine symbolische Beschreibung sämtlicher Merkmale dar, die man mit Sicherheit bei der Erforschung eines bestimmten Gegenstandstypus erwarten kann – Merkmale, die „stets an eine Strukturtypik gebunden bleiben, die unzerbrechlich dieselbe ist, solange eben die Gegenständlichkeit gerade als diese und so geartete bewußt bleibt..."[82], und eine Beschreibung der „Vorzeichnungen" der Eigenschaften, die mögliche, aber keine notwendige Merkmale dieses Gegenstandstypus sind.

Ein Jahr nach meiner Kritik schlug Minsky eine neue Datenstruktur vor, die bemerkenswerte Ähnlichkeiten mit Husserls Modell zur Darstellung von Alltagswissen aufweist:

Ein Rahmen *(frame)* ist ein Datenverband zur Darstellung einer stereotypen Situation, z. B. daß man sich in einem nach einem bestimmten Geschmack ausgestalteten Wohnzimmer aufhält oder an einem Kindergeburtstag teilnimmt...
Wir können uns einen Rahmen als ein Netzwerk aus Knoten und Relationen vorstellen. Die „höchsten Ebenen" eines Rahmens sind fixiert und stellen Dinge dar, die im Hinblick auf die gedachte Situation grundsätzlich wahr sind. Die unteren Ebenen haben viele *Terminals* – „Fächer", die mit spezifischen Beispielen oder Daten gefüllt werden müssen. Jedes Terminal kann die Bedingungen für die passende Zuordnung der Inhalte festlegen...
Ein Großteil der phänomenologischen Leistungsfähigkeit der Theorie beruht auf der Berücksichtigung von Erwartungen und anderen Formen von Annahmen. Die Terminals eines Rahmens sind normalerweise bereits mit „Standard"-Zuweisungen gefüllt.[83]

Nach Minskys Vorstellung ist die „höchste Ebene" eine weiterentwickelte Version dessen, was in Husserls Terminologie in einer Darstellung „unzerbrechlich das selbe ist", und Husserls Vorzeichnungen wurden als „Standardzuweisungen" präzisiert – zusätzliche Merkmale, die normalerweise zu erwarten sind. Das Ergebnis ist ein Fortschritt der KI-Verfahren von einem passiven Modell der Informationsverarbeitung zu einem Modell, das den Zusammenhang der Wechselwirkungen zwischen einem mit Wissen ausgestatteten Wesen und der Welt berücksichtigt. Husserl hielt seinen Ansatz einer transzendental-phänomenologischen Konstitution, d. h. einer „Entfaltung" des Noema für alle Gegenstandstypen, für den ersten Schritt auf dem Weg zur Philosophie als einer strengen Wissenschaft, und Patrick Winston hat Minskys Vorschlag als „Vorläufer einer Welle des Fortschritts auf dem Gebiet der KI-Forschung" willkommen geheißen.[84] Doch Husserls Projekt geriet in ernsthafte Schwierigkeiten, und einige Anzeichen sprechen dafür, daß Minskys Programm ein ähnliches Schicksal erleiden wird.

Während seiner zwanzig Jahre währenden Versuche, die Bestandteile der Noemata von Alltagsgegenständen herauszufinden, stellte Husserl fest, daß er immer mehr von dem mit aufnehmen mußte, was er als „äußeren Horizont" bezeichnete, das gesamte Wissen, das ein Mensch von der Welt hat:

> Freilich schon die an den beschränkten Leitfäden gegenständlicher Einzeltypen sich darbietenden Aufgaben erwiesen sich als höchst kompliziert und führen überall bei tieferem Eindringen zu großen Disziplinen – wie das z. B. für eine transzendentale Theorie der Konstitution eines Raumgegenstandes und gar einer Natur überhaupt, der Animalität und Humanität überhaupt, Kultur überhaupt der Fall ist.[85]

Im Alter von 75 Jahren gelangte er betrübt zu dem Schluß, ein „ewiger Anfänger" zu sein. Sein Nachfolger, Heidegger, gibt zu bedenken, da der äußere Horizont oder Hintergrund der Kulturpraxis die Bedingung für die Möglichkeit einer Bestimmung relevanter Merkmale und Fakten sei und damit eine Vorbedingung für die Strukturierung des inneren Horizonts, könne die von Husserl vorgeschlagene Untersuchung des inneren Horizonts des Noema ohne eine vorhergehende Erfassung des kulturellen Kontexts nicht einmal das Prädikat fortschrittlich beanspruchen.

In einem unveröffentlichten frühen Entwurf zu seinem Rahmen-Programm gibt es Hinweise dafür, daß Minsky sich auf dieselbe Aufgabe eingelassen hat, die schließlich auch Husserl überwältigt hat:

> Wir wissen noch immer viel zuwenig über die Inhalte und den Aufbau des Alltagswissens. Ein „minimales" System einer alltagspraktischen Vernunft muß etwas über Ursache-Wirkung, Zeit, Zweck, Ort, Prozeß und Erkenntnisformen „wissen" ... Uns fehlt eine ernsthafte erkenntnistheoretische Forschung auf diesem Gebiet.[86]

Minskys Naivität und Zuversicht sind erstaunlich. Philosophen von Platon bis Husserl, die alle diese Probleme und manches andere mehr aufdeckten, haben zweitausend Jahre lang ernsthafte erkenntnistheoretische Forschung auf diesem Gebiet betrieben, ohne nennenswerte Erfolge zu erzielen. Außerdem nennt Minsky in dem zitierten Passus nur die natürlichen Gegenstände, ihre Stellungen und Interaktionen. Wie Husserl bereits erkannt hat und wie ich in Teil III, Kapitel 2 dargelegt habe, setzt intelligentes Verhalten außerdem einen Hintergrund von kulturellen Gepflogenheiten und Institutionen voraus. Bei Minsky heißt es hierzu:

Handel vollzieht sich in der Regel in einem sozialen Kontext von Gesetzen, Vertrauen und Konventionen. Solange wir nicht auch diese Fakten darstellen, werden die meisten Handelsvorgänge in unserem Modell fast sinnlos sein.[87]

Diese Bemerkungen zeigen, daß Minsky das Problem ebenfalls gesehen hat. Aber Minsky scheint für den augenzwinkernden Optimismus in seinem Vorschlag blind zu sein. Er glaubt, daß Programmierer sich sicher auf dem schwankenden Boden bewegen können, den Heidegger nicht zu betreten wagte, daß sie ohne weiteres die Totalität des menschlichen Handelns explizit machen könnten, die unser Leben durchdringt wie Wasser das Leben eines Fisches.

Um diesen wesentlichen Punkt deutlich zu machen, betrachten wir ein von Minsky verwendetes Beispiel und überlegen, was zum Verstehen eines so einfachen alltäglichen Gebrauchsgegenstands wie eines Stuhls erforderlich ist. Kein Gebrauchsgegenstand ergibt aus sich heraus einen Sinn. Der physikalische Körper „Stuhl" läßt sich isoliert als Summe von Atomen oder von Holz- oder Metallbestandteilen definieren, aber eine solche Beschreibung ermöglicht uns nicht, Stühle von anderen Gegenständen zu unterscheiden. Was ein Objekt zu einem *Stuhl* macht ist seine Funktion, und was seine Funktion als Sitzmöbel ermöglicht, ist sein Ort innerhalb eines praktischen Gesamtzusammenhangs. Dies setzt wiederum bestimmte Tatsachen über Menschen voraus (Müdigkeit, Körperhaltungen), ein Geflecht anderer kulturell bestimmter Gebrauchsgegenstände (Tische, Lampen) und körperliche Fertigkeiten (Essen, Schreiben, Konferenzen besuchen, Vorträge halten usw.). Stühle könnten keine Sitzgelegenheiten sein, wenn unsere Knie sich nach hinten beugen würden wie bei Flamingos oder wenn wir keine Tische hätten wie in traditionellen japanischen Familien oder im australischen Busch.

Jeder Angehörige unserer Kultur versteht solche Dinge wie das Sitzen auf Küchenhockern, Dreh- und Klappstühlen, in Armsesseln, Schaukelstühlen, Liegestühlen, Friseurstühlen, Sänften, Zahnarztstühlen, Korbsesseln, Lehnstühlen, Rollstühlen, Schleudersitzen und Hängesesseln – und er weiß, wie er sich von ihnen wieder erhebt. Diese Fähigkeit setzt ein Repertoire an körperlichen Fertigkeiten voraus, das durchaus unendlich groß sein kann, da es offenbar eine unendliche Vielfalt von Stühlen und erfolgreichen Möglichkeiten gibt, auf oder in ihnen zu sitzen (anmutig, bequem, sicher, im Gleichgewicht usw.). Zum Verständnis von Stühlen gehören außerdem soziale Fähigkeiten, nämlich die richtige Sitzhaltung (gesittet, ernst, natürlich, zwanglos, lässig, provozierend usw.) zur passenden Gelegenheit einzunehmen, z. B. bei einem

Abendessen, einem Interview, am Schreibtisch, bei Vorlesungen oder Konzerten (sofern es dort Stühle statt Sitzreihen gibt), desgleichen in Wartezimmern, Wohnzimmern, Schlafzimmern, Gerichtssälen, Bibliotheken und Bars.

Angesichts dieser erstaunlichen Vielfalt von Fähigkeiten scheinen die Bemerkungen Minskys über Stühle eher die ungelösten Schwierigkeiten zu umreißen als auch nur eine Andeutung davon zu vermitteln, wie die KI-Forschung unser alltagspraktisches Verständnis in diesem Bereich durch ein Computerprogramm darstellen will.

Es gibt beispielsweise die unterschiedlichsten Formen von Stühlen, und wir müssen äußerst sorgfältig vorgehen, wenn wir die Rahmen zur Beschreibung derjenigen Stühle auswählen, die die wichtigsten Stellen in der Stuhl-Landschaft einnehmen sollen. Sie haben die Funktion, einen schnellen Vergleich zwischen den zahlreichen Unterschieden zu ermöglichen und diesen Prioritäten zuzuordnen. Die *Merkmale* des *Cluster*zentrums mit geringerer Priorität dienen sodann als Eigenschaften der Stuhl*typen*...[88]

Es gibt weder einen Grund für die Erwartung, elementare, kontextunabhängige *Merkmale* aufzufinden, die einen Stuhl*typus* charakterisieren, noch einen Anhaltspunkt dafür, welcher Art diese Merkmale sein sollten. Solche Dinge wie Beine, Sitzfläche, Rückenlehne usw. können es zweifellos nicht sein, denn das sind keine kontextunabhängigen Charakteristika, die unabhängig von Stühlen definiert wären und gemeinsam in einem „Cluster" eine Stuhldarstellung ergäben, denn Beine, Rückenlehnen usw. finden wir in den unterschiedlichsten Ausprägungen. Sie können lediglich als *Aspekte* bereits identifizierter Stühle ausgemacht werden. Minsky fährt fort:

Signalgeber die auf Abweichungen verweisen, könnten sowohl „funktional" als auch geometrisch sein. Nachdem ein erster Versuch mit „Stuhl" abgelehnt wurde, kann man die funktionale Beschreibung „etwas, auf dem man sitzen kann", ausprobieren, womit eine unkonventionelle Form erklärt werden soll.[89]

Wie wir jedoch bereits bei unserer Erörterung von Winstons Begriffslernprogrammen gesehen haben, läßt sich eine so definierte Funktion nicht von einem im menschlichen Körper verankerten Wissen und von kulturellen Praktiken abstrahieren. Eine funktionale Beschreibung wie „etwas, auf dem man sitzen kann", die lediglich als zusätzliche kontextunabhängige Beschreibung gilt, kann nicht einmal herkömmliche Stühle von Sätteln, Thronen und Toilettensitzen unterscheiden. Minsky gelangt zu dem Schluß:

Natürlich könnte eine solche Analyse weder Spielzeugstühle erfassen noch Stühle mit so empfindlichen Verzierungen, daß ihr normaler Gebrauch undenkbar wäre. Diese Fälle ließen sich besser durch Exkurse bearbeiten, in denen die übliche funktionale oder geometrische Erklärung umgangen und ein *Kontext* herangezogen würde, in dem es um *Kunst* oder *Spiel* ginge.[90]

Das ist alles ganz schön und gut, doch über welche elementaren Merkmale sollen *diese* Kontexte identifiziert werden? Es gibt überhaupt keinen Grund für die Annahme, wir könnten die Schwierigkeit einer formalen Darstellung unseres Wissens über Stühle dadurch umgehen, daß wir solche ganzheitlichen, konkreten, kulturell bestimmten und locker organisierten menschlichen Praktiken wie Kunst und Spiel abstrakt darstellen.

Wenn Minsky behauptet, „die Idee eines Rahmens ... steht in der Tradition ... der ‚Paradigmata‘ von Kuhn"[91], dann muß die Frage erlaubt sein, ob eine Theorie der formalen Darstellung wie die von Minsky, obwohl sie alltägliche Gegenstände wie Stühle nicht erfassen kann, Thomas Kuhns Untersuchung über die Rolle von Paradigmata in der Praxis der Naturwissenschaft gerecht wird. Ein derartiger Vergleich erscheint vielleicht erfolgversprechender als die Überprüfung, inwieweit Rahmenprogramme geeignet sind, unser Alltagsverständnis zu simulieren; denn die Naturwissenschaft ist ein theoretisches Unternehmen, in dem es um kontextunabhängige Daten geht, deren gesetzähnliche Beziehungen im Prinzip von jedem genügend leistungsfähigen „reinen Verstand" begriffen werden können, sei es von dem eines Menschen, eines Marsbewohners, eines Digitalcomputers oder eines göttlichen Wesens.

Paradigmata dienen ebenso wie Systemrahmen dazu, Erwartungshorizonte aufzuspannen. Kuhn hat dazu bemerkt:

„Beim Fehlen eines Paradigmas oder eines Kandidaten für ein Paradigma scheinen alle Tatsachen, die irgendwie zu der Entwicklung einer bestimmten Wissenschaft gehören könnten, gleichermaßen relevant zu sein."[92] Minsky deutet dies so:

In Übereinstimmung mit Kuhns Modell der wissenschaftlichen Entwicklung nimmt die ‚normale‘ Wissenschaft ihren Verlauf, indem sie allgemein anerkannte *deskriptive Schemata* verwendet. Wesentliche Änderungen erfolgen durch neue ‚Paradigmata‘, neue Weisen einer Beschreibung der Dinge. Immer dann, wenn unsere gewohnten Sichtweisen sich nicht mehr bewähren, wenn wir in unserem Gedächtnis keine effektiven Rahmensysteme finden können, müssen wir neue konstruieren, welche die richtigen *Merkmale* hervorbringen.[93]

Was Minsky jedoch nicht erwähnt, ist genau Kuhns These, daß ein

Paradigma oder Modell kein *abstraktes, explizites deskriptives Schema* ist, das formale *Merkmale* benutzt, sondern ein mehr oder weniger allgemein anerkannter *konkreter Präzedenzfall,* der ohne irgendwelche Merkmale auskommt:

Wenn ich davon spreche, daß durch Musterbeispiele die Fähigkeit erworben wird, eine vorliegende Situation als manchen bekannten Situationen ähnliche und anderen unähnliche zu erkennen, dann ist damit nicht ein Prozeß gemeint, der in Form von Mechanismen des Zentralnervensystems nicht völlig erklärbar wäre. Ich behaupte vielmehr, daß die Erklärung ihrer Natur nach nicht auf die Frage antwortet: „Ähnlich im Hinblick auf was?"[94]

Obgleich es also die Aufgabe der Wissenschaftler ist, abstrahierbare, exakte, symbolische Beschreibungen zu finden, und obwohl der *Inhalt der Wissenschaft* aus solchen formalen Darstellungen besteht, scheint sich das *Denken* der Wissenschaftler nicht dieser Art der Analyse zu unterwerfen. Kuhn wendet sich ausdrücklich gegen jede formale Rekonstruktion, die davon ausgeht, daß der Wissenschaftler mit symbolischen Verallgemeinerungen arbeiten muß.[95]

In seinem Buch hat Kuhn genau die Fragen in den Vordergrund gestellt, die Minsky nicht sehen möchte:

Warum rangiert die *konkrete* wissenschaftliche Leistung als Ort fachwissenschaftlicher Bindung vor den verschiedenen Begriffen, Gesetzen, Theorien und Standpunkten, die von ihr *abstrahiert* werden können? In welchem Sinne ist das gemeinsame Paradigma eine grundlegende Einheit für den, der eine wissenschaftliche Entwicklung studiert, eine Einheit, die *nicht* völlig auf logisch letzte Bestandteile *reduzierbar ist,* die dann an seiner Stelle fungieren könnte?[96]

Obgleich die auf der Rahmentheorie aufbauende Forschung diese Frage nicht behandeln und deshalb auch weder alltägliches noch wissenschaftliches Wissen darstellen kann, so brachte die Rahmen-Idee immerhin das Problem der Darstellung unseres Alltagswissens in die Öffentlichkeit der KI-Forschung. Außerdem wurde ein Modell vorgestellt, das so unbestimmt und vieldeutig war, daß es in mehrere unterschiedliche Richtungen weiterentwickelt werden konnte. Zwei Alternativen boten sich unmittelbar an: Entweder konnten Rahmen als Bestandteile einer speziellen Mikroweltanalyse eingesetzt werden, die alltagspraktisches Wissen so behandelte, als ob sich alltägliches Handeln in voruntersuchten spezifischen Bereichen abspielt, oder man konnte versuchen, Rahmenstrukturen in einer „Grundlagenforschung ohne Tricks" mit dem offenen Charakter des Alltagswissens zu verwenden. Von den beiden zur Zeit einflußreichsten Schulen in der KI-Forschung haben Roger Schank und seine Schüler an der Yale University den ersten, Winograd, Bobrow und ihre Forschungsgruppe an der Stanford University und bei Xerox den zweiten Weg eingeschlagen.

Schanks Rahmen werden als „Skripts" bezeichnet. Diese sind eine Verkodung der wesentlichen Schritte von stereotypen sozialen Handlungen. Schank hofft, mit ihnen Computer in die Lage zu versetzen, einfache Geschichten zu „verstehen". Wie die Erbauer von Mikrowelten in Phase III ist Schank überzeugt, er könne mit isolierten, stereotypen Situationen in Gestalt primitiver Handlungen beginnen und sich von dort aus allmählich bis zur Gesamtheit des menschlichen Lebens hocharbeiten.

Zur Verwirklichung dieses Vorhabens erfand Schank eine Sprache zur „Ereignisbeschreibung", die aus elf primitiven Tätigkeiten besteht, z. B. ATRANS – die Übertragung eines abstrakten Verhältnisses wie Besitz, Eigentum oder Herrschaft, PTRANS – die Übertragung des physikalischen Standorts eines Gegenstandes, INGEST – die Aufnahme eines Gegenstandes durch ein Lebewesen in dessen Inneres usw.[97], und aus diesen Grundbausteinen baute er spielähnliche Szenarien auf, die seinem Programm ermöglichen, Leerstellen und Beziehungen mit Hilfe von Pronomina in Geschichten auszufüllen.

Das ergibt natürlich nur dann einen Sinn, wenn der Kontext bereits in einem spezifischen Diskurs interpretiert ist. Der künstliche Charakter dieser primitiven Tätigkeiten ist leicht zu erkennen, sobald man eine von Schanks kontextunabhängigen, einfachen Tätigkeiten mit Handlungen aus dem wirklichen Leben vergleicht. Nehmen wir als Beispiel PTRANS, die Übertragung des Standorts eines Gegenstandes. Zuerst erscheint diese Handlung als absolut eindeutig, denn entweder bewegt sich ein Gegenstand, oder er bewegt sich nicht. Im wirklichen Leben sieht es jedoch weniger einfach aus; selbst das, was als physische Bewegung gilt, hängt von unseren Zwecken ab. Wenn jemand bewegungslos im fahrenden Aufzug eines fahrenden Ozeandampfers steht, ist dann seine Standortveränderung vom Unter- zum Oberdeck eine PTRANS? Was ist, wenn er einfach auf dem Oberdeck sitzt? Und sind die Erdbewohner nicht in ständiger Bewegung um die Sonne? Offensichtlich hängt die Antwort von der Situation ab, in der die Frage gestellt wird.

Solche Grundbausteine können jedoch dazu dienen, festgelegte Situationen oder Skripts zu beschreiben, wenn man sich zuvor über die relevanten Zwecke geeinigt hat. Schanks Definition eines Skripts betont dessen vorbestimmten, gebundenen, spielähnlichen Charakter:

Wir definieren ein Skript als eine *vorher festgelegte* Kausalkette von Begriffsbildungen, die den *normalen Ablauf der Dinge* in einer vertrauten Situation beschreiben. So gibt es etwa ein Restaurant-Skript, ein Geburtstagsparty-Skript, ein Fußballspiel-Skript, ein Klassenzimmer-Skript usw. Jedes Skript enthält eine *Mindestanzahl von Spielern* und Gegenständen, die in dem Skript bestimmte Rollen einnehmen ... Jede gegebene *primitive* Handlung steht für das wichtigste *Element* in einer *Standardanordnung* von Handlungen.[98]

Sein Beispiel des Restaurant-Skripts läßt in einfachen Handlungen die Regeln des Restaurantspiels erkennen:

Skript: Restaurant
Rollen: Gast, Kellnerin, Inhaber, Kassiererin
Zweck: Nahrungsaufnahme, so daß man hungrig hinein und zufrieden hinausgeht

1. Szene Eintreten

PTRANS – in ein Restaurant gehen
MBUILD – einen Tisch aussuchen
PTRANS – zum Tisch gehen
MOVE – hinsetzen

2. Szene Bestellen

ATRANS – Speisekarte bekommen
ATTEND – sie studieren
MBUILD – Bestellung entscheiden
MTRANS – Bestellung der Kellnerin aufgeben

3. Szene Essen

ATRANS – Essen entgegennehmen
INGEST – Essen verzehren

4. Szene Hinausgehen

MTRANS – um den Kassenzettel bitten
ATRANS – der Kellnerin ein Trinkgeld geben
PTRANS – zur Kassiererin gehen
ATRANS – bei der Kassiererin bezahlen
PTRANS – das Restaurant verlassen.[100]

Zweifellos sind zahlreiche unserer sozialen Handlungen stereotyp, und es ist nicht prinzipiell abwegig, wenn man versucht, Grundbausteine und Regeln für ein Restaurantspiel in derselben Weise zu entwickeln, wie die Regeln von „Monopoly" eine vereinfachte Version der typischen Handlungsabläufe auf dem Immobilienmarkt darstellen sollen. Aber Schank behauptet, daß er mit diesem Skript Geschichten über den *tatsächlichen* Besuch von Restaurants verstehen könne – daß er die Subwelt aller Restaurantbesuche letztlich so behandeln könne, als sei sie eine isolierte Mikrowelt. Dazu muß er jedoch die Möglichkeiten künstlich beschränken; denn wie typisiert das Besuchen eines Restaurants auch sein mag, so ist es doch kein unabhängiges Spiel, sondern ein hochgradig variables Ensemble von Verhaltensweisen, die mit den übrigen menschlichen Aktivitäten zusammenhängen. Was „normalerweise" geschieht, wenn jemand in ein Restaurant geht, läßt sich als Standardzuweisungen durch den Programmierer vorauswählen und formalisieren, doch bleibt der Hintergrund dabei ausgeblendet, so daß man von einem Programm, das mit diesem Skript arbeitet, überhaupt nicht sagen kann, es verstehe Restaurantbesuche. Das können wir sofort sehen, wenn wir uns eine Situation vorstellen, die von der Norm abweicht. Was passiert, wenn jemand etwas bestellt, das ausgegangen ist, oder beim Bezahlen merkt, daß die Rechnung nicht stimmt? Schank wird uns natürlich antworten, daß er solche Unterbrechungen des normalen Ablaufs in sein Programm einbauen kann. Aber *außergewöhnliche* Ereignisse unterbrechen immer wieder den alltäglichen Ablauf: die Musikbox ist zu laut, zu viele Fliegen schwirren um die Theke, oder jemand bestellt in einem Feinschmeckerlokal ein Rauchfleisch-Sandwich mit Mayonnaise. Wenn wir verstehen, was ein Restaurantbesuch bedeutet, dann verstehen wir auch, wie wir mit diesen außergewöhnlichen Möglichkeiten umgehen können, weil der Gang in ein Lokal zu unseren alltäglichen Verrichtungen gehört, z. B. in Gebäude hineinzugehen, Dinge zu besorgen, die wir benötigen, mit anderen Menschen in Kontakt zu kommen usw.

Um Einwänden dieser Art zu begegnen, hat Schank einige allgemeine Regeln für die Behandlung unerwarteter Störungen vorgesehen. Der Leitgedanke geht davon aus, daß in einer Geschichte „gewöhnlich die außerordentlichen Ereignisse ausdrücklich erwähnt werden"[100], daß also das Programm die von der Norm abweichenden Ereignisse erkennen kann und das darauffolgende Geschehen als Reaktionsweise verstehen kann. Allerdings erkennen wir, daß die Beschäftigung mit Geschichten Schank die Möglichkeit gibt, das Grundproblem zu umgehen, denn immerhin leitet das Situationsverständnis des *Autors* seine Entscheidung, welche Ereignisse in seiner Geschichte so störend sind, daß sie erwähnt zu werden verdienen.

Diese eher zufällige Behandlung von Normabweichungen können wir immer mit Hilfe weiterer Fragen sichtbar machen, denn das Programm kann erst dann eine Szene in einem Restaurant verstehen, etwa wie ein kultivierter Mensch, wenn er folgende einfache Fragen beantworten kann: Trug die Kellnerin Kleider, als sie die Bestellung aufnahm? Ging sie vorwärts oder rückwärts? Hat der Gast sein Schnitzel mit dem Mund oder mit dem Ohr gegessen? Wenn das Programm antwortet „ich weiß nicht", gewinnen wir den Eindruck, daß alle seine richtigen Antworten Tricks oder zufällige Treffer waren und daß es von unserem alltäglichen Verhalten in Speiselokalen überhaupt nichts versteht.[101] Hier wie überall geht es nicht um den Nachweis, daß bestimmte subtile Dinge nur von Menschen getan und erkannt werden und jenseits des niedrigen Verständnisniveaus heutiger Programme liegen, sondern darum, daß es in jedem Bereich einfache, fast selbstverständliche Reaktionen gibt, die tief im menschlichen Verständnis verwurzelt sind, und ohne die kein Computerprogramm irgendeinen Anspruch auf Verstehen einlösen kann.

Schanks Behauptung, daß „die Pfade eines Skripts die in einer Situation bestehenden Möglichkeiten (sind)"[102], verleitet zu einer irreführenden Interpretation. Entweder ist damit gemeint, daß das Skript den von Schank definierten Möglichkeiten im Restaurantspiel entspricht, was zwar zutreffend, aber uninteressant ist, oder daß das Programm die Möglichkeiten einer alltäglichen Situation in einem Restaurant erfassen kann, was in der Tat eindrucksvoll wäre, nach Schanks eigenem Eingeständnis jedoch falsch ist.

Wirkliche Kurzgeschichten stellen Schanks Ansatz vor ein weiteres Problem. In einem Skript sind die einfachen Handlungen und Tatsachen von vornherein festgelegt, während bei einer realen Episode das, *was als relevante Fakten zählt, von der Geschichte selbst abhängt*. Eine Geschichte, die eine Busfahrt beschreibt, enthält z. B. in ihrem Skript, daß der Fahrgast sich beim Fahrer bedankt (ein von Schank ausgewähltes Beispiel). Die Tatsache, daß sich der Fahrgast beim Fahrer bedankt, wäre jedoch ohne Bedeutung in einer Geschichte, in der der Fahrgast den Bus lediglich im Rahmen einer viel ausgedehnteren Reise kurz benutzt hat, während sie andererseits ganz entscheidend sein könnte, wenn es sich bei dem Fahrgast um einen Misanthropen handelt, der sich bisher noch nie bei einem Menschen bedankt hat, oder um einen peinlich korrekten jungen Mann, der mutig gegen die Bestimmung verstößt, nicht mit dem Fahrer zu sprechen, weil es sich in diesem Fall um eine attraktive Fahrerin handelt, die er gern ansprechen möchte. Schank hat diesen Punkt übersehen, als er vor kurzem behauptete, sein Programm, das aus Zeitungsmeldungen über Unfälle eine Statistik der Todesfälle erstellen kann, sei die Antwort auf meine Herausforderung, Computer könne man erst dann als intelligent bezeichnen, wenn sie imstande seien, eine kurze Geschichte zusammenzufassen.[103] Aber Schanks Programm bringt nicht einmal in Ansätzen das Urteilsvermögen auf, um einzuschätzen, welche die für eine Zusammenfassung der Geschichte relevanten Tatsachen sind, weil in diesem Programm Relevanz und Signifikanz vorher festgelegt werden. Deshalb hat es auch keinen Zugang zu der in einer Geschichte geschilderten Welt, in deren Rahmen überhaupt erst Relevanz und Bedeutung festgelegt werden.

Wir können auch auf andere Weise erkennen, daß die Gleichsetzung von Skript-Analyse und dem Verstehen einer Geschichte etwas Wesentliches außer acht läßt, z. B. wenn wir uns mit der Frage beschäftigen, in welcher Weise wir beim Lesen einer Geschichte das entsprechende Skript abrufen. Schank bemerkt hierzu:

> ... Während das Restaurant-Skript zwar Bestandteil eines umfassenderen Skripts sein kann (z. B. $TRIP) [ein $-Zeichen bedeutet in Schanks Notierung ein Skript], muß es jedoch als ein Skript markiert werden, das nicht in $DELIVERY eingepaßt werden kann.[104]

Aber diese „Lösung" wird sogleich vom Problem der negativen Information überschattet. Es spricht nichts für die Annahme, es gebe eine Möglichkeit, das Restaurant-Skript so zu markieren, daß es *nicht* in andere Skripts eingeordnet werden kann wie z. B. Telefonieren, auf einen Hilferuf reagieren, nach einem verlorenen Gegenstand suchen, nach einem Job fragen, Unterschriften für eine Petition sammeln, Reparaturarbeiten ausführen, zur Arbeit gehen, eine Besichtigung vornehmen, eine Bombe legen, ein Bankett vorbereiten, Schutzgeld für die Mafia kassieren, Geld für die Parkuhr wechseln, Zigaretten kaufen, sich vor der Polizei verstecken usw. – alles Tätigkeiten, die zum Betreten eines Lokals führen können, *ohne* daß damit die Absicht verbunden wäre, etwas zu essen. Es wäre praktikabler, ein Programm zu schreiben, das *immer dann, wenn* jemand in einer Geschichte ein Restaurant betritt, dem Restaurant-Skript folgt, bis die Erwartungen des verstehenden Programms nicht mehr erfüllt werden. Schank macht vermutlich deshalb keinen Gebrauch von dieser Alternative, weil er seinen Programmen eine psychologische Wirklichkeit unterstellt, und in diesem Punkt hat er recht. Wenn wir in einer Geschichte lesen, daß jemand ein Restaurant aus einem anderen Grund betritt, als dort zu essen, dann ist es für uns klar, daß diese Person keine der üblichen Vorbereitungen zum Essen trifft, und wir benötigen nicht den Hinweis, daß die Kellnerin ihr keine Speisekarte bringt. Was Schanks Vorschlag jedoch überhaupt nicht anspricht ist die Frage, *wie* wir das richtige Skript auswählen.

Schank räumt bereitwillig ein, daß ein Großteil unserer alltäglichen Handlungen keinen skriptartigen Handlungsabläufen folgt. Sein letztes Buch enthält einige interessante Gedanken darüber, wie man über Skripts hinausgehen kann. Er meint, daß wir bei Geschichten über Situationen ohne feste Skripts mit „Plänen" arbeiten. Diese Pläne bestehen wiederum aus Teilplänen oder Planfeldern (-fächern), die in vielen Situationen nützlich sind. So ist z. B.

ein bestimmter Teil eines instrumentellen Ziels ein allgemeiner Baustein in vielen Planungsprozessen. In einem Plan zum Stillen des Hungers besteht z. B. einer der entscheidenden Schritte darin, dorthin zu gehen, wo sich Nahrung befindet. Das Aufsuchen eines angestrebten Ortes ist ein ganz allgemeiner Vorgang, der sich für die unterschiedlichsten speziellen Pläne eignet.[105]

Demnach wird immer dann, wenn kein Skript zur Verfügung steht, ein Planfeld benutzt. Wird ein Planfeld häufig genug verwendet, erzeugt es ein Skript, das das Planfeld überflüssig macht, solange der umgebende Kontext unverändert bleibt.[106]

Doch auch hier macht sich das Problem der Erkennung von Ähnlichkeit bemerkbar. Wie können wir feststellen, ob der umgebende Kontext noch der gleiche ist? Er wird nicht identisch sein, und Schank stellt uns keine Theorie zur Verfügung, wie die Ähnlichkeit von Kontexten erkannt werden kann.

Schließlich muß Schank sich noch mit den kurzfristigen Zielen beschäftigen, die die alltäglichen Pläne motivieren, den langfristigen Zielen, die die kurzfristigen erzeugen, und den Lebensthemen, in deren Zusammenhang Menschen ihre zielgerichteten Aktivitäten organisieren.

... Die Erwartungen, die wir aus Leitgedanken erzeugen, sind ein wesentlicher Bestandteil des Verstehens von Geschichten, da sie die Ziele erzeugen, die die Pläne hervorbringen, deren Ausführung wir erwarten.[107]

Hier muß Schank sich mit der wichtigen Tatsache auseinandersetzen, daß Wünsche, Gefühle und das Selbstverständnis, das Individuen von sich als menschlichen Wesen haben, eine unendliche Zahl von Möglichkeiten für das menschliche Leben eröffnen. Wenn sich herausstellt, daß sich die Leitgedanken, die unser Leben organisieren, nicht programmieren lassen, gerät Schank und mit ihm die gesamte KI-Forschung in

Schwierigkeiten. Doch auch hier verläßt sich Schank unerschütterlich auf seine Strategie der Technisierung des Wissens und macht sich daran, eine Liste von Lebensthemen zu erstellen. Das führt zu einem vermutlich grundsätzlichen Problem:

Da Lebensthemen ständig neue Ziele hervorbringen, ist es eigentlich nicht möglich, eine endliche Menge möglicher Lebensthemen anzugeben. Es gibt ebensoviele Lebensthemen wie es mögliche langfristige Ziele gibt.[108]

Schank übergeht jedoch diese Schwierigkeit wie alle anderen, indem er einige weitere *ad hoc*-Grundbausteine festlegt.

...Als verstehende Wesen versuchen wir, Menschen, die wir nur vom Hörensagen kennen, im Rahmen eines unserer Standard-Lebensthemen als Typen einzuordnen. Bei Abweichungen von diesen Normaltypen schaffen wir für jenes von Hörensagen bekannte Individuum ein privates Lebensthema. Da jeder Mensch seine Ziele in unverwechselbarer Weise miteinander kombiniert, gibt es eine unendliche Anzahl möglicher Lebensthemen. Daß wir dennoch programmiertechnisch solche Themen bearbeiten können liegt daran, daß die Anzahl der Typen von Lebensthemen relativ klein ist (6) und daß die Zahl der Standard-Lebensthemen innerhalb dieser Typen einen überschaubaren Umfang haben (etwa zwischen 10 und 50 für jeden Typus).[109]

Wenn diese Grundbausteine für unser Verstehen der Vielfalt möglicher menschlicher Leben nicht ausreichen, ist Schank wie immer bereit, einige hinzuzufügen.

Nichts vermag offenbar Schanks Grundannahme zu erschüttern, daß die Gesamtheit menschlichen Tuns und Wissens im Gehirn als ein System von Überzeugungen dargestellt ist, das sich aus kontextunabhängigen einfachen Handlungen und Fakten zusammensetzt, aber es zeigen sich bereits erste Schwierigkeiten. Schank räumt zwar ausdrücklich ein, daß das „System der Überzeugungen" eines Individuums nicht vollständig ans Tageslicht gefördert werden kann, dennoch zweifelt er nicht daran, daß es existiert und sich grundsätzlich formalisiert darstellen läßt. Daher kommt er nicht von der verwegenen Idee los, ein Programm zu entwickeln, das von Szenen in Restaurants bis hin zu Lebensthemen alles in derselben Weise lernen könne, wie normale Menschen dies auch tun. In einem Aufsatz der letzten Jahre gelangt er zu dem Schluß:

Wir hoffen, in der Lage zu sein, ein Programm zu erstellen, das – gleich einem Kind – lernen kann, was wir hier beschrieben haben, ohne daß ihm die riesigen notwendigen Informationsmengen löffelweise eingegeben werden. Um das zuwege zu bringen, könnte es sich als notwendig herausstellen, erst die Entwicklung eines effektiven Hand-Auge-Systems und eines Verarbeitungsgeräts für Bilder abzuwarten.[110]

Bei einer solchen *ad hoc*-Strategie gibt es keine Möglichkeit, einen Fehlschlag zu erleben, aus dem man wirklich etwas lernen könnte. Wenn jedoch Roboterkonstrukteure wie Raphael äußern, ein Fortschritt auf ihrem Gebiet hänge von der Entwicklung eines geeigneten Verfahrens zur Wissensdarstellung ab, während KI-Forscher wie Schank, die an solchen Verfahren arbeiten, ihrerseits auf Fortschritte in der Roboterforschung warten, dann bleibt nur noch die Erkenntnis, daß sich dieser Forschungsbereich in einer Schleife gefangen hat – was nach den Begriffen der Computerwelt einer Krise gleichkommt.

In jedem Fall ist Schanks Rückgriff auf lernfähige Programme bestenfalls eine weitere Umgehung des Problems. Aus der Entwicklungspsychologie wissen wir, daß Kinder auf andere Weise lernen als einfach einen ständigen Zuwachs an Informationen über bestimmte alltäglich wiederkehrende Situationen zu gewinnen, indem sie neue Grundelemente hinzufügen und alte miteinander kombinieren, so wie Schanks Sichtweise uns glauben machen will. Das Erlernen von bestimmten Details vollzieht sich vielmehr vor dem Hintergrund gemeinsamer Gepflogenheiten, die in den alltäglichen Interaktionen offenbar nicht als Fakten und Überzeugungen, sondern als körperliche Fertigkeiten für die Auseinandersetzung mit der Welt erworben werden. Jedes Lernen setzt diesen Hintergrund an implizitem Wissen voraus, der den Details erst ihre Bedeutung verleiht. Da Schank zugibt, daß er keine Möglichkeit sieht, diesen Hintergrund in computergerechter Weise explizit zu machen, und da dieser Hintergrund für jene Art des Skriptlernens, wie sie Schank vorschwebt, vorausgesetzt wird, sieht es ganz danach aus, als sei sein Projekt, mit Hilfe vorausgewählter Grundbausteine Computer zu einem Verstehen von Alltagssituationen zu befähigen, zum Scheitern verurteilt.

Einleuchtender, wenn auch letzten Endes ebensowenig erfolgversprechend wäre jene Strategie, die sich die neue theoretische Leistungsfähigkeit von Rahmen oder Stereotypen zunutze machte, um die Vorausanalyse von Alltagssituationen anhand primitiver Merkmale mit *kontextunabhängiger Relevanz* zu vermeiden. Dieser Ansatz geht von der Erkenntnis aus, daß in der Alltagskommunikation „Bedeutung' mehrdimensional ist und sich nur im Rahmen des Gesamtkomplexes von Zielen und Wissensinhalten formalisieren läßt, die vom Urheber wie auch vom ‚Versteher' angewandt werden."[111] Dieses Wissen soll als „ein Korpus spezifischer Überzeugungen vorgestellt werden (die als Symbolstrukturen ausgedrückt werden ...), aus denen sich das ‚Modell der Welt' des Individuums zusammensetzt."[112] Auf der Grundlage dieser Annahmen entwickeln Terry Winograd und seine Mitarbeiter eine neue Sprache zur Wissensdarstellung (KRL = *K*nowledge *R*epresentation *L*anguage), mit deren Hilfe Programmierer vielleicht erreichen könnten, diese Überzeugungen in symbolischen Beschreibungen multidimensionaler prototypischer Gegenstände zu erfassen, deren *relevante Aspekte eine Funktion ihres Kontextes* sind.

Die Prototypen sollen so strukturiert sein, daß mit Beschreibungen jeder Art, von Eigennamen bis zu Verfahren zur Erkennung eines Beispiels, jeder der Knoten oder Fächer ausgefüllt werden kann, die mit einem Prototyp verbunden sind. Dies erlaubt den Darstellungen, sich gegenseitig zu repräsentieren und ergibt eine, wie die Autoren sagen, „*holistische* im Gegensatz zu einer *reduktionistischen* Auffassung von einer Darstellung."[113] Da jede Darstellung Bestandteil einer anderen Darstellung sein kann, lassen sich beispielsweise Stühle so beschreiben, daß sie bestimmte Aspekte wie Sitzflächen und Rückenlehnen haben, während man Sitze und Rückenlehnen im Rahmen ihrer Funktion für Stühle beschreiben kann. Darüber hinaus läßt sich jeder prototypische Gegenstand oder jede Situation aus vielen unterschiedlichen Perspektiven beschreiben. Damit werden Definitionen über notwendige und hinreichende Merkmale entbehrlich, wie das noch Winston und die traditionellen Philosophen vorgeschlagen haben. Im Anschluß an Roschs Untersuchungen über Prototypen werden die Gegenstände statt dessen nach dem Grad ihrer Ähnlichkeit mit bestimmten prototypischen Beschreibungen klassifiziert.

Winograd illustriert diesen Grundgedanken an einem Lieblingsbeispiel der traditionellen Philosophen:

Der Begriff des „Junggesellen" ist in vielen semantischen Erörterungen verwendet worden, da seine Bedeutung, die sich etwa mit „männlicher Erwachsener, der noch nie verheiratet war" umschreiben läßt, einer formalen Behandlung zugänglich ist ... Beim realen Gebrauch des Wortes gibt es viele Probleme, die sich nicht so einfach formulieren und formalisieren lassen. Betrachten wir den folgenden Dialog:

Gastgeber: Am kommenden Wochenende gibt es bei mir eine große Fete. Kennst du ein paar nette Junggesellen, die ich einladen könnte?
Freund: Ja, ich kenne da diesen XY ...

Das Problem besteht darin, unter Berücksichtigung der unten aufgeführten Beschreibungen zu entscheiden, für welche Werte von XY die Reaktion des Freundes im Licht der normalen Bedeutung des Worts „Junggeselle" eine vernünftige Antwort ist. Ein einfacher Test besteht in der Frage, bei welchen Fällen sich der Gastgeber zu Recht beklagen wird: „XY ist ja gar kein Junggeselle wie du gesagt hast."

A: Arthur lebt seit fünf Jahren glücklich mit Alice zusammen. Sie haben eine zweijährige Tochter und haben sich nie offiziell trauen lassen.

B: Bernd sollte zum Militärdienst eingezogen werden und verabredete deshalb mit seiner Freundin Barbara, sich von einem Friedensrichter trauen zu lassen, damit er freigestellt würde. Sie haben nie zusammengelebt. Er unterhält lockere Beziehungen zu einigen Frauen und beabsichtigt, die Ehe aufheben zu lassen, sobald er eine Frau kennenlernt, die er gern heiraten möchte.

C: Christian ist 17 Jahre alt. Er wohnt daheim bei seinen Eltern und geht aufs Gymnasium.

D: David ist 17 Jahre alt. Mit 13 ging er von zu Hause fort, verdiente sich sein Geld selbst und ist heute ein erfolgreicher junger Unternehmer, der in seiner Dachwohnung das Leben eines Playboys führt.

E: Ernst und Edgar sind ein homosexuelles Paar und leben seit vielen Jahren zusammen.

F: Faisal ist es durch das Gesetz seines Heimatlandes Abu Dhabi gestattet, drei Frauen zu haben. Zur Zeit hat er zwei und ist daran interessiert, eine weitere Ehekandidatin kennenzulernen.

G: Pater Gregor ist Bischof der katholischen Kirche in Groton an der Themse.

Diese Verteilung von Rollen ließe sich endlos fortsetzen, und in jedem Fall ist die Entscheidung schwierig, ob hier der Begriff „Junggeselle" angebracht ist oder nicht. Im normalen Sprachgebrauch vermittelt ein Wort keine eindeutig definierbare Kombination einfacher Aussagen, sondern evoziert ein *Musterbeispiel*, das über mehrere dieser Eigenschaften verfügt. Dieses Musterbeispiel ist kein spezifisches Individuum aus der Erfahrung des Sprechers, sondern eher abstrakt und stellt eine Verschmelzung typischer Eigenschaften dar. Ein prototypischer Junggeselle läßt sich beschreiben als:

1. eine Person,
2. ein Mann,
3. ein Erwachsener,
4. zur Zeit nicht offiziell verheiratet,
5. zur Zeit nicht in einer eheähnlichen Situation lebend,
6. potentieller Ehekandidat,
7. Mensch mit junggesellenhafter Lebensweise,
8. bislang noch unverheiratet,
9. Mensch mit der Absicht, mindestens vorläufig nicht zu heiraten,
10. ...

Jeder der oben beschriebenen Männer weist einige, aber nicht alle dieser Kennzeichen auf. Abgesehen von dem juristisch eingeengten Kontext gibt es keinen wichtigen Sinn, in dem man eine Teilmenge der genannten Merkmale als die „eigentliche Bedeutung" des Wortes aussondern könnte. Im Englischen besteht sogar kaum eine Übereinstimmung darüber, ob jemand, der schon einmal verheiratet war, zutreffend als „Junggeselle" bezeichnet werden kann. Weitgehend einig ist man sich jedoch darüber, daß die Bezeichnung nicht auf jemanden angewandt werden sollte, der kein Ehekandidat ist (weil er sich z. B. für das Zölibat entschieden hat).

Diese Liste [von Eigenschaften] ist nicht nur offen, die individuellen Ausdrücke lassen sich auch nicht anhand von einfachen Begriffen definieren. Wenn wir die Bedeutung von „Junggeselle" auf eine Formel reduzieren, in der „erwachsen" oder „Ehekandidat" vorkommt, müssen wir auch diese unter Rückgriff auf Beispiele beschreiben. „Erwachsen" läßt sich allein aus technisch-juristischen Gründen über ein bestimmtes Alter definieren, und selbst in diesem eingeschränkten Sinn wird es je nach den unterschiedlichen Aspekten des Gesetzes anders definiert. Ausdrücke wie „eheähnliche Situation" oder „junggesellenhafte Lebensweise" bringen in ihrer syntaktischen Form unmittelbar die Absicht zum Ausdruck, typisierte Beispiele statt formaler Definitionen zu liefern.[114]

Wenn es mit Hilfe der KRL gelingen sollte, in der KI-Forschung mit Hilfe solcher Prototypen flexible Programme zu schreiben, dann ist eine solche Sprache tatsächlich ein bedeutender Durchbruch und vermeidet außerdem den *ad hoc*-Charakter der für Mikrowelt-Programme typischen „Lösungen". Die Zukunft der KI hängt wirklich zum Teil von ähnlichen Arbeiten ab, wie sie mit der Entwicklung der KLR in Angriff genommen worden sind. Aber dieser Ansatz bringt Probleme mit sich. Eine wichtige Konsequenz von Winograds Versuch besteht darin, daß bei einem Vergleich zweier Prototypen das, was als Entsprechung und damit zu den relevanten Aspekten dessen zählt, was die Entsprechung als solche qualifiziert, davon abhängt, wie das Programm den jeweiligen Kontext versteht.

Das Ergebnis eines Vergleichsprozesses ist keine einfache Alternativantwort von der Art wahr-falsch. In der allgemeinsten Form läßt es sich folgendermaßen formulieren: „Unter Vorgabe der mir gegenwärtigen Alternativen ... und bei der systematischen Überprüfung jener gespeicherten Strukturen, die im *vorliegenden Kontext* am besten zugänglich sind, ist hier die beste Entsprechung, hier ist der Grad, in dem sie gilt, und hier sind die besonders aufgeführten Stellen, wo keine Entsprechung gefunden wurde ..."

Die Wahl der Reihenfolge, in der Teilstrukturen der Beschreibung verglichen werden, ist eine Funktion ihrer jeweiligen Zugänglichkeit, die zum einen von der Form abhängt, in der sie gespeichert sind, und zum anderen vom *vorliegenden Kontext*.[115]

Dieser Ansatz stellt uns vor vier zunehmend schwierigere Probleme. Erstens, damit es „eine Klasse kognitiver ‚Vergleichsprozesse' geben kann, die die für zwei Einheiten verfügbaren Beschreibungen (Symbolstrukturen) bearbeiten und dabei nach Entsprechungen und Unterschieden suchen"[116], muß es eine endliche Menge von Prototypen geben, die auf ihre Entsprechung untersucht werden. Um Winograds Beispiel aufzunehmen:

Ein einzelner Gegenstand oder ein Ereignis kann unter Verwendung mehrerer Prototypen beschrieben werden, wobei aus der Perspektive eines jeden dieser Prototypen weitere Spezifikationen möglich sind. Die Tatsache, daß letzte Woche *Rusty nach San Francisco flog*, könnte umschrieben werden als ein für *Reisen* typisches Beispiel mit einem als *Flugzeug* bezeichneten Modus, dem Zielort *San Francisco* usw. Sie kann aber auch als ein *Besuch* beschrieben werden, dessen Initiator *Rusty* ist, die besuchten Personen eine bestimmte Gruppe von Freunden sind, die Atmosphäre herzlich ist usw.[117]

Doch hinter dem „usw." versteckt sich das, was ohne Vorauswahl für einen bestimmten Zweck möglicherweise hoffnungslos ausufert. Derselbe Flug kann ebensogut ein Testflug, Teil einer größeren Flugreise, ein Irrtum oder eine einmalige Gelegenheit sein, der Besuch kann dem Bruder, der Schwester, dem Doktorvater, dem Guru gelten usw. Bevor das Programm überhaupt funktionieren kann, muß die gesamte Menge aller möglichen Alternativen durch den Programmierer in einer Vorauswahl festgelegt werden.

Zweitens gibt die Suche nach Entsprechungen erst einen Sinn, *nachdem* die aktuellen Anwärter für einen Vergleich feststehen. Beim Schachspiel beispielsweise können Stellungen erst verglichen werden, nachdem der Schachmeister vergangene Stellungen erinnert, mit denen die aktuelle Stellung eine plausible Ähnlichkeit aufweist. Und wie wir bereits gesehen haben, erfordert die Erkennung der relevanten Anwärter, die überhaupt erst den Vergleich von Aspekten möglich macht, Erfahrung und die Fähigkeit zu intuitiver Verknüpfung.

Wir haben außerdem sowohl beim Schachspiel als auch bei den Robotern gesehen, daß die Erkennung dieser vorausgehenden Ähnlichkeit auf eine gänzlich andere Form der Verarbeitung verweist als die einer symbolischen Beschreibung – vielleicht eine Gehirnfunktion analog den Prozessen bei Hologrammen, wo Ähnlichkeit eine wesentliche Rolle spielt. Die einzige Möglichkeit, wie sich mit einem Programm (das mit symbolischen Beschreibungen arbeiten muß) auf KRL-Basis Fortschritte erzielen ließen, bestünde darin, auf der Basis dessen, was vom Programm bereits „verstanden" wird, einen vorläufigen Rahmen zu konstruieren und festzustellen, ob die Merkmale des Rahmens auf eine aktuelle Beschreibung passen. Falls nicht, müßte das Programm wieder zurückgehen und einen anderen Prototyp wählen, bis es einen gefunden hat, in dessen Fächer oder Standardanschlüsse die ankommenden Daten eingepaßt werden können. Dies erscheint jedoch als ein nicht plausibles und ineffizientes Modell unserer Denkvorgänge und kommt in unserem bewußten Leben höchst selten vor (vgl. Teil III, Kapitel 1). Kognitive Wissenschaftler würden diesem Einwand natürlich mit der – wenngleich nicht plausiblen – Behauptung begegnen, daß wir die einzelnen Prototypen innerhalb sehr kurzer Zeit ausprobieren und uns einfach des wilden Hypothesenwirbels in unserem Unbewußten nicht bewußt sind. Dennoch stimmen wohl die meisten mit Winograd darin überein, daß bislang das Problem einer Auswahl von geeigneten Rahmen ungelöst ist.

Es gibt die ebenfalls noch ungelöste Schwierigkeit, den passenden Rahmen zu finden. Da wir nicht alle verfügbaren Rahmen für verschiedene Ereignisse mit dem vergleichen können, was gerade vor sich geht, stehen wir vor dem Problem der Auswahl.[118]

Eine dritte und noch grundsätzlichere Frage wirft möglicherweise ein prinzipielles Problem für jede formale holistische Darstellung auf, in der die Bedeutung jeder Tatsache, ja sogar das, was als Tatsache gilt, immer vom Kontext abhängen. Auch Winograd unterstreicht die entscheidende Bedeutung des Kontextes:

Die Ergebnisse menschlichen Denkens sind *kontextabhängig*, zur Struktur des Gedächtnisses gehört nicht nur die Organisation des Langzeitspeichers (was weiß ich?), sondern auch ein aktueller Kontext (was steht im Augenblick im Zentrum?). Wir halten das für ein wichtiges Merkmal des menschlichen Denkens und nicht für eine hinderliche Beschränkung.[119]

Er bemerkt außerdem, daß „das Problem darin besteht, einen formalen Weg zu finden, über ... aktuelle Aufmerksamkeitszentren und Ziele zu sprechen ..."[120] Aber er gibt keine formale Möglichkeit an, wie ein in KRL geschriebenes Computerprogramm den aktuellen Kontext bestimmen könnte.

In den Arbeiten Winograds finden sich anspruchsvolle Behauptungen wie die, daß „der verfahrensorientierte Ansatz Begriffe wie ‚aktueller Kontext' ... und ‚Aufmerksamkeitszentrum' über die Prozesse formalisiert, durch die eine Veränderung des kognitiven Zustands eintritt, wenn eine Person sprachliche Äußerungen versteht oder produziert."[122]

Daneben finden sich gelegentliche eingeschobene Hinweise auf „aktuelle Ziele, Aufmerksamkeitszentren, Menge der vor kurzem gehörten Worte usw."[123] Der Bezug auf die jeweils zuletzt vernommenen Worte hat sich jedoch als nutzlos erwiesen, wenn es um die Bestimmung des aktuellen Kontextes geht, und der Rückverweis auf aktuelle Ziele und Zentren ist unbestimmt und umgeht möglicherweise die eigentliche Frage. Wenn z. B. das aktuelle Ziel eines Menschen darin besteht, einen Stuhl zum Sitzen zu finden, kann das Zentrum seiner aktuellen Aufmerksamkeit die Frage sein, ob er sich in einem Wohnzimmer oder einem Warenhaus befindet. Darüber hinaus hat er vielleicht kurzfristige Ziele wie das Ertasten einer Wand, weniger kurzfristige wie das Finden eines Lichtschalters, mittelfristige wie schreiben oder ausruhen; und was als Erfüllung dieser Ziele gilt, das hängt wiederum von seinen letzten Zielen und der Deutung seiner selbst ab, etwa als Autor oder einfach als eines Menschen, der leicht erschöpft ist und etwas Ruhe braucht. Winograds Rückgriff auf „aktuelle Ziele und Zentren" deckt zuviel ab, als daß sich damit feststellen ließe, in welcher spezifischen Situation sich das Programm gerade befindet.

Um folgerichtig zu verfahren müßte Winograd jeden Typus einer Situation, in der sich der Computer befinden kann, als einen Gegenstand mit *eigener* prototypischer Beschreibung behandeln; dann würde beim Erkennen einer bestimmten Situation der Kontext, innerhalb dessen sich *diese* Situation ergibt, darüber entscheiden, welche Schwerpunkte, Ziele usw. relevant wären. Doch wo sollte ein solcher Regreß enden? Beim Menschen stellt sich dieses Problem natürlich nicht. Er ist nach Heidegger bereits in einer Situation, in der er alles permanent revidiert. Entstehungsgeschichtlich betrachtet ist dies nichts Geheimnisvolles. Wir können sehen, daß menschliche Wesen auf der Grundlage ihrer verkörperten vorkulturellen Situation nach und nach in ihre kulturelle Situation hineinwachsen, und dies auf eine Weise, die kein Programmierer, der mit KRL arbeitet, zu simulieren versucht. Doch genau aus diesem Grund ist ein Programm in KRL nicht immer-schon-in-einer-Situation. Selbst wenn es das gesamte menschliche Wissen in seinen stereotypen Formen mitsamt allen möglichen Typen menschlicher Situationen darstellt, stellt es diese von außerhalb dar wie ein Marsmensch oder ein Gott. Es befindet sich in keiner einzigen von ihnen, und mit großer Wahrscheinlichkeit kann es auch nicht so programmiert werden, als verhielte es sich anders.

Das führt zu meiner vierten und letzten Frage: ist das praktische Wissen, das Menschen dazu befähigt, fortwährend zu spüren, in welchen Situationen sie sich befinden, identisch mit dem Wissen, das als eine besondere Art des Wissens in *jeder* zur Wissensdarstellung fähigen Sprache beschrieben werden kann, wie genial und komplex es auch sein mag? Es scheint, daß unser Gefühl für eine Situation bestimmt wird durch unsere veränderlichen Stimmungen, aktuellen Interessen und Vorhaben, unsere langfristige Selbstdeutung und wahrscheinlich auch durch unsere sensomotorischen Fertigkeiten im Umgang mit Gegenständen und Menschen – Fertigkeiten, die wir durch praktische Betätigung entwickeln. Wir sind weder genötigt, uns unseren Körper als einen Gegenstand darzustellen, noch unsere Kultur als eine Summe von Überzeugungen und unsere Neigungen als Situations→Regeln. Alle diese rein menschlichen Fähigkeiten bereichern unser In-der-Welt-Sein mit einer „Fülle" oder einer „Dichte" und scheinen deshalb eine wesentliche Rolle in unserer Situationsgebundenheit zu spielen, die ihrerseits allem intelligenten Verhalten zugrundeliegt.

Wir sehen keinen Grund zu der Annahme, daß Stimmungen, Interessen und verkörperte Fertigkeiten sich in irgendeinem formalen Geflecht von Überzeugungen erfassen lassen, und abgesehen von Kenneth Colby, dessen Standpunkt von der übrigen KI-Gemeinschaft nicht geteilt wird, geht auch keine gegenwärtige Arbeit von einer solchen Annahme aus. Vielmehr teilen alle KI-Forscher und Kognitiven Psychologen mehr oder weniger deutlich die Überzeugung, daß solche nicht-kognitiven Aspekte des Denkens schlicht vernachlässigt werden können. Ein beträchtlicher Teil dessen, was als intelligentes Verhalten zählt, kann nach dieser Überzeugung in rein kognitiven Strukturen faßbar sein. Diese Grundannahme definiert die kognitive Wissenschaft und ist eine Variante der von mir so bezeichneten psychologischen Annahme (vgl. Teil II, Kapitel 2). Winograd spricht es deutlich aus:

KI ist die allgemeine Erforschung jener Aspekte des Erkenntnisvermögens, die allen physikalischen Symbolsystemen, einschließlich Menschen und Computern gemeinsam sind.[123]

Doch diese Definition steckt lediglich das Feld ab; sie zeigt keineswegs, daß es überhaupt etwas zu erforschen gibt, und noch weniger gewährleistet sie den Erfolg des Projekts.

Von daher gesehen stehen Winograds Gründe für seinen Optimismus im Widerspruch zu seiner Grundannahme. Auf der anderen Seite sieht er, daß sich ein Großteil der Vorgänge im menschlichen Gehirn nicht programmieren läßt, so daß er nur darauf hoffen kann, einen bedeutsamen Teil zu programmieren:

Die kognitive Wissenschaft ... beruht nicht auf der Annahme, die Analyse des

Gehirns als eines physikalischen Symbolsystems ergebe ein *vollständiges* Verständnis des menschlichen Denkens ... Für den Wert des Paradigmas genügt es, wenn es *einige bedeutsame Aspekte* des Denkens und Sprechens gibt, die sich durch eine Analogie mit anderen Symbolsystemen, die wir konstruieren können, nutzbringend verstehen lassen.[124]

Andererseits entgeht ihm nicht, daß die menschliche Intelligenz „ganzheitlich" ist und daß Bedeutung vom „Gesamtkomplex der Ziele und Wissensinhalte" abhängt. Unsere Erörterung läuft darauf hinaus, daß alle Aspekte des menschlichen Denkens, auch nicht-formale wie Stimmungen, sensomotorische Fertigkeiten und langfristige Selbstdeutungen so weitgehend untereinander zusammenhängen, daß es unmöglich ist, die Gesamtheit unserer konkreten Alltagstätigkeiten durch ein abstrahierbares Geflecht expliziter Überzeugungen zu ersetzen.

Was der kognitivistischen Position Plausibilität verleiht, ist die Zuversicht, daß ein solch weitgespanntes Netz von Überzeugungen sich letzten Endes schließen und damit vollständig würde, da wir nur eine endliche Anzahl von Tatsachen und Verfahren wissen können, die sich in einer endlichen Zahl von Sätzen beschreiben lassen. Aber das Argument, das Netz der Überzeugungen müßte im Prinzip vollständig formalisierbar sein, vermag nicht zu zeigen, daß solch ein System intelligentes Verhalten erklären kann, weil Tatsachen voneinander unterschieden sind und Sprachen nur innerhalb eines Kontextes benutzt werden. Es wäre nur dann formalisierbar, wenn im Netz der Tatsachen und Verfahren auch der Kontext erfaßt werden könnte. Wird dieser jedoch durch Stimmungen, Interessen und Fertigkeiten bestimmt, dann wird durch die Tatsache, daß unsere Überzeugungen prinzipiell vollständig darstellbar sind, nicht gezeigt, daß Darstellungen ausreichen, um Erkenntnis zu erklären. Wenn allerdings nicht-darstellbare Fähigkeiten eine wesentliche Rolle in der Situationsgebundenheit spielen und wenn jedes intelligente Verhalten eine Situation voraussetzt, dann können die „Aspekte des Erkenntnisvermögens, die allen physikalischen Symbolsystemen gemeinsam sind", überhaupt keine kognitive *Leistung* erklären.

Letzten Endes enthält möglicherweise schon die bloße Idee eines Modells ganzheitlicher Informationsverarbeitung, bei dem die Relevanz der Tatsachen vom Kontext abhängt, einen Widerspruch. Um überhaupt einen Kontext zu erkennen, muß man aus der unendlichen Anzahl der Merkmale die möglicherweise relevanten bereits ausgewählt haben, doch ist eine solche Auswahl erst möglich, nachdem der Kontext in seiner Ähnlichkeit mit einem bereits analysierten Kontext erkannt wurde. Der Holist steht demnach vor einem Zirkelschluß: Relevanz setzt Ähnlichkeit, und Ähnlichkeit setzt Relevanz voraus. Die einzige Möglichkeit zur Umgehung dieser Schleife besteht darin, sich immer-schon-in-einer-Situation zu befinden, ohne sie darzustellen, so daß das Problem der Priorität von Kontext und Merkmalen sich nicht stellt. Der andere Ausweg, nämlich auf das reduktionistische Projekt zurückzugreifen, alle Situationen mit Hilfe einer festen Menge möglicherweise relevanter Grundbausteine einer Voruntersuchung zu unterziehen, ist ein Vorhaben, das seine eigenen praktischen Probleme hat, wie wir aus unserer Untersuchung der Arbeiten Schanks wissen, und das, wie wir im Schlußteil sehen werden, möglicherweise auch seine eigenen inneren Widersprüche aufweist.

Ob das tatsächlich ein prinzipielles Hindernis für Winograds Ansatz ist, kann uns nur die zukünftige Forschung sagen. Winograd selbst ist bewundernswert vorsichtig in seinen Behauptungen:

Wenn der verfahrenstechnische Ansatz erfolgreich ist, wird es am Ende möglich sein, die Mechanismen so detailliert zu beschreiben, daß es eine verifizierbare Übereinstimmung mit den in vielen Aspekten bis ins kleinste aufgeschlüsselten menschlichen Tätigkeiten gibt ..., doch bisher sind wir noch weit entfernt von Erklärungen, die sich auf Sprachverarbeitung als ein Ganzes, einschließlich dem Problem der Bedeutung erstrecken.[125]

Sollten sich aus dem Umstand, daß bei jedem Formalismus Überzeugungen zwangsläufig von den übrigen menschlichen Betätigungen isoliert werden müssen, Probleme ergeben, dann ist Winograd zweifellos mutig genug, diese Entdeckung weiter zu erforschen und davon zu profitieren. In der Zwischenzeit wird jeder am philosophischen Projekt der kognitiven Wissenschaft Interessierte gebannt verfolgen, ob Winograd & Co. für unser langsam erworbenes Situationsverständnis einen Ersatz herstellen können, der keine Stimmungen, keinen Körper und keine Interessen kennt, und der die Leistung eines Erwachsenen zeigt.

Schluß

Wenn der grundlegende Ansatz der Datenverarbeitung stimmt, daß die relevanten Aspekte des intelligenten Verhaltens in einer strukturellen Beschreibung formalisiert werden können, dann erscheinen alle Schwierigkeiten lediglich als Probleme der Komplexität. Bobrow und Winograd bringen diese letzte Zuversicht sehr deutlich am Ende ihrer Darstellung des KRL-Programms zum Ausdruck:

Das System ist komplex und wird in absehbarer Zeit an Komplexität noch zunehmen ... Wir erwarten nicht, daß es sich jemals auf eine sehr geringe Anzahl von Mechanismen reduzieren läßt. Das menschliche Denken ist nach unserer Überzeugung das Produkt der Wechselwirkung einer ziemlich großen Zahl von Prozessen, die wechselseitig voneinander abhängen. Jede Darstellungssprache, die für eine Simulierung des Denkens oder die Verwirklichung einer „intelligenten" Leistung am Ende eingesetzt wird, muß ein umfangreiches und vielfältiges Repertoire von Mechanismen aufweisen.[126]

Dieser mechanistische Leitgedanke wird von einer tieferliegenden Grundannahme getragen, die erst allmählich im Laufe der letzten zehn Jahre sichtbar geworden ist. Während dieser Zeit kämpften KI-Forscher immer wieder mit dem Problem, einen alltäglichen Kontext darzustellen. Die Arbeiten der ersten fünf Jahre von 1967–1972 zeigten die Vergeblichkeit des Versuchs, die Bedeutung des Alltagskontextes zu umgehen, indem man künstliche, spielähnliche Kontexte erzeugte, die durch eine Anzahl voraus gewählter Merkmale mit festgelegter Relevanz bestimmt waren. Jüngere Arbeiten konzentrierten sich deshalb direkt auf den Hintergrund des Alltagswissens, der unser stets neues Gefühl für die jeweils relevanten Tatsachen leitet. Angesichts dieser Notwendigkeit haben die Forscher implizit versucht, den breitesten Hintergrund oder Kontext als einen Gegenstand mit eigenen, vorausgewählten deskriptiven Merkmalen zu behandeln. Diese Annahme, daß der Wissenshintergrund einfach als ein weiterer Gegenstand betrachtet werden kann, der sich in derselben Weise einer strukturierten Beschreibung darstellen läßt wie alltägliche Gegenstände, ist ein Grundgedanke unserer gesamten philosophischen Tradition. Nach Heidegger, der diese Annahme als erster identifiziert und kritisiert hat, werde ich sie die metaphysische Annahme nennen.

Die offensichtliche Frage, die wir uns schließlich stellen müssen, lautet: Gibt es außer den anhaltenden Schwierigkeiten und der Serie unerfüllter Verheißungen der KI-Forschung noch andere Anhaltspunkte für die Überzeugung, daß die metaphysische Annahme ungerechtfertigt ist? Möglicherweise gibt es keine Gegenargumente, da alle Tatsachen, die zeigen sollen, daß der Hintergrund der Alltagspraxis nicht darstellbar ist, sich gerade dadurch als solche Tatsachen erweisen, die dargestellt werden *können*. Da aber der Wert dieses ganzen Dialogs darin besteht, jeder Seite zu einer möglichst weitgehenden Klärung ihrer Voraussetzungen und deren Gültigkeit zu verhelfen, werde ich trotzdem den Versuch unternehmen, die Beweisgründe darzulegen, die meinen antiformalistischen und damit auch antimechanistischen Überzeugungen zugrunde liegen.

Meine These, die sich zu einem großen Teil auf Wittgenstein stützt[127], läßt sich wie folgt formulieren: Wann immer menschliches Verhalten als etwas Regelhaftes untersucht wird, müssen die betreffenden Regeln stets eine *ceteris-paribus*-Klausel enthalten, d. h., sie gelten unter der Voraussetzung, daß „alles übrige gleich bleibt", und was „alles übrige" und „gleich" bedeutet, läßt sich ohne Regreß nie vollständig beschreiben. Außerdem ist diese Klausel nicht nur ein Ärgernis, das anzeigt, daß die Analyse noch nicht vollständig ist. Sie verweist vielmehr auf einen Hintergrund an Lebenspraktiken, die die Bedingungen für das Zustandekommen aller regelähnlichen Tätigkeiten schafft. Wenn wir unsere Handlungen erklären, müssen wir immer früher oder später in unsere alltäglichen Verrichtungen zurückfallen und einfach sagen, „es ist das, was wir tun" oder „es ist eben das, was den Menschen ausmacht". Somit muß letztlich alles Verstehbare und alles intelligente Verhalten auf unser Gefühl dafür zurückgeführt werden, was wir *sind*, was diesem Argument zufolge unter Strafe eines Regresses zwangsläufig etwas ist, das wir niemals explizit *wissen* können.

Dieses Argument läßt sich am besten an einem Beispiel verdeutlichen. 1972, als Minsky an seinem Rahmenmodell arbeitete, entwickelte Eugene Charniak, einer seiner Schüler, einen skriptähnlichen Ansatz für die Verarbeitung von Kindergeschichten. Papert und Goldstein haben eine aufschlußreiche Analyse dieses Ansatzes vorgenommen:

...Betrachten wir das folgende Fragment einer Geschichte von Charniak.

Heute hatte Jack Geburtstag. Penny und Janet gingen in einen Laden. Sie wollten Geschenke kaufen. Janet dachte an einen Papierdrachen. „Tu das nicht", sagte Penny. „Jack hat schon einen Papierdrachen. Er wird dich bitten, *ihn* wieder zurückzubringen."

Das Ziel besteht darin, eine Theorie zu konstruieren, die erklärt, woran der Leser erkennt, daß *ihn* sich auf den neuen Papierdrachen und nicht auf den bezieht, den Jack bereits besitzt. Rein syntaktische Kriterien (z. B. die Zuordnung des Referenten von *ihr* zum letztgenannten Fürwort) sind fraglos inadäquat, weil in diesem Fall der letzte Satz der Geschichte fälschlich so verstanden wird, als werde Jack Janet bitten, den Papierdrachen mitzunehmen, *der ihm bereits gehört* ... Offensichtlich kann man nicht wissen, daß *ihn* sich auf den neuen Papierdrachen bezieht, ohne etwas über die Handelsgewohnheiten unserer Gesellschaft zu wissen. Man könnte sich eine andere Welt vorstellen, in der neu erworbene Gegenstände vom Händler nicht zurückgenommen werden, wohl aber ältere. Die Frage an dieser Stelle lautet, wie dieses Wissen dargestellt, gespeichert und für das Verfahren zugänglich gemacht werden kann, das Charniaks Geschichte verstehen soll.[129]

Die Antwort der KI-Forscher auf diese Frage wird natürlich von der metaphysischen Annahme diktiert. Sie versuchen, den Hintergrund der maßgeblichen Praktiken als eine endliche Menge von Überzeugungen explizit zu machen:

Charniaks formale Realisierung eines *Rahmens* erfolgte in Form eines *Basiswissens* über eine Vielzahl von Situationen, die im Zusammenhang dieser Geschichten auftreten. Der Mechanismus seines Programms bestand darin, für den Inhalt einzelner Sätze dieses Basiswissen heranzuziehen, was folgenden Effekt hatte: Es wurden Geister (in unserer Terminologie „Rahmenwächter") erzeugt, die das mögliche Eintreten wahrscheinlicher (aber nicht zwangsläufiger) Konsequenzen aus der gegebenen Situation in späteren Sätzen überwachen sollten. So erzeugt in unserem Ausschnitt aus einer Geschichte das Geburtstagswissen Erwartungen über die Notwendigkeit für die Geburtstagsgäste, Geschenke zu kaufen, sowie die mögliche Konsequenz, daß sie diese Geschenke zurückbringen müssen. Diese Geister rechnen also mit der Möglichkeit, daß Jack das Geschenk bereits besitzt, und daß Janet in diesem Fall gezwungen ist, *ihn* zurückzubringen, wobei *ihn* als das Geschenk identifiziert wird.[129]

Sobald man jedoch Spiele und Mikrowelten hinter sich läßt, droht ein gähnender Abgrund, jene zu verschlingen, die versuchen, ein solches Programm durchzuführen. Papert und Goldstein stürzen sich tapfer in diesen Abgrund:

...Aber die Geschichte enthält nicht explizit alle wichtigen Tatsachen. Schauen wir uns den Ausschnitt noch einmal an. Vielleicht werden manche Leser überrascht feststellen, daß der Text selbst nichts darüber sagt, a) daß das von Penny und Janet gekaufte Geschenk *Jack* zugedacht war, b) daß der von Janet gekaufte Papierdrachen ein Geschenk sein sollte und c) daß der Besitz eines bestimmten Gegenstands bedeutet, daß man kein zweites dieser Art mehr besitzen möchte. Alle diese angeführten Tatsachen werden in die Datenbasis von weiteren Geistern eingefügt, die durch den Geburtstagsrahmen ins Leben gerufen werden.[130]

Unser Beispiel dreht sich um die Frage: Wie speichert man die „Tatsachen" im Zusammenhang mit der Rückgabe von Geschenken, die in c) erwähnt werden? Anfangs gibt es vielleicht unendlich viele Gründe dafür, ein Geschenk zurückzubringen. Es kann die falsche Größe haben, die falsche Netzspannung, krebserregend sein, zu laut, zu kindlich, zu männlich, zu weiblich wirken, zu sehr amerikanisch usw. usw. Und das Verständnis jeder dieser Tatsachen erfordert das Verständnis weiterer Tatsachen. Wir beschränken uns hier jedoch auf den in c) angegebenen Grund: daß man normalerweise, d. h. *unter sonst gleichen Umständen*, einen Gegenstand nicht zweimal besitzen möchte. Das läßt sich natürlich nicht einfach als eine wahre Aussage verzeichnen. Sie gilt z. B. nicht für Banknoten, Kekse oder Murmeln. (Es ist nicht einmal ausgemacht, ob sie für Papierdrachen gilt.) Papert und Goldstein würden erwidern, daß wir natürlich auch mit Ausnahmen rechnen müssen, wenn wir von der Norm sprechen:

In einer typischen Situation des Verstehens befindet man sich einer bestimmten Anzahl von Anhaltspunkten gegenüber, die eine weitgespannte und detaillierte Wissensstruktur aufspannen, die den Rahmen für die nicht-formulierten Details liefert. Natürlich können diese Vorgaben für bestimmte Situationen unangemessen sein, und in solchen Fällen muß der Text die Ausnahmen nachliefern.[131]

Doch hier beginnen bereits die Gesten der Verzweiflung, da der Text die Ausnahmen gar nicht explizit erwähnen muß. Falls es sich bei dem Geschenk um Murmeln oder Kekse handelt, wird der Text zweifellos darauf verzichten, diese als Ausnahme von der Regel zu kennzeichnen, nach der ein Exemplar von einer Sorte jeweils ausreicht. Die Datenbasis müßte also ein *Verzeichnis sämtlicher möglicher Ausnahmen* zur Erweiterung des Textes enthalten – sofern es überhaupt sinnvoll ist, sich dieses als eine endliche Aufzählung vorzustellen. Schlimmer noch, selbst wenn man all jene Ausnahmefälle aufführte, in denen man über mehr als nur ein einziges Muster eines bestimmten Gegenstandstypus verfügen möchte, gibt es Situationen, die eine Ausnahme von dieser Ausnahme ermöglichen: der Besitz eines Kekses ist mehr als genug, falls dieses einen Durchmesser von einem Meter hat; 1 000 Murmeln sind mehr, als ein Kind zum Spielen verkraften kann usw. Müssen wir also auch die Situationen verzeichnen, die zur Ausnahme von der Ausnahme führen? Doch auch diese Ausnahmen können wieder ihre Ausnahmen haben, z. B. im Fall eines Keksmonsters oder eines Murmelfreaks, es hört nie auf ... Der Computerprogrammierer, der ein Programm zum Verstehen einer Geschichte schreibt, muß versuchen, alle möglicherweise relevanten Informationen zu verzeichnen, und sobald diese Informationen Verweise auf das *Normale* oder *Typische* enthalten, gibt es keine Möglichkeit, einen unendlichen Regreß von Spezifizierungen zu vermeiden, um dieses Wissen auf eine bestimmte Situation anwenden zu können.

Die einzige von der MIT-Gruppe angebotene „Antwort" ist die metaphysische Annahme, daß der Hintergrund des Alltagslebens durch eine Menge streng definierter Situationen gebildet werde, in denen die relevanten Tatsachen so eindeutig sind wie in einem Spiel:

Die grundlegende Rahmenannahme lautet, daß ... die meisten Situationen, in denen Menschen sich befinden, mit früher erlebten Situationen *genügend viele Gemeinsamkeiten aufweisen,* daß die relevanten Merkmale *vor* und in einer *situationsspezifischen* Form gespeichert werden können.[132]

Doch diese „Lösung" ist aus zwei Gründen unhaltbar:[133]

1. Selbst wenn die aktuelle Situation einer bereits untersuchten tatsächlich *ähnlich* ist, stehen wir immer noch vor der Schwierigkeit zu entscheiden, *welcher* Situation sie ähnlich ist. Wir haben bereits gesehen, daß selbst in Spielen wie dem Schachspiel die Wahrscheinlichkeit sehr gering ist, daß zwei Stellungen absolut identisch sind, so daß wir ein tiefgreifendes Verständnis des Vorgangs benötigen, um zu entscheiden, was als ähnliche Stellung bei zwei Spielen gilt. Dies tritt noch klarer in solchen Fällen zutage, wo die Entscheidung darüber ansteht, welche voruntersuchte Situation mit einer gegebenen Situation aus der wirklichen Welt die meiste Ähnlichkeit aufweist, ob z. B. eine Situation, in der schön angezogene Babies und neue Spielzeuge dargeboten werden, mehr mit einem Geburtstagsfest oder einem Schönheitswettbewerb zu tun hat.

2. Selbst wenn wir alle unser Leben in identischen stereotypen Situationen leben *würden,* so muß doch, wie wir gesehen haben, jeder Rahmen der wirklichen Welt unter dem Aspekt des Normalen beschrieben werden. Ein Bezug auf das Normale führt aber zwangsläufig zu einem Regreß, wenn wir die Bedingungen identifizieren möchten, welche die Anwendbarkeit der Norm auf einen bestimmten Fall festlegen. Über das, was typisch ist, entscheidet einzig unser *allgemeines* Gefühl, und *dieses* Hintergrundverständnis kann per definitionem nicht „situationsspezifisch" sein.

Das ist das zweite Horn des Dilemmas, dem das datenverarbeitende Modell die Stirn bieten muß. Die Diskussion um das KRL-Programm hat gezeigt, daß der holistische Ansatz bei der Erörterung des Problems, was zuerst kommt, Ähnlichkeit oder relevante Aspekte, zu einem Zirkelschluß führt. Jetzt zeigt sich, daß die reduktionistische Alternative in einen Regreß mündet.

Auf dieses Dilemma könnten KI-Forscher immer noch plausibel erwidern: „Wie auch immer der Hintergrund für gemeinsame Interessen, Gefühle und Praktiken beschaffen sein mag, der für ein Verstehen spezifischer Situationen benötigt wird, dieses Wissen *muß* irgendwie in den menschlichen Einzelwesen, die über dieses Wissen verfügen, dargestellt sein. Und wie sollte dies anders geschehen als in einer expliziten Datenstruktur?" Natürlich würde die von allen KI-Forschern akzeptierte

Form der Computer-Programmierung eine solche Datenstruktur erfordern. Dieser Auffassung würden sich auch die Philosophen anschließen, für die unser gesamtes Wissen explizit im Gehirn dargestellt sein muß. Es gibt jedoch zwei Alternativen, mit denen sich die Widersprüche innerhalb des datenverarbeitenden Modells umgehen lassen: Beide geben die Vorstellung auf, alles, was wir wissen, müsse als explizite symbolische Darstellung existieren.

Die eine Antwort, der sich Existentialphänomenologen wie Merleau-Ponty und Sprachphilosophen wie Wittgenstein anschließen lautet, daß ein solches „Wissen" über menschliche Interessen und Lebenspraktiken gar nicht dargestellt zu werden braucht. Genauso wie es plausibel erscheint, daß ich Schwimmen erlerne, indem ich so lange übe, bis ich die erforderlichen Bewegungsabläufe entwickelt habe, ohne meinen Körper und meine Muskelbewegungen in einer Datenstruktur darstellen zu müssen, so ist auch das, was ich über die kulturellen Praktiken „weiß" und was mich befähigt, spezifische Situationen zu erkennen und entsprechend zu handeln, ganz allmählich durch eine Übung erreicht worden, ohne daß jemand unter Androhung von Regreß ausdrücklich bestimmte oder bestimmen konnte, was da gelernt wurde.

Eine zweite mögliche Erklärung würde der Darstellung einen gewissen Spielraum zuerkennen, zumindest in speziellen Fällen, wo man innehalten und nachdenken muß. Aber diese Position würde hervorheben, daß es sich dabei im allgemeinen nicht um formale Darstellungen handelt, sondern eher um Bilder, mit deren Hilfe ich nicht erkunde, was ich *weiß*, sondern was ich *bin*. Dieser Auffassung zufolge gebe ich mir selbst keine Darstellung darüber, daß ich Wünsche habe, oder daß der aufrechte Gang Gleichgewicht erfordert oder, wie Schank an einem Beispiel erläutert:

Wenn zwei Menschen einander gefühlsmäßig positiv verbunden sind, dann wird eine negative Veränderung im Zustand des einen den anderen veranlassen, das Ziel zu entwickeln, im Zustand des Gegenüber eine positive Änderung zu bewirken.[134]

Dennoch kann ich mich in eine bestimmte Lage versetzen und mich fragen, was ich tun oder wie ich empfinden würde – wenn ich an Jacks Stelle wäre, wie würde ich auf einen zweiten Papierdrachen als Geschenk reagieren, ohne all das explizit machen zu müssen, was man einem Computer eingeben muß, damit er zu einem ähnlichen Schluß kommt? Wir greifen demnach auf *konkrete* Darstellungen (Bilder oder Erinnerungen) zurück, die auf unserer eigenen Erfahrung beruhen, ohne die strengen Regeln und deren entschlüsselte *ceteris-paribus*-Klauseln explizit machen zu müssen, die für *abstrakte* symbolische Darstellungen erforderlich sind.

Es ist in der Tat schwer zu sehen, wie die subtile, vielfältige Weise, in der Dinge für uns eine Bedeutung annehmen, jemals erschöpfend ergründet werden könnte. Wir können Jacks Reaktion vorwegnehmen und verstehen, weil wir uns daran erinnern, was es für ein Gefühl ist, belustigt, erstaunt, ungläubig, enttäuscht, verstimmt, traurig, gelangweilt, angeekelt, aufgebracht, ärgerlich, wütend, zornig usw. zu sein, und wir kennen die mit diesen unterschiedlichen Intensitäten und Formen der Betroffenheit verbundenen Impulse zu bestimmten Handlungen. Einem Computermodell müßte man eine Beschreibung von jeder Gefühlsschattierung sowie den normalen Auslöser und das wahrscheinliche Ergebnis eines jeden Gefühls einprogrammieren.

Die Vorstellung, daß Gefühle, Erinnerungen und Bilder die bewußte Spitze einer unbewußten, rahmenähnlichen Datenstruktur sein *müssen*, gerät in Widerstreit mit bestimmten empirischen Erfahrungen, die diese Annahme als unplausibel erscheinen lassen. Sie steht ebenso im Widerspruch zu dem Problem der expliziten Darstellung der *ceteris-paribus*-Klauseln. Darüber hinaus wird die formalistische Annahme weder durch einen wissenschaftlichen Beweis aus der Neurophysiologie oder der Psychologie unterstützt, noch kann sie sich auf vergangene Erfolge der KI-Forschung berufen, deren wiederholte Fehlschläge hauptsächlich den Rückgriff auf die metaphysische Annahme notwendig gemacht haben.

Im Licht dieser Alternative werden auch die gegenwärtigen Schwierigkeiten der KI-Forschung sichtbar. Die Vorschläge zur formalen Darstellung des Hintergrunds von Praktiken in symbolischen Beschreibungen, ob mit Hilfe von situationsunabhängigen Grundbausteinen oder komplexeren Datenstrukturen, deren Bausteine Situationsbeschreibungen sein können, würde ohne die Annahme vom menschlichen Gehirn als physikalisches Symbolsystem sich als zunehmend komplex und unpraktikabel erweisen. Wenn Überzeugungsstrukturen das Ergebnis einer Abstraktion vom konkreten praktischen Kontext sind und nicht die eigentlichen Bausteine unserer Welt, dann kann es nicht überraschen, daß sich der Formalist angesichts ihrer endlosen Deduzierbarkeit in einer Sackgasse befindet. Nach meiner Auffassung „stellt die Organisierung des Wissens von der Welt [für die KI-Forschung] den größten Stolperstein dar"[135], weil der Programmierer gezwungen ist, die Welt als einen Gegenstand und unser technisches Können als Wissen zu behandeln.

Aber diese für die kognitive Wissenschaft entscheidende metaphysische Annahme wird durch ihre Praktiker nie in Frage gestellt. John McCarthy bemerkt, daß „es sehr schwierig ist, die Tatsachen des Alltagswissens zu formalisieren"[136], doch äußert er an keiner Stelle einen Zweifel, daß sich allgemeines Wissen durch Tatsachen darstellen läßt.

Der erkenntnistheoretische Zweig der KI-Forschung untersucht, welche Form von *Tatsachen* über die Welt einem Beobachter mit bestimmten Möglichkeiten der Beobachtung zur Verfügung stehen, wie sich diese Tatsachen im Speicher eines Computers darstellen lassen und welche *Regeln* es ermöglichen, aus diesen Tatsachen korrekte Schlüsse zu ziehen.[137]

Wenn die KI-Forscher eines Tages ihr Scheitern eingestehen und analysieren, werden sie vielleicht die Feststellung machen, daß es diese metaphysische Annahme ist, die sie aufgeben müssen.

Im Rückblick auf die letzten zehn Jahre der KI-Forschung stoßen wir immer wieder auf den entscheidenden Punkt, daß *Intelligenz in einem Zusammenhang stehen muß und deshalb nicht vom übrigen menschlichen Leben getrennt werden kann.* Die fortwährende Leugnung dieses scheinbar offensichtlichen Sachverhalts kann jedoch nicht allein der KI-Forschung angelastet werden. Sie beginnt mit Platons Trennung des Verstandes oder der vernunftbegabten Seele vom menschlichen Körper mit seinen Fertigkeiten, Gefühlen und Begierden. Aristoteles hat diese Dichotomie weitergeführt, als er Theorie und Praxis unterschied und den Menschen als das vernunftbegabte Tier definierte – als könnte man die Vernunft des Menschen von seinen animalischen Wünschen und Bedürfnissen trennen. Wenn wir daran denken, wie wichtig sensomotorische Fertigkeiten für die Entwicklung unserer Fähigkeit sind, Gegenstände zu erkennen und damit umzugehen, oder an die Rolle der Wünsche und Bedürfnisse für die Strukturierung aller sozialer Situationen oder schließlich an den gesamten kulturellen Hintergrund der menschlichen Selbstdeutung hinter unserem schlichten Wissen davon, wie man Stühle erkennt und benutzt, dann ist die Vorstellung, daß wir dieses Know-how einfach ignorieren können, wenn wir unser vernunftmäßiges Verstehen als ein komplexes System von Tatsachen und Regeln formalisieren, in höchstem Maße uneinsichtig.

Wie unglaubhaft sie auch sein mag, diese dubiose Zweiteilung erfüllt mittlerweile unser Denken über alles, auch über Computer. In der TV-Serie *Star Trek* wird in der Episode mit dem Titel „Die Rückkehr der Archonten" von einem weisen Staatsmann namens Landru erzählt, der einen Computer darauf programmiert hatte, eine Gesellschaft zu regieren. Unglücklicherweise konnte er dem Computer nur sein abstraktes intelligentes Denken vermitteln, nicht jedoch seine konkrete Klugheit, so daß dieser aus der Gesellschaft eine rationale, durchgeplante Hölle machte. Niemand kommt auf die Idee sich zu fragen, wieso der Computer ohne Landrus verkörperte Fertigkeiten, Gefühle und Interessen überhaupt alltägliche Situationen verstehen und damit eine Gesellschaft regieren konnte.

In *Die Macht der Computer und die Ohnmacht der Vernunft* begeht Joseph Weizenbaum, der sich mit seinen Arbeiten zur KI ebenfalls einen Namen gemacht hat (vgl. Teil II, Kapitel 4), denselben Fehler.[138] Gerade die radikale Trennung von Intelligenz und Klugheit ist die Grundannahme, welche die These seines im übrigen überzeugenden Buchs zu stützen scheint, in Wirklichkeit jedoch untergräbt. Weizenbaum warnt davor, daß wir uns herabwürdigen, wenn wir uns menschliche Wesen entsprechend dem KI-Modell als Apparate zur Lösung technischer Probleme vorstellen. Um zu beweisen, daß wir nicht diese Apparate sind, übernimmt er jedoch genau jene Dichotomie, die den Thesen der KI-Forschung Plausibilität verleihen soll. Weizenbaum behauptet beispielsweise, daß ein Computer Einsamkeit nicht verstehen könne, könne er auch „[den Satz] ‚Möchtest du heute abend mit mir essen gehen?' nur sehr schwer so verstehen ..., daß er die verzweifelte Sehnsucht eines schüchternen jungen Mannes nach Liebe bedeutet"[139] (ein Punkt, den KI-Forscher bereitwillig zugestehen würden), während Weizenbaum gleichzeitig die zweifelhafte Annahme der KI-Forscher gelten läßt, daß „folgt man den von Schank vorgeschlagenen Verfahren ..., möglich sein kann, eine begriffliche Tiefenstruktur zu konstruieren, die der Bedeutung des Satzes entspricht."[140] Die Betonung dieser Extreme einer emphatischen Klugheit und einer formalisierten Bedeutung läßt Weizenbaum den wesentlichen Punkt übersehen, daß jeder sinnvolle Diskurs in einem gemeinsamen Kontext von Interessen stattfinden muß. Ironischerweise war Weizenbaum der erste namhafte KI-Forscher, der den wesentlichen Zusammenhang von Bedeutung und pragmatischem Kontext erkannt hat. In einem Aufsatz aus dem Jahr 1968 lesen wir bei ihm: „In einem wirklichen Gespräch weist ein umfassender Kontext dem Gesagten seine Bedeutung zu ..."[141] Sobald er diesen wichtigen Zusammenhang jedoch aus den Augen verliert, gibt es keine Möglichkeit mehr für ihn, den Schlußfolgerungen seiner Kollegen zu widerstehen. Trotz seiner gut belegten Behauptung, daß jede Kultur ihre – in den Worten des Richters Oliver W. Holmes – „stillschweigenden Annahmen" und „ungeschriebenen Gebräuche" hat[142], und trotz seiner Bindung an die stringente These, die auch in diesem Buch vorgetragen wird und nach der diese Gebräuche „auf keine andere Weise als durch das Leben selbst erklärt werden können"[143] – trotz alledem kommt deshalb Weizenbaum mit Minsky zu dem Schluß, „daß ... keine Möglichkeit zu sehen ist, bezüglich des Intelligenzgrades eine Übergrenze zu ziehen, den ein derartiger Organismus [d. h., ein Computer] zumindest im Prinzip erreichen könnte."[144]

Dieses überraschende Zugeständnis läßt sich nur erklären, wenn Weizenbaum die Auffassung der KI-Forscher teilt, daß die nicht explizierbaren Annahmen und die ungeschriebenen Bräuche einer Kultur keine wesentliche Rolle für das intelligente Verhalten ihrer Angehörigen spielen. Tatsächlich hat es zuweilen den Anschein, als übernehme Weizenbaum die am wenigsten plausiblen Implikationen dieser nicht plausiblen Ansicht, daß nämlich diese stillschweigenden Annahmen und ungeschriebenen Gebräuche im alltäglichen sprachlichen Verkehr keine Rolle spielen, denn er räumt ein, daß es

...technisch möglich [ist], ein Computersystem zu bauen, das Patienten interviewt, die bei einer Klinik zur ambulanten Behandlung vorsprechen, und das deren psychische Profile zusammen mit Tabellen und Funktionen sowie einem Kommentar in natürlicher Sprache produziert.[145]

In engem Zusammenhang mit dieser Auffassung, daß Intelligenz und Kommunikation in einer natürlichen Sprache – im Unterschied zu Intuition und Weisheit – prinzipiell vollständig formalisierbar seien, gesteht Weizenbaum überdies zu, daß

eine Sicht des Menschen als einer Art der allgemeinen Gattung „informationsverarbeitendes System" unsere Aufmerksamkeit auf einen Aspekt des Menschen konzentriert...[146]

Zur Rechtfertigung dieser Behauptung ruft er die jüngste „wissenschaftliche" Version der platonischen Dichotomie zu Hilfe – die Erforschung der menschlichen Hirnhälften und deren Funktionen. Es ist eine naheliegende Assoziation, da die populärwissenschaftliche Literatur zu diesem Thema die Illusion utopischer Romane und Filme zu stützen scheint, es gebe eine Trennung zwischen Intuition und reiner Intelligenz. Weizenbaum sagt hierzu:

Die LH [linke Hirnhälfte] denkt sozusagen auf geordnete, an Abfolgen orientierte und, wie wir sagen könnten, logische Weise. Die RH [rechte Hirnhälfte] andererseits denkt anscheinend in ganzheitlichen Bildern. Die Verarbeitung von Sprache geschieht wahrscheinlich fast ausschließlich im Zentrum der LH...[147]

Auch hier wird sprachliche Kompetenz isoliert und mit kontextunabhängigem logischen Denken gleichgesetzt. Dabei geht verloren, was Weizenbaum als erster KI-Forscher gesehen hat, daß nämlich beim Gebrauch von Sprache als Medium für Kommunikation (und die LH allein ist vollkommen in der Lage, Sprache hierfür zu gebrauchen) „ein umfassender [holistischer] Kontext dem Gesagten seine Bedeutung zuweist..."[148]

Nach diesen verheerenden Zugeständnissen bleibt für Weizenbaum nur noch die moralische Position: „Wie immer intelligente Maschinen auch hergestellt werden können – ich bleibe bei der Auffassung, daß bestimmte Denkakte ausschließlich dem Menschen vorbehalten sein sollten."[149] Diese Verengung folgt vermutlich aus der Vorstellung, daß der Hintergrund der kulturellen Bräuche zwar keine wesentliche Rolle für intelligentes Verhalten einschließlich alltäglicher Unterhaltungen spielt, wohl aber für die Klugheit, die durch das Treffen vernünftiger juristischer Entscheidungen und psychiatrische Diagnosen erworben wird – obgleich Weizenbaum sich auch hier hütet, prinzipielle Behauptungen aufzustellen. Und er hat allen Grund zur Vorsicht, denn wenn man erst einmal zugibt, daß Alltagshandlungen zu einem technischen Problem gemacht werden können, das sich den Fähigkeiten einer rein formalen Intelligenz anvertrauen läßt, dann ist es nicht mehr möglich, eine Trennlinie zu ziehen zwischen dem, was Computer können und was sie nicht können. So bleibt Weizenbaum nur noch die hochherzige Banalität, „daß wir zur Zeit keine Möglichkeit kennen, Computer auch klug zu machen, und daß wir deshalb im Augenblick Computern keine Aufgaben übertragen sollten, deren Lösung Klugheit erfordert."[150]

Von unserer hier dargelegten Sichtweise aus besteht das eigentliche Problem darin, daß Weizenbaum der metaphysischen Annahme folgt, wonach alles, was die Alltagsintelligenz ausmacht, sich objektivieren und in einem System von Überzeugungen darstellen lasse. Ob diese Annahme in Gestalt eines tiefgründigen philosophischen Anspruchs auftritt, der bis auf Leibniz zurückgeht und immer noch von Husserl vertreten wird, daß die für eine kontextbezogene Intelligenz erforderlichen Wahrnehmungen und Praktiken sich sämtlich in einer symbolischen Beschreibung darstellen lassen, oder ob sie in Form einer flachen, technologischen Auffassung erscheint, der Weizenbaum und die von ihm bekämpfte „künstliche Intelligenzija" anhängen, daß ein Alltagsverständnis und eine Kommunikation in natürlicher Sprache nicht wesentlich von unseren körperlichen, im Sozialisationsprozeß erworbenen Fertigkeiten abhängen – in jedem Fall verzerrt diese Annahme unsere Wahrnehmung von unserem Menschsein.

Große Künstler haben schon immer die Wahrheit gespürt, die so hartnäckig von Philosophen und Technikern geleugnet wird, daß nämlich die Grundlage der menschlichen Intelligenz nicht isoliert und explizit verstanden werden kann. In dem Roman *Moby Dick* schreibt Melville von dem tätowierten Wilden Quiqueg: „Diese Tätowierung war das Werk eines unterdessen längst dahingegangenen Propheten und Sehers seiner Insel, der mit diesen hieroglyphischen Zeichen eine lückenlose Theorie von Himmel und Erde und einen mystischen Trotzakt über die Kunst zur Wahrheit zu gelangen, auf Quiquegs Körper niedergeschrieben hatte, so daß Quiquegs leibliche Person das große Rätsel aufgab; es war ein Wunderwerk in einem Band, dessen Mysterien doch nicht einmal er selbst zu lesen wußte ..."[151] Yeats faßt sich da sogar noch knapper: „Ich habe gefunden, wonach ich suchte – ich möchte es in dem einen Satz ausdrücken: ‚Der Mensch kann die Wahrheit verkörpern, aber er kann sie nicht wissen.'"

Anmerkungen

Vorwort

1 Imre Lakatos, *Philosophical Papers*. Cambridge 1978.
2 Marvin Minsky, *Computation: Finite and Infinite Machines*. Prentice Hall 1967, S. 2.
3 Gina Kolata, „How Can Computers Get Common Sense?" In: *Science* (1982), S. 1237.
4 Eine Darstellung der Experimente, die zeigen, daß Menschen tatsächlich fähig sind, Bilder zu drehen, kippen usw., sowie der erfolglosen Versuche, diese Fähigkeiten in Form von Programmen zu erfassen, die mit Merkmalen und Regeln arbeiten, findet sich bei Ned Block (Hrsg.), *Imagery*. Cambridge, Mass. 1981. Vgl. dazu auch den Aufsatz desselben Autors, „Mental Pictures and Cognitive Science". In: *The Philosophical Review*, Okt. 1983, S. 499–541.
5 Avron Barr und Edward A. Feigenbaum, *The Handbook of Artificial Intelligence*. Bd. 1, New York 1981, S. 7.
6 Douglas. R. Hofstadter, *Gödel, Escher, Bach: ein Endloses Geflochtenes Band*. Stuttgart 1985.
7 Douglas R. Hofstadter, „Artificial Intelligence: Subcognition as Computation". In: F. Machlup und Una Mansfield (Hrsg.), *The Study of Information*. Wiley and Sons 1983.
8 Douglas R. Hofstadter, *Gödel, Escher, Bach*, a. a. O., S. 30.
9 a. a. O., S. 596.
10 Ebenda, S. 721 f.
11 Ebenda, S. 612.
12 Hubert L. Dreyfus und Stuart E. Dreyfus, *Mind over Machine* (im Druck).
13 Edward A. Feigenbaum und Pamela McCorduck, *The Fifth Generation, Artificial Intelligence and Japan's Computer Challenge to the World*. Addison-Wesley Publishing Company 1983, S. 82.
14 Computer Software for Intelligent Systems. Sept. 1984.
15 The Current State of AI: One Man's Opinion. In: *The AI Magazine*, 1983.

Einleitung

1 Platon, *Euthyphron*, Übers. u. Hrsg. Otto Leggewie, Stuttgart 1981, S. 19.
2 Marvin Minsky, *Computation: Finite and Infinite Machines*, Englewood Cliffs, N. J. 1967, S. 106.
3 Ebenda.
4 Aristoteles, *Nikomachische Ethik*, Übers. u. Hrsg. Olof Gigon, Zürich 1951, S. 98 (II, 9, 18–23).
5 Thomas Hobbes, *Leviathan*, Iring Fetscher (Hrsg.), Neuwied: Luchterhand 1966, S. 32.
6 G. W. Leibniz, *Philosophische Werke: Hauptschriften zur Grundlegung der Philosophie*, Hrsg. E. Cassirer, Leipzig 1924, Bd. I, S. 30.
7 Ders., *Opuscules et fragments inédits*, L. Couturat (Hrsg.), Paris 1903, S. 156.
8 *Philosophische Werke*, a. a. O., Bd. I, S. 37.
9 Ebenda, S. 35.
10 „Discours touchant la Méthode de la Certitude et l'Art d' Inventer, pour finir les Disputes et pour faire en peu de Temps de grands Progrès", *Leibnitii Opera Philosophica*, Hrsg. v. J. Erdmann, Berlin 1940, S. 175.

11 George Boole, *Laws of Thought,* Collected Logical Works, Bd. II, Chicago 1940, S. 1.
12 A. M. Turing, „Computing Machinery and Intelligence", Neuabdr. in Alan Ross Anderson (Hrsg.), *Minds and Machines,* Englewood Cliffs, N. J. 1964, S. 11.
13 Ebenda, S. 13.
14 In Teil II, Kap. 3 werden wir sehen, daß dieses Prinzip jenen Wissenschaftlern Anlaß zu einem – wenngleich ungerechtfertigten – Optimismus gibt, die das menschliche Denken mit Digitalrechnern simulieren wollen.
15 Vgl. dazu Martin Heidegger, *Zur Sache des Denkens,* Tübingen ²1976.
16 Turing, a. a. O., S. 7.
17 Ebenda, S. 5.
18 Vgl. z. B. die kritischen Aufsätze von Keith Gunderson und Michael Scriven in A. R. Anderson (Hrsg.), a. a. O. (Anm. 12).
19 Turing, a. a. O., S. 30.
20 Claude E. Shannon, „A Chess-Playing Machine", Neuabdr. in James R. Newman (Hrsg.), *World of Mathematics,* New York 1956, S. 2129.
21 Ebenda.
22 Allen Newell, „The Chess Machine", in Kenneth M. Sayre und Frederic J. Crosson (Hrsg.), *The Modeling of Mind,* South Bend, Ind. 1963, S. 89.
23 Allen Newell, J. C. Shaw und H. A. Simon, „Chess-Playing Programs and the Problem of Complexity", in Edward A. Feigenbaum und Julian Feldman (Hrsg.), *Computers and Thought,* New York 1963, S. 48.
24 Ebenda, S. 45.
25 Allen Newell, J. C. Shaw und H. A. Simon, „Empirical Explorations with the Logic Theory Machine: A Case Study in Heuristics", in Feigenbaum und Feldman (Hrsg.), a. a. O. (Anm. 23), S. 109.
26 Allen Newell, J. C. Shaw und H. A. Simon, „Report on a General Problem-Solving Program", *Proc. Int. Conf. on Information Processing,* Paris 1960, S. 257.
27 Ebenda, S. 259.
28 Herbert A. Simon und Allen Newell, „Heuristic Problem Solving: The Next Advance in Operation Research", *Operations Research* Bd. 6 (1958), S. 6.
29 Noam Chomsky, *Sprache und Geist,* Frankfurt: Suhrkamp stw 19, 1973, S. 8.
30 Turing, a. a. O. (Anm. 12), S. 14.
31 Marvin Minsky, „Machines Are More Than They Seem", *Science Journal,* Okt. 1968, S. 3.
32 Herbert A. Simon und Allen Newell, „Heuristic Problem Solving ...", a. a. O.
33 W. Ross Ashby, „Review of Feigenbaum's *Computers and Thought", Journal of Nervous and Mental Diseases.*
34 D. E. Smith, *History of Mathematics,* Boston 1925, Bd. II, S. 284.
35 Newell, Shaw und Simon, „Chess-Playing Programs ...", a. a. O. (Anm. 23), S. 60.
36 Ebenda, S. 45.
37 Allen Newell, J. C. Shaw und H. A. Simon, *The Processes of Creative Thinking,* The RAND Corporation, P–1 320 (16. Sept. 1958), S. 6.
38 Ebenda, S. 78.
39 Norbert Wiener, „The Brain and the Machine (Summary)", in Sidney Hook (Hrsg.), *Dimensions of Mind,* New York 1961, S. 110.
40 Michael Scriven, „The Complete Robot: A Prolegomena to Androidology", in S. Hook (Hrsg.), *Dimensions of Mind,* a. a. O., S. 122.
41 H. A. Simon und Peter Simon, „Trial and Error Search in Solving Difficult Problems: Evidence from the Game of Chess", *Behavioral Science,* Bd. 7 (Okt. 1962), S. 429.

42 So wird z. B. in der Zusammenfassung des Aufsatzes von Simon und Simon (Anm. 41) das ewige Schachbieten nicht erwähnt. Statt dessen heißt es: „Dieser Aufsatz bemüht sich, einiges von dem Mythos wegzunehmen, der das Schachspiel umgibt, indem er zeigt, daß ein erfolgreiches Problemlösen auf einem stark selektiven, heuristischen ‚Programm' beruht und nicht auf Wundern an Gedächtnisleistung und Erkenntnisvermögen."(S. 425). Und der Aufsatz selbst schließt mit der ungerechtfertigten Verallgemeinerung: „Aus unseren Befunden ergibt sich mit großer Wahrscheinlichkeit, daß Schachmeister erfolgversprechende Kombinationen entdecken, weil ihre Programme leistungsstarke selektive Heuristiken enthalten und nicht etwa, weil sie schneller denken oder ein besseres Gedächtnis haben als andere." (S. 429). Eine redliche Würdigung der Befunde läßt jedoch lediglich vermuten, daß dies bestenfalls in speziellen Situationen in Endspielen der Fall ist.

43 Paul Armer, „Attitudes Toward Intelligent Machines", in Feigenbaum und Feldman (Hrsg.), Computers and Thought, a. a. O. (Anm. 23), S. 405.

44 Fred Gruenbereger, Benchmarks in Artificial Intelligence, The RAND Corporation, P-2 586 (Juni 1962), S. 6.

45 Die Freude, mit der dieser Sieg der Computergemeinde verkündet wurde, als sei dieser eine Bestätigung der früheren Behauptungen über das Leistungsvermögen von Computern, klingt auch bei Alvin Toffler in dessen Buch Der Zukunftsschock an (München 1983, S. 153). Der Autor gibt meine angebliche Meinung wieder, Computer seien niemals in der Lage, Schach zu spielen. Tatsächlich war meine Äußerung lediglich eine zutreffende Zusammenfassung des Standes von 1965: „Newell, Shaw und Simon haben in ihrer Beurteilung der Programme von Los Alamos, IBM und NSS selbst gesagt: ‚Alle drei Programme spielen ungefähr gleich gut (i.e. mittelmäßig) Schach und benötigen dafür ungefähr dieselbe Rechenzeit'. Noch immer gibt es kein Programm, das auch nur einen Amateur schlagen könnte, und es sind nur noch zwei Jahre bis zur Weltmeisterschaft."

46 Seymour Papert, 9. RAND Symposium, 7. Nov. 1966, S. 116.

47 Donald Mitchie, Science Journal, Bd. 4 (Okt. 1968), S. 1.

48 Eliot Hearst, „Psychology Across the Chessboard", Psychology Today, Juni 1967, S. 32.

49 Die dritte Prophezeiung – daß die meisten psychologischen Theorien die Form von Computerprogrammen annehmen würden – hat sich tatsächlich teilweise erfüllt, obgleich es noch immer Scharen von Behavioristen gibt. Die entscheidende Frage lautet hier jedoch nicht, ob eine bestimmte Aufgabe, mag sie auch für sich gesehen noch so eindrucksvoll sein wie etwa meisterhaftes Schachspiel oder das Beweisen neuer Theoreme, gelöst wird, sondern ob das Prophezeite selbst dann eine Errungenschaft wäre, wenn es in Erfüllung ginge. Das Ersetzen von Verhaltensmodellen in der Psychologie durch Computermodelle bedeutet keineswegs einen offensichtlichen Fortschritt. Der Fall ist recht kompliziert und bedarf eingehender Erörterung (s. 4. Kapitel).

50 Seymour Papert, a. a. O., S. 117.

Teil I, Kapitel 1

1 Anthony G. Oettinger, „The State of the Art of Automatic Language Translation: An Appraisal", in: Beiträge zur Sprachkunde und Informationsverarbeitung, hrsg. von Herbert Marchl, Band 1, Heft 2, München: Oldenbourg Verlag, 1963, S. 18.

2 Yehoshua Bar-Hillel, „The Present Status of Automatic Translation of Languages", in Advances in Computers, F. L. Alt (Hrsg.), New York: Academic Press, 1960, Band 1, S. 94.

3 National Academy of Sciences, *Languages and Machines* (Washington, D. C. 1966), S. 29.
4 Oettinger, a. a. O. S. 21.
5 Ebenda, S. 27. Solche kritischen Betrachtungen maschineller Übersetzung enden oft mit dem tröstlichen Schluß, daß diese Arbeiten wenigstens unser Wissen über die Struktur der Sprache erweitern würden. Aber selbst diese Rechtfertigung ist fragwürdig. Chomsky sieht dieses „Abweichen" undeutlich: „... eine nennenswerte Investition von Zeit, Energie und Geld beim Einsatz von Computern für linguistische Forschung – nennenswert zumindest im Verhältnis zu einer so kleinen Disziplin wie der Linguistik – keine signifikanten Fortschritte in unserem Verständnis des Gebrauchs oder der Natur der Sprache. Diese Urteile sind recht streng, doch ich halte sie für vertretbar. Überdies werden sie kaum von führenden Linguisten oder Psycholinguisten erörtert." (Noam Chomsky, *Sprache und Geist*, a. a. O., S. 16.)
6 *Language and Machines*, a. a. O., S. 32.
7 Die wichtigsten Berichte über die Arbeit in jener Periode sind enthalten in Edward A. Feigenbaum und Julian Feldman (Hrsg.), *Computers and Thought*, New York: McGraw-Hill, 1963.
8 Ein Protokoll ist der mündliche Bericht einer Versuchsperson beim Lösen eines Problems. Hier ist ein typisches Protokoll von einer Versuchsperson, die ein logisches Problem lösen will: „Also, sehen wir uns mal die linke Seite der Gleichung an, denn ich will zuerst eine Seite der Gleichung tilgen, indem ich Regel 8 anwende. Es scheint zuerst zu kompliziert zu sein, um zu funktionieren. Jetzt – nein, nein, das kann ich nicht machen, weil ich dann entweder das Q oder das P in dem ganzen Ausdruck lösche. Das werde ich nicht als erstes tun. Jetzt suche ich einen Weg, wie ich das Hufeisen innerhalb der beiden Klammern loswerden kann, die auf beiden Seiten der Gleichung auftauchen. Heh, wenn man Regel 6 auf beide Seiten der Gleichung anwendet, kann ich anschließend versuchen, ob ich Regel 7 anwenden kann." (*Computers and Thought*, S. 282).
9 H. A. Simon, *Modeling Human Mental Processes*. The RAND Corporation, P-2221 (20. Februar 1961), S. 15. Nicht, daß diese Probleme ungelöst wären. Einige Routine-, nichtheuristische, mathematische Algorithmen sind veröffentlicht worden, die diese und auch komplexere Suchprobleme lösen.
10 Allen Newell und H. A. Simon, *Computer Simulation of Human Thinking*, The RAND corporation, P-2276 (20. April 1961); ebenfalls veröffentlicht in: *Science*, Bd. 134 (22. Dezember 1961), S. 19 (Hervorhebung durch H. L.D.).
11 H. A. Simon, a. a. O., S. 12.
12 Marvin Minsky, „Descriptive Languages and Problem Solving". *Proceedings of the 1961 Western Joint Computer Conference*: nachgedruckt in: *Semantic Information Processing*, Minsky (Hrsg.), Cambridge, Mass.: MIT-Press, 1969, S. 420.
13 Ebenda.
14 Allen Newell, *Some Problems of Basic Organization* in *Problem Solving Programs*, The RAND Corporation, RM-3283-PR (Dezember 1962), S. 4.
15 G. W. Ernst und A. Newell, *Generality and GPS*. Carnegie Institute of Technology, Januar 1967, S. i.
16 Ebenda. S. 45.
17 H. Gelernter, J. R. Hansen und D. W. Loveland, „Empirical Explorations of the Geometry-Theorem Proving Machine", in: *Computers and Thought*, S. 160.
18 Oliver G. Selfridge und Ulric Neisser, „Pattern Recognition by Machine", in: *Computers and Thought*, S. 238.
19 Murray Eden, „Other Pattern-Recognition Problems and Some Generalizations", in

Recognition Patterns: Studies in Living and Automatic Systems. Paul A. Kolers und Murray Eden (Hrsg.), Cambridge, Mass.: MIT-Press, 1968, S. 196.
20 Selfridge und Neisser, a. a. O., S. 244.
21 Ebenda, S. 250.
22 Leonard Uhr und Charles Vossler, „A Pattern-Recognition Program that Generates, Evaluates, and Adjusts its own Operations". In: *Computers and Thought*, S. 251.
23 Laveen Kanal und B. Chandrasekaran, „Recognition, Machine Recognition and Statistical Approaches", *Methodologies of Pattern Recognition*, New York: Academic Press, 1969, S. 318 f.
24 Vincent E. Giuliano, „How We Find Patterns", *International Science and Technology* (Februar 1967), S. 40.
25 Feigenbaum und Feldman, *Computers and Thought*, S. 276.
26 Ebenda, S. vi.
27 Allen Newell, „The Chess Machine", in: *The Modeling of Mind*, Kenneth M. Sayre und Frederick J. Crosson (Hrsg.), South Bend, Ind.: Notre Dame University Press, 1963, S. 80.
28 Ebenda.
29 Allen Newell und H. A. Simon, *Computer Simulation of Human Thinking*, The RAND Corporation, P-2276 (20. April 1961), S. 15.
30 Newell, Shaw und Simon, „Chess-Playing Programs and the Problem of Complexity", in *Computers and Thought*, S. 47.
31 Michael Polanyi, „Experience and Perception of Pattern", in: *The Modeling of Mind*, S. 214. So weit ich weiß, war Frederick Crosson der erste, der die Relevanz dieser Analyse für die Arbeit in der Künstlichen Intelligenz erkannt hat. Im Vorwort zu *The Modeling of Mind* schreibt er: „... Einige menschliche Funktionen werden zeitweilig mit Hilfe verwertbarer Informationen oder Hinweise ausgeführt, auf die nicht explizit oder konzentriert geachtet wird; dies scheint einen grundlegenden Unterschied zwischen solchen Funktionen und den Prozessen zu kennzeichnen, durch die sie von Automaten simuliert werden. Der Grund für diesen Unterschied besteht darin, daß die Operationen von Digitalcomputern, die als Modelle verwendet werden, binärer Natur sind. Daraus folgt, daß die Funktion, die die Maschine leisten kann, an jedem Punkt alles-oder-nichts sein muß, d. h. ausreichend spezifisch und explizit, um mit ‚ja' oder ‚nein' beantwortet werden zu können." (S. 21). Crosson erklärt jedoch nicht die Eigenheiten und die Funktion dieser nichtfokalen Form der Wahrnehmung, so daß unklar bleibt, ob seiner Ansicht nach alle impliziten Hinweise prinzipiell explizit gemacht werden können und was, wenn überhaupt, in einem Modell verlorenginge, das nur explizite Hinweise verarbeitete.
32 Newell und Simon, *An Example of Human Chess Play in the Light of Chess Playing Programs*, Carnegie Institute of Technology, August 1964. S. 10 f.
33 Ebenda, S. 13 (Hervorhebung durch H. L.D.).
34 Ebenda, S. 11. Newell und Simon fahren fort: „Allgemeiner ausgedrückt, hat die Psychologie nur wenig darüber zu sagen gehabt, wie globale Konzepte das Verhalten organisieren." Dies ist selbstverständlich unglaublich provinziell. Die Gestaltpsychologie spricht von kaum etwas anderem. Newell und Simon meinen wohl, daß die Art der Psychologie, die sie bevorzugen, d. h. die Psychologie, die ein Computerprogramm als Erklärungsmodell benutzt, solche globalen Prozesse nicht behandelt.
35 Ebenda, S. 14.
36 Eliot Hearst, „Psychology Across the Chessboard", *Psychology Today* (Juni 1967), S. 35.
37 Ebenda, S. 37.

38 Minsky bemerkt diese Schwierigkeit, nimmt jedoch nach bloßem Glauben an, daß es eine heuristische Lösung geben muß: „Dies könnte durch eine heuristische Technik geleistet werden, die Relevanz bewerten kann, oder durch eine Logik, die solche Konsequenzen in Betracht zieht. Das Problem mit letzterem ist, daß alle Vorgänger von Aussagen eine Bedingung über die Beschaffenheit des Systems enthalten müssen, und für komplexe Systeme wird dies außerordentlich mühselig. Andere systematische Lösungen für das Problem scheinen ähnlich gelagert zu sein. Es ist ein Problem, das dringend nach einer heuristischen Lösung zu verlangen scheint." (*Semantic Information Processing.* S. 422).
39 Newell, Shaw und Simon, „Chess-Playing Programs and the Problem of Complexity", in: *Computers and Thought*, S. 65.
44 Oettinger, a. a. O., S. 26, bereits zitiert in Anm. 1.
41 Ebenda.
42 Bei serieller Verarbeitung besteht das Programm aus einer Reihe von Operationen, von denen jede abhängig ist von den Ergebnissen der vorherigen. Bei paralleler Verarbeitung werden verschiedene solcher Reihen von Berechnungen gleichzeitig durchgeführt. Parallele Verarbeitung kann von einem seriellen Programm durchgeführt werden, doch es bleibt der wichtige logische Unterschied, daß in einem seriellen Programm jeder Schritt von dem vorherigen abhängt, während bei parallelen Programmen die Operationen jeder Reihe von den Operationen anderer Reihen unabhängig sind.
43 Ludwig Wittgenstein, *Das Blaue Buch – Eine Philosophische Betrachtung (Das Braune Buch),* Frankfurt: Suhrkamp, 1980, S. 49. Die Teilnehmer des RAND-Symposiums „Computer and Comprehension" schlagen die psychologische Grundlage vor und verweisen auf den Vorteil dieses nichtregelhaften Charakters natürlicher Sprache. „Es ist entscheidend, daß Sprache ein kombinatorisches Repertoire von unbegrenzten möglichen Kombinationen ist, deren Bedeutungen von einer endlichen Menge von ‚Regeln' abgeleitet werden können, die die Bedeutung der einzelnen Komponenten bestimmen. (Die ‚Regeln' werden als Antwortmengen gelernt und sind nur teilweise formalisierbar)." (M. Kochen, D. M. MacKay, M. E. Maron, M. Scriven, L. Uhr, *Computers and Comprehension.* The RAND Corporation, RM-4065-PR (April 1964), S. 12).
44 Bar-Hillel, a. a. O., S. 105 f., bereits zitiert in Anm. 2.
45 Edward Feigenbaum, „The Simulation of Verbal Learning Behavior", in *Computers and Thought*, S. 298.
46 Marvin Minsky, „Steps Toward Artificial Intelligence", in: *Computers and Thought*, S. 447.
48 Ludwig Wittgenstein, *Philosophische Untersuchungen*, Frankfurt: Suhrkamp, stw 501, 1984, Werkausgabe Band 1, S. 575. Wittgenstein spricht hier darüber, wie wir lernen, einen Gefühlausdruck zu beurteilen, aber sein Standpunkt ist eher allgemein.
49 Allen Newell und H. A. Simon „GPS: A Program That Simulates Human Thought", in *Computers and Thought*, S. 288.
50 Ebenda, S. 289.
51 Ebenda, S. 290. Die willkürliche Natur dieser *ad hoc*-Erklärung wird aus dem Kontext deutlich. Als Simon bei seinem Vortrag am MIT 1968 zu diesem Punkt befragt wurde, antwortete er sogar, daß er nicht glaubte, parallele Verarbeitung spiele eine Rolle in kognitiven Prozessen, und sich nicht erinnern könnte, je das Gegenteil behauptet zu haben.
52 Ebenda, S. 291.
53 Ebenda, S. 292.
54 Ebenda.
55 Max Wertheimer, *Productive Thinking*, New York: Harper & Row, 1945, S. 202.

56 Marvin Minsky, „Descriptive Languages and Problem Solving", in *Semantic Information Processing*, S. 421, bereits zitiert in Anm. 12.
57 Newell, Shaw und Simon, *The Processes of Creative Thinking*, The RAND Corporation, P-1320 (16. September 1958), S. 43 f.
58 George Miller, Eugene Galanter und Karl H. Pribram, *Plans and the Structure of Behavior*, New York: Holt, Rinehart and Winston, 1960, S. 179 f.
59 Ebenda, S. 180.
60 Ebenda, S. 191.
61 Ebenda, S. 190 (Hervorhebung durch H. L.D.).
62 Wertheimer, a. a. O., S. 195, bereits zitiert in Anm. 55.
63 Hearst, a. a. O., S. 32, bereits zitiert in Anm. 36.
64 Minsky, „Descriptive Languages and Problem Solving", in *Semantic Information Processing*, S. 420, bereits zitiert in Anm. 12.
65 Ebenda, S. 123.
66 Edward Feigenbaum, „Artificial Intelligence: Themes in the Second Decade", IFIP Congress 1968, Supplement, S. J-15.
67 Welche Informationsverarbeitung das menschliche Gehirn auch benutzt, um Muster auszuwählen, diese Arbeit wird zweifellos unterstützt von der Organisation menschlicher Rezeptoren. Aber selbst wenn die Organisation des Inputs in wahrnehmbare Auffälligkeiten (Figur und Hintergrund) in die Rezeptoren einer Digitalmaschine eingebaut werden könnte, würden solche selektiven Rezeptoren sich so summieren, daß sie eine analoge Verarbeitung einführten, die KI-Forscher unbedingt vermeiden wollen.
68 Oliver G. Selfridge und Ulric Neisser, „Pattern Recognition by Machine", in *Computers and Thought*, S. 238.
69 Earl Hunt, *Computer Simulation: Artifical Intelligence Studies and their Relevance to Psychology* (Brown und Farber, 1968), S. 145.
70 Selfridge und Neisser, „Pattern Recognition by Machine", in *Computers and Thought* S. 238.
71 Aron Gurwitsch, „On the Conceptual Consciousness", in *The Modeling of Mind*, S. 203.
72 Ebenda, S. 204 f.
73 Vgl. dazu auch Maurice Merleau-Ponty, *Phänomenologie der Wahrnehmung*, Berlin: de Gruyter, 1965, S. 133.
74 Wittgenstein, *Das Blaue Buch – Eine Philosophische Betrachtung* a. a. O., S. 48.
75 Es sieht natürlich nur wie „Einengen" oder „*Dis*-ambiguieren" aus für jemanden, der sich dem Problem aus dem Blickwinkel des Computers nähert. Wir werden später sehen, daß die Situation für einen Menschen in untereinander zusammenhängenden Bedeutungen strukturiert ist, so daß die anderen möglichen Bedeutungen eines Wortes oder einer Äußerung nie erst ausgeschlossen werden müssen. Sie tauchen gar nicht erst auf.
76 Zitiert nach Merleau-Ponty, *Sens et Non-Sens*, Paris 1948, S. 54.
77 Wittgenstein, *Philosophische Untersuchungen*, § 583, a. a. O. S. 455.
78 Wittgenstein, *Philosophische Untersuchungen*, § 66, 67, a. a. O. S. 278.
79 Da Typogenetik im Gegensatz zu Klassifizierung, abhängig ist vom Vergleich mit speziellen Fällen, muß eine solche Ähnlichkeit einigermaßen konkret sein. Daher können wir von einem typischen Indianer sprechen, nicht aber von einem typischen Menschen.
80 Ein interessanter Versuch, diesen alles-oder-nichts Charakter von Klassenzugehörigkeit zu überwinden, ist von L. A. Zadeh gemacht worden. (Siehe, z. B., „Fuzzy Sets",

Information and Control), Bd. 8, Nr. 3, Juni 1965.) Zadehs Arbeit ist zwar interessant, definiert Klassen jedoch immer noch anhand spezifischer Merkmale, und läßt nur zu, daß Klassenmitglieder anhand des *Grades* von Zugehörigkeit zu der Klasse definiert werden. „Eine *fuzzy* (d. h. undeutliche) Menge ist eine Klasse von Gegenständen mit einem Kontinuum von Mitgliedschaftsgraden" (S. 338). Mehr noch ist *fuzziness*, wie Zadeh sie versteht, selbst ein *fuzzy* Konzept. Unter *fuzziness* faßt Zadeh wahllos fünf verschiedene Probleme der Mustererkennung: Unbestimmtheit der Grenzen, Kontextabhängigkeit, Zoelabhängigkeit, Abhängigkeit von subjektiver Einschätzung und Familienähnlichkeit. Daher ist nie klar, welches Problem, wenn überhaupt eins, die Formalisierung von *fuzziness* lösen soll.

81 Wittgenstein, *Philosophische Untersuchungen*, § 67, a. a.O. S. 278.
82 Diese Analyse ist detailliert ausgearbeitet in Renford Bambrough, vgl. „Universals and Family Resemblances", in *Wittgenstein: The Philosophical Investigations*, New York: Anchor, 1966.
83 Wittgenstein, *Das Blaue Buch* ... a. a. O., S. 49.
84 Alvin Tofflers *Future Shock* (Der Zukunftsschock) bietet eine ausgezeichnete Veranschaulichung dieses „Fehlers des ersten Schritts" (siehe auch Anm. 2 zu Kap. 2).
85 Herbert Simon, *The Shape of Automation for Men and Management*, New York: Harper & Row, 1965, S. 96.

Teil I, Kapitel 2

1 Marvin Minksy (Hrsg.), *Semantic Information Processing* Cambridge, Mass.: MIT Press 1969, S. 6, 7.
2 Beispielsweise der folgende Bericht in der *Chicago Tribune* vom 7. Juni 1963: „Die Entwicklung einer Maschine, die in der Lage ist, jede Art von Unterhaltung zu verstehen und das Gehörte auszudrucken, wurde gestern von den Experten des Bereichs ‚Lernmaschinen' an der Cornell Universität angekündigt. Ihr Einsatz wird für den Herbst erwartet [*sic!*]. Nach Angaben von Frank Rosenblatt, Direktor des Fachbereichs ‚Kognitive Systeme', ist dies die größte „denkende" Maschine, die jemals gebaut wurde. Rosenblatt machte seine Bekanntmachung auf einer Tagung über Lernmaschinen am technologischen Institut der Northwestern Universität.
In ihrer mathematischen Studie *Perceptrons* (Cambridge, Mass.: MIT 1969) gelangten Minsky und Papert zu einer weniger optimistischen Einschätzung der Perzeptron-Forschung: Perzeptronen wurden weithin als Maschinen zur Mustererkennung oder als ‚Lernmaschinen' bekannt. Sie wurden in vielen Büchern, Zeitschriftenartikeln und umfangreichen ‚Berichten' besprochen. Die meisten davon ... sind ohne wissenschaftlichen Wert ... [S. 4].
„Rosenbergs Ansatz [1958] schlug schnell Wurzeln. Bald darauf gab es an die hundert Gruppen, die sich mit ‚Lernmaschinen', ‚anpassungsfähigen' oder ‚selbstorganisierenden' Netzwerken oder ‚automatisch kontrollierten' Systemen befaßten. Die Ergebnisse dieser Projekte und Forschungen waren durchweg unbefriedigend und die Erklärungen nicht überzeugend. Die Maschinen arbeiten an einfachen Aufgaben ganz ordentlich, fallen jedoch mit zunehmendem Schwierigkeitsgrad sehr schnell ab" [S. 9].
In Anbetracht dieser praktischen Schwierigkeiten und der theoretischen Grenzen, die Minsky und Papert aufgezeigt haben, ist der Enthusiasmus über die Zukunft von Perzeptronen ein perfektes Beispiel für den „Fehler des ersten Schritts" (siehe auch Kap. 1, Anm. 84).
3 Minsky, *Semantic Information Processing*, S. 7.

4 Ebenda, S. 8.
5 Minsky, „Descriptive Languages and Problem Solving" in *Semantic Information Processing*, S. 419.
6 Minsky, *Semantic Information Processing*, S. 6 f.
7 Ebenda, S. 5.
8 Minsky, „Artificial Intelligence", *Scientific American*, Bd. 215, Nr. 3 (September 1966), S. 257.
9 Daniel G. Bobrow, „Natural Language Input for a Computer Problem Solving System" in *Semantic Information Processing*, S. 135.
10 Ebenda, S. 137.
11 Minsky, *Semantic Information Processing*, S. 18.
12 Ebenda, S. 20.
13 Bobrow, a. a. O., S. 183.
14 Daniel Bobrow, „Natural Language Input for a Computer Problem Solving System", MAC-TR-1, M. I.T., Abstrakt der Thesen, S. 3 (Hervorhebung durch H. L.D.).
15 Bobrow, „Natural Language Input for a Computer Problem Solving System" in *Semantic Information Processing*, S. 135.
16 Ebenda, S. 144.
17 Ebenda, S. 191.
18 Ebenda, S. 135. In dem von Bobrow gebrauchten Sinn von „verstehen" und „Englisch" „versteht" eine Maschine bereits „Englisch", der man eingibt, „You are on" und die auf die Frage „Are you on?" mit „Yes" antwortet.
19 Ebenda, S. 194.
20 Minsky, *Semantic Information Processing*, S. 14.
21 Bobrow, a. a. O., S. 192.
22 Minsky, „Artificial Intelligence", S. 260.
23 Bobrow, *Semantic Information Processing*, S. 194.
24 Bobrow, *Natural Language Input*, a. a. O., S. 3.
25 In seinem Aufsatz in *Scientific American* fragt Minsky: „Warum sind die Programme nicht intelligenter als sie sind?" und gibt die Antwort selbst: „... weil die vorhandenen Mittel – Menschen, Zeit und Computerkapazität – begrenzt sind. Einige ernsthafte Versuche haben ihr Ziel fast erreicht ... andere wurden durch die geringe Kapazität des Kernspeichers behindert, wieder andere hatten Probleme bei der Programmierung." (a. a. O., S. 258).
26 Thomas G. Evans, „A Program for the Solution of a Class of Geometric-Analogy Intelligence Test Questions", in *Semantic Information Processing*, S. 346 f.
27 Ebenda, S. 349.
28 Ebenda, S. 350.
29 Ebenda.
30 Minsky, *Semantic Information Processing*, S. 16 (Hervorhebung durch H. L.D.).
31 Minsky, *„Artificial Intelligence"*, S. 250 (Hervorhebung durch H. L.D.).
32 Evans, a. a. O., S. 280 (Hervorhebung durch H. L.D.).
33 Rudolf Arnheim, „Intelligence Simulated", *Midway*, University of Chicago (Juni 1967), S. 85–87.
34 Ebenda.
35 Im Gegensatz zu Minsky scheint Simon, obwohl selbst einer der Gläubigen, von seinen Doktoranden keine öffentlichen Glaubensbekenntnisse zu verlangen.
36 Ross Quillian, „Semantic Memory", in *Semantic Information Processing*, S. 262.
37 Ross Quillian, *Semantic Memory*, Bolt, Beranek and Newman, Inc., Bericht AFCRL-66-189 (Oktober 1966), S. 54 (fehlt in Minskys Zusammenfassung der Thesen).

38 Quillian, „Semantic Memory", in *Semantic Information Processing*, S. 230 f.
39 Ebenda, S. 221.
40 Ebenda, S. 222.
41 Ebenda, S. 216.
42 Ebenda, S. 247.
43 Quillian, *Semantic Memory*, S. 113, bereits zitiert in Anm. 37.
44 Quillian, „Semantic Memory", in *Semantic Information Processing*, S. 236.
45 Ebenda, S. 235.
46 Ebenda, S. 235.
47 Ebenda, S. 241.
48 Minsky, *Semantic Information Processing*, S. 1.
49 Ebenda, S. 26.
50 Ebenda, S. 18.
51 Marvin Minsky, *Computation: Finite and Infinite Machines*, Englewood Cliffs, N. J.: Prentice Hall, 1967, S. 2.
52 Minsky, *Semantic Information Processing*, S. 13.
53 Ebenda.
54 Ebenda (Hervorhebung durch H. L.D.).
55 Ebenda, S. 26.
56 Bar-Hillel, „Critique of June 1966 Meeting", SIGART *Newsletter*, S. 1.

Teil I, Zusammenfassung

1 Minsky, *„Artificial Intelligence"*, a. a. O., S. 258.
2 R. J. Solomonoff, „Some Recent Work in Artificial Intelligence", *Proceedings of the IEEE*, Bd. 54, Nr. 12 (Dezember 1966) S. 1689.
3 Ebenda, S. 1691.
4 Ebenda, S. 1693.
5 Ebenda.
6 Fred M. Tonge, „A View of Artificial Intelligence", *Proceedings, A. C.M. National Meeting* (1966), S. 379.
7 P. E. Greenwood, *Computing Reviews* (Januar-Februar 1967), S. 31.

Teil II, Einleitung

1 Allen Newell und H. A. Simon, *Computer Simulation of Human Thinking*, The RAND Corporation, P-2276, (20. April 1961), S. 9 (Hervorhebung durch H. L.D.).

Teil II, Kapitel 1

1 Für die vorliegende Diskussion muß beachtet werden, daß die theoretische Möglichkeit besteht, daß ein hinreichend komplexes neurales Netzwerk lernfähig ist, selbst wenn sich erweist, daß begrenzte Arten von Perzeptronen erkennungs- und lernunfähig sind. (vgl. Teil I, Kap. 2, Anm. 2) Bei der Bewertung der Argumente für die biologische und psychologische Hypothese, die besagen, daß das Gehirn oder das Bewußtsein wie ein *heuristisch programmierter* Digitalcomputer arbeiten, darf diese Möglichkeit nie vergessen werden.
2 John von Neumann, *Probabilistic Logics and the Synthesis of Reliable Organisms from*

Unreliable Components, in: *Collected Works*, A. H. Taub (Hrsg.), New York: Pergamon Press, 1963, Bd. 5, S. 372. (Hervorhebung durch H. L.D.).
3 John von Neumann, „The General and Logical Theory of Automats", Neuabdr. in: *The World of Mathematics*, New York: Simon and Schuster, 1956, S. 2077.
4 Ich danke Walter M. Elsasser und R. L. Gregory, die mir bei der Formulierung dieser Unterscheidung geholfen haben.
5 Theodore H. Bullock, „Evolution of Neurophysiological Mechanisms", in: Anne Roe und George Gaylord Simpson (Hrsg.), *Behavior and Evolution*, New Haven, Conn: Yale University Press, 1958, S. 172.
6 Jerome Lettvin, Vortrag an der Universität Berkeley, November 1969.
7 Walter A. Rosenblith, „On Cybernetics and the Human Brain", *The American Scholar* (Frühjahr 1966), S. 247.

Teil II, Kapitel 2

1 Ulric Neisser, *Kognitive Psychologie*, Stuttgart: Klett 1974, S. 22.
2 Miller, Galanter und Pribram, *Plans and the Structure of Behavior*, New York (Holt, Rinehart and Winston) 1960, S. 57.
3 Claude E. Shannon, „The Mathematical Theory of Communication", in Claude E. Shannon und Warren Weaver *The Mathematical Theory of Communication*, Urbana: University of Illinois Press, 1962, S. 3.
4 Warren Weaver, „Recent Contributions to the Mathematical Theory of Communication", in *The Mathematical Theory of Communication*, a. a. O., S. 99.
5 In diesem Zusammenhang erscheint es entweder als eine bewußte Verschleierung der Tatsachen oder als ein völliges Mißverständnis der Beiträge von Behavioristen und Gestaltpsychologen, wenn Newell, Shaw und Simon behaupten, eine Synthese beider Disziplinen hergestellt zu haben, indem sie einerseits Maßregeln des Verhaltens akzeptieren und andererseits berücksichtigen, daß „ein Mensch ein ungeheuer komplexes organisiertes System ist". („GPS: A Program That Simulates Human Thought", in: E. A. Feigenbaum und J. Feldman (Hrsg.), *Computers and Thought*, New York: McGraw-Hill 1963, S. 280, 293).
6 Siehe Teil III.
7 Jerry A. Fodor, „The Appeal to Tacit Knowledge in Psychological Explanation", *The Journal of Philosophy*, Bd. 20 (24. Oktober 1968), S. 632.
8 Ebenda, S. 629.
9 Ebenda, S. 637.
10 Jerry Fodor, *Psychological Explanation*, New York: Random House, 1968, S. 138.
11 Die andere Lesart der Simulierbarkeitsthese besagt, daß jeder Analogrechner ebenfalls dargestellt werden kann. Diese Lesart ist für den Mentalisten von Bedeutung, ist aber leider nicht so unmittelbar überzeugend wie die erstere. Ihre Schwachstelle ist jedoch erst zu erkennen, wenn man an einigen Beispielen den Unterschied zwischen Simulation und Darstellung geklärt hat. Die Division auf einem Rechenschieber wird durch jeden Algorithmus *simuliert*, der die passenden Quotienten liefert; doch die Division wird nur dann dargestellt, wenn die Quotienten *wie beim Rechenschieber* ermittelt, d. h., wenn Längen miteinander verglichen werden. Beim Computer würde das darauf hinauslaufen, den Mantissen von zwei Logarithmentafeln Raumkoordinaten zuzuordnen und durch Subtraktion eine „Übersetzung" zu erreichen. Um ein allgemeineres Beispiel zu geben: man kann jedes vielfach gekoppelte harmonische System, z. B. einen gängigen Analogcomputer, simulieren, indem man seine charakteristischen Dif-

ferentialgleichungen löst. Eine Darstellung, d. h. eine Simulation sowohl der inneren Operationen als auch der Ergebnisse, würde dagegen erfordern, daß man alle elektronischen Bauteile (Widerstände, Kondensatoren, Drähte usw.), ihre gegenseitigen Beeinflussungen und so auch ihre ständigen Abweichungen im Verlauf der Zeit simuliert. Jeder dieser analogen Mechanismen ist zwar sowohl simulierbar als auch darstellbar, doch dies ist nicht immer der Fall. Einige bestehen nicht aus identifizierbaren Einzelteilen, wie z. B. ein Seifenfilm, der die kleinste Oberfläche „berechnet", wenn er an einem unregelmäßig geformten Drahtring haftet, und lassen sich deshalb nicht nach dem obigen Schema darstellen.

Weil eine Seifenblase (oder irgendein anderer materieller Gegenstand) aus Atomen besteht, könnte man behaupten, sie sei im Prinzip dadurch darstellbar, daß man eine gewaltige Menge quantenmechanischer Berechnungen anstellt. Aber es ist zumindest sehr zweifelhaft, daß ein solcher Berg von Gleichungen letztlich erklären könnte, wie etwas funktioniert, oder ob er in bezug auf das Gehirn von irgendeiner Relevanz für die Psychologie sein könnte. Falls das noch nicht klar genug ist, stelle man sich eine gewöhnliche Addiermaschine mit Zahnrädern vor; unsere Überzeugung, daß sie nach den Gesetzen der Mechanik funktioniert und in allen interessanten Aspekten dargestellt werden kann, hat nicht das mindeste damit zu tun, daß sie aus Atomen besteht. Sie könnte sogar aus einer völlig mysteriösen, nicht zerlegbaren Substanz bestehen; trotzdem würde jeder darauf vertrauen, einen Mechanismus vor sich zu haben, solange sie mit Zahnrädern u.ä. arbeiten würde, und jede Darstellung des Zahnradmechanismus würde als eine Erklärung gelten. Dasselbe Argument gilt im wesentlichen für Analogcomputer, Rechenschieber usw.

So ist es ungerechtfertigt, *a priori* zu behaupten, daß ein analoger Mechanismus immer digital darstellbar ist, nur weil man die viel schwächere und irrelevantere Behauptung, er sei digital simulierbar, vertreten kann.

12 Miller, Galanter und Pribram, a. a. O., S. 16 (Hervorhebung durch H. L. D.).
13 Newell und Simon, „GPS: A Program that Simulates Human Thought", a. a. O., S. 293.
14 Newell und Simon, *Computer Simulation of Human Thinking*, S. 9.
15 Ebenda, S. 292.
16 Thomas Kuhn, *Die Struktur wissenschaftlicher Revolutionen*, Frankfurt: Suhrkamp stw 25, ²1976, S. 94.
17 Ebenda, S. 32.
18 Ebenda, S. 94.
19 Newell und Simon, *Computer Simulation of Human Thinking*, S. 9.
20 Herbert Simon und Allen Newell, „Information Processing in Computer and Man", *American Scientist*, Bd. 52 (September 1964), S. 282.
21 Miller, Galanter und Pribram, a. a. O., S. 16 (Hervorhebung durch H. L.D.).
22 Vgl. Platon, *Menon*.
23 Einleitung, Abschnitt I.
24 Miller u. a.m., a. a. O., S. 17. Vgl. a. Minsky in seinem Artikel „Artificial Intelligence", *Scientific American*, Bd. 215, Nr. 3 (September 1966): „Evans begann seine Arbeit ... indem er eine Theorie über die Schritte oder Prozesse vorschlug, die ein menschliches Gehirn beim Bewältigen einer solchen Situation vollziehen könnte" (S. 250). Minsky und Papert richten ihr Buch *Perceptrons* (MIT-Press, 1969) wiederum an „Psychologen und Biologen, die wissen möchten, wie das Gehirn Gedanken berechnet" (S. 1). In seiner Dissertation *Semantic Memory* sagt Quillian: „... um eine solche Bedeutung zu verstehen, muß das Gehirn des Verstehenden eine Anordnung von Symbolen finden oder erzeugen ..." (S. 70).

25 Jerry Fodor, *Psychological Explanation*, S. 30.
26 Ebenda, S. 22.
27 Neisser, *Kognitive Psychologie*, S. 18.
28 Phänomenologisch gesehen, haben wir natürlich einen unmittelbaren Zugang zu Objekten und nicht zu Lichtwellen.
29 Neisser, *Kognitive Psychologie*, S. 18.
30 Ebenda (Hervorhebung durch H. L. D.).
31 Es sei denn, man übernimmt die Theorie über die Identität von Wahrnehmungen und Gehirnzuständen, die Neisser nicht zu vertreten scheint, denn dies würde eine weitere Rechtfertigung erfordern, die Neisser nirgends gibt.
32 Neisser, *Kognitive Psychologie*, S. 19 (Hervorhebung durch H. L. D.).
33 Ebenda, S. 20. „Unser Wissen über die Welt *muß* sich irgendwie vom „Stimulus-Input" aus entwickeln..."
34 Ebenda, S. 38.
35 Ebenda, S. 25.
36 Ebenda, S. 27.
37 Ebenda, S. 180.
38 Anstatt den Humeschen Begriff der Sinnesdaten wiederzubeleben und dann gezwungenermaßen Kantsche Regeln einzuführen, um erklären zu können, wie die Verknüpfung der Sinnesdaten zur Wahrnehmung von Objekten führt, wäre es aufschlußreicher und für die Forschung richtungweisender, festzustellen, was Psychologen wie Neisser, unabhängig von ihrer fehlerhaften Begriffsbildung, eigentlich *tun*. In ihrer Arbeit versuchen sie, die Hinweise im Wahrnehmungsfeld zu finden, die für verschiedene Bereiche der Wahrnehmung, z. B. für unsere Wahrnehmung von Tiefe entscheidend sind. Welche Hinweise dafür nötig sind, läßt sich herausfinden, indem man verschiedene Faktoren, wie zweiäugiges Sehen, Verlagerung, Oberflächengradient usw., systematisch ausschließt. Man kann sogar eine Hierarchie der Abhängigkeiten der einzelnen Hinweise ermitteln und feststellen, wieviele Hinweise man in einer gegebenen Zeit verarbeiten kann. Man hofft darauf, daß die Ergebnisse den einzelnen Schritten im Flußdiagramm eines Computerprogramms ähneln. In diesem Fall kann man die Gesetze formulieren, die Eingabe und Ausgabe in jeder Phase miteinander verbinden.

Bei dieser Arbeit braucht man nicht von „unbewußten Regeln" zu sprechen, die bruchstückhafte Elemente zu Wahrnehmungen zusammensetzen. Dabei sollten wir niemals sagen: „Wir haben keinen unmittelbaren Zugang zu dieser Welt oder einer ihrer Eigenschaften". In einer solchen Theorie wären nicht Fragmente und Regeln die psychologische Wirklichkeit, sondern genau die Hinweise in unserer normalen Wahrnehmung von Objekten, die in der Theorie eine Rolle spielen.

Obwohl wir uns ihrer meistens nicht ausdrücklich bewußt sind, sind diese Hinweise nicht unbewußt. Wir können sie uns bewußt machen, indem wir unsere Aufmerksamkeit auf sie richten; dagegen können wir uns die neuralen Prozesse nicht bewußt machen und erst recht nicht die „Momentaufnahmen" von Gegenständen, die wir laut Neisser tatsächlich wahrnehmen. Manchmal können die Hinweise so geringfügig sein, daß man sie durch bloßes „Hinsehen" niemals entdecken würde. Zum Beispiel kann man die leichte Verschiebung eines jeden Pünktchens in einem Julesz-Muster nicht sehen, wodurch der Eindruck räumlicher Tiefe hervorgerufen wird. Aber wenn man uns sagte, wonach wir zu suchen hätten, würden wir die Verschiebung mit einem geeigneten Meßinstrument vermutlich entdecken. So kann man diesen Hinweisen eine psychologische Realität einfach deshalb einräumen, weil sie prinzipiell unserer Wahrnehmung zugänglich sind.

In den eingeschränkten Fällen, in denen es die Hierarchie der Abhängigkeit der

Hinweise ausdrückt, hat auch das „Flußdiagramm" eine psychologische Realität. Sicher entspricht es in groben Zügen den physikalischen Prozessen im Gehirn, doch selbst in diesen Fällen sind wir nicht berechtigt, von unbewußter Verarbeitung zu reden, als sei das Gehirn ein Digitalcomputer, der nach einem Programm abläuft.

Wenn Psychologen diese Art Forschung betreiben, finden sie interessanterweise heraus, daß nicht einzelne Hinweise notwendig und hinreichend sind, sondern daß verschiedene Gruppen von Hinweisen unter besonderen eingeschränkten Bedingungen hinreichend sind. Auch die Hierarchie der Abhängigkeit der Hinweise variiert mit der Situation. So ähneln die Ergebnisse einem Flußdiagramm nur in sehr begrenzter Weise und in ganz bestimmten Fällen. Um ihre Theorie vollständig im Rahmen ihres Computermodells zu formalisieren, müßten die experimentellen Psychologen entweder den Input in Form von abstrakten, situationsunabhängigen Variablen spezifizieren oder Metaregeln finden, mit denen man spezielle Situationen erkennen kann, die durch bestimmte Hierarchien der Abhängigkeit einander bedingen. Bisher sind noch keine dieser abstrakten Variablen und Regeln gefunden worden. (Siehe Hubert L. Dreyfus, „Phenomenology and Mechanism", *NOUS*, Bd. V, Nr. 1, Feb. 1971).
39 Fodor, *Psychological Explanation*, a. a. O. (Anm. 23), S. 26.
40 Ebenda, S. 29
41 Ebenda, S. 26.
42 Ebenda, S. 28
43 Ebenda.
44 Ebenda, S. 140 (Hervorhebung durch H. L. D.).
45 Ebenda, S. 141.
46 Ebenda, S. 83.
47 Ebenda, S. 85 (Hervorhebung durch H. L. D.).
48 Ebenda, S. 146.

Teil II, Kapitel 3

1 Mit „reproduzieren" meine ich die Erzeugung wesentlicher Merkmale des betreffenden Verhaltens. Ich meine keine exakte Kopie, genausowenig, wie eine photographische Reproduktion des Eiffelturms aus Stahl besteht. Da man von Computern nicht erwartet, daß sie sich bewegen und im normalen Sinne des Wortes verhalten, geht es uns nicht darum, die formale Theorie einer Verhaltensform zur exakten Kopierung dieses Verhaltens zu benutzen. Die Erzeugung wesentlicher Merkmale eines Verhaltens ohne detaillierte Imitation wird normalerweise „Simulation" genannt. So kann ein Computer eine Wahl simulieren, ohne eine einzige Stimme abzugeben; jedoch wird der Ausdruck „Simulation" bereits von den KS-Forschern mit Beschlag belegt, die in ihr Modell nicht nur das entscheidende Verhalten aufnehmen wollen, sondern auch die Schritte, die dieses Verhalten erzeugen.
2 Dieses Fahrradbeispiel stammt aus Michael Polanyi, *Personal Knowledge,* London: Routledge & Kegan Paul, S. 49. Polanyis Analyse des Beispiels verdient, ausführlich zitiert zu werden:
„Ich habe Physiker, Techniker und Fahrradhersteller befragt und bin zu dem Ergebnis gekommen, daß das Prinzip, nach dem ein Radfahrer handelt, um die Balance zu halten, nicht allgemein bekannt ist. Die vom Radfahrer befolgte Regel sieht folgendermaßen aus: Wenn er droht, nach rechts zu fallen, lenkt er nach rechts, so daß das Fahrrad einen Schlenker nach rechts beschreibt. Dies bewirkt, daß die Zentrifugalkraft den Radfahrer nach links drückt und daß die Einwirkung der Schwerkraft, die ihn nach

rechts zog, aufgehoben wird. Dieses Manöver wirft den Fahrer sofort nach links aus dem Gleichgewicht, dem er entgegenwirkt, indem er den Lenker nach links bewegt. Und so hält er sich im Gleichgewicht, indem er ununterbrochen entsprechende Kurven beschreibt. Eine einfache Rechnung ergibt, daß für einen bestimmten Neigungswinkel des Gefährts die Krümmung jeder Kurve umgekehrt proportional zum Quadrat der Geschwindigkeit ist, mit der sich der Radfahrer vorwärtsbewegt.

Aber sagt uns dies genau, wie man radfährt? Nein. Man kann nicht bewußt die Krümmungen des Weges, den das Rad beschreibt, dem Verhältnis des Kippwinkels zum Quadrat der Geschwindigkeit anpassen, und selbst wenn man es könnte, würde man trotzdem vom Rad fallen, denn es gibt eine Vielzahl anderer Faktoren, die man in der Praxis beachten muß und die in der Formulierung dieser Regel nicht enthalten sind."

Trotz dieser wichtigen Einsicht schmälert Polanyi die Bedeutsamkeit dieses Beispiels, indem er von „verborgenen Regeln" spricht (S. 53). Dies macht deutlich, daß Polanyi wie Platon nicht unterscheidet zwischen Performanz und Kompetenz, zwischen Erklärung und Verstehen, zwischen der Regel, die man befolgt und der Regel, mit der sich beschreiben läßt, was geschieht. Genau diese Verwechslung verführt auch die KS-Forscher zu ihrem Optimismus.

Polanyi führt einen eigenen Einwand gegen die KS an. Er ist der Meinung, daß wir „in einem nicht-trivialen Sinn" die Regeln kennen, behauptet jedoch, daß „man dies nicht als unbewußtes Wissen betrachten kann, denn es handele sich schließlich um ein (mehr oder weniger unbewußtes) Wissen, das auf ein Ziel *ausgerichtet ist.* Diese Eigenschaft des Zweitbewußtseins, seine *funktionale Leistungsfähigkeit* kann die Maschine nicht nachahmen, denn die Maschine arbeitet gänzlich auf einer einzigen Bewußtseinsebene." (Persönliche Mitteilung.) Dies ist eine interessante Zwischenposition, aber dessenungeachtet bleibt doch die Frage, warum Polanyi als gegeben annehmen möchte, daß wir überhaupt in irgendeinem Sinn Regeln befolgen.

3 Minsky, *Computation: Finite and Infinite Maschines,* Englewood Cliffs. N. J.: Prentice-Hall, 1967, S. VII.
4 A. M. Turing, „Kann eine Maschine denken?", in *Kursbuch 8,* Frankfurt: Suhrkamp, 1967.
5 Minsky, *Computation,* S. 107.
6 Ebenda.
7 Turing, a. a. O.
8 Ebenda.
9 James T. Culbertson, „Some Uneconomical Robots", in C. E. Shannon und J. McCarthy (Hrsg.), *Automata Studies,* Princeton, N. J.: Princeton University Press, 1956, S. 100.
10 Ebenda, S. 114.
11 Warum solche isolierbaren Inputs und Outputs nicht gefunden werden können, wird erst deutlich, wenn wir die Beziehung des Menschen zu seiner Welt beschrieben haben. Siehe Teil III, Kapitel 3.
12 Minsky, „Matter, Mind, and Models", in ders. (Hrsg.), *Semantic Information Processing,* Cambridge: MIT Press, 1969, S. 429.
13 H. J. Bremermann, „Optimization Through Evolution and Recombination", in *Self-Organizing Systems,* Washington, D. C., 1962, S. 1.
14 Ebenda, S. 2.
15 Minsky, *Computation,,* S. 107.
16 John McCarthy, „Programs with Common Sense", in Minsky (Hrsg.), *Semantic Information Processing,* S. 410.

17 Manchmal definiert Chomsky Sprachkompetenz und Sprachverwendung so, daß diese Trennung erhalten bleibt und die Beziehung einer Theorie der Sprachkompetenz zu einer Theorie der Sprachverwendung nur empirisch geklärt werden kann. Zum Beispiel sagt er: „Um ein hartnäckiges Mißverständnis auszuschalten, lohnt es die Mühe, zu wiederholen, daß eine generative Grammatik kein Sprechermodell und kein Hörermodell ist. Sie versucht *auf möglichst neutrale Weise* die Sprachkenntnis zu charakterisieren, die für den aktuellen Sprachgebrauch durch einen Sprecher-Hörer die Basis liefert. Wenn wir davon sprechen, daß eine Grammatik einen Satz erzeugt zusammen mit einer bestimmten strukturellen Beschreibung, so meinen wir einfach, daß die Grammatik diese strukturelle Beschreibung dem Satz zuschreibt." *Aspekte der Syntax-Theorie,* Frankfurt: Suhrkamp stw 42, 1969, S. 20.

Diese einfache Definition läßt jedoch einigen Zweifel darüber offen, wie Chomsky die von ihm eingeführte Unterscheidung zwischen Sprachkompetenz und Sprachverwendung versteht. Wenn Sprachkompetenz das ist, was jemand weiß, wenn er eine Sprache kennt, dann wäre es eine empirische Frage, ob die Regeln, die Sprachkompetenz beschreiben, irgendeine Rolle bei der Sprachverwendung spielen. Doch manchmal scheint Chomsky zu meinen, daß Sprachkompetenz notwendigerweise eine Rolle für die Sprachverwendung spielt, und baut dies genau in die Definition von Sprachverwendung und Sprachkompetenz und ihr Verhältnis zueinander mit ein: „Unter einer ‚generativen Grammatik' verstehe ich einfach ein Regelsystem, das auf explizite und wohldefinierte Weise Sätzen Struktur-Beschreibungen zuordnet. Offenbar hat sich jeder Sprecher einer Sprache eine generative Grammatik vollständig angeeignet, die seine Sprachkenntnis ausdrückt... Zweifelsohne wird ein vernünftiges Modell der Sprachverwendung die generative Grammatik als grundlegende Komponente integrieren, die die Sprachkenntnis des Sprechers-Hörers zum Ausdruck bringt; aber diese generative Grammatik stellt von sich aus keine Vorschrift dar für den Charakter und das Funktionieren eines Modells der Perzeption oder eines Sprachvorgangs." (ebenda S. 20 f.)

Oder auch: „... Wir müssen, um eine selbständige und unabhängige Untersuchung durchführen zu können, ein kognitives System voraussetzen, *ein System von Wissen und Glauben,* das sich in frühester Kindheit *entwickelt* und das, *in Wechselwirkung* mit vielen anderen Faktoren, diejenigen Verhaltensweisen determiniert, die wir beobachten; um einen terminus technicus einzuführen: wir müssen das System der *Sprachkompetenz* isolieren und untersuchen, das dem Verhalten *zugrundeliegt,* jedoch in keinerlei direkter oder einfacher Weise im Verhalten realisiert wird." *(Sprache und Geist,* S. 15, Hervorhebung durch H. L. D.)

Bei Chomsky stellt man eine ähnliche Tendenz wie bei Polanyi fest, der annahm, daß die Regel, die er zur Beschreibung der Fähigkeit, radzufahren, vorschlägt, auch auf tatsächliches Radfahren angewendet werden kann. In dieser Lesart ist die Rolle des Formalismus, der die Sprachkompetenz beschreibt, nicht länger neutral.

Doch wenn mit der Unterscheidung zwischen Sprachkompetenz und Sprachverwendung die Trennung einer formalen Theorie von einer psychologischen Theorie erfolgen soll, kann das Verhältnis einer Sprachkompetenz zu einer Sprachverwendungstheorie nicht schon in der Definition vorgegeben sein, oder anders ausgedrückt, wenn Sprachkompetenz so definiert ist, daß sie der Sprachverwendung zugrundeliegt, dann müßte Sprachkompetenz eine idealisierte psychologische Theorie der Erzeugung von Sprache sein, und die Unterscheidung zwischen Sprachkompetenz und Sprachverwendung würde nur hervorheben, daß andere Faktoren wie Müdigkeit und Lernen vernachlässigt worden sind.

Zeitweise teilt Chomsky diese Ansicht. „Was in unserer Gegenwart gesagt wird, interpretieren wir nicht *bloß* durch Anwendung der sprachlichen Prinzipien, die die phonetischen und semantischen Eigenschaften einer Äußerung determinieren. Dafür, wie Sprache erzeugt, erkannt und verstanden wird, sind außersprachliche Überzeugungen über den Sprecher und die Situation von entscheidender Bedeutung. Überdies unterliegt die Sprachverwendung Prinzipien der kognitiven Struktur (z. B. Beschränkungen des Gedächtnisses), die im Grunde keine Aspekte der Sprache sind. Um eine Sprache zu untersuchen, müssen wir also versuchen, eine Anzahl von Faktoren, die *zusammen mit der zugrundeliegenden Sprachkompetenz* die tatsächliche Sprachverwendung determinieren, zu trennen; der technische Begriff Sprachkompetenz bezieht sich auf die Fähigkeit des idealen Sprecher-Hörers, Laute und Bedeutungen in genauer Übereinstimmung mit den Regeln seiner Sprache zu verknüpfen." (vgl. „The Formal Nature of Language", Anhang zu *Biological Foundations of Language*, Eric Lenneberg, New York: Wiley, 1967, S. 398.) − (Hervorhebung durch H. L. D.)

Worin besteht dann die Beziehung zwischen Sprachkompetenz und Sprachverwendung? Würde Chomsky seine formale Beschreibung aufgeben, wenn in der Psycholinguistik entdeckt werden sollte, daß für die *Erzeugung* von Sprache die in Chomskys linguistischem Formalismus vorausgesetzten Regeln überhaupt nicht von Bedeutung sind? Darauf scheinen neueste Forschungen hinzuweisen: (siehe in T. G. Bever, *The Cognitive Basis for Linguistic Structures*, das Kapitel „The Non-Distinction Between Linguistic Competence and Performance in the Adult": „... Verhaltensprozesse verarbeiten linguistisch definierte innere und äußere *Strukturen*, es trifft jedoch nicht zu, daß sie die grammatischen Prozesse, die diese Strukturen innerhalb einer Grammatik miteinander verknüpfen, widerspiegeln oder direkt simulieren. Eine solche Schlußfolgerung macht jedes Modell zur Spracherkennung ungültig, das versucht, grammatische Regeln als eine isolierbare Komponente unmittelbar miteinzubeziehen." Chomsky möchte anscheinend beides: Sein Formalismus für die Sprachkompetenz soll von der Psychologie unabhängig sein, damit er ihn beibehalten kann, unabhängig von der empirischen Beweislage; und dennoch soll die Sprachkompetenz *per definitionem* eine Rolle in der Sprachverwendung spielen. Einerseits behauptet er: „Wenn wir sagen, daß ein Satz die und die Derivation bezüglich einer einzelnen generativen Grammatik hat, *dann sagen wir nichts aus darüber, wie der Sprecher oder Hörer* in irgendeiner praktischen oder wirksamen Weise *vorgehen könnte*, um eine solche Derivation zu konstruieren. Diese Fragen gehören in die Theorie der Sprachverwendung." (*Aspekte der Syntax-Theorie*, S. 20, Hervorhebung durch H. L. D.). Doch in *Sprache und Geist* sagt Chomsky: „Das Problem, den Charakter solcher Grammatiken zu bestimmen und die Prinzipien auszumachen, denen sie unterliegen, ist ein für die Wissenschaft typisches Problem, vielleicht sehr schwer zu lösen, aber doch im Prinzip einer definitiven Beantwortung fähig, die insofern *wahr oder falsch ist, wie sie mit der mentalen Realität übereinstimmt oder nicht.*" (S. 37, Hervorhebung durch H. L. D.).

Dieser Unsicherheit über den Status der formalen Grammatik, die die Sprechsituation hinsichtlich der Grammatikalität beschreibt, liegt die feste Verknüpfung zweier Annahmen zugrunde; es handelt sich zum einen um die platonische Annahme, daß der Formalismus, der uns befähigt, Verhalten zu *verstehen*, auch zur *Erzeugung* dieses Verhaltens beiträgt, und zum anderen um die Annahme Kants, daß jedes geordnete Verhalten regelgeleitet ist. Beides wird durch die Vorstellung eines Computerprogramms noch verstärkt. Chomsky zweifelt weder an der Annahme, daß „derjenige, der die Kenntnis einer Sprache erworben hat, ein System von Regeln internalisiert hat..." (*Sprache und Geist*, S. 49) noch daran, daß diese Regeln als „Mechanismus" zur „Erzeugung" von Sätzen fungieren. Diese Überzeugungen führen zusammengenommen zu Chomskys cartesianischer Theorie angeborener Ideen, von der sogar er zugibt, sie sei schwer zu akzeptieren: „Es ist nicht leicht zu akzeptieren, daß ein Kind fähig ist, einen äußerst komplexen Mechanismus zur Erzeugung einer Menge von Sätzen aufzubauen, von denen es einige gehört hat; oder daß ein Erwachsener augenblicklich bestimmen kann, ob (und wenn, wie) eine spezielle Äußerung von diesem Mechanismus erzeugt werden kann, was in vielen Dingen einer abstrakten deduktiven Theorie gleichkäme. Doch dies scheint eine gute Beschreibung der Sprachverwendung von Sprecher, Hörer und Lernendem zu sein." („A Review of B. F. Skinner's Verbal Behavior", *The Structure of Language*, Englewood Cliffs, N. J.: Prentice-Hall, 1964, S. 577.)

Dieser, wenn auch unplausible Standpunkt scheint dank der Existenz des Computers akzeptabel zu sein: „Es besteht ... prinzipiell keine Schwierigkeit, einen Computer mit einem Schematismus zu programmieren, der die Form einer generativen Grammatik streng restringiert, mit einer Bewertungsprozedur für Grammatiken der gegebenen Form, mit einem Verfahren, darüber zu entscheiden, ob gegebene Daten mit einer Grammatik der gegebenen Form verträglich sind, mit einer festen Substruktur von Entitäten (wie z. B. distinktiven Merkmalen), Regeln und Prinzipien usw. – kurz, mit einer universalen Grammatik von der Art, wie sie in den letzten Jahren vorgeschlagen worden ist." (*Sprache und Geist*, S. 138) – Anschließend knüpft Chomsky die Verbindung zwischen diesem Computermodell und der klassischen Tradition: „Aus bereits erwähnten Gründen glaube ich, daß diese Vorschläge zu Recht als eine Weiterentwicklung der klassischen rationalistischen Lehre angesehen werden können, als eine Ausarbeitung einiger ihrer Hauptgedanken über Sprache und Geist." (*Sprache und Geist*, S. 138) – Er schließt mit den Worten: „Wenn wir die Forschungen, die heute durchführbar erscheinen, weiter betreiben und die Aufmerksamkeit auf bestimmte Probleme konzentrieren, die heute der Untersuchung zugänglich sind, dann kann es uns gelingen, einigermaßen detailliert die komplizierten und abstrakten Verfahren herauszufinden, die teilweise die Natur der Perzepte und den Charakter des Wissens, das wir erwerben können, determinieren – jene hochgradig spezifischen Arten, Phänomene zu interpretieren, die in hohem Maße jenseits unseres Bewußtseins und unserer Kontrolle liegen und für den Menschen einzigartig sein mögen." (*Sprache und Geist*, S. 162) – In dieser Neufassung der cartesianischen Lehre kommt die traditionelle philosophische Annahme, daß es die einzigartige Eigenschaft des Menschen ist, ein hochentwickelter Computer zu sein, voll zum Ausdruck – vielleicht zum ersten Mal, seitdem Hobbes aufgrund der Physik Newtons voreilig den gleichen Schluß gezogen hatte.

18 Vgl. Sören Kierkegaard, *Abschließende unwissenschaftliche Nachschrift.* Erster Teil, übers. von Ch. Schrempf und H. Goltsched, Köln: Eugen Diederichs Verlag.
19 Diese Haltung wird mit Nachdruck und voller Naivität vertreten in Sayres Einleitung zu Kenneth M. Sayre und J. Crosson (Hrsg.), *The Modeling of Mind*, South Bend, Ind.: Notre Dame University Press, 1962: „Jede mentale Funktion, die so beschaffen ist, daß 1. ihr Input und ihr Output präzise bestimmt werden können und 2. die Transformation, die sie durchführt, sich mit Gleichungen, die eine festgelegte Relation zwischen Input und Output ausdrücken, annähernd beschrieben läßt, kann allein schon deshalb mehr oder weniger angemessen simuliert werden. Falls wir allerdings weder den Input noch den Output oder die Transformation genau bestimmen können, sind wir nicht in der Lage, eine adäquate Simulation dieser Funktion zu erreichen. Unsere Unfähigkeit in einem solchen Fall verweist allerdings höchstens auf Schwächen des menschlichen Geistes und ist kein Zeichen für ‚Transzendenz' mentaler Funktionen" (S. 14).
20 Ludwig Wittgenstein, *Das Blaue Buch. Eine Philosophische Betrachtung*, S. 48 f.
21 Siehe z. B. Wittgenstein, *Philosophische Untersuchungen*, § 85 ff.

„Eine Regel steht da, wie ein Wegweiser. – Läßt er keinen Zweifel offen über den Weg, den ich zu gehen habe? Zeigt er, in welche Richtung ich gehen soll, wenn ich an ihm vorbei bin; ob der Straße nach, oder dem Feldweg, oder querfeldein? Aber wo steht, in welchem Sinne ich ihm zu folgen habe; ob in der Richtung der Hand, oder (z. B.) in der entgegengesetzten? – Und wenn statt eines Wegweisers eine geschlossene Kette von Wegweisern stünde, oder Kreidestriche auf dem Boden liefen, – gibt es für sie nur *eine* Deutung? – Also kann ich sagen, der Wegweiser läßt doch keinen Zweifel offen. Oder vielmehr: er läßt manchmal einen Zweifel offen, manchmal nicht. Und dies ist nun kein philosophischer Satz mehr, sondern ein Erfahrungsatz." (§ 85, S. 288)

Teil II, Kapitel 4

1 Minsky, *Semantic Information Processing*, S. 11.
2 Ebenda.
3 Ein Digitalcomputer besteht, aus Ein-Aus-Schaltern, die logische Operationen ausführen, aber dies beschränkt den Computer nicht auf die Realisierung von Informationsverarbeitungsmodellen. Dieselben Kippschalter könnten so angeordnet werden, daß sie Nervennetzwerke oder die Interferenzmuster darstellen, aus denen Hologramme bestehen. Der Informationsverarbeitungsansatz nutzt den Computer jedoch zur Realisierung symbolischer Beschreibungen, so daß Kombinationen von Kippschaltern einzelne Fakten repräsentieren. Wenn man annimmt, daß diese symbolischen Beschreibungen aus primitiven Einheiten bestehen, die isolierbaren Merkmalen der Welt entsprechen, geht man von der ontologischen Annahme aus.
4 Allen Newell, *Learning, Generality and Problem-Solving*, The RAND Corporation, RM-3285-1-PR (Februar 1963), S. 17.
5 Murray Eden, „Other Pattern Recognition Problems and Some Generalizations", in Kolers und Eden (Hrsg.), *Recognizing Patterns: Studies in Living and Automatic Systems*, Cambridge, Mass.: MIT-Press, 1968, S. 153. (Hervorhebung durch H. L. D.)
6 Minsky, *Semantic Information Processing*, S. 25.
7 Ebenda, S. 25 f.
8 Ebenda, S. 26 f.
9 Ebenda, S. 27.
10 Es ist nicht so, daß wir wissen, was es heißt, unsere Situation *vollständig* explizit zu machen, und es nur nicht können. Wir wissen nur, was es heißt, eine Situation genügend explizit für einen *bestimmten Zweck* zu machen.
11 Siehe Anm. 17.
12 Vgl. Gottfried Leibniz, *Zur allgemeinen Charakteristik*, in: Hauptschriften zur Grundlegung der Philosophie, hrsg. von Ernst Cassirer, Hamburg: Felix Meiner 1966, Bd. I, S. 32 ff.
13 Merleau-Ponty, *Phänomenologie der Wahrnehmung*, S. 82.
14 Martin Heidegger, *Der Satz vom Grund*, Pfullingen: Günther Neske, 1957, S. 42.
15 Heidegger, S. 203. In *Der Satz vom Grund* bemerkt Heidegger: „... die Bestimmung der Sprache als Information verschafft allererst den zureichenden Grund für die Konstruktion der Denkmaschinen und für den Bau der Großrechneranlagen" und „Die Information ist als Benachrichtigung auch schon die Einrichtung, die den Menschen, alle Gegenstände und Bestände in eine Form stellt, die zureicht, um die Herrschaft des Menschen über das Ganze der Erde und sogar über das Außerhalb eines Planeten sicherzustellen".

16 Wittgenstein, *Philosophische Untersuchungen*, § 46 f, S. 263 f.: „Was hat es nun für eine Bewandtnis damit, daß Namen eigentlich das Einfache bezeichnen? – Sokrates (im Theaitetós): ‚Täusche ich mich nämlich nicht, so habe ich von Etlichen gehört: für die Urelemente – um mich so auszudrücken – aus denen wir und alles übrige zusammengesetzt sind, gebe es keine Erklärung... Wie aber das, was aus diesen Urelementen sich zusammensetzt, selbst ein verflochtenes Gebilde sei, so seien auch seine Benennungen in dieser Verflechtung zur erklärenden Rede geworden; denn deren Wesen sei die Verflechtung von Namen.' Diese Urelemente waren auch Russels ‚individuals' und auch meine ‚Gegenstände' (Tract. Log.-Phil.). Aber welches sind die einfachen Bestandteile, aus denen sich die Realität zusammensetzt? ... Es hat gar keinen Sinn, von den ‚einfachen Bestandteilen des Sessels schlechtweg' zu reden."
17 John McCarthy, *Programs with Common Sense*, in *Semantic Information Processing*, S. 403.
18 Ebenda, S. 410.
19 Ebenda, S. 411.
20 Ebenda, S. 413.
21 Ebenda, S. 411.
22 Bar-Hillel, „The Present Status of Automatic Translation of Language", in: F. L. Alt (Hrsg.), *Advances in Computers*, New York (Academic Press) 1964, Bd. 1, S. 94.
23 Ebenda, S. 158 f. Aufgrund von Bar-Hillels Beispiel könnte man glauben, daß der Computer nur den unmittelbaren verbalen Kontext nach Wörtern wie „Spielzeug" abzusuchen brauchte, um zu bestimmen, daß es sich um die Bedeutung „Laufstall" handelt. Doch, wie John Haugeland gezeigt hat, macht schon eine kleine Veränderung des Beispiels deutlich, daß eine Analyse des Kontextes Bar-Hillels Einwand nicht beseitigen kann: „Der kleine John spielte auf dem Boden neben seinem Laufstall *(pen)*. Er malte ein Bild mit einem roten Federhalter *(pen)* auf grünem Papier. Als das Bild fertig war, suchte er nach seiner Spielzeugschachtel und fand sie im Laufstall *(pen)*." Man kann sich vorstellen, daß *pen* in den ersten beiden Fällen mit Informationen aus den benachbarten Wörtern eindeutig gemacht werden kann. Doch da sich im unmittelbaren verbalen Kontext des letzten Satzes (sogar im Satz selbst) die Hinweise auf beide Bedeutungen von *pen* befinden, ist klar, daß man zum Eindeutigmachen des letzten Vorkommens von *pen* das „Alltagswissen" braucht, an das Bar-Hillel denkt.
24 Ebenda, S. 160.
25 Minsky, *Semantic Information Processing*, S. 23. Es könnte außerdem so scheinen, daß sich Bar-Hillels Argumentation auf zufällige Mehrdeutigkeiten stützt, die man durch das Anfügen von Indices an die verschiedenen Bedeutungen von *pen* ausräumen könnte. John Haugeland hat jedoch ein interessantes Argument vorgebracht, um zu zeigen, daß solche Mehrdeutigkeiten, zumindest wenn man von einer natürlichen Sprache in eine andere übersetzt, unausweichlich sind:
„Stellen wir uns eine Sprache Eng* vor, die sich vom Englischen oder Deutschen nur darin unterscheidet, daß die verschiedenen Bedeutungen von Wörtern durch Indices kenntlich gemacht werden (d. h. pen_1 – Schreibinstrument, pen_2 = Laufstall, usw.) Selbst wenn so das Beispiel Bar-Hillels eindeutig gemacht wird, ist klar, daß es absolut nicht leichter sein wird, Eng* in irgendeine Zielsprache zu übersetzen. Ein gutes Beispiel liefert die Übersetzung von *Bruder, Schwester* und *Cousin, Cousine* in polynesische Sprachen: In den beiden folgenden Tabellen werden in Spalten die möglichen Kombinationen von Junge und Mädchen zu einem Paar aufgeführt; die Reihen bezeichnen gemeinsame Abstammung, und in den Kästchen werden ihre jeweiligen verwandtschaftlichen Beziehungen genannt. So ist im Deutschen *a* der Bruder von *b* in den Fällen, in denen *a* ein Junge ist und *a* und *b* dieselben Eltern haben. Das Problem

besteht darin, daß *Bruder₁* das in Eng* nur eine Bedeutung hat, für einen Tonganesen mehrdeutig ist, weil es dort die beiden Bedeutungen ‚Bruder eines Jungen' und ‚Bruder eines Mädchens' gibt.

	deutsch				tonganesisch (polynesisch)			
Geschlecht von a	Junge	Junge	Mädchen	Mädchen	Junge	Junge	Mädchen	Mädchen
Geschlecht von b	Mädchen	Junge	Mädchen	Junge	Mädchen	Junge	Mädchen	Junge
a und b haben dieselben Eltern	Bruder		Schwester		tu'anga'anq		tokoua	tu'afefine
a und b haben nicht dieselben Eltern aber mütterlicherseits oder väterlicherseits dieselben Großeltern	Cousin Cousine							

Aus diesem Beispiel lassen sich zwei Dinge ableiten. Erstens ist Mehrdeutigkeit von Wörtern ein relativer Begriff. So ist das Wort *brother* in bezug auf einige Sprachen (z. B. Deutsch) eindeutig, in bezug auf einige Sprachen im obigen Sinn mehrdeutig und in bezug auf wieder andere Sprachen wahrscheinlich auf noch andere Weise mehrdeutig. Zweitens wird es unmöglich sein, irgendeine Sprache (sagen wir Sprache*) zu finden, die in bezug auf alle möglichen natürlichen Sprachen eindeutig ist. Denn wenn irgend ein Substantiv aus Sprache* kein Eigenname ist, muß es sich auf mindestens zwei unterscheidbare Objekte/Zustände des Universums beziehen, weil es mehrere Exemplare einer Gattung bezeichnet. Aber dann besteht die Möglichkeit, daß es eine natürliche Sprache gibt, in der zwei Gattungsnamen durch dasselbe Kriterium unterschieden werden, das zwei Referenten des einen Gattungsnamens aus Sprache* unterscheidet. Da dies der Hypothese der eindeutigen Übersetzung widerspricht, folgt, daß es in Sprache* nur Eigennamen geben kann (einen für jeden unterscheidbaren Zustand des Universums), was ich jedoch als absurde Vereinfachung empfinde." (Persönliche Mitteilung)

26 Jerrold Katz und Jerry Fodor, „The Structure of a Semantic Theory", in dies., *The Structure of Language*, Englewood Cliffs, N. J.: Prentice-Hall, 1964, S. 487.
27 Ebenda, S. 485.
28 Ebenda, S. 489f.
29 Joseph Weizenbaum, „Contextual Understanding by Computers", in *Recognizing Patterns*, S. 181, vgl. dazu Anm. 5.
30 Ebenda.
31 Ebenda, S. 189.
32 Ebenda, S. 181f.
33 Ebenda, S. 182.
34 Wittgenstein, *Philosophische Untersuchungen*, S. 572.
35 Die einzige Ausnahme ist anscheinend Thomas L. Jones' MAC memo no. 195, „A Computer Model of Simple Forms of Learning".

Falls diese isolierte These wegweisend gewesen wäre, hätte sie einen völligen Umschwung für das Ziel und die Methoden der KI-Forschung bedeutet, aber sie führte offensichtlich in eine Sackgasse.
36 Mit Ausnahme der Alternative, daß man auf Fakten mit kontextunabhängiger, festgelegter Bedeutsamkeit zurückgreift, was von KI-Forschern wie Weizenbaum, wie wir gesehen haben, stillschweigend abgelehnt wird.

Teil III, Einleitung

1 Es gibt jedoch ein neues Interesse an etwas, das man „experimentelle Phänomenologie" nennen könnte. Eleanor Rosch hat zum Beispiel gezeigt, daß Versuchspersonen Gegenstände nicht nach notwendigen und hinreichenden Merkmalen klassifizieren, sondern nach ihrer Entfernung von einem typischen Beispiel oder Prototyp. Vgl.„Principles of Categorization". In: *Cognition & Categorization*. E. Rosch (Hrsg.). Hillsdale, N. J.: Erlbaum Press, 1977. Lebhaftes Interesse haben auch die Arbeiten R. N. Shepards gefunden, die zeigen, daß Versuchspersonen vorgestellte Bilder mit konstanter Geschwindigkeit bewegen. Vgl. R. N. Shepard und B. Metzler, „Mental Rotation of Three-Dimensional Objects". In: *Science*, Band 178, Nr. 3972 (Februar 1971), S. 701–703. Derlei experimentelle Arbeiten mit Vorstellungen bringen die KI-Forscher in Verlegenheit, da sich alle darüber einig sind, daß Vorstellungen, insofern sie von symbolischen Beschreibungen verschieden sind, nicht mit einem Datenverarbeitungsmodell erklärt werden können.
2 Noam Chomsky, *Sprache und Geist*, a. a. O., S. 42.

Teil III, Kapitel 1

1 René Descartes, *Discours de la méthode/Von der Methode*. Hamburg: Felix Meiner, 1960, S. 93.
2 Herbert Simon, *The Shape of Automation for Men and Management*. New York: Harper & Row, 1965, S. 96.
3 Ebenda, S. 40.
4 Anthony Oettinger, „Language and Information". In: *American Documentation*, Band 19, Nr. 3 (Juli 1968), S. 297.
5 Oettinger, „The Semantic Wall". In: *Human Communication: A Unified View*. E. David und P. Denes (Hrsg.). New York: McGraw-Hill, 1972, S. 5.
6 Oettinger, „Language and Information", a. a. O., S. 298.
7 Ulric Neisser, *Kognitive Psychologie*. Stuttgart Klett 1974, S. 119.
8 Maurice Merleau-Ponty, *Phänomenologie der Wahrnehmung*. Berlin: Walter de Gruyter, 1966, S. 22.
9 Ebenda, S. 92.
10 Dieses Phänomen liegt Husserls ganzer Wahrnehmungstheorie zugrunde. Denn Husserl vertrat den Standpunkt, daß wir beim Erkennen von Gegenständen einer sonst unbestimmten, aber bestimmbaren sinnlichen Materie zuerst einen noch vage bestimmten, umfassenden Sinn – ein Noema – verleihen. Dann gehen wir dazu über, diesen offenen, umfassenden Sinn genauer zu bestimmen. Vgl. E. Husserl, *Ideen zu einer reinen Phänomenologie und phänomenologischen Philosophie*. Haag: Martinus Nijhoff, 1950, Erstes Buch, Dritter Abschnitt.
11 John McCarthy, „Information". In: *Scientific American*. Band 215, Nr. 3 (September 1966), S. 65.

12 Neisser, *Kognitive Psychologie*, a. a. O., S. 114.
13 Marvin Minsky, „Artificial Intelligence", In: *Scientific American*. Band 215, Nr. 3 (September 1966), S. 257.
14 Neisser, a. a. O., S. 298f.
15 Ebenda, S. 310.
16 Ebenda, S. 311.
17 Ebenda, S. 298f. (Hervorhebung durch H. L.D.)
18 Ebenda, S. 313.
19 Wie jedes andere physikalische Phänomen können natürlich auch diese Feldeffekte simuliert werden, indem man die Differentialgleichungen der beteiligten Kräfte löst. Das aber entkräftet keineswegs den gestaltpsychologischen Einwand, daß nur eine indirekte Simulation des menschlichen Verhaltens möglich ist, indem man nämlich das physikalische Analogon (das Gehirn) simuliert, aber keine direkte durch Programmierung eines Digitalcomputers.
20 Neisser, a. a. O., S. 314.
21 Donald MacKay, „A Mind's Eye View of the Brain". In: *Progress in Brain Research*. Band 17: *Cybernetics of the Nervous System* (ein Gedächtnisband zu Ehren von Norbert Wiener). Amsterdam: Elsevier Publishing Company, 1965, S. 16.
22 Jean Piaget, *Psychologie der Intelligenz*. Zürich und Stuttgart: Rascher, 1947, S. 93.
23 Merleau-Ponty, *Phänomenologie der Wahrnehmung*, S. 172.
24 Ebenda, S. 273.
25 Ebenda, S. 274.
26 Ebenda, S. 368.
27 Edward Feigenbaum, „Artificial Intelligence: Themes in the Second Decade". In: *IFIP Congress '68*, Supplement, S. J–13.
28 Michael Polanyi, *Personal Knowledge: Towards a Post-Critical Philosophy*. New York: Harper & Row, 1964, S. 59.
29 Merleau-Ponty, a. a. O., S. 131.
30 Piaget, a. a. O., S. 41. Diese Bewegungsschemata haben eine muskuläre und neurale Grundlage. Es gibt jedoch keinen Grund für die Annahme, daß diese physischen Entsprechungen eine regelgeleitete Abfolge von unabhängigen Operationen durchlaufen. Der globale und nicht vollständig bewußte Charakter der Bewegungsschemata spricht gegen diese Möglichkeit.
31 Michael Polanyi, „The Logic of Tacit Inference". In: *Knowing and Being*. Chicago: University of Chicago Press, 1969, S. 148. Polanyi unterläuft allerdings seinen eigenen Standpunkt, wenn er später in seiner Beschreibung des Spracherwerbs hinzufügt: „Auf die Frage, wie ein Kind lernen kann, die Sprache entsprechend einer ungeheuren Menge komplexer Regeln zu gebrauchen, die nur einer Handvoll Experten verständlich sind, können wir antworten: Das Streben der Vorstellungskraft erreicht sein Ziel, indem es aushilfsweise sinnreiche Regeln anwendet, die dem Subjekt im wesentlichen unbewußt sind." („Sense-giving and Sense Reading". In: *Knowing and Being*, S. 200.)
32 Oettinger, „The Semantic Wall", S. 11, vgl. dazu auch Anm. 5.

Teil III, Kapitel 2

1 Minsky, „Matter, Mind, and Models". In: *Semantic Information Processing*, S. 431.
2 Echte Kreativität wäre freilich zu viel verlangt. Minsky hat darauf hingewiesen, daß eine Minimalbedingung für das Problemlösen darin besteht, daß der Computer ein

Kriterium für eine erfolgreiche Lösung hat: „Zunächst haben wir unsere intuitiven Anforderungen durch hinreichend definierte technische Fragen zu ersetzen ... Als Minimalbedingung benötigt man ein Verfahren, um eine befriedigende Lösung zu erkennen, sobald eine auftauchen sollte. Wenn das nicht möglich ist, dann müssen wir das Problem durch eines ersetzen, das in eben jenem Sinne hinreichend definiert ist, und hoffen, daß die Lösung des Ersatzproblems sich irgendwie als brauchbar erweist." („Some Methods of Artificial Intelligence and Heuristic Programming". In: *Proc. Symposium on the Mechanization of Intelligence.* London: Her Majesty's Stationery Office, S. 7.) Newell, Shaw und Simon zufolge gehört es jedoch bei jeder kreativen Arbeit mit zur Aufgabe, das Problem zu definieren und festzustellen, was als Lösung zählen würde. (Newell, Shaw und Simon, *The Process of Creative Thinking*, The RAND Corporation, P-1320 (16. September 1958), S. 4.) Ein Künstler zum Beispiel verfügt über kein Kriterium dafür, was als Lösung seines künstlerischen Problems gelten könnte. Er erfindet das Problem und die Lösung, während er arbeitet. Sein Werk wird später vielleicht die Standards künstlerischen Erfolgs festlegen, aber sein Erfolg ist älter als die Maßstäbe, welche die Kritiker später einführen. Wenn das *Programm selbst* kreativ sein soll, dann darf nicht der Programmierer die Aufgabe übernehmen, das Problem und die Regeln zu definieren, mit deren Hilfe eine befriedigende Lösung erkannt wird. Ein Computerprogramm braucht ein eindeutiges Kriterium dafür, worin sein Problem besteht und wann es gelöst ist. Man kann sich daher unmöglich vorstellen, daß es ein Problem kreativ lösen oder wissen könnte, wann es das getan hat.
3 Dieses und die folgenden Zitate zum Beispiel vom Pferderennen stammen aus einem Brief von Charles Taylor, der ein Seminar zu diesem Buch abgehalten hat, als es noch in Manuskriptform vorlag.
4 Minsky, *Semantic Information Processing*, S. 27.
5 Charles Taylor, siehe Anm. 3.
6 Martin Heidegger, *Sein und Zeit*. Tübingen: Max Niemeyer, 1979, S. 78.
7 Ludwig Wittgenstein, *Philosophische Untersuchungen*, a. a. O., § 129, S. 304.
8 Samuel Todes, *The Human Body as the Material Subject of the World*. Phil. Diss. Harvard 1963. Vgl. auch „Comparative Phenomenology of Perception and Imagination, Part I: Perception". In: *Journal of Existentialism* (Frühjahr 1966). Todes' Doktorarbeit enthält auch interessante Vermutungen im Hinblick auf einige sehr wesentliche Charakteristika unserer Erfahrung und ihrer Funktion. Er beschreibt bestimmte Eigenheiten unseres Körpers – z. B. daß er sich leichter vor- als rückwärts bewegt, daß er ein Rechts-Links-Feld hervorbringt oder daß er in einem Gravitationsfeld aufrecht das Gleichgewicht hält – und zeigt, welche Rolle diese Erfahrungen für unser Wissen von Gegenständen spielen.
9 Charles Taylor, a. a. O.
10 Feigenbaum, *An Information Processing Theory of Verbal Learning*, P-1817. Santa Monica: The RAND Corporation, 1959. „In den EPAM-Modellen sind solche Klassifikationsstrukturen, die ein ‚Unterscheidungsnetz' genannt werden, die hauptsächlichen Informationsträger. Ein Unterscheidungsnetz ist das Ergebnis diskriminierenden Lernens und verkörpert zu jedem Zeitpunkt alle Unterscheidungen, die bis dahin gelernt wurden. EPAMs Unterscheidungsnetz hat eine *Baum*struktur, da jeweils nur ein Zweig von oben her zu jedem gegebenen Knoten führt: Nur ein Weg führt vom Knoten an der Spitze des Baums, seiner *Wurzel*, zu jedem beliebigen Knoten innerhalb des Netzes. Ein Reizgegenstand wird durch den Knoten *klassifiziert*, bei dem der Unterscheidungsprozeß endet." (William Wynn, *An Information-Processing Model of Certain Aspects of Paired-Associate Learning*, S. 5.)
11 Wynn, a. a. O., S. 9.

12 Minsky, *Semantic Information Processing*, S. 425f.
13 Ebenda, S. 426.
14 Ebenda, S. 427.
15 Ebenda, S. 428.
16 Neisser, *Kognitive Psychologie*, S. 18.
17 Ebenda.
18 Ebenda, S. 19.
19 Oettinger, „Language and Information", S. 296.
20 Ebenda.
21 Ludwig Wittgenstein, *Zettel*. In: Schriften, Band 5. Frankfurt a. M.: Suhrkamp, 1970, § 440.

Teil III, Kapitel 3

1 Satosi Watanabe, „La Simulation mutuelle de l'homme et la machine". In: *Compte Rendu du Symposium sur La Technologie et l'humanité*. Lausanne, 1965, S. 6.
2 Watanabe, „Comments on Key Issues". In: *Dimensions of Mind*. Sidney Hook (Hrsg.). New York: Collier, 1961, S. 135.
3 Watanabe, „Mathematical Explication of Classification of Objects". In: *Information and Prediction in Science*. S. Dockx und P. Bernays (Hrsg.). New York: Academic Press, 1965, S. 39.
4 Heidegger, *Sein und Zeit*, S. 102f.
5 Friedrich Nietzsche, Nachgelassene Fragmente. In: *Kritische Gesamtausgabe der Werke*. G. Colli und M. Montinari (Hrsg.). Berlin: Walter de Gruyter, 1967ff. Band VIII-2, S. 264. Vgl. auch *Der Antichrist*, a. a.o., Band VI-3, § 54 (Anm. d. Ue.). Für Sartre sind *alle* bestimmten Werte das Ergebnis einer völlig willkürlichen Wahl, obschon das Verlangen nach Werten in der allgemein menschlichen Verfassung begründet liegt, die als ein Mangel verstanden wird. (Vgl. *Das Sein und das Nichts*, Teil II, Kapitel 1, „Das Für-sich und das Sein des Wertes". Reinbek: Rowohlt, 1962.)
6 Vgl. Heideggers Untersuchung des Seins zum Tode in *Sein und Zeit*, § 48.
7 Herbert Simon, „Motivation and Emotional Controls of Cognition". In: *Psychological Review*, Band 74, Nr. 1 (1967), S. 29–39. Vgl. auch, Walter R. Reitman, *Cognition and Thought*. New York: Wiley, 1965.
8 N. S. Sutherland, *Science Journal* (Oktober 1968), S. 48.
9 Vgl. Samuel Todes, *The Human Body as the Material Subject of the World*. Dissertation, Harvard 1963. Der einzige Philosoph, der begonnen hat, auf die Schwierigkeiten aufmerksam zu werden, die der KI-Forschung durch die biologische Grundlage des menschlichen Verhaltens erwachsen, ist Keith Gunderson. Er bemerkt in seinem neuen Artikel „Philosophy and Computer Simulation": „An diesem Punkt ist das als Biosimulation bekannte Forschungsgebiet von weit größerer Wichtigkeit als die kognitive Simulation." *(Ryle, A Collection of Critical Essays*. Oscar P. Wood und George Pitcher (Hrsg.). New York: Anchor, 1970, S. 339.)
10 Vgl. Sören Kierkegaard, *Furcht und Zittern*. Köln: Eugen Diederichs, 1950, S. 66–68. Auch *Abschließende Unwissenschaftliche Nachschrift*. Köln: Eugen Diederichs, 1957, S. 97, wo dieser Sprung „die Entscheidung schlechthin" genannt wird.
11 Thomas Kuhn, *Die Struktur wissenschaftlicher Revolutionen*, a. a. O., S. 123.
12 Ebenda, S. 146.
13 Ebenda, S. 156f.
14 Ebenda, S. 133.

15 Ebenda, S. 137f.
16 Ebenda, S. 58.
17 Ebenda, S. 60.
18 Ebenda, S. 30.
19 Ebenda, S. 161.

Teil III, Schluß

1 Hier besteht der gleiche Unterschied wie der zwischen der Tatsache des Bildgehaltes und einer Tatsache über einen jener Tupfer, aus denen das Bild zusammengesetzt ist. Es sind eindeutig diese Tatsachen über die wirkliche Welt, um die es hier geht. Schließlich behauptet auch Minsky, daß wir mit Millionen von *Tatsachen* und nicht von Tatsachenfragmenten umgehen müssen.
2 Minsky, *Semantic Information Processing*, S. 18.

Schlußfolgerung

1 Es ist schwierig, die verschiedenen Spezialprogramme zu klassifizieren und zu bewerten, die für Motorenentwürfe, Statikberechnungen, Integration usw. entwickelt wurden. Diese Programme beziehen sich zwar auf die Forschung in Künstlicher Intelligenz, aber sie sind erst dann wirklich erfolgreiche Programme, wenn sie (a) wie die Schach- und Dameprogramme gegen menschliche Profis getestet werden und (b) wenn die Probleme, die diese Programme in Angriff nehmen, so formalisiert werden, daß diese heuristischen Programme mit nichtheuristischen Programmen, die denselben Zweck erfüllen, verglichen werden können. (Wo immer ein solcher Vergleich stattgefunden hat – bei Dame, Logik, Mustererkennung, Schach – haben sich die nichtheuristischen Programme entweder als gleichwertig oder aber ihren heuristischen Gegenstücken als überlegen erwiesen.).
Auf der anderen Seite stehen Programme, die Investmentverfahren oder ähnliches simulieren, in keinerlei Zusammenhang mit Kognitiver Simulation oder Künstlicher Intelligenz. Sie zeigen lediglich, daß einige menschliche Aktivitäten genügend einfach und stereotypisch sind, so daß sie formalisiert werden können. Intelligenz war sicherlich vonnöten bei der *Formulierung* der Regeln, durch deren Befolgung Investoren nun Aktentaschen voller Effekten sammeln, doch die *Formalisierung* dieser Regeln enthüllt nur, daß sie erklärbar und unzweideutig sind, wirft jedoch kein Licht auf die Intelligenz, die an ihrer Entdeckung beteiligt war oder an ihrer sinnvollen Anwendung. Die Herausforderung für die Künstliche Intelligenz liegt nicht in der späteren Formalisierung spezifischer Aufgaben, sondern eher im Bereich II, wo das System genügend komplex ist, elegante Techniken zu erzielen, um zu einer Lösung zu kommen; oder im Bereich III, wo das formale System so komplex ist, daß kein Entscheidungsverfahren existiert und man sich auf heuristische Verfahren zurückziehen muß; oder im Bereich IV, in dem Verhalten flexibel und nicht streng formalisierbar ist.
2 Die in Bereich IV vorgefundenen Handlungen kann man sich auch als „Meilensteine" denken, die Paul Armer in seinem Artikel „Attitudes Toward Intelligent Machines" fordert: „Eine klar definierte Aufgabe ist gefordert, die gegenwärtig eine exklusive Domäne des (unbestreitbar denkenden) Menschen ist, die aber vielleicht doch schließlich von Maschinen bewältigt werden kann." In: Feigenbaum und Feldman (Hrsg.), *Computers and Thought*, S. 397.

3 Vgl. Allen Newell, J. C. Shaw, H. A. Simon, „Empirical Explorations with the Logic Theory Machine: A Case Study in Heuristics", in: *Computers and Thought*, S. 109.
4 „Das ... Hindernis für die Ausweitung eines Systems zur Wiederauffindung semantischer Informationen ist dasselbe, das auch in Programmen für Theorembeweise, Spiele und andere Bereiche der Künstlichen Intelligenz auftaucht: das Problem der Suche in einem exponentiell anwachsenden Rahmen möglicher Lösungen. Hier gibt es keine Basistransformation, mit deren Hilfe man die mathematische Tatsache umgehen kann, daß die Anzahl der möglichen Querverbindungen zwischen Elementen eine Exponentialfunktion der Anzahl der beteiligten Elemente ist." (Raphael: „SIR: Semantic Information Retrieval", in: *Semantic Information Processing*, S. 114.)
5 Vorlesung an der Universität von Kalifornien in Berkeley, März 1970.
6 Neisser, *Kognitive Psychologie*, S. 117f.
7 Ebenda, S. 118 (Hervorhebung durch H. L.D.).
8 Edward Feigenbaum, „Artificial Intelligence: Themes in the Second Decade", IFIP Congress '68, Final Supplement, S. J–19.
9 Ebenda.
10 C. A. Rosen, „Machines That Act Intelligently", Science Journal (Oktober 1968), S. 114.
11 Feigenbaum, a. a. O., S. J–13.
12 Ebenda.
13 Hao Wang. „Toward Mechanical Mathematics", In: *The Modeling of the Mind*, Kenneth M. Sayre/Frederick J. Crosson (Hrsg.), South Bend, Ind.: Notre Dame University Press 1963, S. 93.
14 Walter Rosenblith, in *Computers and the World of the Future*, Martin Greenberger (Hrsg.), Cambridge, Mass.: MIT-Press 1962, S. 309.
15 J. R. Guard, F. C. Oglesby, J. H. Bennett und L. G. Settle: „Semi-Automated Mathematics", Journal of the Association for Computing Machinery, Band 16, Nr. 1 (Januar 1969), S. 49.
16 Ebenda, S. 57.
17 Feigenbaum und Feldman, *Computers and Thought*, S. 8.
18 Paul Armer, „Attitudes Toward Intelligent Machines", in: *Computers and Thought*, S. 392.
19 Shannon, in: *Computers and the World of the Future*, S. 309f.
20 Begeisterte KI-Anhänger finden es vielleicht ernüchternd, sich eine Version wie aus dem 15. Jh. von Feigenbaums und Feldmans Ermahnung vorzustellen: „In dem Kontinuum von Substanzen, das Paracelsus vorschlägt, befinden sich die Verwandlungen, die wir an unedlen Metallen durchführen können, noch immer auf einer niedrigen Stufe. Wichtig ist, daß wir auch weiterhin auf den Meilenstein zustreben, auf den Stein der Weisen, der jedes Element in ein anderes verwandeln kann. Gibt es einen Grund anzunehmen, daß wir ihn nie finden werden? Keinen einzigen. Kein einziges Zeugnis, kein logisches Argument, kein einziger Beweis und kein Theorem sind je vorgebracht worden, das eine unüberwindliche Hürde auf diesem Weg dargestellt hatte."
21 Über diese Frage ist viel diskutiert worden. Für die klassische Darstellung jeder Seite siehe John Lucas' „Minds, Machines, and Gödel", *Philosophy*, Bd. XXXVI (April/Juli 1961) und Paul Benacerrafs „God, the Devil, and Gödel", *Monist*, Bd. 51 (Januar 1967). Die Frage dreht sich um die Tatsache, daß ein Mathematiker Aussagen immer als wahr erkennen kann, auch wenn sie sich innerhalb eines gegebenen formalen Systems nicht als wahr beweisen lassen. Diese Tatsache zeigt, daß Menschen nicht durch ein Informationsverarbeitungsmodell nachgeahmt werden können, das notwendigerweise ein formales System ist. Aber ein derartiges Argument geht an dem Punkt

vorbei, daß – selbst wenn die Künstliche Intelligenz ein Informationsverarbeitungsmodell eines Mathematikers gebaut hätte – dieses Modell nur mit Hilfe von Berechnungen auf der Grundlage seiner *heuristischen Regeln* erkennen könnte, daß eine bestimmte Formel wahr ist. Die heuristische Berechnung könnte natürlich selbst als Beweis dafür angesehen werden, daß gewisse Schlüsse aus gewissen Vorgaben folgen, aber diese „Prämissen" wären formale Beschreibungen dessen, was der Mathematiker wahrgenommen, geglaubt, erinnert hätte, usw., und die „Schlußfolgerungen" wären das gewesen, was er gesagt oder überlegt hätte usw. – offensichtlich nicht die Prämissen und Schlußfolgerungen eines akzeptablen formalen Beweises der ursprünglichen Formel.

Bilanz

1 SIGART Rundbrief Nr. 57 (April 1976), S. 4. Leider hat Herbert Simon den Rat McDermotts offenbar nicht beherzigt. In einem Vortrag auf der 5. International Joint Conference on Artificial Intelligence 1977 zum Thema „KI-Systeme mit der Fähigkeit, zu verstehen" berichtete er über ein neues System, dem er sogar den Namen UNDERSTAND gegeben hatte! (IJCAI 77, *Proceedings*), S. 1 059.

2 Ebenda.

3 Hubert L. Dreyfus, „Alchemy and Artificial Intelligence", The RAND Corporation (Dezember 1965), S. 3 244.

4 Terry Winograd, „On Some Contested Suppositions of Generative Linguistics about the Scientific Study of Language", *Cognition*, Bd. 5 (1977), S. 151–179.

5 SIGART, a. a. O. (Anm. 1), S. 4.

6 Diese Abneigung gegenüber einer Kritik ist höchst real. Als ich eingeladen wurde, zwei neuere Veröffentlichungen von Minsky, Papert und Winston für *Creative Computing* zu besprechen, hatte der Herausgeber gleichzeitig Seymour Papert eingeladen, mein Buch zu besprechen, um so eine Ausgewogenheit der Darstellung zu gewährleisten. Nach Angaben des Herausgebers reagierte Papert darauf mit der Drohung, wenn *Creative Computing* meine Kritik veröffentliche, werde dies von der KI-Gemeinschaft mißbilligend aufgenommen, und es sei mit Vergeltungsmaßnahmen der MIT-Press zu rechnen. Darüber hinaus versprach er, wenn *Creative Computing* meine Besprechung ablehne, einen Artikel einzureichen, um den ihn der Herausgeber bislang vergeblich gebeten hatte, sowie für weitere Beiträge zu sorgen, die seine Schüler schreiben würden.

7 Pamela McCorduck, *Machines Who Think: A Personal Inquiry into the History and Prospects of Artificial Intelligence*, San Francisco (in Vorb.).

8 B. G. Buchanan, Computing Reviews (Jan. 1973), S. 20.

9 Edward A. Feigenbaum, „The Art of Artificial Intelligence" (IJCAI 77, *Proceedings*), S. 1 014. Vgl. Anm. 1.

10 Buchanan, a. a. O., S. 20.

11 Marvin Minsky und Seymour Papert, Memorandum des MIT Artificial Intelligence Laboratory (29. Nov. 1971), S. 120.

12 Terry Winograd, „A Procedural Model of Language Understanding", in Roger Schank und Kenneth Colby (Hrsg.), *Computer Models of Thought and Language*, San Francisco 1973. (Winograd benannte sein Programm – SHRDLU – nach dem alten Code „ETAOIN SHRDLU", mit dem Linotype-Setzer Satzfehler in Zeitungsspalten markierten und das keine eigentliche Bedeutung hatte. Winograd entnahm es der Zeit-

schrift *Mad*, die diesen häufigen Satzfehler als Bezeichnung für mythische Ungeheuer u.ä. verwendet.)
13 Terry Winograd, „Understanding Natural Language", *Cognitive Psychology* 3 (1972), S. 8–11.
14 Terry Winograd, „A Procedural Model...", a. a. O., S. 167.
15 Marvin Minsky und Seymour Papert, Entwurf für einen Projektantrag bei der Advanced Research Project Agency zu einem Forschungsvorhaben über KI am MIT, 1970, S. 39.
16 Ebenda.
17 Ebenda, S. 42 ff.
18 Ebenda, S. 48.
19 Ebenda, S. 50 ff.
20 Ebenda, S. 52.
21 Terry Winograd, „Artificial Intelligence and Language Comprehension", in National Institute of Education (Hrsg.), *Artificial Intelligence and Comprehension*, Washington D. C. 1976, S. 9.
22 Terry Winograd, „Understanding Natural Language", a. a. O., S. 26.
23 Herbert A. Simon, „Artificial Intelligence Systems That Understand", IJCAI 1977, *Proceedings*, S. 1 062.
24 Ebenda, S. 1 063.
25 Ebenda, S. 1 064.
26 Terry Winograd, *Five Lectures on Artificial Intelligence*, AI Laboratory Memo Nr. 246, Computer Science Department Report. Stanford Universität 1974, S. 20.
27 Vgl. dazu Martin Heidegger, *Sein und Zeit*, Tübingen 1927, S. 83–89.
28 Artificial Intelligence Laboratory am MIT, Memo Nr. 299 (Sept. 1973), S. 95 (Hervorhebung durch H. L. D.).
29 Ebenda.
30 Ebenda, S. 96.
31 Patrick H. Winston und die Mitarbeiter des Artificial Intelligence Laboratory am MIT, Memo Nr. 366 (Mai 1976), S. 22.
32 Terry Winograd, „Artificial Intelligence and Language Comprehension", a. a. O., S. 17.
33 Patrick H. Winston (Hrsg.), *The Psychology of Computer Vision*, New York 1975, S. 7.
34 Patrick H. Winston und die Mitarbeiter des Artificial Intelligence Laboratory am MIT, bereits zitiert in Anm. 31, S. 77 f.
35 Patrick H. Winston, *The Psychology of Computer Vision*, a. a. O., S. 8.
36 Patrick H. Winston et al., bereits zitiert in Anm. 31, S. 79.
37 Patrick H. Winston, *The Psychology of Computer Vision*, a. a. O., S. 2.
38 Terry Winograd, „Artificial Intelligence...", a. a. O., S. 3.
39 Marvin Minsky (Hrsg.), *Semantic Information Processing*, Cambridge, Mass. 1969, S. 7.
40 Marvin Minsky und Seymour Papert, *Artificial Intelligence*, Eugene, Oregon 1973.
41 Ebenda, S. 11.
42 Ebenda, S. 34.
43 Erich Goldmeier, *Similarity in Visually Perceived Forms*, New York 1972, S. 1.
44 Ebenda, S. 128.
45 John Haugeland, „The Plausibility of Cognitive Psychology", in *The Behavioral and Brain Sciences*, Bd. 1, Nr. 2 (Vorabdr.).
46 Ebenda.

47 Neuabdr. als Kap. 5 in Patrick H. Winston (Hrsg.), *The Psychology of Computer Vision*, a. a. O.
48 Ebenda, S. 185.
49 Marvin Minsky und Seymour Papert, *Artificial Intelligence*, a. a. O., S. 54.
50 Patrick H. Winston (Hrsg.), *The Psychology of Computer Vision*, a. a. O., S. 158.
51 Ebenda, S. 194.
52 Ebenda, S. 193.
53 Ebenda, S. 193 f.
54 Ebenda, S. 160.
55 Marvin Misky und Seymour Papert, *Artificial Intelligence*, a. a. O., S. 56.
56 Ebenda.
57 Patrick H. Winston (Hg.), *The Psychology of Computer Vision*, a. a. O., S. 157.
58 Eleanor Rosch, „Human Categorization", in N. Warren (Hrsg.), *Advances in Cross-Cultural Psychology*, Bd. 1, London 1977, S. 30.
59 Marvin Minsky und Seymour Papert, *Artificial Intelligence*, a. a. O., S. 25.
60 Ebenda.
61 MIT, Projekt MAC, Progress Report VI, Juli 1968 bis Juli 1969, S. 50.
62 Ebenda, Hervorhebung durch H. L. D.
63 Ebenda.
64 Bertram Raphael, *Computer and People*, Bd. 25, Nr. 10 (Okt. 1976), Newtonville, Mass., S. 7 f.
65 Ebenda.
66 Bertram Raphael, *The Thinking Computer*, San Francisco 1976, S. 284.
67 Edward A. Feigenbaum, „The Art of Artificial Intelligence", (IJCAJ-77, *Proceedings*), S. 1 014.
68 In der ersten Ausgabe einer Zeitschrift mit dem Titel *Cognitive Science* definiert Allan Collins diesen Forschungsbereich wie folgt: „Die kognitive Wissenschaft ist in der Hauptsache definiert durch die Klasse der Probleme, mit denen sie sich beschäftigt, und durch die Klasse der von ihr benutzten Werkzeuge. Die unmittelbarsten Problemfelder sind die Darstellung von Wissen, Sprachverstehen, Bildverstehen, Beantwortung von Fragen, Schlußfolgern, Lernen, Problemlösen und Planen ... Die Werkzeuge der kognitiven Wissenschaft bestehen aus einer Anzahl analytischer Verfahren u. a. Protokollanalyse, Diskursanalyse und eine Reihe experimenteller Techniken, die in den letzten Jahren von Denkpsychologen entwickelt wurden. Zu den theoretischen Formalismen zählen Begriffe wie Zweck-Mittel-Analyse, Unterscheidungsnetze, semantische Netze, zweckorientierte Sprachen, Produktionssysteme, ATN-Grammatiken, Modellrahmen usw."
69 Patrick H. Winston et al., a. a. O. (Anm. 31), S. 48.
70 Zu Shortcliffes MYCIN-Programm s. Edward A. Feigenbaum, a. a. O., S. 1 022.
71 Ebenda, S. 1 023. Bevor er sich von diesen Zahlen allzu sehr beeindrucken läßt, sollte sich der Leser vor Augen halten, daß das Programm für diese Leistung die Unterstützung des Menschen benötigt. Feigenbaum erwähnt nicht, daß das Programm auf eine Fremdeinschätzung der Schwere der Krankheit angewiesen ist, wenn es wissen soll, ob es starke, aber potentiell gefährliche Medikamente verschreiben soll. Diese Einschätzung läßt sich nicht aus einer Batterie medizinischer Tests berechnen, sondern muß durch einen erfahrenen Arzt vorgenommen werden, der einen Gesamteindruck von der physischen Verfassung des Patienten gewinnt. Die Wissenstechniker haben wohlweislich gar nicht erst versucht, diesen intuitiven Aspekt der Diagnose auf heuristische Regeln zu reduzieren.
72 Ebenda, S. 1 016.

73 Ebenda, S. 1 017.
74 Ebenda.
75 SIGART Newsletter, Nr. 60 (Nov. 1976), S. 12.
76 Michael Polanyi, *Personal Knowledge*, London 1962, S. 31.
77 Patrick H. Winston et al., a. a. O. (Anm. 31), S. 74.
78 Roger C. Schank et al., „Panel on Natural Language Processing" (IJCAI 1977), *Proceedings*, S. 1 007 f.
79 Ira Goldstein und Seymour Papert, AI Laboratory des MIT, AI Memo Nr. 337 (Juli 1975, rev. März 1976), „Artificial Intelligence, Language and the Study of Knowledge", S. 7.
80 AI Laboratory des MIT, Memo Nr. 299 (Sept. 1973), S. 77.
81 Vgl. dazu Teil III, Kap. 1, S. 195 ff. sowie Edmund Husserl, *Cartesianische Meditationen und Pariser Vorträge*, Den Haag 1950, S. 90. Husserl war sich ebensowenig schlüssig wie ich in der 1. Auflage dieses Buchs, ob seine Noemata einer Formalisierung zugänglich sind. Auf S. 198 sage ich, die Noemata seien abstrakt, aber etwas später und in Anm. 10 von Teil III, Kapitel 1behaupte ich, den Noemata sei eine gewisse Unbestimmtheit zu eigen, die sich nicht in einer formalen Symbolstruktur ausdrücken lasse. Inzwischen bin ich der Überzeugung, daß abstrahierbar zugleich formalisierbar heißt, und obgleich Husserl an anderer Stelle äußert, es sei eine gewisse nichtformale Abstraktion möglich, scheint doch unzweifelhaft, daß Husserl sich das Noema als ein „System von Prädikaten" vorgestellt hat (vgl. Husserl, *Ideen zu einer reinen Phänomenologie und phänomenologischen Philosophie*, Den Haag 1950, S. 319 f.), d. h. als eine formale symbolische Beschreibung stereotyper Gegenstände, und daß es sein Ziel war, „diese Strukturtypik systematisch auszulegen" (*Cartesianische Meditationen*, S. 88).
82 Edmund Husserl, *Cartesianische Meditationen*, a. a. O., S. 88.
83 Marvin Minsky, „A Framework for Representing Knowledge", in P. H. Winston (Hrsg.), *The Psychology of Computer Vision*, a. a. O. (Anm. 33), S. 212.
84 Patrick H. Winston, a. a. O., S. 16.
85 Edmund Husserl, *Cartesianische Meditationen*, a. a. O., S. 91.
86 Marvin Minsky, unveröff. Entwurf des Aufsatzes über Modellrahmen, 27. Feb. 1974, S. 68.
87 Marvin Minsky, „A Framework...", a. a. O., S. 240.
88 Ebenda, S. 255 (Hervorhebung durch H. L. D.).
89 Ebenda.
90 Ebenda (Hervorhebung durch H. L. D.).
91 Ebenda, S. 213.
92 Thomas Kuhn, *Die Struktur wissenschaftlicher Revolutionen*, a. a. O., S. 30.
93 Marvin Minsky, „A Framework ...", a. a. O., S. 261 (Hervorhebung durch H. L. D.).
94 Thomas Kuhn, a. a. O., S. 203 f.
95 Vgl. ebenda, S. 194 f.
96 Ebenda, S. 26 (Hervorhebung durch H. L. D.).
97 Roger C. Schank, „The Primitive Acts of Conceptual Dependency", *Theoretical Issues in Natural Language Processing*, Cambridge, Mass. 10. – 13. Juni 1975, S. 39.
98 Roger C. Schank, „Using Knowledge to Understand", *Theoretical Issues ...*, a. a. O., S. 131 (Hervorhebung durch H. L. D.).
99 Ebenda.
100 Roger C. Schank und Robert P. Abelson, *Scripts, Plans, Goals and Understanding*, Hillsdale, N. J. 1970, S. 51.

101 Die Formulierung dieses wichtigen Punkts stammt von John Searle. In einem Vortrag, den Schank am 19. Okt. 1977 an der Universität von Kalifornien in Berkeley hielt, stimmte er Searle darin zu, daß der Computer für ein Verständnis eines Lokalbesuchs mehr benötigt als ein Skript; er muß alles wissen, was auch Menschen wissen. Er fügte hinzu, es bereite ihm Kopfzerbrechen, daß sein Programm gegenwärtig keine „graduellen Stufen des Abnormen" unterscheiden könne. Tatsächlich ist es für das Programm genauso „abnorm", wenn es in dem Restaurant nichts zu essen gibt, wie wenn der Gast daraufhin hungrig über den Wirt herfällt. Schank scheint demnach zuzustimmen, daß ohne ein Verständnis unterschiedlich starker Abweichungen von der Norm das Programm eine Geschichte nicht versteht, selbst wenn in dieser Geschichte die Ereignisse einem vollständig normalen stereotypen Skript folgen. Daraus ergibt sich, daß Skripts zwar eine notwendige Bedingung des Alltagsverständnisses erfüllen, nicht jedoch auch eine hinreichende.
102 Roger C. Schank, „Using Knowledge ...", a. a. O., S. 132.
103 Society for the Interdisciplinary Study of the Mind, Symposium über Philosophie und Computertechnik am State University College New Paltz, N.Y., März 1977.
104 Robert C. Schank und Robert P. Abelson, *Scripts, Plans, Goals and Understanding*, a. a. O., S. 50.
105 Ebenda, S. 74.
106 Ebenda, S. 97 (Hervorhebung durch H. L. D.).
107 Ebenda, S. 138.
108 Ebenda, S. 145.
109 Ebenda, S. 149.
110 Robert C. Schank, „Conceptual Dependency: A Theory of Natural Language Understanding", *Cognitive Psychology* Nr. 3 (1972), S. 553 f.
111 Terry Winograd, „Towards a Procedural Understanding of Semantics", *Revue Internationale de Philosophie*, Nr. 117–118 (1976), S. 262.
112 Ebenda, S. 268.
113 Daniel G. Bobrow und Terry Winograd, „An Overview of KRL, a Knowledge Representation Language", *Cognitive Science*, Bd. 1 (1977) Nr. 1, S. 7.
114 Terry Winograd, „Toward a Procedural Understanding...", a. a. O., S. 276 ff.
115 Ebenda, S. 281 f. (Hervorhebung durch H. L. D.).
116 Ebenda, S. 280.
117 Daniel G. Bobrow und Terry Winograd, „An Overview...", a. a. O., S. 8.
118 Terry Winograd, *Five Lectures on Artificial Intelligence*, a. a. O., S. 80.
119 Daniel G. Bobrow und Terry Winograd, „An Overview...", a. a. O., S. 32.
120 Terry Winograd, „Towards a Procedural Understanding...", a. a. O., S. 283.
121 Ebenda, S. 287 f.
122 Ebenda, S. 282.
123 Panel on Natural Language Processing, a. a. O., S. 1 008.
Der Begriff eines physikalischen Symbolsystems ist Newells und Simons Weiterentwicklung der von Minsky und Papert so bezeichneten „symbolischen Beschreibung".
„Ein physikalisches Symbolsystem besteht aus einer Anzahl von Einheiten, die als Symbole bezeichnet werden und physikalische Muster sind, die als Bestandteile einer Einheit höherer Ordnung auftreten können, die wir einen Ausdruck (oder eine Symbolstruktur) nennen. Eine Symbolstruktur besteht demnach aus einer Reihe von Symbolereignissen (oder -zeichen), die in irgendeiner physikalischen Beziehung zueinander stehen (z. B. wenn ein Zeichen sich nächst einem anderen befindet). Zu jedem Zeitpunkt enthält das System eine Menge dieser Symbolstrukturen. Daneben

enthält das System eine Reihe von Verfahren, mit denen Ausdrücke bearbeitet werden, so daß sie neue Ausdrücke hervorbringen ... Ein Ausdruck kennzeichnet einen Gegenstand, wenn das System unter Geltung des Ausdrucks entweder diesen Gegenstand selbst beeinflussen oder aber Verhaltensweisen zeigen kann, die von dem Gegenstand abhängen." A. Newell und H. Simon, "Computer Science as Empirical Inquiry: Symbols and Search", *Communications of the ACM*, Bd. 19 (1976) Nr. 3, S. 116.

Eine detailliertere Ausführung dieser Definition ermöglicht Newell und Simon eine präzisere Formulierung der Grundannahme der kognitiven Wissenschaft – eine Annahme, die sie inzwischen (im Unterschied zu ihren früheren Aufsätzen) deutlich als eine Hypothese kenntlich machen:

„*Die Hypothese des physikalischen Symbolsystems* besagt: Ein physikalisches Symbolsystem verfügt über die notwendigen und hinreichenden Mittel für allgemein intelligentes Handeln." (ebenda)

124 Terry Winograd, "Towards a Procedure...", a. a. O. (Anm. 112), S. 264.
125 Ebenda, S. 297.
126 Daniel G. Bobrow und Terry Winograd, "An Overview of KRL", a. a. O. (Anm. 114), S. 43.
127 Vgl. Ludwig Wittgenstein, *Philosophische Untersuchungen*, a. a. O. Einige Anregungen zur Formulierung dieser These verdanke ich Diskussionen mit John Searle.
128 Ira Goldstein und Seymour Papert, a. a. O., S. 29–31.
129 Ebenda, S. 33.
130 Ebenda, S. 34.
131 Ebenda.
132 Ebenda, S. 30 f. (Hervorhebung durch H. L. D.).
133 Ganz zu schweigen von der fehlenden Plausibilität, auf die neben anderen der Erzformalisierer McCarthy hingewiesen hat: „Minsky ... hat die Dinge durcheinandergebracht, indem er das Wort ‚Rahmen' für Muster gebrauchte, in die bestimmte Situationen passen können. Offenbar lautete seine Hypothese, daß fast alle Situationen, die beim menschlichen Problemlösen auftreten, in eine kleine Anzahl zuvor bekannter Situations- und Zielmuster passen. Ich halte das für unwahrscheinlich..." John McCarthy, "Epistemological Problems of Artificial Intelligence", IJCAI 1977, *Proceedings*, S. 1 040.
134 Roger C. Schank und Robert P. Abelson, a. a. O., S. 144.
135 Panel on Natural Language Processing, a. a. O., S. 1 009.
136 John McCarthy, "Epistemological Problems...", a. a. O., S. 1 038.
137 Ebenda.
138 Joseph Weizenbaum, *Die Macht der Computer und die Ohnmacht der Vernunft*, Frankfurt: Suhrkamp, 1977.
139 Ebenda, S. 265. Weizenbaum hat denselben Punkt auch so formuliert: „Wir können mit dem dritten Ohr hören, eine lebendige Wahrheit sinnlich erfahren, die jenseits aller Beweiskriterien wahr ist. *Diese* Art des Verstehens samt der daraus abgeleiteten Intelligenz ist es, von der ich behaupte, daß sie außerhalb der Simulationsmöglichkeiten eines Computers liegt." Ebenda, S. 294.
140 Ebenda, S. 265.
141 Zit. in Teil II, Kapitel 4, Anm. 30 in diesem Buch.
142 Joseph Weizenbaum, a. a. O., S. 299.
143 Ebenda, S. 298. Diese These gerät jedoch in Widerstreit mit Weizenbaums Gebrauch der KI-Terminologie zur Beschreibung des Hintergrundes als eines „Begriffsrahmens" (S. 252) oder – noch irreführender – eines „Systems von Denk- und Glaubens-

vorstellungen" (S. 262). Beide Begriffe setzen die Möglichkeit expliziter Beschreibungen voraus.
145 Ebenda, S. 278.
146 Ebenda, S. 274.
147 Ebenda, S. 214. In diesem Zusammenhang behauptet Weizenbaum, daß die kognitive Wissenschaft, die lediglich nach einer mechanischen Darstellung der Vorgänge im Gehirn strebt und nicht nach einer allgemeinen Theorie nach dem Vorbild der Physik oder der Chomskyschen Linguistik, eben deshalb nicht als Beitrag für unsere Erkenntnis der Denkvorgänge ernst genommen werden kann. Wenn das Gehirn auch nur zum Teil ein Mechanismus zur Verarbeitung von Informationen *ist*, was Weizenbaum annimmt und ich bezweifle, dann wäre eine Erklärung seiner Fähigkeiten tatsächlich genau jene Art von Verständnis, um die es uns geht. Zu einer detaillierten Darstellung eines so gearteten Verständnisses s. John Haugeland, a. a. O. (Anm. 45).
148 Joseph Weizenbaum, ebenda, S. 284.
149 Vgl. Anm. 142.
150 Joseph Weizenbaum, a. a. O., S. 28.
150 Ebenda, S. 300. Was eine Würdigung von Weizenbaums Buch so schwierig macht, ist der Umstand, daß er zugleich ein überzeugendes prinzipielles Argument vorbringt, das sich mit dem schwachen „moralischen" Argument, dem wir gefolgt sind, nicht vereinbaren läßt. Er sagt, daß die „Menschwerdung" (was ich als die Fähigkeit des Menschen bezeichne, sich und seine Welt neu zu definieren; s. Teil III, Kapitel 3 in diesem Buch) für das menschliche Verhalten tatsächlich eine wesentliche und nicht formalisierbare Rolle spielt, so daß sich nur ein sehr geringer Teil unserer Alltagsintelligenz formalisieren läßt:
„...da *mit Ausnahme einer kleinen Anzahl formaler Probleme der Bereich der menschlichen Intelligenz durch das Menschsein des Menschen bestimmt ist*, muß jede andere Intelligenz – wie hoch auch immer – dem menschlichen Bereich fremd sein." Ebenda, S. 295 (Hervorhebungen durch H. L. D.).
Hier zeigt sich allerdings bei Weizenbaum eine Modifizierung seiner von den Technologen übernommenen Dichotomie zwischen Intelligenz und Klugheit. Statt einer Trennung zwischen nicht formalisierbarer Klugheit und einer formalisierbaren Alltagsintelligenz unterscheidet Weizenbaum nunmehr eine informelle Alltagsintelligenz, die es mit den menschlichen Belangen zu tun hat, von einer formalisierbaren Intelligenz, die „zwangsläufig und immer gegenüber wirklich menschlichen Problemen absolut fremd sein [muß]." Ebenda, S. 299. Doch diese Vorstellung von einer fremden Intelligenz, auf die all jene KI-Forscher häufig zurückgreifen, deren Blick nicht dafür verstellt ist, daß ohne einen Körper und eine Kultur ein Computer wahrscheinlich nie in der Lage sein wird, mit Menschen unter deren eigenen Voraussetzungen zu interagieren, diese Vorstellung ist nichts anderes als eine neue Variante der philosophischen Illusion von einer reinen Vernunft. Wenn wir akzeptieren, daß unser Begriff von Intelligenz wesentlich mit dem Wissen davon verknüpft ist, was in bestimmten Kontexten von Bedeutung ist, dann können wir unmöglich etwas darüber aussagen, wie eine absolut fremde Intelligenz beschaffen sein könnte. Wir können Bienen und Fledermäusen eine niedrigere und Figuren wie Landru aus der TV-Serie *Star Irek* eine höhere Intelligenz zuschreiben, weil wir unterstellen, daß ihnen dieselben Bedürfnisse nach Nahrung, Gesellschaft usw. mit uns gemeinsam sind und ebenso dieselben Zwecke wie Nahrungssuche, Schutz der Nachkommen usw. Diese Bedürfnisse und Zwecke sind es, die ihr Tun für uns zu etwas Vernünftigem und Nachvollziehbaren machen. Es gibt wirklich künstliche Gebilde mit vollständig will-

kürlichen Zielen, die wir metaphorisch als „intelligent" bezeichnen, wenn wir beispielsweise von hochentwickelten Marschflugkörpern mit Zielsuchgeräten als „smart bombs" sprechen, aber hätte es nicht Platon und Aristoteles gegeben, die die Intelligenz so sehr von aller menschlichen Praxis abgekoppelt haben, daß sie glaubten, die Planeten seien von „Intelligenzen" beherrscht, so würde niemand auf die Idee kommen, daß Apparate, die kein einziges Interesse mit dem Menschen gemeinsam haben, mit einer fremden Intelligenz ausgestattet seien.
151 Herman Melville, *Moby Dick*, Frankfurt: Insel Verlag, 1977, S. 643 f.

Personen- und Sachregister

Abelson 167
Aiken, H. H. 21
Alchimie 14, 264
algorithmisches Programm 25
Algorithmus 27, 246 f., 344
Alltagsverstand 10 f., 13
Alltagswissen 10, 13, 269, 299, 304, 322, 329, 332
Amarel, S. 99
Ambiguitätstoleranz 56 ff., 61
Analogcomputer, -rechner 20 ff., 113, 143 f., 195 f., 217
Analogie 10 f.
Analogie-Intelligenztest 207
Analogieprogramm (von Thomas S. Evans) 9, 87 ff., 90 ff.
Annahme, biologische 105, 107 ff., 154
–, erkenntnistheoretische 106, 138 f., 146, 150, 153 f., 174, 179, 183, 206, 265
–, ontologische 106, 153 ff., 166, 174 ff., 179
–, psychologische 106, 111 ff., 117, 122 ff., 138, 154, 174, 179, 183
Aphasie 73
a priori-Argument 106, 116 f., 122 ff., 135, 173, 239 f., 257
Aristoteles 18, 28, 151, 180 f.
Armer, Paul 248
Arnheim, Rudolph 91
Ashby, W. Ross 32 f.
AUTO-LOGIC (Programm) 256
Axiom 122, 158, 173
Axon 109

Bar-Hillel, Yehoshua 41, 48, 57 ff., 80, 97 f., 162 ff., 209, 255
Begriffslernprogramm (Winston) 284 ff., 290, 302
Behaviorismus 14, 126, 181, 281
Bernstein, Alex 25
Bewußtsein, apperzeptorisches 72 f.
–, perzeptorisches 72 f.
Binärsystem, -ziffer 19, 106, 108, 115
Bobrow, Daniel 83 ff., 93, 97, 139, 269, 298, 305, 321
Boole, George 20, 106, 143

Bremermann, H. J. 144
Buchanan, Bruce 267, 277

Carnegie Institute of Technology 42, 81
Chandrasekaran, B. 48
Charniak, Eugene 323 f.
CHESS 4.5 (Schachprogramm) 293 ff.
Chomsky, Noam 29, 145, 181
Colby, Kenneth 319
Culbertson, James T. 141, 142

Dame-Spiel 51, 60, 69, 100, 359
Datenverarbeitung 133 f., 139, 144, 185, 191, 204, 223, 230, 253, 321
Datenzugriff 38
DENDRAL (Programm) 266, 270, 390
Denken 18 ff., 43, 111 f., 120 f., 125, 128, 184, 281 ff., 287, 304, 317, 320, 332
Denkmaschine 22
Denkpsychologie 112
Denksportaufgabe 27
Descartes, René 12, 125, 183 f., 194, 197, 217
Digitalcomputer, -rechner 20 ff., 27 f., 38, 106 f., 109 ff., 115, 125, 131, 134, 137, 139 f., 142 f., 146, 169, 173, 183, 185, 191, 196, 199, 217, 235, 249, 259, 303
Dreyfus, Stuart 14

Ebbinghaus, Hugo 60
Eckert, J. P. 22
Eden, Murray 47, 89
Effektoren 141
ELIZA (Programm) 269
Entscheidungsbaum 71, 246
EPAM (Elementary Perceiver and Memorizer Program) 59, 214 f., 357
Erinnerung 128 f.
Erkennen 17, 78 f.
Erklärung 124
Ernst, G. W. 44
Euthyphron 17
Evans, Thomas G. 9, 88 ff., 93, 97

Feigenbaum, Edward A. 14, 32, 49, 59, 68 f., 81, 171, 200, 214, 252, 254, 256, 267, 290, 292 f.
Feldman, Julian 32, 49, 81, 256
Fodor, Jerry A. 114, 116 f., 127, 130 ff., 164 ff., 240

Galanter, Eugene 66
Galilei, Galileo 18, 118, 145, 160
Gehirn 107, 109 ff., 115, 120 f., 124 ff., 130, 137, 144, 150, 173, 194, 196, 217, 221, 282, 311, 367
Gelernter, H. 46, 93
generative Grammatik 349
Gesetze des Verhaltens 140, 142
Gestalt 192 ff.
Gestaltpsychologie 186 ff., 194 f., 281 ff.
Giuliano, Vincent E. 48
Gold, Bernard 47
Goldmeier, Erich 282, 288
Goldstein, Kurt 297, 323 ff.
GPS (General Problem Solver, Allgemeiner Problemlöser) 26, 43 f., 46, 62 ff., 67, 69 f., 88 f., 99, 155, 250, 263 f.
Greenblatt, Richard 35, 52
Greenwood, P. E. 100
Groot, A. D. de 35, 54, 67
Gruenberger, Fred 34
Gurwitsch, Aron 73 f., 78
Guzman, Adolfo 277, 279, 284

Haugeland, John 283
Hearst, Eliot 35, 54 f., 67
Heidegger, Martin 22, 160, 175, 181, 201, 212, 222, 226 ff., 300, 318, 322
heuristisches Programm 25, 28, 133, 173, 183
heuristische Regeln 26, 63 f., 69, 150, 154, 361
heuristisches Verfahren 28, 34, 51, 54, 68 f., 72, 94, 100, 246 f., 250, 278
Hobbes, Thomas 18, 20, 22
Hörer 147, 349 ff.
Hofstadter, Douglas R. 11 f.
Holmes, Oliver W. 330
Hologramm 283
Horizont, äußerer 189 f., 214
–, innerer 189 f., 204, 298
Hume, David 126
Hunt, Earl 71

Husserl, Edmund 189 f., 196 f., 199, 298 ff., 332

In-der-Welt-Sein (Heidegger) 206, 255
Informationstheorie 24
Informationsverarbeitung 50, 55 f., 61, 64, 68, 70, 77 f., 105, 107 ff., 111 ff., 116 f., 120 f., 127, 129, 134, 136, 142 f., 145, 150, 154 ff., 165 f., 173 f., 191, 209, 214 ff., 219 ff., 245, 249 f., 255, 257 f., 265, 283, 299, 312, 320, 340, 360 f.
Input 71, 129, 133, 141 ff., 217, 240 f., 340, 351
Intuition 17 f., 86, 246

James, William 53
Jones, John 141

Kanal, Laveen 48
Kant, Immanuel 106, 123, 126, 149, 172, 194, 197
Katz, Jerrold 164 ff.
Kepler, Johannes 287
KI (Künstliche Intelligenz)-Forschung 9 ff., 28, 32, 35 f., 49, 70, 73, 79 ff., 97 ff., 101, 106 ff., 114, 122, 136, 138 f., 141, 145 f., 149, 152 ff., 158, 161, 163, 167, 170, 173 f., 184 f., 195, 204, 206, 208, 217, 224, 232, 235, 239, 241, 258 f., 263, 265, 270, 281, 288, 298 f., 304 f., 312, 319, 322, 326, 329 ff.
Kierkegaard, Sören 149, 229 ff.
knowledge engineering (Wissenstechnik) 267, 290
Körper 182 ff., 199 ff., 204
Kognitive Psychologie 10, 219
Kompatibilitätstheorem 38
Kompetenz, Theorie der 138
Kontext 77 f., 83, 88, 152 f., 158, 164 ff., 174, 206 ff., 214 f., 223 ff., 234, 242 f., 303, 310, 313, 315, 317 f., 320, 322
kontextueller Baum 167
Konstituentenstruktur-Grammatik 89
Kriterien, semantische 17 f.
–, syntaktische 17 f.
KRL (knowledge representation language) 11, 313, 315 f., 318, 321, 326

KS (Kognitive Simulation) 36, 41 ff., 56, 69 f., 89 f., 98, 101, 105 ff., 111, 114, 117, 122 f., 126, 136 ff., 152, 173, 194, 207, 239, 241, 243, 258, 281, 319, 359
Kubrick, Stanley 30 f.
Künstliche Evolution 100
Künstliche Vernunft 29, 172, 179, 245
Kuhn, Thomas 119 f., 230, 232, 303 f.
Kybernetik 22, 81, 107, 175

Leibniz, Gottfried Wilhelm von 19 f., 22, 24, 149, 159, 255, 332
Lenat, Douglas 15
Lernprogramme 68 f., 86, 312
Lettvin, Jerome 109
LFGNS (Programm) 264
Licklider, J. C. R. 37
Lincoln, 47
Little, Arthur D. 48
LT, Logic Theory Machine 26, 43

MacHack, 35, 52
MacKay, Donald 196
Manipulierung 18
Marx, Karl 164, 166
Masjoukin, 75
MATH-LAB (Programm) 266
Mauchly, J. 22
McCarthy, John 145, 161 f., 191, 213, 329
McDermott, Drew 263 f.
Mehrdeutigkeit 73, 75, 84, 142, 149, 154, 162, 164 ff., 168, 222, 248
Melville, Herman 333
Merkmale, Merkmalslisten 70 ff., 76 ff., 152, 154, 168 f., 172, 186, 190, 192, 199, 204, 228, 231, 242, 246 f., 251, 295, 302 ff., 322
Merleau-Ponty, Maurice 160, 181, 188, 197 ff., 201 f., 327
META-DENDRAL 290
Metaregel 148
Michie, Donald 35
Mikrowelt 9, 263, 266, 270 f., 275 ff., 280 f., 285, 304, 307, 315, 324
Miller, George 66, 112, 117, 122 f., 127, 131, 133 ff.
Minsky, Marvin 9 f., 18, 31, 38, 42 ff., 60, 64 f., 68, 81 ff., 93, 96 ff., 107, 112, 139 f., 143 f., 155 ff., 161, 165, 171, 190, 192, 199, 201, 206, 210, 213, 217 ff., 230, 234, 251 f., 254, 267, 270 ff., 276, 281 f., 284, 286 f., 299 ff., 323, 331
MIT (Massachusetts Institute of Technology) 9, 31, 35, 37, 82, 99, 109, 200, 257, 264, 266, 270, 276, 281, 288, 297, 325, 361
Moore, O. K. 65
Mustererkennung 30, 41, 46 ff., 70 ff., 76, 78 f., 88, 130, 133, 174, 185, 239, 247 f., 257 f.
Muttersprachler 147, 162
MYCIN (Programm) 291 ff., 297

Neisser, Ulric 46 f., 72, 112, 122, 127 ff., 133 f., 191 ff., 220 f., 241, 251
Neumann, John von 107 ff.
neurale Prozesse 128
Neuronen 108, 110
Neurophysiologie 126, 131 f., 196, 222, 282, 289
Neuropsychologie 120
Newell, Allen 9, 24 ff., 33 f., 42 ff., 51 ff., 62 ff., 69, 81, 89 f., 94, 100, 117 ff., 135, 155, 247 f., 255, 263, 285
Newton, Sir Isaac 12, 120 f.
Nietzsche, Friedrich 227
Noema 299 f., 364

Oberflächengradienten 115, 125
Oettinger, Anthony G. 25, 41, 48, 57, 186 f., 189, 205, 221 f., 255
Output 109, 141 ff., 217, 351

Papert, Seymour 35, 37, 59, 251 f., 267, 270 ff., 276, 281, 284, 286, 297, 323 ff.
Pappus 33
Paradigma 231 f., 303 f., 320
Parallelprozessoren 10, 15
Pascal, Blaise 5, 73, 151, 232, 247 f.
Pawlow 59
Peirce, Charles Sanders 284
Perceptrons (Perzeptronen) 341, 345
Phänomenologie 160, 180, 185 ff., 196, 199, 204, 228, 298 f., 355
Piaget, J. 197, 202, 297
Pierce, John 255

Platon 17 f., 22, 24, 124, 138, 150 f., 159, 181, 183, 292, 300
Polanyi, Michael 53, 181, 201, 295
Polya, George 66
Pribam, Karl H. 66
Problemlösen 25 f., 41 ff., 61 f., 64 ff., 69, 79, 86, 117 f., 128, 157, 161, 174, 206 f., 223, 232, 239, 257, 297, 356
Pudovkin, V. I. 75

Quillian, Ross 93 ff.

Rahmen (frame) 118, 299 f., 304 f., 312, 316 f., 324, 364, 366
Randbewußtsein 50, 53, 56 f., 59, 71, 77 f., 154, 249
RAND Corporation 34, 37, 42, 352, 357, 361
Raphael, B. 289 f., 312
Regel 17 f., 124 ff., 137 f., 145, 147 f., 151 f., 169, 173 f., 179 f., 193, 196, 206 f., 222, 227, 231, 240, 242 f., 246, 295, 329, 339
Regeln des Benehmens 140
Reitman, Walter R. 228
Rezeptoren 141
Rosch, Eleanor 286 f., 313
Rosen, C. A. 254
Rosenblatt, Frank 81, 186
Rosenblith, Walter A. 110, 255
Russel, Bertrand 159

Samuel, A. L. 60 f., 69, 93, 100, 250 f.
Sartre, Jean-Paul 227
Scene Analysis Program 9
Schachcomputer 24, 30, 33 f., 250
Schachprogramm 24 f., 33 ff., 51 ff., 99, 189, 251, 293
Schank, Roger 15, 297, 305, 307 ff., 321, 330
Scriven, Michael 34, 60
SEE (Programm) 277, 279 f.
Selfridge, Oliver G. 46 f., 72
Seltsame Schleifen 11 f.
Semantisches Gedächtnis-Programm (von Ross Quillian) 93 ff.
Semantische Informationsverarbeitung 96
Shannon, Claude E. 24, 112 ff., 258
Shaw, J. C. 25 f., 33 f., 42 ff., 52, 65 ff., 69, 100, 117, 120, 135, 247 f., 255, 263, 285
SHRDLU (Programm) 9, 267, 269 f., 272, 274 ff., 361
SIGART (Special Interested Group in Artificial Intelligence of the Association for Computing Machinery) 97
Simon, Herbert A. 9, 25 ff., 32 ff., 38, 42 ff., 51 ff., 62 ff., 69, 79 ff., 90, 93 f., 100, 111 f., 117 f., 119 ff., 135, 171, 184 f., 228, 247 f., 255, 263, 281, 285
Simulation von intelligentem Verhalten 28, 116
Sinnesdaten 129, 132, 241, 346
Situation 161 f., 168 f., 171 f., 182 f., 190, 198, 207, 214 f., 234, 242, 246, 295, 307 f., 318, 320, 325 f.
Skript 305 ff., 312, 364 f.
Smith, Henry 141
Sokrates 17, 227
Solomonoff, R. J. 99 f.
Sprachenlernen 59 f.
Spracherkennen 205
Spracherzeugung 350
Sprachkompetenz 139, 146, 148, 179, 332, 349 f.
Sprachübersetzung 25, 30, 41 ff., 48, 56 f., 61, 79, 87, 99, 165, 174, 206, 250, 257 ff.
Sprachverstehen 24, 87, 297, 363
Sprachverwendung, -gebrauch 139, 145, 147 f., 150 f., 179 f., 185, 195, 223, 349 ff.
Sprecher 147, 151, 164, 349 ff.
SRI-Roboterprojekt 289 f.
Stimulus-Information 129, 133, 241
Stimulus-Input (sensorischer Input) 128 ff., 131
Stimulus-Response-Psychologie 126, 247
STUDENT (Programm) 83 ff., 269
Sutherland, N. S. 228
Synapse 109
syntaktische Analyse 57
syntaktische Regeln 22
syntaktische Theorie 146
System, synergisches 198

Taylor, Charles 181, 208, 210, 213
Theorem 26, 32 f., 44, 46, 99, 246, 248 ff., 256

Todes, Samuel 181, 213, 229
Tonge, Fred M. 100
Transformation 129
Transformationsgrammatik 145, 194
Transformationshypothese 90
Transformationsregeln 89
Turing, A. M. 21 ff., 30, 139 f., 143 f., 151
Turing-Test (Imitationsspiel) 22 f.

Uhr, Leonard 48, 70, 100
UNDERSTANDING (Programm) 263, 275, 361

Verhaltenspsychologie 112
Vernunft 17 f., 23, 28, 30, 124
Verstehen 12, 17 f., 85, 124, 149, 190, 246, 270, 301 f., 311, 313, 315, 325, 366
Versuch und Irrtum, Prinzip von 43, 61 f., 64, 246
Verwickelte Hierarchien 11 f.
Vossler, Charles 48, 70, 100

Wahrnehmung 128 f., 131, 134, 181, 185 ff., 197 f., 204, 213, 232, 246 f., 282, 346

Waltz, David 9, 14, 277, 279 f.
Wang, Hao 44, 247, 258
Watanabe, Satosi 225 ff.
Weaver, Warren 113
Weizenbaum, Joseph 167 f., 171, 269, 330 ff.
Wertheimer, Max 64, 67
Wiener, Norbert 17, 34
Winograd, Terry 9, 11, 264, 267, 270, 273, 276 f., 280, 284, 290, 305, 313, 315 ff., 321
Winston, Patrick H. 9, 267, 279/80, 284 ff., 288, 297, 299, 302, 313
Wissen 156 ff., 164, 210, 230, 312 f., 318, 328
Wissensdarstellung 11, 290, 319, 322 f., 327
Wittgenstein, Ludwig 58, 60 f., 74 ff., 140, 151 f., 159 f., 181, 212, 214, 222, 323, 327
Wynn, William 215

Zweck-Mittel-Analyse 43, 62, 65 f., 145, 155, 224 ff., 227, 249, 253, 363

Bernard Williams
Descartes
In der vorzüglichen Studie von Bernard Williams geht es um die Entstehung der kartesianischen Philosophie und des Rationalismus, der sich von ihr ableitet. Auf diese Gedankenwelt, die sich um die Existenz Gottes und einer menschlichen Seele vor dem Aspekt ihrer irdischen Beweisbarkeit sowie um die Problematik des freien Willens und der Grundlage jeglicher Erkenntnis dreht, geht nicht zuletzt die fundamentale Unterscheidung von Subjekt und Objekt zurück. Sie spielt in dem Prozeß, den man heute den »kognitiven« nennt, eine zentrale Rolle.

»... ein Werk, das wegen gedanklicher Klarheit und gutem Stil sich längst einen Namen gemacht hat.« *Philosophische Rundschau*

Die Heidegger Kontroverse
Die Auseinandersetzung um Farias' Buch »Heidegger et le Nazisme« geriet zunehmend zu einer Heidegger-Kontroverse, die nicht nur in den intellektuellen Kreisen Frankreichs für Zündstoff sorgte.
Jürg Altwegg nimmt die vielfältigen Reaktionen und Stellungnahmen zum Anlaß, die Wirkung Heideggers in Frankreich zu beleuchten.
Vorab werden Texte vorgestellt, die sich auf die frühe Begegnung französischer Intellektueller mit dem Denken Heideggers beziehen. Der zweite Teil wendet sich der aktuellen Kontroverse zu und macht das Ausmaß der Irritation, die Farias' Buch unter französischen Intellektuellen auslöste, deutlich. Der dritte Teil leitet zur Reaktion auf die französische Kontroverse in Deutschland über: Die Frage stellt sich, ob eine Heidegger-Kontroverse hierzulande ohne französische »Hilfe« denkbar gewesen wäre.

athenäum⁵ taschenbücher

Adler/Langbein/Lingens-Reiner, Auschwitz 30
Altwegg (Hg.), Die Heidegger Kontroverse 114
Anders (Hg.), Autonome Frauen 120
Anselm, Angst und Solidarität 47

Basnizki, Der jüdische Kalender 134
Benedict, Ziviler Ungehorsam als christliche Tugend 126
Bergson, Denken und schöpferisches Werden 50
Bergson, Zeit und Freiheit 135
v. Bethmann, Die Deflationsspirale 102
Bosse, Diebe, Lügner, Faulenzer 39
Brumlik, Jüdisches Leben in Deutschland seit 1945 104

Chasseguet-Smirgel (Hg.), Wege des Anti-Ödipus 79
Cocteau, Taschentheater 132
Colli, Nach Nietzsche 17

Dannecker, Der Homosexuelle und die Homosexualität 74
Daudet, Pariser Sittenbild 97
Deleuze, Nietzsche und die Philosophie 70
Devereux, Baubo 63
Döll, Philosoph in Haar 16
Dörner, Bürger und Irre 27
Doyle, Das Congoverbrechen 51
Dreyfus, Was Computer nicht können 123
Duerr (Hg.), alcheringa oder die beginnende Zeit 124
Duerr (Hg.), Der Wissenschaftler und das Irrationale I 56
Duerr (Hg.), Der Wissenschaftler und das Irrationale II 57
Duerr (Hg.), Der Wissenschaftler und das Irrationale III 58
Duerr (Hg.), Der Wissenschaftler und das Irrationale IV 59
Duerr (Hg.), Der Wissenschaftler und das Irrationale, 4 Bände in Kassette 60

Ebeling, Der Tod in der Moderne 36
Ebeling/Lütkehaus (Hg.), Schopenhauer und Marx 64
Elbogen/Sterling, Die Geschichte der Juden in Deutschland 111
Erdheim, Prestige und Kulturwandel 67

Fletcher, Inseln der Illusion 82
Florenz, Ein Reisebuch durch die Stadtgeschichte 131

Franzos, Der Pojaz 112
Frauensichten, hrsg. vom Psychoanalytischen Seminar Zürich 98
Fried, Höre Israel 19

Gerstner, Der Künstler und die Mehrheit 73
Gesellschaft auf der Couch, hrsg. vom Psychoanalytischen Seminar Zürich 122
Giedion, Befreites Wohnen 48
Ginzburg, Der Käse und die Würmer 10
Denkwürdigkeiten der Glückel von Hameln 99
Goldmann, Das Jüdische Paradox 13
Gorsen, Salvador Dali 5
Gorz, Abschied vom Proletariat 106
Grassi, Die Macht der Phantasie 28

Hallgarten/Radkau, Deutsche Industrie und Politik 81
Heinrichs (Hg.), Der Körper und seine Sprachen 136
Hirsch, Der Sicherheitsstaat 87
Hofmann/Helman/Warnke, Goya 93
Honegger/Heintz (Hg.), Listen der Ohnmacht 38
Horkheimer/Adorno, Sociologica 41

Jervis, Kritisches Handbuch der Psychiatrie 4
Jones, Die Theorie der Symbolik 90

Kerker, Im Schatten der Paläste 88
Kierkegaard, Der Begriff Angst 21
Kierkegaard, Die Wiederholung, Die Krise 22
Kierkegaard, Furcht und Zittern 23
Kierkegaard, Die Krankheit zum Tode 24
Kierkegaard, Philosophische Brocken 25
Kiltz, Das erotische Mahl 86
Kluge, Der Angriff der Gegenwart auf die übrige Zeit 46
Koltès, Quai West, In der Einsamkeit der Baumwollfelder 84
Koltès, Rückkehr in die Wüste 121
Kramer/Sigrist, Gesellschaften ohne Staat I 6
Kramer/Sigrist, Gesellschaften ohne Staat II 20
Kremer, Kafka 125

Laube, Ella fällt 68
Lindner/Wiebe (Hg.), Verborgen im Licht 65
zur Lippe, Autonomie als Selbstzerstörung 33

Lülfing, Über ein Spiel mehr von sich
 selbst erfahren 54
Luxemburg, Briefe an Freunde 77
Luxemburg, Politische Schriften 95

Malinowski, Argonauten des westlichen
 Pazifik 26
Malinowski, Das Geschlechtsleben der
 Wilden in Nordwest-Melanesien 12
Mandel, Ein schöner Mord 103
Mannoni, Der Psychiater, sein Patient
 und die Psychoanalyse 8
Mannoni, »Scheißerziehung« 92
Massing, Vorgeschichte des politischen
 Antisemitismus 78
Mattenklott, Bilderdienst 62
Memmi, Die Salzsäule 66
Memmi, Rassismus 96
Merton, Auf den Schultern von
 Riesen 128
Mies, Indische Frauen und das
 Patriarchat 85
Mill, Über Freiheit 101
Mitscherlich, Der Kranke in der
 modernen Gesellschaft 29
Morgenthaler, Technik 72
Müller, Architektur und Avantgarde 32
Müller, Schöner Schein 89

Die neuen Narzißmustheorien: zurück
 ins Paradies? 18
Neuss, Wir Kellerkinder 15
Neuss, Neuss Testament 55
Nordhofen (Hg.), Philosophen des 20.
 Jahrhunderts in Portraits 71

Oettermann, Läufer und Vorläufer 40
Oettermann, Zeichen auf der Haut 61

Parin, Der Widerspruch im Subjekt 9
Parin/Parin-Matthèy, Subjekt im Wider-
 spruch 118
Perrin, Japans Weg zurück zum
 Schwert 127
Petersen, Böse Blicke 94
Piaget, Probleme der Entwicklungspsy-
 chologie 44

Rosenberg, Demokratie und
 Sozialismus 116
Rosenberg, Die Entstehung und
 Geschichte der Weimarer Republik 2
Rosenberg, Geschichte des Bolschewis-
 mus 100
Roussel, In Havanna 31

Schreber, Denkwürdigkeiten eines Ner-
 venkranken 52
Schulte, Sperrbezirke 45
Schwendters Kochbuch 119
Sciascia, Die Affäre Moro 129

Shahar, Die Frau im Mittelalter 115
Sexualität, hrsg. vom Psychoanalytischen
 Seminar Zürich 83
Sonnemann, Die Einübung des
 Ungehorsams in Deutschland 35
Sonnemann, Gangarten einer nervösen
 Natter bei Neumond 91
Sonnemann, Das Land der unbegrenzten
 Zumutbarkeiten 49
Soziologische Exkurse 14
Spazier, Der Tod des Psychiaters 69
Stscherbak, Protokolle einer
 Katastrophe 105
Sweezy/Dobb u.a., Der Übergang vom
 Feudalismus zum Kapitalismus 42

Tschajanow, Reise ins Land der bäuerlichen
 Utopie 37
Thalmann/Feinermann, Die Kristallnacht
 108

Voltaire, Recht und Politik 75
Voltaire, Republikanische Ideen 76
Voltaire, Recht und Politik, Republikani-
 sche Ideen, 2 Bände in Kassette 133

Williams, Descartes 117
Wolfe, Mit dem Bauhaus leben 43
Worbs, Nervenkunst 107

Ziehe, Pubertät und Narzißmus 34
Zimmermann (Hg.), Schreckensmythen –
 Hoffnungsbilder 130

athenäum
Savignystr. 53
6000 Frankfurt a.M. 1